THE BUSINESS STRATEGIES 50

경영자와 마케터를 위한
비즈니스 전략 50

THE BUSINESS MODELS HANDBOOK
Templates, theory and case studies

by Paul Hague

Copyright ⓒ Paul Hague, 2019
The right of Paul Hague to be identified as the author of this work has been asserted by him in accordance with the Copyright, Designs and Patents Act 1988.

This translation of The Business Models Handbook is published by arrangement with Kogan Page

ⓒ 2021 Kogan Page, SUNGSHINMEDIA Inc.

이 책의 한국어판 저작권은 Kogan Page와의 독점 계약으로 (주)성신미디어에 있습니다.
저작권법에 의해 한국 내에서 보호를 받는 저작물이므로 무단전재와 복제를 금합니다.

THE
BUSINESS
STRATEGIES
50

경영자와 마케터를 위한
비즈니스 전략

폴 헤이그 Paul Hauge 지음
박지연 옮김 한상규 감수

책의 구조

-
-
-

저자는 평생에 걸쳐 시장 연구 분야에 종사한 연구원이다. 그는 은퇴를 앞두고 마케팅이나 사업 전략에 유용하게 활용되는 수많은 프레임워크를 하나로 모으는 프로젝트로 이 책을 집필하였다. 일부 모델은 너무 방대하고 복잡해 그 모델 하나만으로도 책 한 권을 쓸 수 있을 정도이지만, 각 장을 유사한 구조와 분량으로 구성하여 전반적인 균형을 이루고자 했다.

본 저서를 유용하게 사용할 독자는 마케팅을 고민하고 있는 경영자 및 마케팅 담당자들이다. 그간 컨설턴트로서 수많은 프로젝트를 진행하였던 저자는, 이 책을 한 번에 정독하기보다는 책상 옆에 두고 띄엄띄엄 읽으면서 앞으로 나아갈 방향을 찾고자 할 때 도움을 받을 수 있는 친구 같은 책으로 설명한다.

책장을 휙휙 넘기다가 기억 저편으로 사라졌을 법한 새로운 프레임워크를 발견하고 전략적 사고를 향상시켜 당신이 찾고자 하는 경쟁력을 얻을 수 있기를 희망한다.

비즈니스 전략 모델의 카테고리 구분

본 책에는 50가지의 유명한 비즈니스 전략 모델들이 수록되어 있다. 각 장마다 마케팅, 일반적 비즈니스 전략, 가격 결정, 혁신, 제품 관리, 고객 분석 중 해당하는 항목이 무엇인지 알려준다.

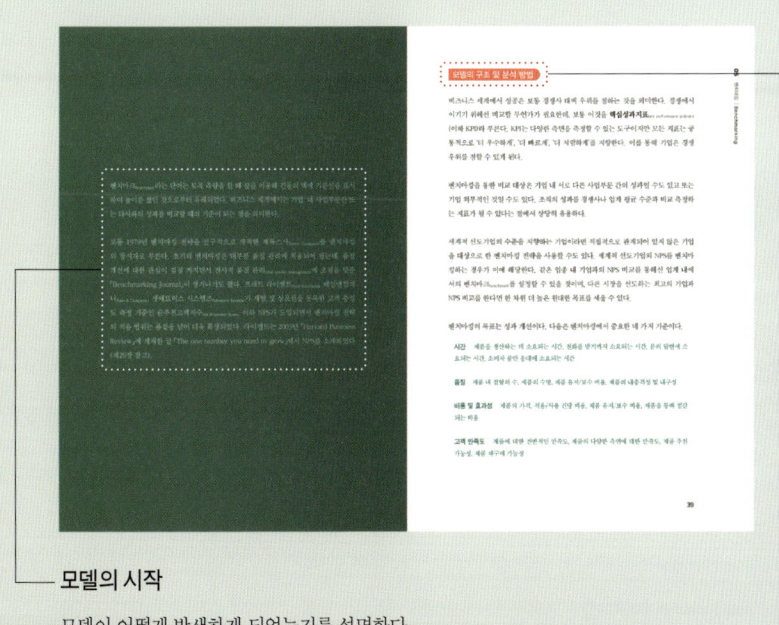

모델의 시작

모델이 어떻게 발생하게 되었는지를 설명한다.

모델의 구조 및 분석 방법

모델의 기본적인 형태와 모델을 어떤 방법으로 읽어야 하는지 알려준다.

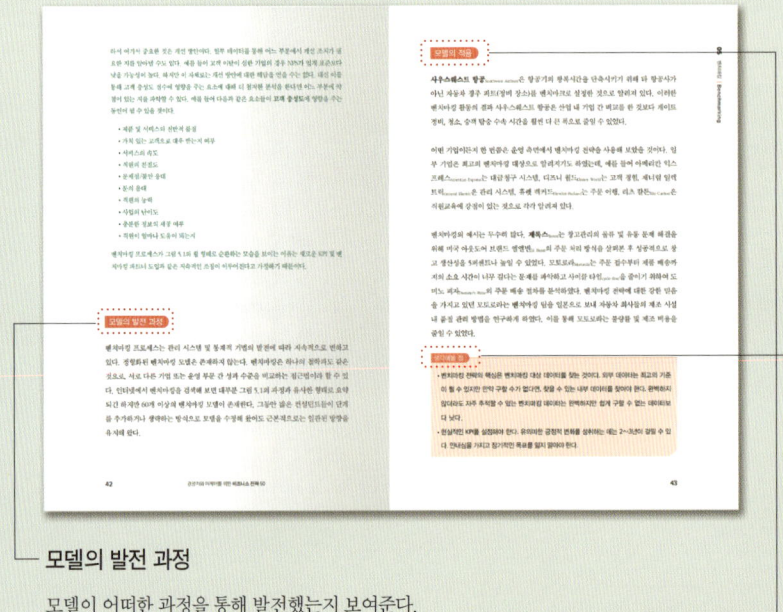

모델의 발전 과정
모델이 어떠한 과정을 통해 발전했는지 보여준다.

모델의 적용
적용 사례를 제시하여 모델을 실무에서 어떻게 활용할 수 있는지 제시한다.

생각해볼 점
독자가 해당 비즈니스 전략을 자신의 비즈니스에 어떻게 적용할 것인지 가이드를 제공한다.

참고자료 사이트
본 저자의 웹사이트에서 모델과 업데이트된 내용 및 프레임워크와 관련한 최신 의견을 적용할 수 있는 파워포인트 템플릿을 이용할 수 있다.
https://www.b2bframeworks.com/strategy-frameworks

추천의 글

실전에 적용할 수 있는 비즈니스 전략 50가지

한 상 규
나이키 코리아 CFO

이 책의 원서를 접하고 처음 읽어 보았을 때 '아, 이렇게 꼭 필요한 책이 왜 이제야 나왔단 말인가!' 하며 나는 흥분했다. 이 책을 더 일찍 만났더라면 나의 지난 직장생활에 엄청난 도움이 되었을 거라는 생각이 나를 감쌌다.

보통 이런 종류의 책은 너무 간략해서 개념만 소개하거나 아니면 저자의 욕심 때문에 너무 장황하고 지루해지기 쉽다. 그러나 이 책에는 경영전략과 관련된 50가지의 비즈니스 모델들이 수십 년 전부터 최근 것까지 총망라되어 군더더기 없이 꼭 필요한 내용으로만 알차게 들어 있다. 특히 간결한 서술로 모델이 태어난 배경을 설명해주고, 모델 자체를 이해하게 해주며, 그 모델이 어떻게 진화했는지를 보여준다. 게다가 적용 사례까지 예시로 들어 이 책에 나온 설명만으로도 각 모델을 실제 케이스에 적용해볼 수 있게 해준다. 그야말로 딱 적당한 깊이로 비즈니스 전략들이 모두 설명되어 있다. 모델을 한눈에 이해하기 쉽게 보여주는 그림diagram이 부족하다는 것이 원서의 유일한 한계였기에 나는 책에 따로 그림을 그리며 읽었었다. 그런데 번역판에서는 도식이 보강되어 그 아쉬움마저 사라졌다.

저자는 원서의 머리말에서 이 책이 마케터들에게 특히 더 도움이 될 거라고 했지만 그건 저자의 겸손이라고 생각한다. 나 역시 마케터가 아니지만 이 책이 꼭 필요한 사람 중에 하나이기 때문이다. 회사 일을 하다 보면 내 역할이 무엇이든 전략에 대한 얘기를 접하고 고민하고 의견을 내야 된다. 알고 있었지만 기억이 희미해진 것들, 어디서 들어보긴 했는데 정확히는 몰랐던 것들, 아니면 내가 미처 몰랐던 개념들이 이 책에 다 정리되어 있다.

좋은 생각이 있어도 체계적으로 정리되지 않으면 공허한 잡념이고 무용지물일 뿐이다. 그래서 현재 실무자로 근무하고 있는 내게 회사의 전략에 대해 생각을 정리할 수 있는 프레임을 제공해주는 이 책은 좋은 지침이 된다. 회사가 당면한 문제가 있으면 책에서 소개하는 50개의 비즈니스 모델을 떠올리며 여러 가지 방법을 궁리하고 생각을 정리해보면 좋겠다. 그러다 보면 새로운 영감과 창조적 아이디어가 생기고, 그것을 전략적 모델의 형태로까지 정리할 수 있게 될 것이다.

목 차

책의 구조 iv
추천의 글: 실전에 적용할 수 있는 비즈니스 전략 50가지 vii
들어가며: 비즈니스 및 마케팅 모델 개요 xii

01 4P 모델 The 4Ps 1
마케팅 믹스를 어떻게 디자인할 것인가

02 ADL 매트릭스 ADL matrix 11
제품 포트폴리오 또는 전략적 사업 단위 강화하기

03 AIDA 19
효과적인 마케팅 커뮤니케이션을 위한 비즈니스 모델

04 앤소프 매트릭스 Ansoff matrix 27
어떻게 기업을 성장시킬 것인가

05 벤치마킹 Benchmarking 37
사업 및 마케팅 KPI를 위한 목표 설정하기

06 블루오션 전략 Blue ocean strategy 45
혁신과 신제품 개발 촉진하기

07 보스턴 컨설팅 그룹 매트릭스 BCG Matrix 53
제품 포트폴리오 및 다양한 전략적 사업 단위 계획하기

08 브랜드 감사 Brand audit 63
브랜드 경쟁력 강화하기

09 경쟁 정보 Competitive Intelligence 73
시장의 강점 및 약점 분석하기

10 컨조인트 분석 Conjoint analysis 81
최적 가격 및 부분 속성의 가치 평가하기

11 고객 여정 지도 Customer Journey Maps 89
마케팅 및 판매 프로세스의 현재 성과 측정하기

12 고객 라이프타임 밸류 Customer Lifetime Value 99
고객의 라이프사이클에 걸친 특정 기업에 대한 지출 추정하기

13 고객 가치 제안Customer Value Proposition 107
강렬한 구매 동기 불러일으키기

14 혁신의 확산Diffusion of innovation 119
새로운 제품 및 서비스 출시하기

15 정책방향 매트릭스Directional policy matrix 129
세그먼트 또는 새로운 아이디어의 우선순위 정하기

16 파괴적 혁신 모델Disruptive innovation model 139
창의적 방법으로 경쟁에서 승리하기

17 에드워드 드 보노의 여섯 색깔 생각모자Edward de Bono's six thinking hats 147
문제에 대한 브레인스토밍 및 새로운 아이디어 창출

18 EFQM 우수성 모형EFQM excellence model 155
조직의 품질과 성과 개선하기

19 4요소 모델Four corners 163
경쟁자의 전략 분석하기

20 갭 분석Gap analysis 171
기업의 약점 개선하기

21 그레이너의 성장 단계 모델Greiner's growth model 181
기업의 여러 성장 단계에 대한 이해

22 카노 모델Kano model 189
구매 동기 파악하기

23 코틀러의 5단계 제품 수준Kotler's five product levels 199
제품/서비스에 가치 부가하기

24 시장 규모 추정Market sizing 207
유효/잠재 시장의 규모 및 가치 평가하기

25 매슬로우의 욕구단계 이론Maslow's hierarchy 215
시장 포지셔닝 차별화하기

26 맥킨지의 7S 모델McKinsey 7S 225
기업의 '건전성 진단' 평가 도구

27 민츠버그의 전략 5P Mintzberg's 5Ps for strategy 233
경쟁 전략 고안하기

28 MOSAIC 241
현재와 잠재적 기회 및 달성 방안에 대한 목표 설정하기

29 순추천고객지수 Net Promoter Score® 249
고객 만족도를 높이기 위한 수단

30 신제품 가격 결정 New product pricing 257
신제품 가격 결정하기

31 페르소나 Personas 267
마케팅 메시지의 타기팅 효과 높이기

32 PEST 277
기업의 미래를 결정짓는 주요 거시적 요소 평가하기

33 포터의 산업구조 분석 모델 Porter's five forces 285
경쟁의 강도와 관련된 다섯 가지 경제적 요소 평가하기

34 포터의 본원적 전략 Porter's generic strategies 293
가장 강력한 경쟁적 지위를 정확히 짚어내기

35 가격 탄력성 Price elasticity 301
가격 인상 또는 인하의 기회 파악하기

36 가격 품질 전략 Price quality strategy 309
기업의 가격 결정 전략 가이드하기

37 제품라이프사이클 Product life cycle 319
장기적 제품 전략 정하기

38 제품 서비스 포지셔닝 매트릭스 Product service positioning matrix 327
품질 및 서비스 가치에 따른 제품 포지셔닝

39 세분화 Segmentation 335
고객 집단을 이용해 비교 우위 점하기

40 서비스 수익 체인 Service profit chain 345
직원의 만족도 및 성과와 기업의 수익을 연결하기

41 **SERVQUAL** 353
고객의 기대와 기업의 성과 일치시키기

42 **SIMALTO** 363
고객이 제품 또는 서비스 개선에 부여하는 가치 파악하기

43 **스테이지 게이트 신제품 개발** Stage gate new product development 371
신제품 및 서비스의 개발과 출시 계획하기

44 **SWOT 분석** SWOT analysis 379
제품, 팀 또는 사업 차원의 성장 기회 분석하기

45 **시스템 1 사고와 시스템 2 사고** System 1 and System 2 thinking 389
의사결정에 영향을 미치는 감정적 요소 파악하기

46 **USP** 397
제품/서비스의 고유 강점을 정확히 짚어내기

47 **가치 기반 마케팅** Value-based marketing 403
제품과 서비스에 가치를 더해 수익성 개선하기

48 **가치사슬** Value chain 411
제조 과정상의 제품 또는 서비스 가치 파악하기

49 **등가가치선** Value equivalence line 419
사업 전략상 가격 및 제품 편익 관리하기

50 **밸류 넷** Value net 429
경쟁자와의 협력을 통해 편익을 얻을 수 있는 방법

참고 문헌 437
찾아보기 451

들어가며

-
-
-

비즈니스 및 마케팅 모델 개요

몇 년 전, 한 주택건축 회사가 자신의 제품을 구매한 고객들의 만족도를 알아보고자 내가 몸담고 있던 회사에 설문조사를 의뢰한 적이 있다. 당시 프로젝트를 담당했던 분석가는 조사 결과를 발표할 때 뱀과 사다리 게임Snakes and Ladders에 사용하는 보드판을 이용해 다음과 같은 해설을 덧붙였다.

새로운 집을 구매하고자 하는 사람들은 오름과 내림을 겪게 된다. 주택금융조합이나 은행은 구매자의 재정 상태에 따라 올라갈 수 있는 사다리를 제공해 주거나 아래로 미끄러지게 하는 뱀의 역할을 하기도 한다. 그리고 일부 건축 회사들은 기존 주택으로 새로운 주택 대금의 일부를 상쇄하도록 하는 거래를 제시해 구매자가 보드에서 높은 위치로 올라갈 수 있도록 했다.

건축 단계에서는 예정된 날짜에 공사가 완공되었는지에 따라 만족도가 사다리 또는 뱀에 해당할지 여부가 결정된다. 이사 당일 역시 중요 지점이다. 열쇠를 넘겨받은 주택 소유자가 집에 들어서는 순간 새로운 집은 나무랄 데 없이 깔끔한 상태일 수도 있고, 추가 정리 작업이 필요한 사소한 문제점들이 발견될 수도 있다.

끝으로 판매 대리인이 던지는 주사위에 따라 어떤 사람이 쉽고 빠르게 위로 올라갈 것인지 여부가 결정되었다. 유능한 판매 대리인은 자신의 고객들이 빠르게 앞이나 위로 나아갈 수 있도록 도와주었던 반면, 무능한 판매 대리인이 담당한 고객들은 지지부진한 상태로 남아 있었다.

게임 보드와 그래픽을 이용해 표현된 비즈니스 모델은 결과 발표가 끝나고 한참 지난 이후에도 기억에 남아 있을 정도로 강렬했다. 이처럼 성공적인 비즈니스 모델은 대상을 명료하게 이해할 수 있도록 도와주는 템플릿을 가지고 있다. 동료들과 쉽고 간단하게 소통할 수 있도록 하는 도구가 되어 준다. '우리의 USP'라고만 언급해도 경쟁자와의 차별화 지점, 즉 독특한 판매 전략을 의미한다는 사실을 모두가 알게 되는 것이다.

우리가 알고 있는 비즈니스 모델 대부분은 지난 40~50년 사이에 컨설턴트와 학자들에 의해 만들어졌다. 그 이유는 기업 간의 경쟁이 심화되고 고객은 더 많은 것을 요구하는 등, 기업에 압박을 가하는 다양한 요소가 생겨났기 때문이다. 이 책은 기업이 전략적으로 계획을 세우는 데 도움을 주는 프레임워크 및 분석적 도구로써 비즈니스 모델을 소개한다.

지도 없이 미지의 길을 나서는 사람이 없는 것처럼, 비즈니스 모델을 알지 못한 채로 비즈니스 문제를 해결하려고 해서는 안 된다. 비즈니스 모델은 우리가 지금 어디에 있고, 어디로 향하고 있으며, 그 목표 지점에 어떻게 도달할 것인지 판단하는 데 도움을 주기 때문이다. 그러나 비즈니스 모델이 유용하다고 해서 마치 성배처럼 맹신해서는 안 된다. 또한 비즈니스 모델을 마치 쿠키를 찍어내듯이 천편일률적으로 사용하지 않도록 경계하며 각 상황에 맞게 조정하여 적용해야 할 것이다.

비즈니스 전략 개발에 참고할 수 있는 모델과 프레임워크는 수백 개에 달하지만, 책에서 소개하는 50가지 모델을 통해 자신만의 모델을 고안해 보자.

4P 모델
The 4Ps

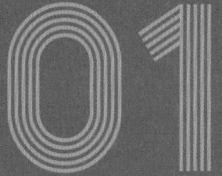

마케팅 믹스를
어떻게 디자인할 것인가

4P의 개념을 처음 만들어 낸 것은 미국의 마케팅 교수인 E.제롬 맥카시Edmund Jerome McCarthy 였다. 맥카시 교수는 자신의 통계학자 및 수학자로서의 배경을 살려 마케팅에 과학적, 구조적 관점을 도입하고자 했다. 4P 모델은 1960년 그의 저서 『Basic Marketing: A managerial approach』에서 처음 소개되었는데, 이후 이 책은 마케팅 분야의 베스트셀러가 되었고, 제품Product, 가격Price, 판촉Promotion, 장소Place 네 핵심 단어의 첫 알파벳인 P로 쉽게 연상이 되어 빠르게 퍼져 나갔다.

> 모델의 구조 및 분석 방법

마케팅은 적절한 **제품**을 적절한 **가격**에 적절한 **장소**에서 적절한 **판촉 활동**을 통해 공급하는 것으로 생각되어 왔다. 마케팅에 대한 이러한 단순한 관점을 확장한 것이 **4P 모델**(그림 1.1)이다. 이 모델은 **마케팅 믹스**의 필수 요소 네 가지를 설명한다.

그림 1.1 4P 모델

- 상품 | 고객에게 제시하는 모든 특징/사양 및 혜택
- 장소 | 상품이 시장으로 유통되는 경로
- 가격 | 가치사슬 내 모든 단계에서 책정된 상품의 가격
- 판촉 | 상품을 홍보하기 위해 사용하는 판촉믹스

McCarthy(1960)

제품 Product   제품은 기업이 판매하는 목적물이다. 반드시 물리적인 재화일 필요는 없으며, 단순 서비스 또는 서비스가 수반되는 재화일 수도 있다. 결국 해당 기업이 판매를 위해 제안하는 것이 곧 제품이 된다. 제품은 마케팅 믹스에서 가장 중요한 부분을 차지한다. 제품은 누가 그것을 구매할 것인가, 얼마를 지불할 것인가, 고객들은 어떤 특징에 매력을 느낄 것인가, 어떤 곳에서 판매될 것인가를 정의한다.

해당 시장에 적절한 제품인지 여부를 판단하기 위해선 다음과 같은 질문을 던져볼 수 있다.

- 해당 제품은 고객에게 어떤 혜택을 제공하는가? 그 혜택은 고객의 문제를 어떻게 해결해 주는가?
- 해당 제품은 어떤 고객을 주요 대상으로 삼는가? 목표 고객의 인구통계학적 특징, 행동 양식, 사고방식 및 심리학적 성향은 어떠한가? 해당 고객은 어느 세그먼트segment로 분류되는가?

- 고객은 해당 제품을 어떻게 이용할 것인가? 얼마나 자주 이용할 것인가? 언제 교체할 것인가?
- 해당 제품을 구할 수 없게 되었을 때 고객은 어떤 행동을 취할 것인가?

가격Price　4P 중 나머지 3개의 P는 비용을 발생시키는 반면 가격은 수익을 낼 수 있게 하는 요소이다. 제품을 구매하기 위하여 소비자가 지불하고자 하는 가격을 바겐bargain이라고 한다. 고객 관점에서 가격은 제품을 얻기 위해 얼마나 지불할 의향이 있는지를 보여주는 수치이며, 공급자 관점에서의 가격은 생산비용을 제한 후 충분한 수익을 내 이익을 얻을 수 있을 수준에서 결정한 수치를 의미한다.

해당 시장 내 적절한 가격이 책정되었는지 판단하기 위해선 다음과 같은 질문을 던져볼 수 있다.

- 고객은 해당 제품이 어떠한 가치를 가지고 있다고 생각하는가? 고객이 가치를 부여하는 주요한 혜택은 무엇인가? 각각의 혜택에 어느 정도의 금전적 가치가 부여되었는가?
- 고객이 느끼는 제품의 라이프타임 밸류Lifetime value 가치의 범위는?
  (제품 수명이 얼마나 가는지, 요구되는 유지/보수의 정도, 재판매 가치는 있는지 등)
- 경쟁자는 비슷한 제품을 얼마에 판매하고 있는가? 경쟁 제품 대비 우리 제품은 어떤 점에서 우월 또는 열등하다고 인식되는가?

판촉Promotion　제품이 가용한지에 대한 정보를 사람들에게 제공하고, 이들이 해당 제품의 가치에 수긍할 수 있도록 해야 한다. 판촉은 고객과의 소통 수단으로 신문, 잡지, 저널, TV, 라디오 광고, 전시회, 대중홍보public relations, POSMPoint of Sales Material(현장 판촉물)뿐만 아니라 전단지, 이메일 같은 직접 마케팅까지 모두 판촉믹스에 해당한다.

해당 시장 내 적절한 판촉 전략을 수립하였는지 판단하기 위해선 다음과 같은 질문을 던져볼 수 있다.

- 어느 정도 범위를 대상으로 판촉 전략을 수립하였는가? 몇 명의 고객 또는 잠재적 고객을 대상으로 하는가?
- 수립한 판촉의 효과는 어떠한가? 몇 명이나 가던 길을 멈추고 관심을 보일 것인가?

- 적합한 판촉 전략을 수립하였는가? 고객이 관심을 보일 만한가? 전하는 메시지는 설득력이 있는가?
- 어떤 지점에서 고객의 반응을 이끌어낼 수 있는가? 잠재적 고객의 다음 행동은 무엇이 될 것인가?

장소Place   제품 또는 서비스가 고객에게 제공될 때는 어떤 지점을 거친다. 상점이나 온라인이 될 수도 있고 제조자로부터의 직접 구매가 될 수도 있다. 장소란 제품이 유통되는 채널을 의미한다.

해당 시장에 적절한 장소를 선택하였는지 판단하기 위해선 다음과 같은 질문을 던져볼 수 있다.

- 해당 유형의 제품에 대해 고객이 가장 자주 이용하는 채널은 무엇인가?
- 어떤 채널의 침투가 가능한가?
- 어떻게 새로운 시장 경로, 즉 대안적 채널을 찾을 수 있는가?
- 채널 내 각 조직이 요구하는 마진의 정도 및 서비스 지원의 수준은 어떠한가?
- 채널 내 여타 경쟁 제품과 어떤 점에서 차별화되는가?

앞에 언급된 요소들을 살펴보면 4P는 불특정 다수가 아닌 구체적인 목표 고객target audience을 대상으로 하고 있음을 알 수 있다. 마케팅 믹스의 네 개 필수요소는 흔히 위생요인hygiene factor[1]으로 일컬어지곤 한다. 어떤 기업이 네 개의 요소 중 단 하나만 충족시키지 못하더라도 해당 기업의 마케팅 전략은 실패로 돌아간다는 뜻이다.

---

[1] 위생요인(hygiene factor): 어떤 수준으로 충족되지 않을 경우 불만족을 초래하지만 그 이상으로 충족이 된다고 해서 특별한 장점을 가져오지는 않는 요인. 즉, 어떤 수준으로 충족되는 것이 기본적으로 기대되는 요소를 일컫는 용어

모델의 발전 과정

4P 모델의 머리글자 P를 유지하면서, 이후 다른 학자들은 마케팅 믹스에 다음의 세 가지 요소를 추가하였다.

사람People 기업이 제안하는 제품 또는 서비스에 있어 사람은 중요한 부분을 차지한다. 제품의 제조 판매, 고객과의 관계 구축, 제품의 제공 및 전달, 고객 문의 응대 및 문제 대응의 주체는 모두 사람이다. 따라서 모든 제품과 서비스에 있어 사람은 필수적인 구성요소이다.

프로세스 Process 제품이 만들어지는 공정 역시 기업이 제안하는 제품과 서비스의 일부이다. 이 외에도 고객의 문의 및 불만 사항 응대, 신용 확인 등과 같은 고객과 관련된 프로세스도 있는데, 이 역시 고객에게 제공되는 제품의 일부이다.

물리적 환경 Physical evidence 제품이 제공되는 물리적 환경이 매우 중요한 경우도 있다. 특히 슈퍼마켓과 같은 곳의 경우 통로의 폭, 상점 내 배치, 색깔, 향기 및 분위기와 같은 물리적 요소들이 마케팅에 매우 큰 영향력을 미친다.

2013년 『Harvard Business Review』에 게재한 글 「Rethinking the 4Ps」에서 리처드 에텐슨Richard Ettenson, 에두아르도 콘라도Eduardo Conrado, 조나단 놀스Jonathan Knowles는 초기 4P모델이 기업 대 기업B2B의 세계에는 잘 맞지 않는다고 주장하였다. 초기 4P 프레임워크가 강조하는 제품의 기술 및 품질은 차별화가 불가능한 위생요인이라는 것이다. 이에 따라 제품에서 해결책으로 강조점을 옮긴 **SAVE 프레임워크**를 제안하였다. SAVE는 **해결책**Solution, **접근성**Access, **가치**Value, **교육**Education 네 단어를 합친 영문 두문자어이다.

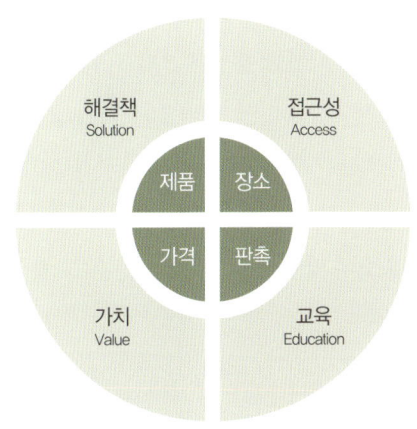

제품보다는 해결책 Solution   제품 판매보다 문제의 해결을 더 강조한다.

장소보다는 접근성 Access   고객이 어디서 무엇을 하고 있든 이들에 대한 접근성을 가지는 것이 중요하다. 오늘날에는 오프라인 상점보다 온라인 상점이 더 유리하다는 것을 의미한다.

가격보다는 가치 Value   사람들은 가격 자체보다는 가성비를 더 따진다. 즉 중요한 것은 얼마나 큰 가치를 제공해 주는가에 있다.

판촉보다는 교육 Education   판촉은 지나치게 노골적으로 보일 가능성이 있다. 또한 B2B 시장에서는 신뢰와 평판이 더 큰 영향을 미친다. 신뢰는 장기간에 걸쳐 정보를 제공하는 과정을 통해 구축될 수 있다.

모델의 적용

마케팅 또는 사업 계획을 하는 경우 4P 또는 그 파생모델을 적용해 볼 수 있는데, 특히 **신제품 출시** 또는 **새로운 시장** 진입을 고려하는 경우 유용하다.

신제품 출시　신제품은 기업에 있어 생명선과도 같은 것이다. 성공적인 기업은 변화하는 고객의 니즈를 충족시키기 위해 지속적으로 제품을 개선하거나 새로운 제품을 내놓는다. 일반적으로 성공적인 기업의 포트폴리오의 3분의 1 이상은 출시 3년 이하의 제품으로 구성되어 있다고들 말하지만, 그 비율은 기업의 성격에 따라 다를 수 있다. 예를 들어 철강 부품을 만드는 기업과 비교할 때 제과류 제조 기업은 포트폴리오에서 신제품이 차지하는 비중이 더 클 가능성이 높다. 하지만 새 제품이 도넛이든 합금이든 간에 4P 모델의 네 가지 요소에 맞춰 새로운 제품을 점검해볼 만한 가치가 충분히 있을 것이다.

- 기존 제품 대비 신제품이 고객의 니즈를 더 잘 충족시키는가?
- 기존 제품 대비 신제품의 기능 및 혜택이 얼마나 더 큰 가치를 제공하는가?
- 새로운 제품은 기존 제품이 판매되고 있는 현 유통망에 적합한가?
- 신제품 출시에 필요한 판촉 전략은 무엇인가?

새로운 시장 진입　기업은 비즈니스 성장 전략으로 새로운 지형의 시장에 진입하거나 새로운 고객군을 대상으로 제품을 출시하기도 한다. 이 경우 다음과 같은 질문을 던져보자.

- 이미 시장에 존재하는 경쟁 제품 대비 해당 제품은 어떻게 포지셔닝positioning되었는가?
- 새로운 지역 또는 세그먼트segment의 시장에서 고객은 제품 구매를 위해 무엇을 지불할 것인가?
- 새로운 지역의 시장에 성공적으로 진입하기 위해선 어떤 채널이 적합한가?
- 새로운 지역의 시장에서는 어떤 메시지가 효과적인가?

중국 시장 진입을 시도했던 서구 기업들은 제품 포트폴리오를 변경할 수밖에 없었다. 예를 들어 KFC는 베이징 덕을 판매하고, 스타벅스Starbucks는 녹차나 아로마티를 메뉴에 추가하기로 하였으며, 코카콜라Coca-Cola는 콜라 이외에 탄산 과일음료를 판매하고 있다. 작업용 장갑 제조업체는 중국 노동자들에 적합한 더 작은 크기의 장갑을 판매한다.

제품의 가격은 해당 국가의 소득 수준에 맞춰 적정 수준으로 책정되어야 한다. 이를 구매력 평가 지수Purchasing power parity라 하는데, 노르웨이나 스위스 맥도날드 빅맥Big Mac 가격이 인도보다 세 배 또는 네 배까지 높은 이유를 여기서 찾을 수 있다.

각 국가마다 판매 채널 역시 큰 차이를 보인다. 중국 및 다수의 아시아 국가에서는 여전히 재래 시장이 소비재 및 공산품 모두에 있어 가장 주요한 판매 채널이다. 동양에는 소규모의 전문 상점이 많은 반면 서양에서는 초대형 상점들이 주류를 이룬다. 효과적인 판매 촉진 전략도 나라마다 매우 상이하다. 동양에서는 제품명, 로고 디자인 또는 포장의 색상과 같은 요소들이 중요시된다.

중국 시장 첫 진출 당시 이케아IKEA는 서구 국가에서 기본적인 판촉물로 제공되었던 대형 책자의 비용을 감당할 수 없었고, 그 대안으로써 한 해 여러 번에 걸쳐 소책자를 배포했다. 또한 더 부드러운 메시지를 전하고자 했다. 서구에서 표방했던 당당하고 통념을 깨는 브랜드라는 이미지를 버리고, 소박한 이미지를 통해 25세에서 35세 중국 여성을 대상으로 작은 변화로 어떻게 삶을 개선시킬 수 있는지를 보여주는 데에 집중한 것이다.

생각해볼 점

- 마케팅 계획을 세울 때 4P 모델 적용을 고려하자. 새로운 시장에 진입할 때, 신제품을 출시할 때 또는 새로운 고객 세그먼트를 공략할 때 특히 유용하게 쓰일 수 있다.
- 각 기업에 맞는 4P를 분석할 때는 목표 고객을 염두에 두자. 먼저 고객의 페르소나를 그린 후 (31장 참고), 그것을 중심으로 4P를 분석하자.

ADL 매트릭스
ADL matrix

02

제품 포트폴리오 또는
전략적 사업 단위 강화하기

마케팅 · 일반적 비즈니스 전략 · 가격 결정 · 혁신 · 제품 관리 · 고객 분석

ADL 매트릭스는 1970년 후반 경영전략 컨설팅업체 아서 D. 리틀Arthur D Little에 의해 개발되었다. 이 모델은 1970년 경쟁 컨설팅업체였던 보스턴 컨설팅 그룹Boston Consulting Group이 만든 제품 포트폴리오 매트릭스를 따르고 있다(7장 참고). 보스턴 매트릭스는 시장의 매력도 및 해당 시장 내 경쟁적 포지션라는 두 가지 차원을 기반으로 한다. ADL 매트릭스의 경우 해당 비즈니스의 경쟁적 포지션과 라이프사이클에서의 위치를 동시에 고려한다. 그러나 ADL 매트릭스는 보스턴 매트릭스만큼의 인기를 누리지는 못했다.

모델의 구조 및 분석 방법

경영전략 컨설팅업체 아서 D. 리틀Arthur D Little에서 개발한 ADL 매트릭스는 도입기/쇠퇴기 사업인지, 해당 시장 내 강세/약세를 띠는 기업인지에 따라 관리자들이 각자의 사업(또는 제품 포트폴리오)에 맞는 전략을 고안하도록 도와준다. 젊고 지배적인 기업은 시장점유율을 공격적으로 높여갈 수 있는 전략을 선호하며, 오래된 약세의 기업은 시장 철수 전략을 고민하게 된다.

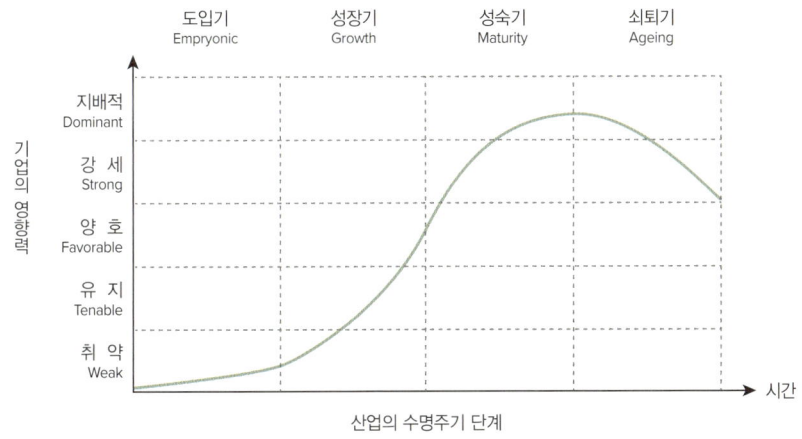

라이프사이클 단계 ADL 매트릭스는 산업의 라이프사이클을 네 단계로 구분한다. 라이프사이클의 초기 또는 도입기에 있는 기업은 성숙기에 위치한 기업보다 수익성이 낮을 가능성이 높다. 라이프사이클 초기 단계의 기업은 상당한 투자를 요하는 반면 라이프사이클 후기는 현금을 거둬들이는 단계이다. ADL 매트릭스에서 설명하는 라이프사이클 네 단계는 다음과 같다.

도입기Embryonic 신규 또는 초기 단계의 사업 단위business unit. 아직 수익이 실현되지 않아 기업이 강력한 재정적 지원을 필요로 하는 시기로, 시장이 안정을 찾지 못하고 다양한 경쟁 업체들이 존재한다.

성장기Growth 사업 단위가 탄력을 받기 시작해 가파른 성장 곡선을 보이는 시기이다. 정신없이 빠른 속도의 성장으로 인해 심한 혼란이 초래되어 이 단계에 있는 기업은 해당 시장 내 성장 경쟁에서 자신이 선두 또는 후미에 위치해 있는지 파악하는 데 어려움을 겪을 수 있다. 기업은 빠른 확장 및 소비자 필요를 충족시키기에 충분한 생산 확보에 집중한다.

성숙기Maturity 사업 단위의 성장이 둔화된다. 경영 합리화rationalization가 시작되며 경쟁구도 및 시장구조가 선명해지는 단계이다. 과거에는 생산 최대화에 집중했다면 성숙기의 기업은 수익 극대화를 위한 브랜드 포지셔닝brand positioning 및 시장세분화에 초점을 맞추기 시작한다.

쇠퇴기Ageing 쇠퇴기의 기업은 매출액이 감소하기 시작한다. 잘 운영된 사업체의 경우 이익을 회수할 수 있는 시기이다. 시장에서 철수하는 경쟁자들이 생겨나고 남아있는 대부분의 기업은 정립된 시장 규칙을 지키며 시장 주도 기업을 따라간다. 하지만 재활성화rejuvenation의 여지가 남아 있는지, 아니면 시장에서 철수하는 것이 나을지에 대한 결정을 내려야 하는 어려운 시기가 될 수 있다.

기업의 영향력
사업의 경쟁적 포지션에 따라 전략사업 단위의 영향력이 평가된다. 영향력의 정도는 시장점유율, 경쟁사 대비 재무성과, 고객 또는 가치사슬에 대한 영향력, 브랜드 영향력, 가격 결정 전략에 따라 결정된다. 경쟁적 포지션은 다섯 가지로 분류한다.

지배적Dominant 이 카테고리로 분류되는 기업은 시장 선두주자이며 독점기업일 수 있다. 높은 시장점유율 덕분에 가격을 높게 책정하여 많은 수익을 창출해낼 수 있다.

강세Strong 강세 카테고리로 분류되는 기업은 소수의 기업들끼리 시장 내 강력한 위치를 공유하는 과점기업일 가능성이 높다. 대규모 업체들 간 경쟁이 있으나 대체로 시장을 쪼개어 수익을 낼 수 있는 좋은 기회가 존재한다.

양호Favourable 양호한 경쟁 위치를 가진 기업은 독보적인 기업이 없는 세분화된 시장에서 사업을 운영한다. 다수의 비슷한 수준을 가진 경쟁자가 있으나 뚜렷한 선두주자는 없다. 세분화된 시장의 특정 부문에서 경쟁 우위를 가지고 있는 기업은 존재할 수 있다.

유지Tenable 이 카테고리의 기업은 지리적으로 국한된 지역 또는 특별한 제품으로 틈새시장을 공략한다.

취약Weak 약세를 띠는 기업은 재무성과가 좋지 않고 경쟁이 심한 시장에서 취약한 지위를 가지고 있다. 사업 규모가 너무 작아 시장에서 살아남기 쉽지 않다.

비즈니스에 적용 가능한 여섯 가지 전략   ADL 모델은 특히 약세 또는 쇠퇴기의 기업에 적용 가능한 여섯 가지 전략을 제시한다.

시장 전략_{Market strategies}   새로운 지역의 시장으로 옮겨가거나 다른 세그먼트를 공략하는 것. 브랜드 구축

제품 전략_{Product strategies}   신제품 출시, 제품 차별화 전략 구상, 특정 세그먼트의 요구에 맞춰 제품을 포지셔닝 하는 것

경영 및 시스템 전략_{Management and system strategies}   생산비용 절감, 고객 서비스 개선 등, 경쟁 우위를 확보할 수 있는 방법을 모색하는 것

기술 전략_{Technology strategies}   연구개발 투자를 통해 시장에 어필할 수 있는 새로운 제품으로 가득 찬 제품 포트폴리오를 구성하는 것

축소 전략_{Retrenchment strategies}   고객 충성도를 바탕으로 사업을 재구축하고, 한 소비자의 총 지출에서 해당 제품이 차지하는 비중을 의미하는 지갑점유율_{Share of wallet}[1]을 높이거나 더 높은 가격을 책정하는 것

물류 전략_{Operations strategies}   물류를 개선하고 더 빠른 배송 또는 더 효율적인 운영을 통해 경쟁 우위를 점하는 것

모델의 발전 과정

라이프사이클이 관련된 비즈니스 모델은 각 단계를 어떻게 구분할 것인가 하는 난제에 부딪히게 된다. 초기 단계와 쇠퇴기의 기업 간 구분은 명확하지만 라이프사이클에서 각각의 단계 사이의 경계를 찾기는 어려울 수 있다. 라이프사이클의 각 단계에 정해진 표준 기간이라는 것은 존재하지 않으며 각 경우마다 큰 차이를 보인다. 전자제품은 그 주기가 수년밖에 되지 않을 만큼 상대적으로 짧지만 원자재는 주기가 상당히 길다.

---

[1] 지갑점유율(Share of wallet): 소비자의 지출 금액 중 특정 브랜드에 평균적으로 지출하는 금액의 비율

모델의 적용

제품 포트폴리오 또는 다수의 다양한 사업 단위를 보유한 기업은 다음의 세 단계에 따라 ADL 모델을 적용할 수 있다.

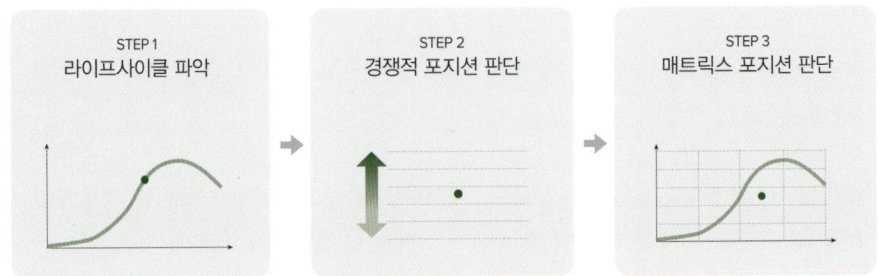

1단계: 라이프사이클에서 비즈니스의 위치를 판단하라 앞서 언급했듯이 각 단계 사이의 뚜렷한 경계가 존재하지 않기 때문에, 도입기 또는 쇠퇴기의 기업처럼 구분이 명확한 경우를 제외하고는 라이프사이클에서 비즈니스가 어느 지점에 위치해 있는지를 찾는 것은 쉽지 않다. 이럴 때는 다음과 같은 질문을 통해 도움을 받을 수 있다.

- 시장의 규모는 어떠한가?
- 시장 내 공급자의 수는 몇인가?
- 해당 기업들의 규모는 어떠한가?
- 얼마나 오래된 기업들인가?

소규모의 젊은 기업의 수가 많다면 초기 단계, 대형 기업의 수가 많다면 성숙기 및 쇠퇴기를 의미한다.

2단계: 해당 비즈니스의 경쟁적 포지션을 판단하라 2단계는 1단계보다 어렵지 않다. 강력한 경쟁적 포지션에 있는 기업은 차별성 있는 제품에 프리미엄 가격을 책정했을 것이며 높은 시장점유율, 성장 및 수익률을 누리고 있을 것이다.

3단계: 매트릭스에서 비즈니스가 어떤 범주에 속하는지 판단하라 이론상으로는 쉽지만, 실제로는 자신의 비즈니스가 둘 또는 세 범주의 경계에 걸쳐 있는 모습을 확인하게 될 가능성이 높다. 이 경우 1단계와 2단계로 돌아가 다시 질문을 던져보자. 다음 네 가지 중 자신의 비즈니스가 해당하는 전략 범주를 발견할 수 있을 것이다.

- 강세 또는 지배적인 위치를 보유한 도입기 또는 성장기의 기업
  - 현 위치를 지키는 것을 목표로 하되 가능한 범위에서 시장점유율을 높일 것
- 강세 또는 지배적인 위치를 보유한 성숙기 또는 쇠퇴기의 기업
  - 현 위치를 지키는 것을 목표로 하되 시장과 함께 성장하거나 이익 회수 방안을 고려할 것
- 취약한 위치를 가진 도입기 또는 성장기의 기업
  - 생존할 수 있는 틈새시장을 찾거나 사업 수익성이 없다면 시장 철수를 고려할 것
- 취약한 위치를 가진 성숙기 또는 쇠퇴기의 기업
  - 경쟁적 포지션을 개선시키는 것이 불가능하다면 시장 철수를 고려할 것

생각해볼 점

- 각각의 전략적 사업 단위Strategic Business Unit, SBU 또는 제품에 대해 ADL 전략을 고려해볼 필요가 있다.
- 매트릭스 내 SBU/제품의 위치를 찾는 것은 어렵긴 하지만 장기 전략적인 방향을 설정하는 데 유용하므로 시도해볼 만한 가치가 있다.

AIDA

효과적인
마케팅 커뮤니케이션을 위한
비즈니스 모델

1904년 세일즈 기법의 선구자라 불리는 미국인 프랭크 듀크스미스Frank Dukesmith는 고객이 제품을 시험 사용해 보거나 구매 결정을 내리기까지 거치는 네 단계에 대해 설명하였다. 듀크스미스가 제창한 이 순서에 맞추어 1921년 CP 러셀CP Russell은 그의 글에서 각 단계의 앞 글자를 따 AIDA라는 두문자어를 만들어낸다. 문화적 소양이 높았던 그는 AIDA가 오페라의 제목이라는 사실을 알고 있었기에 사람들의 기억에 더 잘 남을 것이라고 말했다.

모델의 구조 및 분석 방법

AIDA(그림 3.1)는 커뮤니케이션 분야에서 가장 잘 알려진 모델 중 하나이다. 이 모델은 광고 및 판촉에 있어 효과적인 커뮤니케이션을 하기 위한 방법을 네 가지 중요 단계를 통해 설명한다. 다른 마케팅 모델과 마찬가지로 AIDA 모델은 해당 제품에 관심을 가지고 있는 특정 고객층을 대상으로 한다.

그림 3.1 AIDA 모델

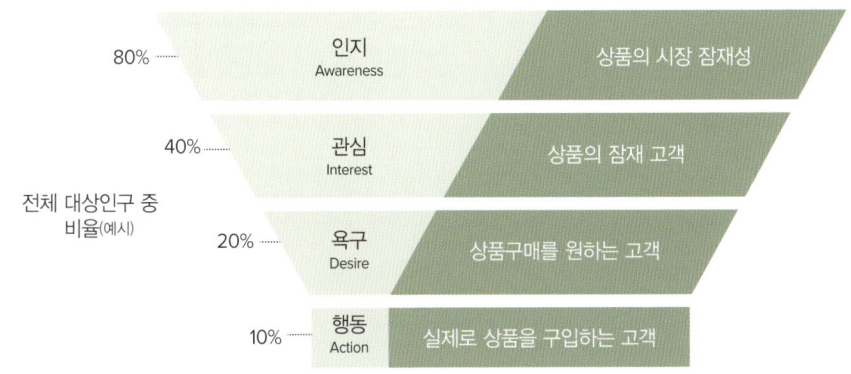

인지Awareness 효과적인 커뮤니케이션의 출발점은 우선 그 제품을 인지하도록 하는 것이다. 제품의 존재조차 알지 못한다면 관심을 갖거나 어떤 행동도 할 수 없기 때문이다. 판매 촉진의 기회에 해당하는 예시로는 일반적으로 TV, 라디오, 신문, 저널, 게시판, 대중 홍보, 직접 마케팅(전단지, 이메일, 영업사원의 전화 등), POSM, 포장 및 소셜 미디어를 들 수 있다.

판촉 활동의 핵심은 제품의 인지도를 높이는 것이다. 이를 위해 판촉 믹스 중 어떤 요소를 선택할 것인가는 목표 고객 및 홍보대상 제품이나 서비스의 종류에 따라 달라진다.

대부분의 판매 촉진 활동은 다양한 매체의 혼합으로 구성된다. 이렇게 다양한 방향에서 소비자들에게 다가가기 때문에 정확히 어떤 경로로 제품의 인지도가 높아졌는지 단언하기는 쉽지 않다. 이와 관련해 존 워너메이커John Wanamaker와 레버흄 경Lord Leverhulme은

"나의 광고 지출의 절반은 결국 낭비된다. 문제는 그 절반이 무엇인지를 알 수가 없다는 것이다"라는 유명한 말을 남기기도 했다.

일반적으로는 판매 촉진 지출이 클수록 인지도 역시 높아진다. 하지만 앞서 언급한대로 그중 많은 부분이 목적한 바를 이루지 못한다는 사실을 염두에 두자. 일반적으로 기업은 매출의 약 2퍼센트를 판매 촉진 예산으로 배정한다.

'홍보에 얼마를 지출하는가'가 인지도에 영향을 주는 유일한 요소는 아니다. 인지도는 장기간에 걸쳐 반복된 메시지를 전달하는 방식으로도 높일 수 있으며, 헤드라인, 이미지, 색상에 의해 영향을 받기도 한다. 주목을 받기 위한 다양한 시도가 이런저런 종류의 효과를 내는 것이다.

입소문 역시 인지도를 쌓는 데 매우 중요한 역할을 한다. 오늘날에는 소셜 미디어를 통해 소문이 퍼져 나가지만 몇 년 전까지만 해도 입소문은 말 그대로 한 사람이 다른 이에게 직접 구두로 소문을 전하는 방식이었다. 실제로 영국의 소매업체인 막스 앤 스펜서Marks & Spencer는 고객이 직접 브랜드를 추천하는 홍보 방식에 의존해 지난 100년간 TV, 라디오, 신문, 잡지 등, 전통적 광고매체에 노출되는 ATL 마케팅에는 거의 지출을 하지 않았다.

관심Interest   제품에 대한 탄탄한 인지도를 구축하는 것만으로는 충분하지 않다. 판매 촉진 활동이 제품 구매로까지 이어지려면 고객의 관심을 유발하고 공감을 이끌어내야 한다. 제품이 자신과 관련되어 있다고 느낄 수 있어야 하며 제품 구매를 통해 자신의 필요 및 욕구가 충족될 수 있다는 생각이 들게 해야 하는 것이다.

기업의 상품 제안offer, 즉 제품 또는 서비스에 포함된 특징/사양 및 편익이 묘사되는 방식에 따라 고객은 더 큰 관심을 갖고 구매를 위해 한 단계 나아간다. 제품 또는 서비스에 대한 묘사를 고객 가치 제안Customer Value Proposition, CVP이라고 한다. 만약 고객의 관심을 끌기 위해서는 그 제안이 잠재 고객에 의해 평가되어야 한다. 더 나아가서 고객이 평소에 사용하는 언어를 사용해야 고객의 흥미를 끌 수 있다.

욕구Desire　판매 촉진의 다음 목표는 기업의 상품 제안에 대한 욕구를 일으키는 것이다. 잠재적 고객은 모든 특징과 사양 및 편익을 바탕으로 고객 가치 제안에 대해 고려했을 것이다. 효과적인 판매 촉진 전략은 잠재적 고객이 가장 매력을 느낄 만한 한두 가지의 가치를 제안하는 데 집중한다. 그러나 상품 제안 중 특별하고 독특하며 매혹적인 지점을 찾아내 광고에 녹여내는 것은 쉬운 일이 아니다. 너무 많은 혜택을 다루다 보면 오히려 메시지가 희석되어 판매 촉진 전략이 실패하는 경우가 종종 발생한다.

이 단계에서 잠재 고객은 여러 개의 대안을 고려하고 있을 수 있다. 이러한 대안적 상품 제안들이 컨시더레이션 세트$_{consideration\ set}$[2]를 구성하는데, 잠재 고객은 각자가 느끼는 주관적 가치와 편익을 기준으로 고려하는 제품군 중 몇몇 제품을 추려낸 후 선택을 하게 된다. 최종 결정은 특정 브랜드에 대한 선호도와 같은 감정적 또는 주관적 요소를 기반으로 내린다.

행동Action　AIDA 모델이 궁극적으로 이끌어내고자 하는 것은 바로 행동이다. 여기서 행동이란 판촉의 목표가 무엇인지에 따라 제품의 구매가 될 수도 있고, 웹사이트 방문이나 안내 책자 요청 등, 구매보다는 덜 상업적인 행동이 될 수도 있다. AIDA는 각 단계를 순차적으로 지날 때마다 대상 인구의 비율이 크게 줄어드는 모델이다.

예를 들어, 판매 촉진 활동을 통해 목표 고객의 80퍼센트가 그 제품에 대해 알게 되었다면 해당 제품에 관심을 보이는 고객의 비율은 이보다 훨씬 적은 40퍼센트 정도다. 여기에서 구매 욕구를 느끼게 되는 사람의 비율은 더 줄어들어 전체 목표 고객의 20퍼센트만 남게 된다. 마지막으로 구매 행동을 취하는 단계에 이르러서는 매우 적은 비율의 사람만이 남게 되는데, 그 비율이 10퍼센트만 되어도 대부분의 기준에서 성공적인 판촉 활동이라 평가한다.

---

[2]　컨시터레이션 세트(Consideration set): 소비자가 제품이나 서비스를 최종 구매하기 전에 선택의 대상으로 고려하는 브랜드의 집합

모델의 발전 과정

일련의 단계를 거쳐 행동을 이끌어낸다는 원칙은 단순히 광고 영역에만 국한된 것이 아니었다. 1911년 아서 쉘든Arthur Sheldon은 그의 저서 『Successful Selling』에서 영업팀이 활용할 수 있는 AIDA 모델을 제시했다. 그는 만족satisfaction이라는 요소를 추가하여 반복적 구매를 이끌어내기 위해선 고객이 만족감을 느끼도록 하는 것이 중요하다는 사실을 강조한다. 이렇게 수정된 모델이 바로 AIDAS이다.

다른 이들 역시 각자 약간의 변화를 주었다. 1961년 **RJ 라비지**RJ Lavidge와 **GA 스타이너**GA Steiner는 AIDA처럼 기억하기 쉬운 두문자어를 만들어내지는 못했지만 광고 효과를 예측할 수 있는 비슷한 모델을 제안했다. 단계를 거친다는 점에서는 AIDA 모델과 동일하지만 판촉이 행동으로 변환되는 과정에서 거치는 단계 수가 조금 더 많다는 점에서는 차이가 있다.

- 인지Awareness   기존 모델과 동일
- 정보Knowledge   사람들이 인지를 심화시켜 자신의 고려대상에 대한 더 많은 정보를 얻게 되는 단계
- 좋아함Liking   제품에 대해 더 잘 알게 되어 특정 기능과 혜택을 좋아하는 수준까지 나아가는 촉발이 일어나는 단계
- 선호Preference   다양한 회사의 제품이 모여 만들어진 컨시더레이션 세트의 후보 중 하나에 대한 선호도가 생기는 단계
- 확신Conviction   단순 선호에서 '바로 이 제품이다'라는 확신으로 넘어가는 단계
- 구매Purchase   정보, 좋아함, 선호, 확신이 축적되어 궁극적으로 제품의 구매라는 형태의 행동으로 이어지는 단계

모델의 적용

커뮤니케이션의 홍수 속에 살고 있는 현대인의 주의를 끄는 것은 어려운 일이다. 사람은 관심이 있는 것에 주의를 기울이도록 프로그램 되어 있다. 당신이 술을 별로 좋아하지 않는 사람이라면 술을 즐기는 사람보다 주류 광고에 눈이 갈 가능성이 낮을 것이다.

예비 엄마는 아기 관련 메시지에, 정원사는 원예용품점 관련 광고에, 아이들은 TV 장난감 광고에 관심을 가질 것이다.

언제 커뮤니케이션을 하느냐에 따라 효과가 달라진다. 일 년 중 절대 다수의 장난감 구입이 이뤄지는 시점은 크리스마스이다. 이론적으로는 구매가 일어나는 시점에 맞춰 장난감 광고를 하는 것이 상식적이다. 하지만 모든 장난감 회사들이 너도나도 광고를 하는 이 시기에는 동종업계 광고 노출에서 자사가 주의를 끌 수 있는 수준을 의미하는 매체점유율_{share of voice}이 낮아질 수밖에 없다. 한 대형 장난감 제조업체는 경쟁이 덜 치열할 때인 10월부터 광고를 시작해 자신의 광고가 묻혀버리는 상황을 피하는 전략을 사용하였다.

시기와 상관없이 광고라는 것은 영향력이 있어야 한다. 물론 브랜드 가이드라인을 지키는 수준에서 이루어져야 하겠지만 강렬한 색감과 이미지, 설득력 있는 헤드라인을 통해 사람들의 주의를 끌 수 있다. 광고를 만드는 제작팀은 시선을 끄는 이미지를 통해 페이지의 상단에서 헤드라인으로, 그리고 궁극적으로 광고 메시지의 본문인 바디카피_{body copy}까지 어떻게 해야 소비자를 끌어들일 수 있는지 잘 알 것이다.

영향력을 만들어내고 흥미를 유발하여 확신을 갖게 만드는 것이 판촉 활동의 핵심이다. 하지만 어떤 전략이 효과적일 것인지가 항상 명확한 것은 아니다. 산업용 가스 제조업체인 **에어 프로덕츠**_{Air Products}는 잠재적 고객에게 몇 가지의 샘플 광고를 보여주었는데 가장 효과적이고 설득력이 있었던 것은 사람이 등장하는 광고였다. 사람이 등장하지 않았던 광고는 창의적이고 멋졌음에도 불구하고 탈락되었다.

오길비 앤 매더_{Ogilvy & Mather}라는 광고회사를 차린 광고인 **데이비드 오길비**_{David Ogilvy}는 그의 광고에 관한 저서『1983』에서 "내가 쓰고자 하는 광고 카피는 누군가가 '창의적'이라고 느낄 문구가 아니라 해당 제품을 사고 싶을 정도의 흥미를 느낄 만한 문구"라는 통찰력 있는 지적을 하였다. 광고의 아버지라 불리는 그는 또한 "훌륭한 헤드라인을 쓰는 것만으로도 광고비의 80퍼센트는 잘 쓰여진 것이다"라고 말하였다. 열 명 중 여덟 명은 광고의 헤드라인만 본다는 사실을 알고 있던 것이다.

> **생각해볼 점**
>
> - AIDA의 각 단계마다 다음의 세 가지 질문을 던져보라.
>   - 목표 고객의 주의를 끌 수 있는 판촉 활동인가?
>   - 판촉 활동의 내용이 목표 고객에게 유의미한가?
>   - 판촉 활동이 일련의 행동을 이끌어 낼 수 있는가?

앤소프 매트릭스
Ansoff matrix

어떻게 기업을
성장시킬 것인가

마케팅 | 일반적 비즈니스 전략 | 가격 결정 | 혁신 | 제품 관리 | 고객 분석

앤소프 매트릭스Ansoff matrix는 이고르 앤소프Igor Ansoff의 이름을 따서 지어졌다. 앤소프는 1918년 러시아에서 미국인 아버지와 러시아인 어머니 사이에서 태어나 1936년 미국으로 이주했고, 그곳에서 공학과 수학을 공부했다. 미국의 랜드연구소Rand Corporation 및 미국의 군용 항공기 제조회사 록히드Lockheed Aircraft에서 근무하며 사업 계획 및 전략 경험을 쌓았다. 그 무렵 앤소프는 1957년 『Harvard Business Review』에 「Strategies For Diversification」을 게재한다. 이후 얼마 되지 않아 그는 학계로 몸을 옮겨 2002년 사망 전까지 미국 및 유럽 대학에서 활동하였다.

모델의 구조 및 분석 방법

대부분의 기업은 사업을 키우고자 하는 기본적 욕구를 가지고 있다. 성장하는 기업은 성공적인 기업으로 간주된다. 사업의 성공은 더 많은 고객을 끌어들이며 선순환 고리를 만들어낸다. 또한 좋은 직원이 모여들고 이들의 지속적인 참여를 이끌어낼 수 있는 새로운 기회를 제시하기도 한다. 하지만 지속적인 성장이란, 특히 성숙기에 있는 기업에게는 쉬운 일이 아니다.

앤소프 매트릭스는 **시장 침투**, **시장 개발**, **제품 개발**, **다각화**라는 네 가지 전략적 전제를 기반으로 한 사업 성장 모델을 제시한다.

시장 침투 Market penetration 　　기존 시장에서 기존 제품을 추가로 판매하는 것으로, 시장 침투 전략은 다음과 같은 기회를 제시한다.

- 기존 고객의 지갑점유율 확대
- 기존 시장에서의 새로운 고객 모색

고객의 지갑점유율 100퍼센트를 달성하고 있는 기업은 별로 없다. 대부분 시장을 공유하는 하나 또는 둘의 경쟁자가 존재한다. 특정 기업을 선택한 고객은 이미 그 기업의 제품이 제시하는 이점에 설득이 된 상태이다. 이는 곧 완전히 새로운 고객을 유치하는 것보다 기존 고객에게 추가적인 제품 판매를 하는 것이 더 용이하다는 것을 의미한다. 예를 들어, 자선단체에 기부를 한 후 같은 단체에서 곧 추가적인 기부 요청을 받은 경험이 있을 것이다. 새로운 기부자를 유치하는 것보다 기존의 기부자를 설득해 추가 기부를 받는 것이 더 쉽다는 것을 자선단체 역시 알고 있기 때문이다.

신규 사업에 있어 확실한 원천이 되는 이런 자원을 간과하는 경우가 많다. 강력한 수렵형hunting DNA를 가지고 있는 회사는 농경형farming DNA가 강한 회사보다 새로운 고객을 대상으로 한 새로운 사업 영역을 찾는 데 더 큰 열정을 쏟을 것이다. 기존에 보유한 고객을 기반으로 더 많은 제품을 파는 전략은 성장 기회를 모색할 때 가장 먼저 고려해야 할 전략 중 하나이다.

시장 개발 Market development 새로운 시장에서 기존 제품을 판매하는 것으로, 시장 개발 전략은 다음과 같은 기회를 제시한다.

- 지리적으로 새로운 시장 내 신규 고객을 대상으로 한 판매
- 과거 대상으로 하지 않았던 수직적 세그먼트vertical segments 내 고객을 대상으로 한 판매

사업은 기존 및 신규 고객의 적절한 혼합 구성을 모색해야 한다. 더 이상 해당 제품이 필요 없어졌거나 더 좋은 대체재를 찾았다거나 어떤 이유에서든 기존 고객의 부분적 이탈은 필연적이다. 그렇다면 이들을 대체할 고객을 찾아야 한다. 그러나 이탈한 고객만큼 대체 고객을 유치했다면 그 결과는 현상 유지일 뿐이다. 사업을 성장시키기 위해서는 이탈한 고객보다 새로운 고객을 더 많이 유치해야 한다. 시장 개발은 지리적으로 새로운 시장 안의 신규 고객과 기존의 시장 안에서 새로운 고객을 찾아내는 전략이다.

기존의 시장 안에서 새로운 고객을 발굴하는 두 번째 전략은 시장 세분화를 통해 이루어질 수 있다. 대부분의 회사는 대상 고객을 세분화하는데, 소비자를 대상으로 한 회사의 경우 특정 인구학적 특징을 가진 고객군을 목표로 하고, B2B 회사의 경우 특정 산

업의 수직적 시장[1]에 초점을 맞춘다. 새로운 고객은 새로운 세그먼트에서 발굴할 수 있다. 면도기 제조업체 질레트Gillette는 원래 남성을 대상으로 했던 일회용 면도기에 약간의 수정을 가해 여성 고객들도 매력을 느낄 수 있을 만한 제품을 만들었다. 맥주 양조 회사 기네스Guinness의 맥주는 원래 주로 장년층이 마시는 음료였지만, 여타 라이트 맥주나 라거와 차별화된 멋지고 지적이고 진정성 있는 사람이 마시는 음료로 새롭게 포지셔닝해 젊은 층 사이에서 스타우트stout에 대한 엄청난 수요를 만들어 냈다.

새로운 고객을 유치하는 것은 쉽지 않다. 만약 쉬운 일이었다면 어느 회사나 간단하게 홍보 버튼을 눌러 새로운 수익을 창출했을 것이다. 새로운 고객들을 구매 행위까지 인도하기 위해서는 일련의 단계들을 거쳐야 한다. 먼저 새로운 회사에 대해 익숙해질 수 있어야 하고, 그 후 해당 회사의 제품에 대한 강력한 구매욕구가 느껴질 정도로 흥미가 생겨야 한다. AIDA 모델에서 이 과정을 다루고 있다(3장 참고).

제품 개발 Product development 새로운 제품을 기존 시장에서 판매하는 것으로, 제품 개발 전략은 다음과 같은 기회를 제시한다.

- 기존 고객을 대상으로 새로운 제품을 판매
- 기존 시장에서 충족되지 못한 니즈를 발굴

기존 고객과는 이미 신뢰와 관계가 구축되어 있기 때문에 새로운 제품을 제안하기에 훨씬 유리한 조건이라고 할 수 있다. 브랜드와 그 평판을 이미 인지하고 있고 그것이 고객에게 어떤 의미를 가지고 있기 때문이다. 따라서 이는 고객이 좋아할 만한 추가적인 제품을 제안할 수 있는 기회이다. 자체적으로 개발한 새로운 제품을 제안할 수도 있고, 라이선스 계약을 통해 포트폴리오에 새로 추가된 제품을 제안할 수도 있다.

당연한 이치겠지만 이러한 브랜드 확장 전략은 새로운 제품으로 고객의 니즈가 충족되는 경우, 또는 고객이 이미 구매하고 있는 브랜드와 긴밀하게 관련되어 있는 경우에 성공적일 가능성이 높다. 몇 가지 간단한 예시를 살펴보자. 제빵업자라면 추가적으로 미

---

[1] 수직적 시장: 수직적 시장이란 다수의 정부가 표준 산업 분류(Standard Industrial Classification), 또는 미국에서 NAICS(North American Industry Classification System)라 일컫는 산업 분류를 의미한다.

트파이나 제과류를 판매하기가 유리할 것이며, 항공사라면 충성 고객에게 해당 항공사를 이용하는 휴가 상품을 판매하기 용이할 것이다. 기계를 공급하는 회사라면, 고객에게 유지보수 계약을 제안할 수 있다. 이 예시들은 모두 원래의 브랜드와 연관성이 깊은 제안을 보여주고 있다.

반면, 중심 가치에서 멀어질수록 새로운 제품을 판매하는 것이 어려워진다. 영국기업인 버진Virgin은 음악 산업에서 매우 강력한 브랜드를 구축하였으며, 역사가 오래되거나 종종 고리타분한 브랜드에 대한 도전자 이미지로 포지셔닝을 하였다. 이는 항공 및 철도 산업 진출에는 효과적이었지만 와인, 콜라, 콘돔, 결혼식 신부복 부문에서는 그만큼의 성공을 거두진 못했다.

다각화 Diversification

새로운 제품을 새로운 시장에 판매하는 것으로, 다각화 전략이 제시하는 기회는 다음과 같다.

- 새로운 지역의 시장 또는 세그먼트를 위한 새로운 제품 개발
- 다른 활동 분야에 있는 기업의 인수

남의 떡이 더 커 보이는 법이라 기업은 주위를 살펴보며 더 쉽게, 더 많은 수익을 낼 수 있는 방법이 있을 것이라 믿는다. 새로운 제품을 새로운 고객에게 판매하겠다는 꿈은 매우 강력하지만 사업을 성장시키는 방법 중 가장 어려운 전략이기도 하다. 사실상 사업을 새로 시작하는 것과 다름없기 때문이다. 제품을 증명해야 하고, 잠재적 고객의 머릿속에서 선택 가능한 대안으로 자리 잡아야 하며, 기존에 형성된 경쟁업체의 네트워크를 뚫어야 한다. 그래서 어떤 회사가 새로운 고객을 대상으로 새로운 제품을 파는 데 성공하면 그것은 큰 뉴스거리가 된다.

스웨덴 회사인 **허스크바나**Husqvarna는 현재는 전기톱과 잔디 깎는 기계로 유명하지만 지난 몇 세기에 걸쳐 여러 유형의 고객을 대상으로 한 다양한 종류의 제품을 만들어 왔다. 원래는 머스킷총, 자전거, 오토바이, 주방용품, 재봉틀을 제조하는 업체였다. 좀 더 가까운 예로는 **애플**Apple을 들 수 있는데, 이제는 컴퓨터 제조업체를 넘어 아이폰iPhone을 주력으로 하는 회사로 다각화했다.

한 기업이 새로운 시장에서 새로운 제품을 판매하는 데 성공하기까지는 기록되지 않은 수많은 실패 사례가 항상 존재한다. 다각화는 앤소프의 네 가지 성장 전략 중 가장 이루기 어렵지만 성공 시엔 가장 화려하게 빛난다.

모델의 발전 과정

앤소프 매트릭스는 기업의 전략적 성장을 이끌어주는 도구이다. 그러나 매트릭스 하나만으로는 충분하지 않을 수 있다. 네 가지 전략 모두 외부 환경에 대한 깊은 이해가 병행되어야 한다. 예를 들어 지갑점유율, 시장 내 경쟁의 성격이나 고객이 해당 기업으로부터 추가적 구매를 할 의사를 가지고 있는지 등에 대한 정보가 없다면, 시장 침투 전략을 통해 발굴할 수 있는 성장 기회 여부를 파악할 수 없을 것이다. 앤소프 매트릭스는 외부 환경을 파악하는 PEST 모델, 새로운 시장과의 커뮤니케이션 난이도를 파악하는 AIDA 모델, 기업의 장단점을 파악하는 SWOT 모델 등과 함께 사용했을 때 가장 효과적이다.

모델의 적용

앤소프 매트릭스는 어느 부분에서 성장을 달성할 수 있는지를 파악하는 데 유용하다. 가장 낮은 수준의 위험을 감수하면서도 가장 큰 효과를 낼 수 있는 방법을 보여줌으로써 기업이 가장 효과적인 장기적 성장 전략을 수립할 수 있도록 도와준다. 앤소프 매트릭스의 효과를 극대화하기 위해서는 방대한 양의 정보 수집 및 분석이 필수적이다. 앤소프 본인 역시 이로 인해 발생할 수 있는 잠재적 문제점을 인식하고 이를 '분석에 의한 마비 paralysis through analysis', 즉 너무 많은 양의 정보에 파묻혀 앞길을 보지 못하게 되는 위험이라고 말하였다.

앤소프 매트릭스는 마케팅 감사 Marketing audit에 유용하게 쓰일 수 있는 모델로, 기업이 사실에 기반하여 다양한 전략적 선택 옵션을 고려할 수 있도록 한다. 그렇기 때문에 성장의 옵션들과 동시에 수반되는 위험도를 파악하고자 하는 이사회 및 이해관계자들에게 사랑받고 있다.

코카콜라 컴퍼니Coca-Cola Company가 지난 100년간 달성한 성공적인 성장을 앤소프 매트릭스를 이용해 분석해볼 수 있다.

시장 침투Market penetration 기존 시장에서 기존 제품을 추가로 판매하는 것

코카콜라는 기존 고객에게 매주 콜라 한 캔을 더 마시도록 설득할 수 있다면 매출을 크게 늘릴 수 있을 것이라는 점을 알고 있었다. 수 년 간 코카콜라는 판촉 전략의 초점을 자사의 제품이 청량감을 주는 음료라는 점과 고객들이 음료를 더 많이 마시도록 설득하는 데 맞추었다.

제품 개발Product development 새로운 제품을 기존 시장에서 판매하는 것

사르사파릴라sarsaparilla를 재료로 한 음료라는 초기 포트폴리오는 수년에 걸쳐 점차 확장되었다. 1985년 코카콜라는 체리맛이 나는 새로운 콜라를 성공적으로 출시했는데, 이는 코카콜라가 기존 조리법에서 벗어나 확장을 시도한 첫 사례였다. 이후 라임, 레몬, 바닐라 등, 새로운 맛의 콜라가 추가 출시되었다.

시장 개발Market development 새로운 시장에서 기존 제품을 판매하는 것

1970년대에 출시된 다이어트 코크는 긴 역사를 가지고 있다. 이를 통해 확보한 넓은 고객층 중에서도 여성 고객들 사이에서 특히 높은 침투율을 보였다. 이후 동일한 제품을 검정색으로 포장만 달리하여 코크제로로 명명하였다. 2005년 출시된 코크제로는 전보다 더 남성적인 느낌이 강해졌고, 남성 고객들 사이에서도 낮은 칼로리 제품으로 이미지를 구축하였다.

다각화Diversification 새로운 제품을 새로운 시장에 판매하는 것

코카콜라 컴퍼니는 다각화를 통해 콜라를 넘어 다양한 종류의 건강음료까지 그 영역을 넓혔다. 유제품 및 주스 회사를 추가하였으며 비타민워터Vitaminwater사를 인수하고 브라질에서는 커피와 차 판매를 시작하였다.

04 앤소프 매트릭스 | Ansoff matrix

생각해볼 점

- 성장 기회를 모색할 때 대부분의 기업에게 가장 쉽고 효과적인 전략은 같은 제품을 기존 고객에게 더 많이 판매하는 것이다. 이는 곧 추가 판매를 위한 잠재성을 평가하기 위해서는 각 고객에 대한 지갑점유율을 파악해야 한다는 것을 의미한다.
- 그 다음 고려할 수 있는 성장 전략은 기존 제품을 새로운 고객을 대상으로 판매하는 것이다. 어떠한 새로운 세그먼트를 공략할 것인가? 현재 진출해 있지 않은 국가 중 기존 제품을 판매할 수 있는 매력적인 시장은 어디인가?

벤치마킹

Benchmarking

사업 및 마케팅 KPI를 위한
목표 설정하기

마케팅 · 일반적 비즈니스 전략 · 가격 결정 ·  · 제품 관리 · 고객 분석

벤치마크benchmark라는 단어는 토목 측량을 할 때 끌을 이용해 건물의 벽에 기준선을 표시하여 높이를 쟀던 것으로부터 유래되었다. 비즈니스 세계에서는 기업 내 사업부문간 또는 타사와의 성과를 비교할 때의 기준이 되는 점을 의미한다.

보통 1979년 벤치마킹 전략을 선구적으로 개척한 제록스사Xerox Company를 벤치마킹의 창시자로 부른다. 초기의 벤치마킹은 대부분 품질 관리에 적용되어 왔는데, 품질 개선에 대한 관심이 점점 커지면서 전사적 품질 관리total quality management에 초점을 맞춘 『Benchmarking Journal』이 생겨나기도 했다. 프레드 라이켈트Fred Reichheld, 베인앤컴퍼니Bain & Company, 샛매트릭스 시스템즈Satmetrix Systems가 개발 및 상표권을 등록한 고객 충성도 측정 기준인 순추천고객지수Net Promoter Score, 이하 NPS가 도입되면서 벤치마킹 전략의 적용 범위는 품질을 넘어 더욱 확장되었다. 라이켈트는 2003년 『Harvard Business Review』에 게재한 글 「The one number you need to grow」에서 NPS를 소개하였다(29장 참고).

모델의 구조 및 분석 방법

비즈니스 세계에서 성공은 보통 경쟁사 대비 우위를 점하는 것을 의미한다. 경쟁에서 이기기 위해선 비교할 무언가가 필요한데, 보통 이것을 **핵심성과지표**key performance indicator(이하 KPI)라 부른다. KPI는 다양한 측면을 측정할 수 있는 도구이지만 모든 지표는 공통적으로 '더 우수하게', '더 빠르게', '더 저렴하게'를 지향한다. 이를 통해 기업은 경쟁 우위를 점할 수 있게 된다.

벤치마킹을 통한 비교 대상은 기업 내 서로 다른 사업부문 간의 성과일 수도 있고 또는 기업 외부적인 것일 수도 있다. 조직의 성과를 경쟁사나 업계 평균 수준과 비교 측정하는 지표가 될 수 있다는 점에서 상당히 유용하다.

세계적 선도기업의 수준을 지향하는 기업이라면 직접적으로 관계되어 있지 않은 기업을 대상으로 한 벤치마킹 전략을 사용할 수도 있다. 세계적 선도기업의 NPS를 벤치마킹하는 경우가 이에 해당한다. 같은 업종 내 기업과의 NPS 비교를 통해선 업계 내에서의 벤치마크benchmark를 설정할 수 있을 것이며, 다른 시장을 선도하는 최고의 기업과 NPS 비교를 한다면 한 차원 더 높은 원대한 목표를 세울 수 있다.

벤치마킹의 목표는 성과 개선이다. 다음은 벤치마킹에서 중요한 네 가지 기준이다.

- **시간** 제품을 생산하는 데 소요되는 시간, 전화를 받기까지 소요되는 시간, 문의 답변에 소요되는 시간, 소비자 불만 응대에 소요되는 시간

- **품질** 제품 내 결함의 수, 제품의 수명, 제품 유지/보수 비용, 제품의 내충격성 및 내구성

- **비용 및 효과성** 제품의 가격, 적용/사용 건당 비용, 제품 유지/보수 비용, 제품을 통해 절감되는 비용

- **고객 만족도** 제품에 대한 전반적인 만족도, 제품의 다양한 측면에 대한 만족도, 제품 추천 가능성, 제품 재구매 가능성

이러한 벤치마킹 기준들은 비용 절감, 이익 증대, 고객 충성도 강화의 여력이 있는지를 살펴보기 위한 프로세스 개선 노력이라 볼 수 있다. 하나의 정해진 벤치마킹 프로세스라는 것은 없지만 일반적으로 그림 5.1과 같은 순서에 따라 진행된다.

그림 5.1 벤치마킹 휠

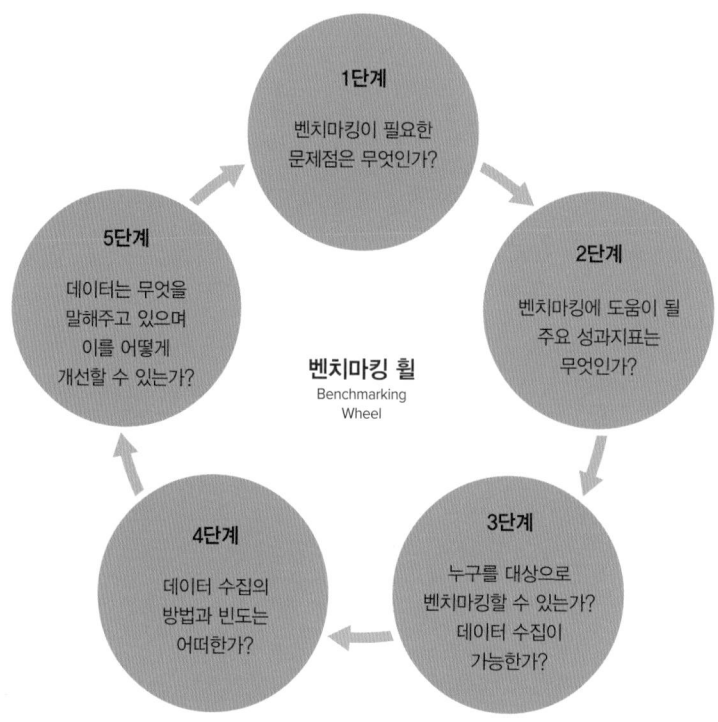

Based on Fred Reichheld, Bain & Company, and Satmetrix Systems(2003)

1단계: 벤치마킹이 필요한 문제점은 무엇인가?

벤치마킹의 시작점은 비즈니스 문제 또는 기회의 발견이다. 조직 구성원은 조직에서 개선이 필요한 부분을 지적할 수 있다. 예를 들어 고객이 이탈하는 비율이 높거나 제품 불량으로 인해 낭비되는 비용 문제 등이다. 이러한 문제점들은 계획단계에서 파악되며, 이 단계에서 벤치마킹의 목표와 목적이 설정된다.

2단계: 벤치마킹에 도움이 될 KPI는 무엇인가?

문제점을 파악했다면 다음은 측정 대상이 될 벤치마크$_{benchmark}$를 정할 차례이다. 예를 들어 높은 고객 이탈률 문제를 가지고 있는 기업의 경우 고객 충성도의 기준으로 사용되는 NPS를 벤치마크로 삼아야 할까? 이 한 가지로는 충분하지 않을 수 있다. 따라서 어떤 요소가 고객의 충성을 이끌어내는지를 파악해 이를 추가적인 벤치마크로 설정하는 것이 도움이 될 수도 있다.

높은 제품 불량률로 고민하고 있는 기업이라면 결함의 수를 측정하는 것만으로는 충분하지 않다. 따라서 결함의 발생 원인 및 제조 과정의 어느 부분에서 결함이 발생되는지를 이해하는 것이 중요하다.

3단계: 누구를 대상으로 벤치마킹 할 수 있을까(데이터 수집이 가능한가)?

실현 가능한 벤치마킹 계획을 세우는 것이 중요하다. 수집할 수 없는 데이터를 기준으로 삼는 것은 아무 쓸모가 없을 것이다. 다른 제조업체의 제품 결함과 비교를 할 수 있다면 매우 이상적이겠지만, 이런 민감한 정보를 공유할 기업은 어디에도 없다. 3단계에서는 벤치마킹 파트너를 선정하거나 적어도 수집 가능한 최신 정보가 있는 벤치마크를 설정할 필요가 있다.

동일한 고려 제품군 내 제품을 생산하는 기업의 성과지표를 벤치마크로 삼는 것은 일리가 있다. 또한 직접적인 경쟁업체 범위 밖의 기업을 벤치마킹 하는 것 역시 도움이 된다. 같은 산업 내는 아닐지라도 소비자들은 업계 최고 수준의 제품과 서비스에 익숙해져 있다. 만약 아마존Amazon이 주문 즉시 구매를 확정하고 24시간 내 배송 서비스를 제공한다면, 일반 매장에서 화학약품을 주문하는 고객 역시 주문 확정이나 배송이 지연되는 것에 대해 이해심을 발휘하지는 못할 것이다. 벤치마킹 전략을 통해 기업은 해당 산업뿐만 아니라 타 산업 내 선두주자와의 비교 분석을 할 수도 있다.

4단계: 데이터 수집의 방법과 빈도는?

데이터 수집에는 보통 비용이 수반되므로 이 역시 고려 대상이 되어야 한다. 내부 데이터는 설문조사를 통해 수집해야 하는 외부 데이터보다 비용이 적게 든다. 보통 내부 데이터를 수집하는 데는 별 문제가 없다. 기업의 자체 권한과 역량을 이용해 프로세스를 구축하고 필요한 빈도에 맞춰 데이터를 수집할 수 있기 때문이다. 제품 결함 같은 품질 기준과 같은 문제라면 일 단위로 데이터를 수집해야 하지만 NPS와 같은 지표는 상대적으로 느리게 변화하기 때문에 이와 같은 성격의 지표는 6개월 또는 1년 단위로 수집 분석이 가능하다.

5단계: 데이터의 시사점과 그에 따른 개선 방안은?

마지막 단계는 데이터에 대한 이해를 바탕으로 행동을 추진하는 것이다. 논리적으로 생각해 보았을 때 업계 최고를 벤치마크로 설정했다면 당연히 부족한 부분을 발견하게 될 것이다. 따라서 여기서 중요한 것은 개선 방안이다. 일부 데이터를 통해 어느 부분에서 개선 조치가 필요한 지를 알아낼 수도 있다. 예를 들어 고객 이탈이 심한 기업의 경우 NPS가 업계 표준보다 낮을 가능성이 높다. 하지만 이 자체로는 개선 방안에 대한 해답을 얻을 수는 없다. 대신 이를 통해 고객 충성도 점수에 영향을 주는 요소에 대해 더 철저한 분석을 한다면 어느 부분에 약점이 있는 지를 파악할 수 있다. 예를 들어 다음과 같은 요소들이 **고객 충성도**에 영향을 주는 동인이 될 수 있을 것이다.

- 제품 및 서비스의 전반적 품질
- 가치 있는 고객으로 대우 받는지 여부
- 서비스의 속도
- 직원의 친절도
- 문제점/불만 응대
- 문의 응대
- 직원의 능력
- 사업의 난이도
- 충분한 정보의 제공 여부
- 직원이 얼마나 도움이 되는지

벤치마킹 프로세스가 그림 5.1의 휠 형태로 순환하는 모습을 보이는 이유는 새로운 KPI 및 벤치마킹 파트너 도입과 같은 지속적인 조정이 이루어진다고 가정하기 때문이다.

모델의 발전 과정

벤치마킹 프로세스는 관리 시스템 및 통계적 기법의 발전에 따라 지속적으로 변하고 있다. 정형화된 벤치마킹 모델은 존재하지 않는다. 벤치마킹은 하나의 철학과도 같은 것으로, 서로 다른 기업 또는 운영 부문 간 성과 수준을 비교하는 접근법이라 할 수 있다. 인터넷에서 벤치마킹을 검색해 보면 대부분 그림 5.1의 과정과 유사한 형태로 요약되긴 하지만 60개 이상의 벤치마킹 모델이 존재한다. 그동안 많은 컨설턴트들이 단계를 추가하거나 생략하는 방식으로 모델을 수정해 왔어도 근본적으로는 일관된 방향을 유지해 왔다.

모델의 적용

사우스웨스트 항공 Southwest Airlines은 항공기의 왕복시간을 단축시키기 위해 타 항공사가 아닌 자동차 경주 피트(정비 장소)를 벤치마크로 설정한 것으로 알려져 있다. 이러한 벤치마킹 활동의 결과 사우스웨스트 항공은 산업 내 기업 간 비교를 한 것보다 게이트 정비, 청소, 승객 탑승 수속 시간을 훨씬 더 큰 폭으로 줄일 수 있었다.

어떤 기업이든지 한 번쯤은 운영 측면에서 벤치마킹 전략을 사용해 보았을 것이다. 일부 기업은 최고의 벤치마킹 대상으로 알려지기도 하였는데, 예를 들어 아메리칸 익스프레스American Express는 대금청구 시스템, 디즈니 월드Disney World는 고객 경험, 제너럴 일렉트릭General Electric은 관리 시스템, 휴렛 팩커드Hewlett-Packard는 주문 이행, 리츠 칼튼Ritz-Carlton은 직원교육에 강점이 있는 것으로 각각 알려져 있다.

벤치마킹의 예시는 무수히 많다. **제록스**Xerox는 창고관리의 물류 및 유통 문제 해결을 위해 미국 아웃도어 브랜드 엘엘빈L.L. Bean의 주문 처리 방식을 살펴본 후 성공적으로 창고 생산성을 5퍼센트나 높일 수 있었다. 모토로라Motorola는 주문 접수부터 제품 배송까지의 소요 시간이 너무 길다는 문제를 파악하고 사이클 타임cycle time을 줄이기 위하여 도미노 피자Domino's Pizza의 주문 배송 절차를 분석하였다. 벤치마킹 전략에 대한 강한 믿음을 가지고 있던 모토로라는 벤치마킹 팀을 일본으로 보내 자동차 회사들의 제조 시설 내 품질 관리 방법을 연구하게 하였다. 이를 통해 모토로라는 불량률 및 제조 비용을 줄일 수 있었다.

생각해볼 점

- 벤치마킹 전략의 핵심은 벤치마킹 대상 데이터를 찾는 것이다. 외부 데이터는 최고의 기준이 될 수 있지만 만약 구할 수가 없다면, 찾을 수 있는 내부 데이터를 찾아야 한다. 완벽하지 않더라도 자주 추적할 수 있는 벤치마킹 데이터는 완벽하지만 쉽게 구할 수 없는 데이터보다 낫다.
- 현실적인 KPI를 설정해야 한다. 유의미한 긍정적 변화를 성취하는 데는 2~3년이 걸릴 수 있다. 인내심을 가지고 장기적인 목표를 잃지 말아야 한다.

블루오션 전략 06
Blue ocean strategy

혁신과 신제품 개발
촉진하기

2004년, 프랑스 경영대학원 인시아드~INSEAD~의 김위찬 교수와 르네 마보안~Renée Mauborgne~ 교수는 그들이 공동 저술한 『Blue Ocean Strategy: How to create uncontested market space and make the competition irrelevant』에서 블루오션 전략의 개요를 설명하였다. 이 저서는 30개의 다양한 산업에 속해 있는 기업의 150가지 서로 다른 전략에 대한 연구를 기반으로 쓰였다.

모델의 구조 및 분석 방법

블루오션 전략은 혁신을 이끌고 촉진하는 전략이다. 김위찬 교수와 르네 마보안 교수는 기업들이 성장을 위해 결국은 피 바다인 레드오션으로 끝나게 될 정면 경쟁에 뛰어들고 있다는 것을 발견하였다. 그래서 '블루오션blue ocean'에서 새로운 기회를 모색한다는, 대안적이고 더 수익성이 높은 성장 전략을 제시한 것이다. 이들은 블루오션 전략을 통해 **차별화**와 **저비용**이라는 두 가지 목표를 공동 달성할 수 있다고 주장하였다. 블루오션(새로운 시장)으로 옮겨감으로써 기업은 새로운 시장을 창출하고, 그 과정에서 경쟁은 무의미해지게 된다.

전략 개발은 기업의 성패 요인을 가려내는 것에서부터 시작한다. 성공적인 기업과 덜 성공적인 기업에 대한 연구를 통해 일부 시장은 경쟁자의 수가 지나치게 많고, 이것이 모든 참여자의 성장을 제한한다는 사실을 발견했다. 가치 혁신을 통해 기업은 새로운 시장 영역 또는 블루오션을 창출하는 동시에 비용을 절감할 수 있다. 이 두 전략은 경쟁에서 이기게 하거나 또는 경쟁 자체를 무의미하게 만들어 정면 경쟁을 할 필요가 없도록 한다. 모든 시장은 한때 신규 시장이었으며, 결국 나만의 것을 만들 수 있는 새로운 시장을 개척하는 것이 성공의 열쇠인 것이다.

가치가 어떻게 인식되는가와 그 인식된 가치가 공급자와 소비자에게 어떻게 영향을 미치는지를 이해하는 것이 블루오션 전략의 핵심이다. 공급자로서의 관점에서 보면, 마이클 포터Michael Porter는 기업이 차별화된 제품 혹은 저가의 제품의 둘 중 하나로 포지셔닝할 수 있다고 한다. 하지만 블루오션 전략은 이러한 관점에 도전한다.

블루오션 전략에서는 경쟁 기업에 의한 비용 절감 압박이 항상 존재한다고 주장한다. 시간이 지나면서 경쟁자들이 서로를 모방해 차별화 요소들이 사라지고, 비용을 절감하는 측면에서의 경쟁이 시작된다. 결국 구매자는 최상의 가치를 누리는 혜택을 얻으면서 승자가 된다.

블루오션 전략을 통해 저비용 및 차별화라는 두 가지 전략을 동시에 사용할 수 있다.

블루오션을 탐색하는 과정의 일부분으로 두 교수는 고객 및 시장에 대해 다음의 네 개의 질문을 던져볼 것을 제안한다. 이 질문에 답을 해 본다면 새로운 블루오션으로 향하는 방법을 찾을 수 있을 것이다.

감소Reduce 기업이 고객에게 제안하는 것 중 업계 표준 이하의 수준으로 낮춰야 하는 요소는 무엇인가?

제거Eliminate 기업이 고객에게 제안하는 것 중 당연하게 생각되어 제거해야 할 요소는 무엇인가?

창조Create 업계에서 기존에 제안하지 못한 것 중 새로이 제안하여 가치를 인정받을 수 있는 요소는 무엇인가?

증대Raise 기업이 고객에게 제안하는 것 중 업계 표준 이상의 수준으로 개선시켜야 하는 요소는 무엇인가?

블루오션을 개척하려 할 때는 기존 고객의 범위를 넘어 더 큰 시장을 바라보게 될 가능성이 크다. 이러한 비고객Non-customers은 기존에 기업이 목표로 했던 고객 범위 밖의 세 가지 유형으로 존재한다. 첫 번째 유형은 필요에 의해 최소한의 제품만을 구매하는 고객이다. 두 번째 및 세 번째 유형의 비고객은 대안 제품을 선택하거나 기업의 제안을 고려조차 해보지 않은 고객이다. 기업은 이 세 가지 유형을 대상으로 실현 가능한 블루오션 개척 아이디어를 고안해야 한다.

상업적 가능성을 판단하기 위해 고안된 다음의 네 단계에 걸친 질문(표 6.1)에 기반하여 새로운 아이디어를 모색해보자. 각 단계에서의 답이 '그렇다'가 되어야만 해당 아이디어가 다음 단계로 넘어갈 수 있다. 만약 '아니다'라는 답이 도출되는 단계가 있다면 해당 아이디어는 재고 또는 제거한다.

표 6.1 블루오션 전략의 단계

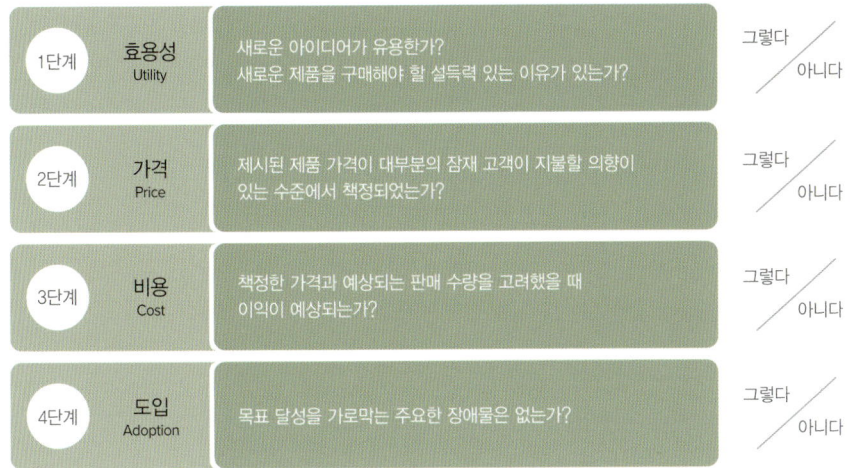

모델의 발전 과정

『블루오션 전략』은 의심의 여지없이 성공적이었다. 해당 저서는 전 세계적으로 360만 부나 판매되었고, 레드오션과 블루오션은 기억에 잘 남는 두드러진 비유였다. 많은 모델들과 마찬가지로 블루오션 이론은 기존 비즈니스 모델과 유사성을 가지고 있었다. 게리 하멜Gary Hamel과 프라할라드C. K. Prahalad는 1994년 그들의 저서 『Competing for the Future』에서 기업이 새로운 기회를 창출하고 지배할 수 있는 공간인 백색공간Whitespace에 대해 서술한 바 있다.

새로 받은 물the new bottled water을 모색한다는 아이디어 자체는 분명 매력적이지만 아이디어를 현실에 적용하는 것은 훨씬 어렵다. 대부분의 블루오션 예시는 이 전략이 등장하기 전에 사후 합리화 모델로써 만들어졌던 비즈니스 개념이다. 그렇긴 하지만 이 개념은 워낙 많은 사랑을 받았고, 이 전략의 공으로 돌릴 수 있는 많은 성공 사례가 존재한다. 닌텐도Nintendo는 2006년 매우 큰 성공을 거두었던 Wii 비디오 게임 출시를 발표하는 기자회견에서 게임의 개발 과정에 블루오션 전략이 쓰였었다고 발표했다. 마이크로 소프트Microsoft의 Xbox나 소니Sony의 PS3와 비교했을 때, 닌텐도 게임은 더 저렴하고 심지어 모션스틱도 갖추고 있어 컴퓨터 게임 분야에서 완전히 새로운 영역에 진출한 것이었다. 이를 통해 원래 컴퓨터 게임을 많이 하지 않던 사람들까지 고객층을 넓혀 나가며 새로운 블루오션을 개척할 수 있었다.

모델의 적용

김위찬 교수와 르네 말보안 교수는 다양한 예시를 통해 기업이 스스로 블루오션을 개척할 수 있는 방법을 제시하였다.

호주 와인브랜드인 **옐로우테일** Yellow Tail은 전통적인 와인 시장이 복잡하고, 거만하며 어려운 용어를 많이 사용하기 때문에 특정 집단의 소비자들이 겁을 먹게 된다고 생각했다. 그래서 옐로우테일은 단 한 종의 레드와인(쉬라즈)와 단 한 종의 화이트와인(샤도네이)만을 제안하기로 하였다. 이들의 단순한 상품 제안은 소비자들이 매력을 느낄 만한 달고 마시기 쉬운 종의 와인이었다. 이처럼 옐로우테일은 와인 마니아에 집중하지 않고 맥주, 칵테일 심지어 탄산음료를 대체할 만한 마시기 쉬운 와인을 찾는 사람들로 범위를 넓혀 목표 고객을 설정하였다.

태양의 서커스 Cirque d Soleil도 블루오션 전략을 사용한 기업의 예시로 꼽힌다. 전통적인 서커스는 많은 사람이 좋아하지만 서로 비슷한 내용으로 구성되어 있다. 광대, 저글러, 동물은 가족 관객을 만족시키기 위한 서커스계의 전형적인 공식과도 같다. 그러나 태양의 서커스는 예외적이고 놀라운 체조 동작과 예술적인 공연장을 도입함으로써 정해진 틀을 깨버렸다. 이러한 전략을 통해 기존의 가족 관객들을 만족시키면서도 더 넓은 범위의 성인 관객을 끌어들여 기존과는 완전히 다른 서커스 공연을 만들었다.

항공 산업 내 블루오션 기업의 예시로는 **넷젯** Netjets을 들 수 있다. 넷젯은 민간항공사와 전용기 회사가 경쟁하는 직항비행 시장을 바라보았다. 전용기 회사의 서비스는 고객의 번거로움은 적지만 비용이 높다는 단점이 있었고, 민간 항공사는 이용한 만큼만 비용을 지불하지만 비행시간이 길고 원하는 목적지로 곧바로 갈 수 없는 경우도 있다는 단점이 있었다. 넷젯은 이 두 시장의 중간 지점에서 블루오션을 발견하고 연간 50시간의 비행에 대한 비용만 지불하면 민간 항공사보다 더 신속한 직항노선 서비스를 덜 번거롭게 이용할 수 있도록 하여 비즈니스 승객들이 더 높은 생산성을 경험할 수 있도록 하였다. 비행 시장의 새로운 시장을 창출한 것이다.

> **생각해볼 점**
>
> - 고객을 진정으로 이해해야 한다. 고객이 무엇을 구매하는지, 어떤 방식으로 제품을 이용하는지, 고객을 당황케 하는 요소는 무엇이며 이를 어떻게 극복하는지를 파악하자.
> - 일반적이지 않은 특이한 고객, 극단에 있는 고객을 살펴보자. 이들은 어떤 행동을 취하는가? 주류 고객이 아닌 이들에 주목함으로써 블루오션을 발견할 수 있을 것이다.
> - 원대하게 별을 목표로 삼아야 달에라도 착륙해서 기뻐할 수 있다. 현실성 있는 기회의 대부분은 두 번째, 세 번째 범주의 고객이 아닌 첫 번째 범주에서 찾을 수 있다.

보스턴 컨설팅 그룹 매트릭스 | 07
BCG Matrix

제품 포트폴리오 및
다양한 전략적 사업 단위
계획하기

마케팅 | 일반적 비즈니스 전략 | 가격 결정 | 분석 | 제품 관리 | 고객 분석

1970년, 보스턴 컨설팅 그룹Boston Consulting Group의 설립자인 브루스 핸더슨Bruce Henderson과 그의 컨설턴트들은 '제품 포트폴리오The Product Portfolio'라는 이름으로 BCG 매트릭스 이론을 발표했다. 이론의 목적은 제품 라인 및 포트폴리오에 대한 구조적이고 체계적인 분석을 통해 기업이 어느 영역에 투자를 집중해야 할지 파악할 수 있도록 하는 것이었다. 매트릭스 개발 초기에는 Y축 상단이 높은 성장 가능성, 하단은 낮은 성장 가능성을 의미했고, X축 왼편이 높은 시장점유율, 오른편이 낮은 시장점유율을 의미했는데, 그 당시에는 그것이 더 편리하게 느껴져서 그렇게 했을 뿐, 이렇게 배치하게 된 특별한 이유는 없었다. 그 형식이 몇 년간 이어지다가 X축의 왼편을 낮은 시장점유율, 오른편을 높은 시장점유율로 설정하는 것이 더 이해하기 쉽다는 의견을 반영하여 매트릭스의 배치를 바꾸게 되었다.

모델의 구조 및 분석 방법

보스턴 컨설팅 그룹Boston Consulting Group(이하 BCG) 매트릭스는 그룹 내 각 제품 또는 자회사에 대한 전략적 계획을 수립하기 위한 모델로, 다양한 제품을 보유하고 있는 기업이나 다수의 자회사를 가지고 있는 조직이 사용할 수 있다. 매트릭스 내 제품 또는 자회사의 위치를 파악함으로써 기업의 미래 전략을 결정할 수 있다.

BCG 매트릭스를 만들기 위해선 시장에 대한 풍부한 지식이 바탕이 되어야 한다. 각 제품에 대한 경쟁사의 시장점유율 및 성장 기회에 대한 데이터가 필요하다. BCG 매트릭스는 두 개의 차원으로 구성되는데 첫 번째 차원에서는 성장률을 바탕으로 해당 시장의 매력도를 평가한다. 두 번째 차원에서는 산업 내 가장 큰 규모의 경쟁사 대비 각 제품의 시장점유율을 평가한다. 오늘날 모든 경영대학의 전략 커리큘럼의 핵심으로 자리 잡게 된 성장growth/시장점유율share 기반 매트릭스를 이용해 기업들은 자신의 포트폴리오를 체계적으로 관리할 수 있다.

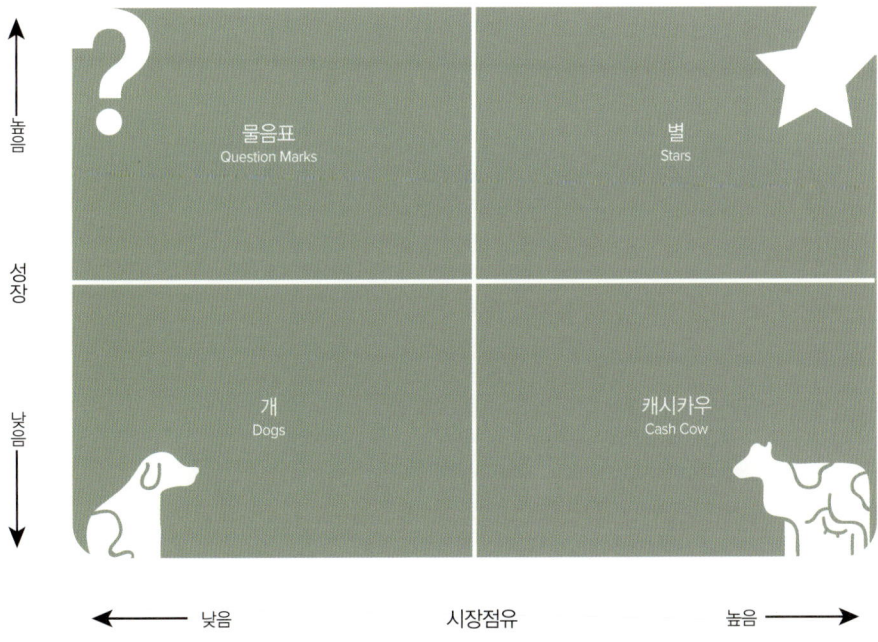

매트릭스는 네 개의 사각형 또는 사분면 형태로 이루어져 있으며 x축은 상대적 시장점유율, y축은 성장을 나타낸다.

별Stars　　1사분면에는 뛰어난 성과를 보이는 제품이 자리한다. 이 영역에 위치한 제품은 시장 내 견고한 위치를 점하며 높은 성장률을 보인다. 이러한 성과에 걸맞게 해당 제품에는 '별'이라는 이름이 붙여지게 되었다. 1사분면의 제품은 독점적 위치를 누리거나 경쟁사 대비 우위를 점할 수 있게 하는 특별한 기능이나 편익을 제공할 것이다. 해당 제품이 높은 성장률을 유지하기 위해서는 재고 비축이나 생산을 위한 현금 투자가 필요할 수 있지만 이 정도 투자를 할 만한 가치가 있다.

시장점유율이 높은 제품은 거의 대부분 시장 내 가격을 주도하기 때문에 수익성이 매우 높다. 애플Apple은 1사분면에 해당하는 자사 제품으로 아이폰iPhone을 꼽을 것이다. 또 다른 예로 엘론 머스크Elon Musk가 투자하고 있는 다양한 기업 포트폴리오 내에서 1사분면에 위치하게 될 대상은 테슬라Tesla자동차가 될 것이다.

물음표Question marks　　2사분면에는 지원을 필요로 하는 제품이 위치한다. 상대적으로 시장점유율이 낮지만 시장 환경은 성장 가능성이 높다. 2사분면의 제품은 점차 시장점유율이 증대되어 오른쪽으로 이동해 별 제품이 될 수도 있다. 하지만 이것이 현실화 될 가능성은 확신하기 어렵다. 시장점유율 증대를 가로막는 장애요인이 있을 수도 있기 때문이다. 이러한 이유에서 2사분면의 제품에는 '물음표'라는 이름이 붙게 되었다. 새로 출시된 제품이 성장하는 시장 환경에 힘입어 빠른 속도로 매출이 올라가도 여전히 시장점유율은 낮을 수 있다.

새로 출시된 전자 제품이나 소프트웨어 제품이 물음표에 해당한다. 이 중 극히 일부는 별 제품이 될 수도 있지만 대부분은 빠른 속도로 하늘에서 떨어져 짧은 수명을 마감하게 된다. 이러한 불확실성 때문에 물음표 제품에 대한 투자 결정을 내릴 때는 어느 방향으로 향하게 될 것인가를 신중하게 살필 필요가 있다.

개Dogs　　3사분면에는 주요 경쟁사 대비 시장점유율이 낮고 성장률도 낮은, '별' 제품과는 정반대의 특징을 보이는 제품이 위치한다. 이 영역에 위치한 제품에는 '개'라는 이름이 붙여지게 되었다. 출시된 지 오래되어 저물어가고 있는 제품이기 때문에 새로운 요소의 가미가 필요하지만 해당 시장 자체가 정체되어 있거나 쇠퇴기에 접어들었다면 새로운 노력을 들일 충분한 이유를 찾기 힘들 것이다.

버진Virgin사의 포트폴리오에서 콜라 음료는 결국 '개' 영역에 해당하는 제품이 되었다. 펩시Pepsi와 코카콜라Coke로부터 점유율을 가져오기 위해 헛된 노력을 기울이며 정체된 탄산음료 시장에서 16년간이나 버텼지만, 이러한 시장에서 수익을 내는 것은 어려운 일이었다. 당연하게도 버진 콜라의 제조사였던 실버스프링Silver Spring은 결국 2009년에 법정관리에 들어갔다.

캐시카우Cash cow 4사분면에는 거의 모든 포트폴리오에서 가장 중요도가 높은 제품이 위치한다. 성장 기회는 낮지만 상대적으로 시장점유율이 높은 제품들이다. 높은 경쟁력을 가지고 있기 때문에 기업의 현금 수익원이 된다. 따라서 '캐시카우'라는 이름을 붙인 것이다.

시장에서 제품이 성숙기에 접어들게 되면 보통 4사분면으로 그 위치를 옮겨가게 된다. 캐시카우 제품은 매우 중요한 지원 역할을 수행하는데, 여기에서 창출되는 수익으로 포트폴리오 내 다른 제품들에 투자를 할 수 있기 때문이다. 캐시카우는 가장 수익성이 높은 제품들이기 때문에 포트폴리오에서 여러 개를 보유하고 있는 것이 유리하다. 대부분의 유수 기업들은 다수의 캐시카우 제품을 보유하고 있다. 켈로그Kellogg의 경우 콘프레이크, 유니레버Unilever는 마마이트[1]를 캐시카우 제품으로 꼽을 것이다.

BCG에서는 견고한 기업은 균형 잡힌 포트폴리오를 가지고 있어야 한다고 주장한다. 포트폴리오에서 반드시 필요하지는 않은 '개' 제품(3사분면)을 제외하고 다음과 같은 비율로 포트폴리오가 구성되면 좋다.

- 높은 시장점유율과 성장률로 기업의 미래 수익성을 보장할 수 있는 소수의 별 제품. 별 제품은 현금 수요가 높을 수 있으므로 포트폴리오 구성 상 지배적인 위치를 차지해서는 안 된다.
- 가능하다면, 성장을 창출해 낼 수 있는 별과 물음표 제품에 투자할 수 있도록 자금을 공급하는 다수의 캐시카우 제품을 가지고 있는 것이 좋다.

---

[1] 마마이트(Marmite): 이스트를 농축해서 만든 스프레드의 일종

- 별 제품으로 발전할 가능성이 있는 다수의 물음표 제품을 포트폴리오로 가지고 있는 것이 유용할 것이다.

모델의 발전 과정

50여 년 동안이나 지속적으로 활용되어 왔다는 사실 자체가 BCG 매트릭스의 전략적 계획 도구로서의 유용성을 증명해준다. BCG 매트릭스는 특정 제품이나 사업 단위에 자원을 할당할 가치가 있는지 여부를 결정할 수 있게 한다. 이 모델은 단순하다는 것이 장점이다. 그러나 명확한 방향을 제시하지 못할 때가 있다는 단점도 있다. 예를 들어, 높은 성장률을 보이는 시장에서 높은 시장점유율을 점하고 있다고 하여도 만약 시장점유율을 유지하는 데 비용이 많이 든다면 이 기업의 수익성은 좋지 않을 수도 있다. 마찬가지로 견실하지 않은 성장 기반을 가지고 있다면 높은 성장률이 반드시 이익을 보장하지는 못한다. 대안적 기술의 등장에 의해 짧은 시간 안에 추월을 당할 수 있기 때문이다. 높은 성장률과 시장점유율이 반드시 미래의 성공을 보장하지 못한다는 대표적인 예시로 휴대폰 제조기업인 블랙베리Blackberry를 들 수 있다.

'개'에 해당하는 제품은 포트폴리오에서 제거되어야 한다는 것이 일반적인 가정이다. 하지만 비용만 적절한 수준으로 관리한다면 시장점유율과 성장 가능성이 낮아도 이익을 내는 기업이 많다.

BCG 매트릭스가 등장한 이후 모든 것이 빨라졌다. 기업 발전 및 제품 개발 속도가 빨라졌고, 한 사분면에서 다른 사분면으로 옮겨가는 데 걸리는 시간도 40~50년 전에 비해 훨씬 짧아졌다. 또한 그 시기와 비교했을 때 현재는 시장점유율과 성공 간의 상관관계가 훨씬 낮다. 이는 즉 몇 년 전 대비 현재의 포트폴리오에는 물음표가 붙은 제품이 더 높은 비율을 차지하고 있다는 것을 의미한다. 물음표 제품 중 어떤 것이 관심을 끌지 예측하기 어려우므로 성공 확률을 높이기 위해선 포트폴리오 내 물음표 제품의 개수를 늘려야 하는 것이다.

명확성을 높이기 위해 BCG 매트릭스와 여타 비즈니스 전략 모델을 함께 사용하기도 한다. 예를 들어 BCG 매트릭스 내의 제품을 라이프사이클 모델에 적용해 봄으로써 제품이 어떤 방향으로 발전해 나갈지 예측할 수 있다(그림 7.1).

그림 7.1

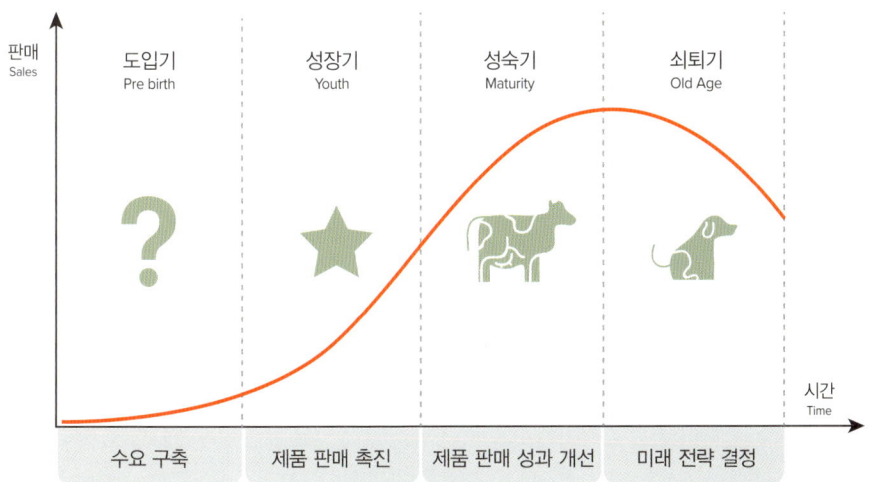

모델의 적용

애플Apple의 제품은 BCG 매트릭스를 적용해 볼 수 있는 매우 적합한 사례이다. 기업 내부자가 아니기 때문에 내부자가 가지고 있는 지식을 활용할 수 없고 개략적 사례 연구밖에 할 수 없지만, 이 분석의 목적은 애플 제품의 정확한 위치를 반영한 배치보다는 매트릭스를 현실에 어떻게 적용할 수 있을지에 대해 생각해 보는 사고를 자극하는 데 있다.

- **별**   높은 성장률과 시장점유율을 달성한 아이폰은 애플에 있어 명백한 별 제품이다. 다른 제품들이 그러하듯 아이폰 역시 성숙기에 다다르고 있다. 점차 캐시카우 사분면으로 옮겨가고 있으며 엄청난 규모의 이익을 창출해내고 있다.

- **물음표**   애플워치Apple Watch는 엄청난 기대를 안고 애플이 포트폴리오에 새로 추가한 제

품이다. 상당한 수준의 판매를 기록하기는 했지만 예상치나 목표치를 밑도는 수준으로 애플 워치의 미래는 여전히 불확실한 상태이다. 추가적인 투자를 통해 손목시계와 '웨어러블wearables' 시장 내 점유율을 높여 가파른 성장을 달성할 수도 있다. 또는 애플워치가 제공하는 기능이나 편익은 어쩌면 기존 제품들로부터 더 쉽게 누릴 수 있는 것일지도 모른다. 어느 방향이든 곧 사분면 위치를 옮겨 별 또는 개 제품이 될 것이다.

- **개**   맥 PCMac PC와 같은 놀라운 제품을 개 사분면에 배치하는 것이 부당하다고 생각할지도 모르지만, 맥 PC의 성장률 및 PC 시장 내 점유율 모두 낮은 수준을 기록하고 있다. BCG 매트릭스가 해결책을 제시해주지 못하는 경우도 있다는 것을 보여주는 사례이다. BCG 모델에 따르면 개 제품은 포트폴리오에서 제거되어야 할 것 같지만 애플의 입장에서 그런대로 괜찮은 수준의 이익을 창출해내는 맥 PC를 제거할 필요는 없을 것이다. BCG 모델에서는 투자에 쓰일 수 있는 수익 창출원은 캐시카우 제품이 유일하다고 가정하지만, 실제로는 개 제품 역시 동일한 역할을 할 수도 있는 것이다.

- **캐시카우**   이번 장에 설명되어 있듯이, 대부분의 성공적인 제품은 결국 성숙기에 들어선 후 캐시카우 사분면으로 옮겨가게 된다. 아이폰이 현재 이 단계에 들어서고 있으며, 아이튠즈iTunes, 아이패드iPad, 아이팟iPod은 이미 4사분면에 자리 잡고 있다. 캐시카우 제품은 물음표 제품이 새로운 별로 거듭나기 위해 필요로 하는 엄청난 투자 자금을 공급해주는 역할을 한다(그림 7.2).

그림 7.2

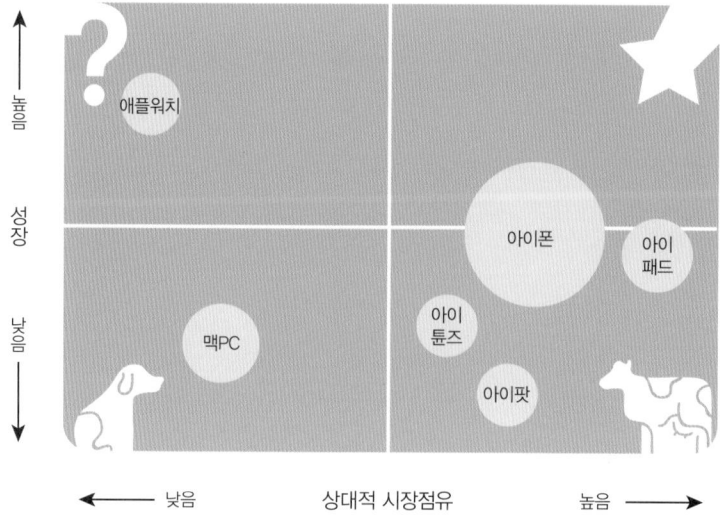

생각해볼 점

- 제품과 브랜드의 균형 잡힌 포트폴리오를 유지하는 것이 중요하다는 점을 기억하자. 한두 개 정도의 '별' 제품을 키워내기 위해서는 포트폴리오에 여러 개의 '물음표' 제품이 필요하다. 하지만 이는 재정적으로 부담되기 때문에 미래 성장을 위한 자금을 제공해줄 수 있는 '캐시카우' 제품의 존재가 중요한 것이다.

- 제품/전략적 사업 단위$_{SBU}$를 BCG 매트릭스 상에 배치하는 것은 쉽지 않다. 이때는 정책방향 매트릭스(15장 참고)를 고려해보자.

브랜드 감사
Brand audit

브랜드 경쟁력
강화하기

1950년대 유니레버Unilever, 제너럴 푸즈General Foods, 프록터 앤 갬블Procter & Gamble과 같은 소비재 기업들은 브랜드 경영 원칙들을 개발하였으며 이 시기에 브랜드의 여러 구성요소에 대한 윤곽이 잡히기 시작했다. 기업은 브랜드의 경쟁력 측정하는 척도로서 최초상기인지top-of-mind awareness[1]의 중요성을 깨달았다. 또한 브랜드와 연관된 가치에 대해 깊이 이해하고 독창성을 만들어내는 것이 중요하다는 것을 알게 된다.

1990년대 경영대학원 붐이 불면서 인터브랜드, 브랜드 파이낸스와 같은 브랜딩 에이전시들이 브랜드 가치평가모델을 개발하게 된다. 현재는 밀워드 브라운Millward Brown의 BrandZ, 티엔에스TNS의 NeedsScope, 입소스Ipsos의 Brand Value Creator, 지에프케이GfK의 Brand Vivo 등, 거의 모든 주요 시장 조사 기업들이 각자의 브랜드 가치평가 도구를 가지고 있다. 이 외에도 인지도, 사용률, 만족도, 추천 가능성, 가치 등을 측정하기 위해 여타 시장 조사 기업들이 개발한 다양한 브랜드 모델이 있다. 중요한 것은 이들 역시 자사가 특별하고 차별화 된다는 것을 보여주기 위해 모델의 브랜딩에 힘썼다는 사실이다.

---

1 최초상기인지(top-of-mind awareness): 소비자가 여러 가지 경쟁 브랜드 중 해당 브랜드를 맨 처음 떠올리는 비율을 측정한 것

> 모델의 구조 및 분석 방법

대부분의 기업과 조직은 브랜드를 가장 중요한 자산 중 하나로 인식한다. 어떤 기업의 물리적 가치를 훨씬 넘어서는 프리미엄을 얹어 기업을 인수하는 이유가 바로 브랜드 파워 때문이다. 하지만 브랜드 강도를 평가하고 그 금전적 가치를 산정하는 것은 쉽지 않다. 이 때문에 대차대조표 상에 기업의 브랜드 가치를 반영하는 것은 국제회계 기준에 의해 허용되지 않으며, 기업 인수 과정에서 프리미엄을 지불하는 것과 같이 재무적 거래에 의해 브랜드 가치가 드러날 때에만 예외적으로 허용된다. 하지만 여전히 많은 기업은 브랜드라는 무형자산에 대한 투자 성과를 가시적으로 보여줄 수 있는 브랜드 가치 지표를 확인하고자 한다.

브랜드 감사를 실시하는 방법에는 다양한 모델이 있다. 그러나 몇몇 모델은 내부 데이터베이스 정보가 필요하며 누구에게나 적용 가능하지 않으므로 '블랙박스'와 같다고 할 수 있다. 잘 알려진 브랜드 가치 평가법으로는 옴니컴 그룹 Omnicom Group에 속한 브랜딩 에이전시인 인터브랜드 Interbrand의 평가모델이 있다. 인터브랜드는 자사의 브랜드 가치 평가법을 이용하여 매년 세계 100대 브랜드를 발표한다.

인터브랜드는 경제적 부가가치 모델을 이용하여 아래의 다섯 단계를 거쳐 세계적인 브랜드의 가치를 평가하고 순위를 매긴다.

세분화 Segmentation 브랜드는 특정 세그먼트 내에서 작동한다. 브랜드 가치 평가의 첫 번째 단계는 측정에 적합한 세그먼트를 파악하는 것이다.

재무적 분석 Financial analysis 이렇게 파악한 브랜드 세그먼트 내에서 투입된 자본비용 이상으로 수익이 창출되었는지를 기준으로 브랜드 이익을 측정한다. 향후 5년의 매출 전망을 계산한다.

수요 분석 Demand analysis 어떤 동인으로 인해 수요가 브랜드 구매로 이어지는지를 평가한다. 품질, 혁신성, 디자인, 비용대비 가치 등이 포함된다.

브랜드 강도 분석 Brand strength analysis   경쟁 브랜드의 고객 만족도, 충성도, 시장점유율, 인지도, 시장 성장 전망 등의 요소 측면에서 비교해 브랜드의 강점을 평가한다. 이를 통해 브랜드 강도 점수를 산출한다.

브랜드 수익의 순현재가치 계산 The NPV of brand earnings   마지막으로 브랜드의 미래 수익과 수익성에 해당 산업에서 적절하다고 생각되는 할인율을 적용하여 현재 가치를 계산한다.

1988년 인터브랜드와 런던 비즈니스스쿨London Business School에 의해 개발된 **인터브랜드 모델**은 오랜 기간 동안 인정받아 왔다. 하지만 대부분의 기업 스스로 적용해볼 수 없다는 점에서 배타적 성격을 가지고 있다.

브랜드 자본brand equity을 측정할 수 있는 인터브랜드와 비슷한 다른 모델들도 있다. 글로벌 브랜드 평가기관인 브랜드 파이낸스Brand Finance of London는 '로열티 공제법Royalty Relief'을 이용한다. 브랜드 파이낸스를 설립하기 전 인터브랜드에서 근무했던 데이비드 헤이David Haigh에 의해 개발된 방법으로 자연스레 인터브랜드의 모델과 유사점을 가지고 있다.
브랜드 파이낸스 모델은 네 단계로 이루어져 있다.

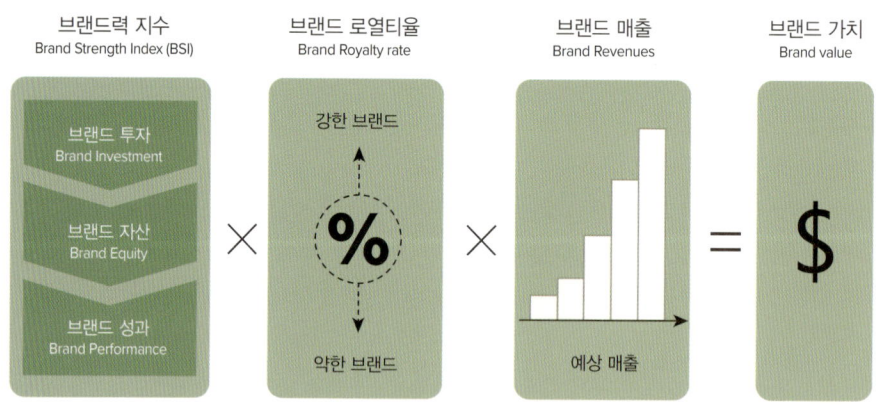

https://www.slideshare.net/sumitkroy/brand-finance-singapore1002015

1단계   브랜드에 대한 투자금, 만족도나 충성도 차원에서의 브랜드 성과 등의 다양한 투입 데이터에 기반하여 '브랜드력 지수$_{BSI}$'를 산출한다.

2단계   산출된 브랜드력 지수를 기업의 해당 산업 내 브랜드력을 나타내는 특정 지표인 '로열티율$_{royalty\ rate}$'에 적용한다.

3단계   로열티율을 해당 브랜드의 미래 예상 매출에 적용한다.

4단계   마지막으로 미래 브랜드 매출을 순현재가치$_{NPV}$로 할인하면 '브랜드 가치'가 산출된다.

금전적 가치를 산정하는 방법 외에도 브랜드를 구성하는 주요 요소들이 얼마나 견실한지 확인함으로써 브랜드 가치를 알아보는 방법도 있다.

B2B 시장조사기업인 B2B International은 세 가지 또는 네 가지 종류의 정보를 바탕으로 기업 스스로 브랜드 가치를 산정해 볼 수 있는 간단한 **브랜드 건강 모델**brand health model을 개발하였다.

인지도 및 이용률
강력한 브랜드는 AIDA 모델의 구성요소 인지, 관심, 욕구, 행동 모든 부분에서 높은 점수를 얻을 것이다. 이러한 척도들은 경쟁 시장 내 브랜드에 대한 시상 소사를 동해 평가된다.

브랜드 포지션
강력한 브랜드는 그 자체로 어떤 의미를 내포한다. 다른 브랜드와 차별화되는 가치를 지니고 있는 것이다. 브랜드 포지션은 브랜드가 어떤 단어를 연상시키는지, 시장 내 다른 브랜드와 어느 정도까지 차별화되는지에 기초해 평가된다.

브랜드 약속
브랜드의 정의는 곧 '고객에 대한 약속 이행$_{promise\ delivered}$'이다. 브랜드 약속의 강도는 고객에게 '누가 브랜드를 이용하는지', '다양한 측면에서 만족도는 어떤지', '타인에게 브랜드 추천할 의향이 있는지(NPS로 이어지는 지지 정도의 척도)' 등을 질문함으로써 측정할 수 있다.

필요한 경우 기업의 내부적 그리고 외부적 관점이 얼마나 일치하는지를 평가하는 네 번째 종류의 정보를 추가할 수도 있다. **브랜드 건강도 휠**(그림 8.1)의 각 요소의 점수를 합쳐 요약하면 브랜드의 전반적인 점수를 도출할 수 있다.

그림 8.1 브랜드 건강도 휠

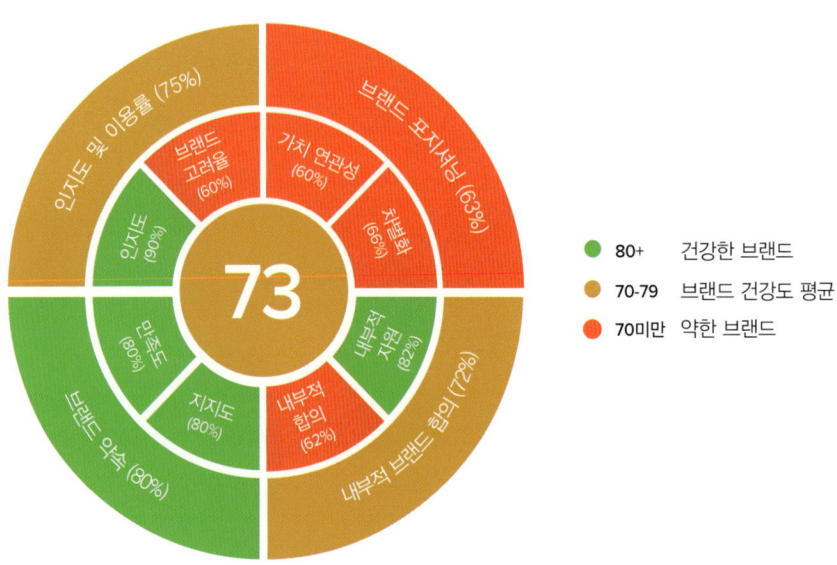

Created by B2B International, based on Interbrand/London Business School(1988)

1996년 **데이비드 아커**David Aaker가 『California Management Review』에 게재한 글은 브랜드 감사 모델에 매우 큰 기여를 하였다. 해당 글에서 그는 브랜드를 측정하는 열 가지 척도인 '브랜드 에쿼티 10The Brand Equity 10'에 대해 서술한다. "열 가지 척도는 다섯 개의 카테고리로 묶어볼 수 있는데, 각각의 브랜드 또는 환경에 따라 열 개의 척도가 모두 쓰일 수도 또는 전혀 관계가 없을 수도 있다. 예를 들어 식품/음료 산업 내 기업과 IT 산업 내 기업이 가중치를 부여하는 척도는 서로 다르다."

표 8.1 데이비드 아커의 브랜드 자산 10

그룹 1: 충성도 척도	
1. 가격 프리미엄	소비자가 비슷한 제품에 대해 지불하고자 하는 가격 프리미엄 비율(%)
2. 만족도/충성도	제품에 대한 만족도 및 추천 가능성
그룹 2: 인지된 품질/리더십 척도	
3. 인지된 품질	경쟁사 제품 대비 품질
4. 리더십	브랜드의 시장 리더십 및 혁신성에 대한 인식
그룹 3: 연상 이미지/차별화 척도	
5. 인지된 가치	소비자가 인지하는 브랜드의 비용 대비 가치
6. 브랜드 성격	브랜드가 연상시키는 이미지와 타 브랜드의 차별화 정도
7. 기업 연상 이미지	소비자가 브랜드를 얼마나 신뢰하고 긍정적 기업으로 인식하는지
그룹 4: 인지도 척도	
8. 브랜드 인지도	제품을 알거나 들어본 사람의 비율 (최초인지$_{front\ of\ mind}$ 또는 보조인지$_{prompted\ awareness}$)
그룹 5: 시장 행동 척도	
9. 시장점유율	경쟁 제품군 내 브랜드의 시장점유율
10. 가격 및 유통 지표	브랜드를 판매하는 전문 매장 또는 브랜드에 대한 접근성이 있는 소비자의 비율

Aaker(1996)

모델의 발전 과정

그 어떤 비즈니스 프레임워크보다 더 많은 발전을 거듭했던 것이 브랜드 감사 모델이다. 치약과 마이크로칩 사이에는 엄청난 차이가 있다는 점을 생각해 보면 그 이유를 알수 있다. 치약 브랜드는 인지도, 가치, 감정적 요소에 큰 영향을 받는 반면, 마이크로칩(Intel inside를 생각해보자)은 기술, 특허권, 상업상 거래 등의 영향을 받는다. 또 다른예로 아침식사용 씨리얼 브랜드와 기업 엔터프라이즈 브랜드 이름을 평가하는 모델에는 분명 차이가 있다. 즉, 브랜드 모델은 충분한 유연성을 가지고 다양한 조건들을 모두 포괄할 수 있어야 한다.

모델의 적용

RSM 인터내셔널RSM International은 1963년 설립된 세계적인 감사, 세무, 컨설팅 기업 네트워크이다. RSM에 속한 회계 및 자문 회사들은 각자의 독립적 권한을 행사하는 동시에 하나의 네트워크로 통합되어 있다. RSM은 Robson Rhodes(영국), Salustro Reydel(프랑스), McGladrey(미국)의 첫 알파벳을 따서 만들어진 이름인데 미국 내에서는 이 중 하나인 맥글리드리McGladrey라는 이름을 회사명으로 사용하였으며, 일부 회사는 RSM 이름과 각 국가 내 지역 파트너의 이름을 함께 사용하였다. 영국의 베이커틸리Baker Tilly는 2014년에 그룹에 합류하였다. 이렇게 RSM 인터내셔널은 수년간의 인수를 통해 유기적인 성장을 하였지만 서로 다른 브랜드 명칭이 과다하게 사용되고 있었다.

강력한 브랜드라는 것은 그 정의상 어느 곳에서 비즈니스를 하든지 일관성과 통일성을 유지한다는 것을 의미한다. 하지만 수차례에 걸친 인수과정은 이 원칙에 혼란을 야기하였다. 또한 브랜딩은 감정적 요소가 동반되므로 다년간에 걸쳐 형성된 지역 브랜드에 대한 해당 지역의 지지는 당연한 것이었다. 그렇기 때문에 RSM은 세계 중간급 회계 기업들이 경쟁하는 무대에서 강력한 경쟁자가 되기 위해서는 브랜드를 통합해야 한다는 사실을 깨닫게 되었다.

2015년 RSM은 자사가 경쟁하는 전 세계 중간급 회계 기업 시장 내 2천 개 기업을 대상으로 시장 조사 프로그램을 진행하였다. 이 조사에서는 다양한 중간 규모의 회계 기업 브랜드에 대한 고객의 보조인지prompted awareness 및 비보조인지unprompted awareness, 그리고 고객이 인식하는 성과를 각각 측정하였다. 이 세 가지 측정 결과를 바탕으로 전 세계에 포진되어있는 자사의 회사 브랜드를 'RSM'으로 단순하게 리브랜딩rebranding 하였다. 또한 이 프로그램을 통해 RSM은 포트폴리오 내 모든 브랜드의 강점과 약점을 객관적으로 분석하고 이에 기반하여 브랜드 통합 방식에 대한 객관적인 결정을 내릴 수 있게 되었다.

브랜드는 언제나 중요했지만, 이에 대한 중요성은 신중한 관리와 방향 설정이 이루어졌던 지난 20여 년 동안 더욱 높아졌다. 브랜드의 가치와 성과를 측정하는 것은 결코

가볍게 여길 수 없는 중요한 과제가 되었다. 결국 브랜드에 대한 결정을 내리는 주체는 고객이기 때문에 변화가 생길 때마다 고객들은 반응을 한다.

브랜드 명칭을 바꾸면 대개 고객들은 "내 브랜드를 가지고 대체 뭘 하는 거야?"라는 반응을 보이기 마련이지만, 초콜릿 제조사 마즈Mars는 이러한 반응에 굴하지 않고 제품 명칭을 마라톤 초콜릿 바Marathon chocolate bar에서 스니커즈Snickers로 바꾸었다. 브랜드 감사 결과에 따르면 현명하지 않은 선택일지도 모르지만 영국을 제외한 모든 나라에서 스니커즈라는 브랜드명을 사용한다는 마즈의 글로벌 전략을 고려했을 때, 브랜드를 통합하는 것이 더 이치에 맞다고 생각했을 것이다. 미국 내에서 사용하던 맥글래드리라는 브랜드를 RSM으로 바꾼 것과 같은 맥락의 결정이다.

> **생각해볼 점**
>
> - 브랜드 감사의 구성요소 중 중요하지 않은 것은 없지만, 그중 가장 중요한 것을 선택한다면, 다음과 같다.
>   - 비보조 인지도
>   - 브랜드 포지션/연상 이미지
>   - 충성도
>
>   이 세 가지 척도는 브랜드 성공에 있어 필수적 요소이다. 직접적 경쟁사 대비 당신은 어떤 브랜드 포지션을 가지고 있는가?
>
> - 당신의 브랜드는 재무적 분석에 적합한 규모와 강도를 가지고 있는가?

경쟁 정보
Competitive Intelligence

시장의 강점 및 약점
분석하기

마케팅 | 일반적 비즈니스 전략 | 가격 결정 | 혁신 | 제품 관리 | 고객 문의

경쟁 정보의 개념은 1970년대 미국에서 시작되었다. 1980년 마이클 포터Michael Porter는 『Competitive Strategy: Techniques for analysing industries and competitors』를 출판하였다. 1986년 설립된 경쟁 정보 전문가 단체Society of Competitive Intelligence Professionals, SCIP는 경쟁 정보에 대한 통찰, 교육 및 표준을 제공한다. 이후 이 단체는 경쟁정보 매거진Competitive Intelligence Magazine을 독자적으로 발간하는 전략 및 경쟁 정보 전문업체Strategic and Competitive Intelligence Professionals, SCIP로 바뀌었다.

모델의 구조 및 분석 방법

경쟁 정보 Competitive intelligence, CI란 용어 자체가 말하고 있듯이 사업 경쟁자에 대해 가능한 한 많이 알아내는 데 초점을 맞춘 시장 정보이다. 어떤 기업에게든 어느 정도의 경쟁은 존재하기 때문에 경쟁자의 강점과 약점을 이해하는 것은 사업 전략을 수립하는 데 필수적이다. 따라서 제품 기획, 가격 결정, 전략 및 인수 정책 수립을 위해서는 경쟁자에 대한 정보 분석이 필요하다.

충분한 시간이 주어진다면 경쟁자에 대한 상당한 양의 정보를 모을 수 있다. 하지만 연구원에게 무한정 시간이 주어지는 경우는 거의 없기 때문에 최대한 많은 양의 정보를 한정된 시간 안에 수집해야 한다. 일부 기업은 지속적인 경쟁 정보 수집 프로세스를 운영하기도 한다. 보통 다음과 같은 주제의 경쟁 정보를 수집한다.

경쟁사의 재무 자료
- 기업 매출, 직원 수, 공장 수
- 수출품(지역별 분석 포함)
- 순이익 및 총이익
- 자산수익률
- 재무 자료 추이
- 비율 분석(직원 당 수익, 매출채권회전 기간 등)

경쟁사 고객
- 목표 고객
- 주요 고객
- 경쟁사의 고객 지갑점유율
- 경쟁사에 대한 고객의 충성도

경쟁사 제품 및 매출량
- 경쟁사 제품의 판매 범위, 실적, 사양 및 가격
- 주요 제품 라인의 매출 및 시장 점유율
- 경쟁사 제품 포트폴리오 내 예비품spares 의 중요도
- 경쟁사 매출 중 서비스의 중요도

경쟁사의 가격
- 경쟁사의 가격 결정 정책(할인 정책 포함)
- 가격 인상의 시기 및 인상의 원인(독립적 인상 또는 시장 리더의 가격 정책에 따른 인상)

유통
- 경쟁사의 시장 경로
- 주요 유통업체

배송
- 주문에서 배송까지 걸리는 시간
- 적시에 완전한 배송이 이루어지는지에 대한 신뢰성

판촉
- 경쟁사의 판촉 예산 규모
- 판촉 믹스에 대한 대략적 분석
- 전시회 참가 여부

판매 방법
- 판매 부서의 구성 및 규모
- 판매 영역의 지리적 범위
- 경쟁사 판매 부서의 역량

생산 시설 또는 생산 능력
- 경쟁사의 생산 능력
- 현 생산 수준
- 손익 분기점에 도달하는 생산 능력 수준

회사 조직 및 철학
- 경쟁사의 경영 구조 및 모회사 또는 자회사와의 관계
- 유통 회사 및 여타 제휴 업체와의 관계
- 특허권 보유 여부 및 만료 시점

경쟁자와의 어떠한 결탁이나 담합은 공공의 이익에 반하는 것처럼 보여질 수 있다. 여기에는 가격 담합, 지리적으로 구역을 세분화하여 시장을 나누는 것, 그리고 제품의 공급을 제한하는 행위 등이 포함된다. 다만 기업이 최대한 많은 정보원으로부터 경쟁자에 대해 학습하는 것은 괜찮다. 앞서 언급한 항목들에 해당하는 경쟁자의 정보를 얻기 위해서는, 보통 여러 곳으로부터 수집한 다양한 자료를 하나로 모아야 할 것이다.

경쟁 정보의 원천

일반적으로 경쟁 정보를 얻을 수 있는 원천은 다음과 같다.

재무 자료

상장 회사들은 회계연도 결산 이후 60일 이내에 상세 회계정보를 제출해야 한다. 각 기업 웹사이트 또는 미국증권거래위원회US SEC의 에드거 데이터베이스Edgar database에서 미국 상장기업에 대한 상당한 양의 상세 정보들이 포함되어 있는 기업실적보고서를 찾아볼 수 있다. 영국의 경우, 중소기업에 국한된 상세 정보이긴 하나, 기업등록소Companies House에서 기업 재무정보를 조회할 수 있다. 후버스Hoovers에서는 전 세계 기업에 대한 정보를 찾아볼 수 있다. 대부분

의 기업이 직원 수 정보를 공개하고 있으므로 이 숫자에 직원당 수익$_{\text{revenue per employee}}$을 곱하면 대략적인 연매출을 추정할 수 있다.[1]

웹사이트

우리는 기업이 각자의 웹사이트에 상당한 양의 기업 정보를 업로드 해놓는 자기 홍보의 시대에 살고 있다. 알림 설정을 통해 웹사이트에 변경이 있을 때마다 자동으로 연구원에게 메시지가 가도록 할 수도 있다. 기업의 자체 웹사이트 이외에도 경쟁 정보를 얻을 수 있는 다양한 원천이 있다. 산업 저널이나 신문에 기업 활동, 경쟁사의 활동과 관련된 글이 실리기도 하고 www.glassdoor.com과 같은 웹사이트에서는 각 기업에 근무했던 직원들의 실제 경험을 바탕으로 한 조직문화 보고서를 읽어볼 수도 있다.

구글지도

구글지도$_{\text{Google Maps}}$나 구글스트릿뷰$_{\text{Google Street View}}$를 통해 책상 앞을 떠나지 않고서도 여러 기업들의 건물 구조나 부지 이미지를 확인할 수 있다.

시장 조사 보고서

시장 조사 보고서는 시장의 구조 및 공급업체의 시장점유율에 대한 경쟁 정보를 제공한다. 거의 모든 산업, 심지어 특화된 틈새시장까지 포함된 시장 조사 보고서를 합리적인 가격에 구매할 수 있다.

인터넷이나 저널과 같은 공개적인 자료 이외에도 아래와 같은 원천을 통해 경쟁정보를 수집할 수 있다.

고객

타사와 중복되는 고객들은 경쟁사에 대한 정보를 제공해주는 원천이 될 수 있다. 고객이 제공하는 경쟁사의 제품 성능, 배송, 판매 서비스, 가격 등에 대한 정보는 고객 만족도나 NPS와 같은 유용한 벤치마킹 척도가 된다.

공급업체

동일 공급사가 우리 회사와 경쟁사 모두에 자재나 정보를 제공하는 경우가 있기 때문에 이들이 경쟁사에 대한 견해를 공유하는 경우도 있다.

---

[1] 대한민국의 상장회사 재무자료는 금융감독원에서 제공하는 전자공시시스템이 있다(dart.fss.or.kr).

유통업체
유통업체들은 다양한 공급업체 및 고객들과 비즈니스 관계를 맺고 있기 때문에 거래 고객 중 경쟁사가 포함되었을 가능성이 있다.

산업 전문가, 기자, 연구원
세미나, 컨퍼런스, 전시회 등에 참가하면서 산업 내 기업들에 대한 지식을 습득하는 사람들이다.

과거의 직원
비밀유지 계약의 제한을 받지 않는 경우, 특정 기업에 근무했었던 직원들을 통해 정보를 수집할 수 있다.

모델의 발전 과정

경쟁 정보는 오늘날 다국적 기업의 벤치마킹, 시나리오 계획, 위험 및 기회요소 파악에 이용되는 중요한 도구가 되었다. 경쟁 정보는 일종의 시장 정보이지만 특히 위험$_{risk}$과 기회$_{opportunities}$ 측면에 집중되어 있다. 현재 일하고 있는 경쟁 정보 전문가는 모두 SCIP 조직이 제시한 윤리적 기준을 준수한다. 자료 수집 시 윤리적 기준을 준수하는 것은 정보를 수집하는 실무자뿐만 아니라 고용주에게도 중요하다. 자료를 불법적으로 수집하여 법을 위반하는 위험이 발생할 수 있기 때문이다.

모델의 적용

정비 및 보수용 제품을 제조하는 A사는 기술 부품을 유통하는 사업으로 확장하려고 한다. 해당 기업은 반도체, 회로기판, 특수 전선 등을 대량으로 유통하는 업체를 인수하는 데 관심이 있으며 대상 지역은 서유럽 전역이다.

프로젝트는 잘 알려지거나 인수에 적합하다고 생각되는 업체 명단을 작성하는 것에서부터 시작하여, 탁상조사$_{desk\ research}$를 통해 보완하였다. 대상 업체는 연매출 1,000만 유로 이상을 기준으로 설정했다.

인터넷을 통해 수집한 유럽 전자부품 시장에 대한 보고서를 통해 지난 10년 간 해당 시장의 규모와 추세를 파악했다. 보고서 내용을 바탕으로 전자부품 수요가 높은 국가, 즉 중점적으로 조사해야 하는 국가를 가려내었다.

조사에서 선정한 국가에 있는 주요 전자부품 공급업체의 목록을 작성하였으며 매출과 직원 수에 대한 정보도 수집했다. 목록에 있는 기업들의 직원 수 정보는 항상 알 수 있었다. 기업 간의 매출 차이가 있는 경우, 직원 당 매출을 이용해 측정한다. 인수하려는 유통업체의 웹사이트 조사가 끝나면 인수 적합성을 신호등 체계를 이용한 색깔로 표시했다.

그리고 인수에 적합하다고 생각되는 기업에 대한 구체적인 조사가 조금 더 진행되었다. 이 조사에서는 대상 기업들이 이용하는 다양한 시장 유통 경로(온라인, 카탈로그, 현장판매, 점포)를 확인하였으며, 기업 간 거래업체$_{B2B}$인지 기업과 소비자 간 거래업체$_{B2C}$인지에 대한 정보를 수집했다. 각각 기업의 파산 가능성, 지불 연체 가능성을 평가할 수 있도록 신용 한도, 파산 점수 및 연체 점수를 미국 신용평가회사 던 앤 브래드스트리트$_{Dun\ \&\ Bradstreet}$ 등급을 이용해 알아보았다.

인수대상 기업들의 매출과 이익에 미치는 영향력, 인수함으로써 얻을 수 있는 지리적 이점 또는 제품 시장의 점유 가능 정도를 고려하여 다음의 매트릭스에 각각 위치시켰다(그림 9.1).

그림 9.1 경쟁 정보를 기반으로 한 각 인수 대상 기업의 매력도 평가

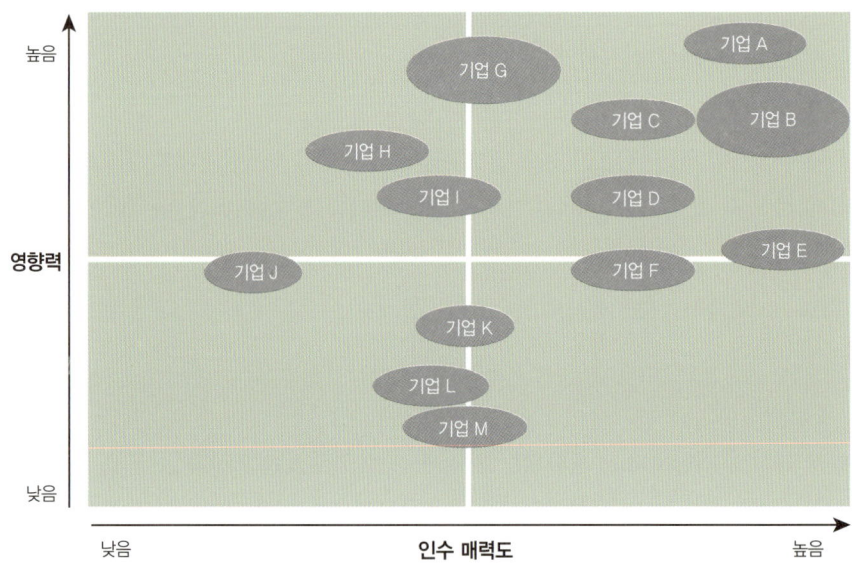

인수 매력도 | 인수 기업의 지리적·상품 시장점유 가능 정도
영 향 력 | 인수 기업의 매출 또는 이익에 미치는 영향

이를 바탕으로 A사는 몇몇 기업에 대한 실사due diligence를 진행하였으며, 한 기업을 성공적으로 인수했다. 그 결과 해당 기업은 유럽 내 가장 큰 전자부품 유통업체 중 하나가 되었다.

> **생각해볼 점**
> - 지속적으로 경쟁 정보를 수집할 수 있게 해주는 프로그램을 구성해보자. 당신의 영업조직과 구글 알림Google alert을 활용해 최신 정보를 유지한다. 기업의 인트라넷처럼 쉽게 접근할 수 있는 저장소를 만들어 고객 정보를 저장하고 공유할 수 있게 한다.
> - 눈과 귀가 되어 정보를 제공할 수 있는 사람들을 독려하자. 그들이 수집하고 공유하는 정보가 가치 있는 것이라는 점을 알려줄 필요가 있다.
> - 일회성 경쟁 정보 조사ad hoc competitor intelligence survey는 "해당 경쟁사에 대해 알고 싶은 점은 무엇인가?", "수집할 경쟁 정보의 용도는 무엇인가?"와 같은 질문을 던지며 시작해야 할 것이다. 여러 조각의 시장 정보를 기반으로 퍼즐을 맞추는 것을 잊지 말자. 예를 들어, 경쟁사가 신제품 개발 매니저를 구인하는 광고를 내고 있다면 그들이 혁신전략을 수행할 가능성이 있다는 것을 시사한다.

컨조인트 분석
Conjoint analysis

최적 가격 및 부분 속성의
가치 평가하기

마케팅 　 일반적 비즈니스 전략 　 가격 결정 　 혁신 　 제품 관리 　 고객 분석 컨조인트 분석은 1960년 프랑스 경제학자 제라드 드부르Gérard Debreu를 시작으로, 이후 1964년 미국 수리 심리학자 R 던컨 루스R Duncan Luce와 통계학자 존 투키John Tukey의 연구에 기반을 둔 통계적 도구이다. 원래의 컨조인트 이론은 단 두 개의 속성을 바탕으로 했지만 얼마 지나지 않아 다른 통계학자들은 속성의 수를 늘려나갔다. 컨조인트 모델링의 적용은 비통계학자인 마케팅 담당자들에게는 벅찰 수 있기 때문에 소프트웨어의 도움을 받을 수밖에 없는데, 그중 가장 유명한 것이 소투스Sawtooth이다. 하지만 이조차도 소프트웨어 사용에 익숙한 기술자의 도움이 필요하므로 마케팅 담당자보다는 통계학자들이 사용하기에 적합한 도구라 할 수 있다.

모델의 구조 및 분석 방법

컨조인트 분석은 서로 다른 상품 제안에 사람들이 부여하는 가치가 얼마나 되는가를 판단하기 위한 도구이다. 마케팅 담당자는 고객에게 제품을 얼마에 구입할 생각이 있는가와 같이 단순한 질문을 하는 것에 의구심을 갖고 있었다. 이런 단순한 질문으로는 사람들이 어떤 것에 진정한 가치를 부여하는 지에 대한 구체적 정보를 얻을 수 없다는 것이다. 사람들이 어떤 요소를 가치 있게 생각는지 알아야 고객의 흥미를 이끌어낼 수 있는 소통 메시지를 정할 수 있으므로 이는 마케팅 담당자에게는 필수적인 정보이다. 상품 제안 중 고객들이 가장 큰 가치를 부여하는 속성을 선별하여 독특하고 호감이 가며 방어할 수 있는 메시지를 만들어낼 수 있다. 제품에 대한 최적의 가격 수준 역시 마케팅 담당자들의 관심사다. 지나치게 낮은 수준도, 구매 행위가 이루어지지 않을 만큼 높은 수준도 아닌 적절한 가격을 책정하려는 것이다.

모든 선택에는 타협과 절충이 포함되어 있다. 우리는 멋진 부가 기능이 더해진 높은 품질의 제품을 원하지만, 만약 감당할 수 없는 수준의 가격이라면 그보단 낮은 수준에서 타협을 해야 한다. 이상적으로 완벽할 수는 없으므로 우리는 질문을 통해 이 의사결정을 모의 실험할 수 있는 접근법이 필요하다. 컨조인트 분석 기법은 다양한 상품 제안에 대해 사람들이 어느 정도의 가치를 부여하는 지 알아볼 수 있는 틀을 제공한다. 적절한 질문을 만들기 위해서는 제품과 서비스를 우리가 속성$_{attribute}$이라고 부르는 기능$_{features}$과 편익$_{benefits}$ 단위로 나누어야 한다. 각 속성은 고품질 혹은 저품질, 한 시간 내 제공 또는 1주 내 제공 등의 다양한 수준으로 제시될 수 있다. 응답자는 어떠한 속성을 선택하고 해당 속성을 어느 정도의 수준으로 선택할 것인가에 대한 질문을 받게 된다.

컨조인트 분석의 기본은 상품 제안에 포함된 주요 속성 목록을 만드는 것에서부터 시작한다. 간단한 예로, 봉투를 제조하는 한 업체가 있는데 봉투의 색, 밀봉 방식, 봉투 창의 유무라는 각 속성에 부여된 가치를 알기 원한다고 생각해보자. 표 10.1에 제시된 예에서는 세 가지 속성으로 구분되고 가격이 다른 두 개의 봉투 콘셉트가 있다. 당신은 어떤 것을 선택하겠는가?

표 10.1 속성 표(1)

속성	봉투A	봉투B
색상	흰색	갈색
밀봉 방식	풀	접착테이프
봉투 창	없음	있음
가격	50센트	40센트

표 10.1에 제시된 예는 여러 가지 속성으로 조합된 두 개의 봉투 콘셉트로 제한하였지만, 봉투 콘셉트의 수는 얼마든지 늘려나갈 수 있다. 예를 들어, 봉투 A의 속성에서 색상만 갈색으로 변경한 봉투 C, 또는 봉투 A의 속성에서 밀봉 방식만 접착테이프로 변경한 봉투 D를 추가할 수도 있다. 각각의 봉투 콘셉트에는 다른 가격이 책정된다.

콘셉트 설계는 컨조인트 프로젝트에 있어 매우 중요한 단계이며 구매 결정에 차이를 만들어낼 만한 조합으로 콘셉트의 수를 좁히기 위해선 충분한 시간이 필요하다. 앞의 예시에는 세 가지 속성으로 구분되는 두 개의 콘셉트만 제시되고, 각 속성에 두 가지 변수만 있었지만, 속성의 가짓수만 일곱 개, 그리고 각 속성에 따른 수준 구분이 네 개에서 다섯 개까지 늘어나는 컨조인트 연구도 많다. 즉 서로 다른 속성과 수준으로 이루어진 조합의 수가 수백, 수천 개가 될 수 있다는 것이다.

컨조인트 연구자는 소프트웨어를 이용하여 응답자에게 제시할 30개 정도의 조합으로 그 수를 줄여 나간다. 각각의 상품 제안에는 다른 가격이 책정된다. 응답자는 한 화면에 네다섯 개의 상품 제안을 총 다섯 번에서 여섯 번 확인하게 되며, 이는 서로 다른 가격이 책정된 총 30개 정도의 상품 제안을 보면서 구매$_{buy}$ 또는 거절$_{reject}$ 결정을 내리는 것이다.

특별한 소프트웨어를 이용해 응답자의 선택을 분석하고 궁극적으로 각 속성 수준의 효용가치$_{utility\ value}$를 계산한다. 이러한 방식으로 어떤 조합에 대한 선호도가 가장 높은지, 사람들이 각 수준에서의 다양한 속성에 어느 정도의 가치를 부여하는지를 파악할 수 있다.

총 두 가지의 콘셉트만 있었던 봉투 예시로 돌아가 보면, 봉투 A와 B 각각에 부여된 총 효용가치가 얼마인지를 알 수 있다(표 10.2). 표에서 나타나는 효용가치는 100을 기준으로 한 것이 아니라 데이터 응답에 기반하여 계산한 상대적 수치이다. 결과적으로 두 개의 봉투 중 효용가치가 85로 나타난 봉투B에 대한 선호도가 높다는 것을 알 수 있다.

표 10.2 속성 표(2)

속성	봉투A		봉투B	
색상	흰색	25	갈색	15
밀봉 방식	풀	5	접착테이프	10
봉투 창	없음	10	있음	15
가격	50센트	30	40센트	45
총계	70		85	

구체적 수치를 보면, 갈색 봉투에 비해 흰색 봉투가 더 큰 가치를 갖고 있다고 볼 수 있다. 이 관찰 결과를 바탕으로 흰색, 접착테이프, 봉투 창이 있는 조합으로 이루어진 봉투 C를 추가한다면 가격이 어떠한가에 따라 다르겠지만 가장 선호도가 높은 콘셉트가 될 수도 있다는 생각을 할 수 있을 것이다.

모델의 발전 과정

컨조인트 모델 초기에는 응답자들이 콘셉트를 묘사하는 인쇄된 카드를 받았다. 응답자들은 이 카드를 무작위로 섞은 후 선호$_{preferred}$ 또는 거절$_{rejected}$로 구분하여 쌓았다. 1980년대 이후부터는 컴퓨터에 의한 컨조인트 분석이 이루어졌고, 현재는 사실상 모든 과정이 온라인으로 진행된다.

컨조인트 질문 및 분석이 이루어지는 방식은 많은 발전을 거듭했다. 요즈음의 컨조인트 분석에서는 응답자가 콘셉트를 검토하기 전 사전 질문을 통해 그들의 선호도에 대해 좀 더 많은 정보를 얻고 있다. 이를 통해 응답자의 다양한 니즈에 맞춰 콘셉트를 조정할 수 있다. 예를 들어, 어떤 응답자의 경우 대기업에서 의사결정을 내리는 집단의 구성원 중 한 명에 불과할 수 있으므로 해당 응답자에 맞는 적절한 속성들만 보여주는 것이다. 반면, 구매 결정의 모든 속성에 관여하는 소기업 내 구매결정자가 분석 대상이라면 이와는 다른 콘셉트를 제시해야 할 것이다. 이를 적응형 선택 기반 컨조인트adaptive choice-based conjoint, ACBC라 한다.

컨조인트 분석의 큰 매력 중 하나는 사람들이 가치를 부여하는 요소에 대한 과학적 평가를 가능케 한다는 점이다. 하지만 컨조인트 분석에는 다음과 같은 한계가 있다는 것을 명심해야 한다.

- **표본의 크기** 신뢰할 수 있는 수준의 결과를 얻으려면 적어도 100명, 더 바람직하게는 200명의 목표 응답자를 대상으로 한 인터뷰가 필요하다. 일부 B2B 시장에서는 이와 같은 표본 크기를 확보하는 것이 불가능하다.

- **속성의 개수** 컨조인트 콘셉트를 설계하는 일은 매우 중요하다. 가격을 포함한 속성의 개수가 너무 많아질 경우 컨조인트 분석의 신뢰성이 떨어지게 된다. 마찬가지로 각 속성에 대한 변수 역시 세 개에서 다섯 개 사이로 제한되어야 한다. 이 숫자를 넘어가게 되면 콘셉트의 잠정적 조합의 개수는 관리가 불가능할 정도로 늘어나게 된다.

- **응답자의 피로도** 컨조인트 설문조사에 참여하는 응답자는 다양한 가격 수준의 서로 다른 상품 제안을 보여주는 많은 화면을 보게 된다. 너무 많은 상품 제안을 검토하는 과정에서 응답자들은 혼란을 겪을 수 있다. 속성과 변수들이 뚜렷하게 구별되지 않는 이상 여러 상품 제안이 비슷해 보일 수 있는 것이다. 이런 경우 응답자의 혼란과 피로도가 증가되어 지루한 설문조사를 끝내고자 충분한 고려 없이 무작위로 선택을 하게 될 수 있다.

모델의 적용

기존 디자인과 새로운 디자인을 비교하는 테스트를 하려는 사무실용 **카펫 타일 제조업체**가 있다. 해당 업체는 주요 의사결정권자에 초점을 맞춰 설문 조사를 진행하기로 결정한다. 신규 사무실 환경을 디자인하고 설치하는 인테리어 업자 중 연간 일정 수준 이상의 카펫 시공을 한 업자 100명을 가려내어 온라인 설문 조사를 실시하였다.

온라인으로 카펫 타일을 테스트하는 데에는 한계가 있다. 응답자들이 제품의 촉감과 느낌을 알 수 없기 때문이다. 따라서 이러한 한계점을 받아들이고 색감과 시각적 질감이라는 두 가지 디자인 측면에 집중하기로 한다. 두 측면 모두 사진을 통해 제시되었다. 다른 속성 요소로는 보증기간, 카펫 타일의 친환경성, 얼룩 방지 효과가 있다. 여기에 브랜드는 속성 또는 변수로 포함시키지 않기로 결정하였다.

분석 결과 업체가 진행하는 프로젝트 종류에 따라 카펫 타일에 대한 반응이 달라지는 것으로 나타났다. 주요 도시 내 사무실 인테리어를 진행한 업체와 정부기관의 사무실 인테리어를 담당한 업체의 선택에도 차이가 있었다. 고객의 예산 수준에 따라 각 업체가 선택한 카펫 타일 역시 달라졌다.

대부분 색상이 가장 주요한 요소인 것으로 밝혀졌으며, 다소 차이를 두고 질감과 마모에 대한 보증 기간이 그 뒤를 이었다. 공공부문의 인테리어 시공을 맡은 업체는 친환경성이라는 속성에 더 큰 비중을 두는 것으로 나타났다.

컨조인트 분석 결과, 해당 카펫 타일 제조업체는 각기 다른 고객을 목표로 하는 몇 개의 새로운 디자인을 선택할 수 있었다. 새로운 디자인의 타일에도 기존 포트폴리오 에서 다른 제품과 비교해 큰 무리 없이 적정한 수준의 가격을 책정했다. 연구를 통해 해당 업체는 상업 사무공간을 위한 제품군과 공공기관 사무공간을 위한 제품군을 구분하여 개발할 수 있었다.

> **생각해볼 점**
>
> - 컨조인트 분석은 제품의 여러 가지 속성의 다양한 조합의 중요도를 파악하는 데 적합한 도구이다. 하지만 모든 속성들이 고정되어 변동이 불가한 상황에서 가격만 테스트하는 목적이라면 가버-그레인저 모델 또는 반 웨스텐도르프이 더 적합할 수도 있다(30장 참고).
> - 컨조인트 설문 설계 시 다섯 개에서 여섯 개 정도의 속성에 가격만 추가하는 정도로 개수를 제한하자. 속성의 개수가 너무 많아지면 표본 크기도 커져야 하므로 결국 너무 많은 수의 상품 제안 조합이 생겨나 응답자의 혼란을 초래할 수 있다.
> - 설문 참여 대상 응답자의 수가 최대 100명밖에 되지 않는다면 SIMALTO(42장 참고)와 같은 다른 도구를 고려해보자.

고객 여정 지도
Customer Journey Maps

마케팅 및 판매 프로세스의
현재 성과 측정하기

스칸디나비아 항공Scandinavian Airlines의 CEO 얀 칼슨Jan Carlzon은 『Moments of Truth』라는 저서를 출간하였다. 1987년 출간된 이 책은 칼슨이 당시 쇠퇴하고 있던 스칸디나비아 항공을 흑자 전환하고 올해의 항공사로까지 성공시킬 수 있었던 이야기를 담고 있다. 그는 고객의 인식에 영향을 주는 모든 크고 작은 간섭에 집중하여, 자사에 대한 부정적인 인식을 심어주는 결정적 순간the Moments of Truth, MOT이 존재하지 않도록 하였다.

그 후 10년 동안 다양한 마케팅 담당자들이 결정적 순간의 개념을 차용하고, 이를 판매 프로세스에 연결시켜 고객 여정을 개발하였다. 2010년 즈음에는 고객 여정 지도Customer Journey Map(이하 CJM)라는 용어가 포함된 논문들이 등장했으며, 이후 원 창안자가 누구인지를 가려내기가 힘들 정도로 CJM 모델을 사용하는 사람의 숫자가 급격하게 증가하였다.

모델의 구조 및 분석 방법

어디선가 불쑥 등장하는 고객은 없다. 처음에는 고객이 아닌 잠재 고객으로 시작하여 공급자에 대해 알아보고 그에 대한 정보를 얻는다. 그리고 관심을 갖게 된 다음 다른 공급자와 비교해보다가 궁극적으로 구매를 하게 된다. 즉, 각 단계마다의 공급자에 대한 요구사항이 달라지며 일종의 탐색을 하는 여정을 거친다고 할 수 있다. 주문을 완료하였다고 하여 여정이 종료되는 것은 아니다. 오히려 고객이 재주문을 하거나 포트폴리오 내 다른 제품을 구매하는 경우, 공급자와의 관계가 더욱 깊어지면서 또 하나의 긴 여정이 시작될 수도 있다. 물론 어떤 문제가 발생하거나 고객이 더 이상 제품을 필요로 하지 않게 되어 여정은 종료될 수도 있고 미래의 어떤 단계에서 공급자와 고객 간 관계가 다시 이어질 수도 있다.

고객 여정은 단순한 개념이다. 여정의 각 단계에서 마주치는 **수많은 접점**touch point이나 **결정적 순간**을 이해하려 할 때 그 유용성이 발휘된다. 각각의 접점에서 공급자와 고객 간 관계는 강화될 수도 있고 또는 약화될 수도 있다. 각각의 결정적 순간은 잠재적인 불만족 또는 만족의 순간이 된다.

결정적 순간이 반드시 영업 및 마케팅 직원에게만 찾아오는 것은 아니다. 공급업체 내 접수 담당자, 배송 담당자, 기술자, 재무부서, 생산부서 모두가 여정의 특정 단계에서 고객과 상호작용을 한다. 즉 고객 여정을 통해 고객이 겪게 되는 라이프사이클 상 고객 대우는 어떤지, 바로 잡아야 하는 취약점은 어디인지를 상기할 수 있다.

지도로 그려볼 수 있는 CJM은 기업이 해야 할 행동을 위한 청사진을 제시한다.

- CJM은 내부 부서 간 상호 관계의 강점 및 약점과 이것이 고객에게 미치는 영향을 보여줌으로써 기업을 하나로 묶어주는 역할을 한다.
- 기업 내 약점과 이를 바로 잡을 수 있는 방법을 보여준다. 이는 고객 경험을 개선시킬 수 있는 중요한 도구이다.
- 고객의 여정 중에 그들을 다루기 위한 새로운 접점을 도입하는 것과 같이, 변화가 필요한 부분을 파악할 수 있게 도와준다.

- 고객 가치 제안에서 강조할 수 있는 기업의 강점을 파악할 수 있도록 해준다.
- 경쟁자 대비 강점과 약점을 파악, 이를 이용하여 경쟁 우위를 점할 수 있는 전략을 세울 수 있게 한다.
- 고객이 여정 과정에서 느끼는 감정을 파악할 수 있도록 해준다. 이 감정들은 목표 고객과 가장 효과적으로 소통할 수 있는 방법을 알려주는 신호가 된다.

CJM은 하나의 큰 줄기와 각각의 단계에 속한 결정적 순간들로 이루어져 있다. 큰 줄기는 해당 기업과 관련하여 고객이 거치게 되는 라이프사이클 상 주요 단계로, 이를 구성하기 위해 던져야 할 질문은 다음과 같다.

- 해당 단계에서 고객은 무엇을 하는가?
- 고객이 다음 단계로 넘어가려면 어떤 동기 부여가 필요한가?
- 해당 단계에서의 고객 우려 사항과 불확실 요소는 무엇인가? 다음 단계로의 진행을 방해하는 요소는 무엇인가?
- 어떻게 방해 요소, 우려 사항, 불확실성을 경감시킬 수 있을까?
- 다음 단계로 진행하기 위해 고객/잠재 고객은 어떤 노력을 기울여야 하는가?

결정적 순간 또는 접점은 고객/잠재 고객과 기업 간 간섭이 일어나는 부분이다. 웹사이트 방문, 잡지 광고, 다른 고객으로부터 전해 들은 이야기, 프런트 직원의 전화 응대 방식 등, 고객/잠재 고객에게 영향을 미치는 수백 개의 결정적 순간들이 존재한다. CJM 설계의 기술은 사람들에게 영향을 미치는 가장 중요한 접점을 파악하는 데 있다.

CJM의 큰 줄기 및 접점의 예시를 볼 수 있는 그림 11.1에서 각 결정적 순간은 색깔의 차이를 두어 중요도를 표시하였다. 이 기업은 건축 자재 공급업체이다. 하지만 이 기업이 항공사, 금속 부품 제조업체, 소매상 또는 전문 서비스 기업이었다고 해도 고객 여정 지도 상단에서 하단까지 이어지는 큰 줄기는 비슷한 제목으로 나타낼 수 있었을 것이다. 어떤 기업이라 해도 항상 인지에서 관심 단계로 넘어간 후 기업에 대한 정보가 쌓이고 고민의 과정을 거쳐 구매로 이어지는 과정은 항상 존재하기 마련이다.

일단 큰 줄기의 CJM을 그리고 결정적 순간이 정리가 되었다면, 지도를 찬찬히 살펴보며 고객이 불만을 느끼는 부분이나 약점, 또는 고객이 만족을 느끼는 부분이나 강점이되는 결정적 순간을 파악한다. 이를 통해 어떤 지점에 개선이 필요한지, 어떤 행동을 취해야 하는지를 알 수 있다.

CJM을 개발하는 기업은 고객에 대한 연구를 통해 고객의 단계 및 결정적인 순간에 대해 정보를 얻을 수 있다. 고객에 대한 연구는 물론 유용하지만 항상 필수적인 것은 아니다. 기업 내 다양한 부서에서 직원을 차출해 부서 연합팀cross-functional team을 구성하면 (영업·마케팅 부서로 치우칠 수도 있지만) 고객 인터뷰를 전혀 실시하지 않고도 훌륭한 CJM을 그려낼 수 있다. 그리고 워크샵을 통해 고객 여정의 모든 요소와 기업의 강점과 약점에 대해 토론하고 합의할 수 있다. 이때 직원들은 기업의 약점에 대해 너무 잘 알고 있어서 그 약점을 더 과장하여 말하기도 한다. 아래와 같은 단계를 거쳐 CJM을 만들 수 있을 것이다.

표 11.1 CJM을 도출하는 과정

	단계 설명	단계별 행동
1단계	세그먼트에 대한 합의	고객 여정 지도의 세그먼트를 정한다.
2단계	워크샵 초대	다양한 부서에서 워크샵에 초대할 10~20명 정도의 인원을 모집한다.
3단계	워크샵 진행	워크샵을 진행한다. 고객 여정, 큰 줄기, 결정직 순간의 개념을 설명하고 워크샵을 시작한다.
4단계	큰 줄기 그리기	큰 줄기에 해당하는 각 단계를 결정한다.
5단계	결정적 순간 정하기	워크샵 참여팀은 각 단계에 포함될 결정적 순간을 목록으로 작성한다.
6단계	결정적 순간의 중요도 정하기	워크샵 참여팀은 서로의 목록을 검토하고 결정적 순간 및 각 결정적 순간의 중요도를 함께 결정한다.
7단계	고통과 기쁨의 지점 파악하기	고통 또는 기쁨을 야기하는 결정적 순간은 어느 지점인지 파악한다.

그림 11.1 CJM의 큰 줄기 및 결정적 순간 예시

인지 Awareness	관심 Interest	결정 Decision	서비스 준비 Service Delivery
고객이 기업 X를 인지하는 과정	고객이 기업 X와의 비즈니스에 관심을 갖게 되는 과정	고객이 기업 X와의 비즈니스를 결정하도록 돕는 요인	신규 고객 계정 준비를 위해 기업 X가 취하는 조치
트럭/회사복장	● 회사 설명자료	● 제안/프레젠테이션	● 고객 측 현장 방문
● 브랜드-포트폴리오	● 판촉 제안	● 대면방문	● 고객 측 현장 평가
● 브랜드-엄브렐러	● 원스톱 쇼핑 제안	● 계약	환영전화
CSR	기존 상품 라인	서비스불가/거절 통보	계정 개설
● 입소문	대출		담당자 대면 방문
현장/공장 가시성	브랜드 문서		
고객 발굴			
자선활동의 참여			
소셜미디어			

서비스 제공 Service Delivery	관계 강화 Relation Strengthening	우려 Concern	이탈 Leave	재유치 Return
서비스 제공에 관련된 일상 요소들	기존 관계를 발전시키고 고객 만족도를 높이기 위해 기업 X가 취하는 조치	기업 X가 고객의 우려 및 불만에 대처하는 방식	고객이 비즈니스 종료를 원하는 경우 기업 X가 취하는 조치	이탈한 고객을 재유치하는 방법
● 전화/팩스/이메일 주문	부가제품 설치	불만 접수	전화 남기기	예상 목록
● 고객 주문	고객 교육	불만 후속조치	모든 주문 중단	오전 통화 계획
● 고객 주문전화	비즈니스 개발 매니저	가격 인상 공지	방문	이탈 고객 전화
● 상품 배송	추가 무료 서비스	일상적인 오전 통화	마지막 방문	
● 고객 서비스 전화	대출/커머셜 매니저			
	● 판촉 지원			
	오전 전화 통화			
	고객 감사(audit)			
	● 대면 방문			
	신용 한도 제공			

결정적 순간
Moments of Truth

● 매우 결정적으로 중요함
● 매우 중요함
● 상당히 중요함
● 중요함

B2B International(2016)

모델의 발전 과정

초기의 CJM은 큰 줄기 밑에 여정의 각 단계에 포함되는 결정적 순간들이 달려있는 단순한 형태를 가지고 있었다. 하지만 현재는 많은 부분이 추가되어 개선되었다. 각 단계마다 추가된 다음의 예시들을 통해 어떤 일이 일어나는지 더 깊은 이해를 할 수 있다.

- 각 단계별 고객의 니즈. 제품 니즈와 서비스 니즈로 나뉠 수 있다.
- 즐거움, 흥미, 흥분, 안심, 정보습득 또는 지루함, 짜증, 불안, 스트레스, 혼란 등, 각 단계에서 느낄 수 있는 긍정/부정적 감정
- 각 단계 안에서 고객 또는 잠재적 고객의 위험에 대한 인식 정도(상·중·하)

실제로 여정을 통해 고객의 다양한 요구 사항, 무엇이 중요한지, 잘한 점은 무엇인지, 고객의 다양한 느낌 등, 각 단계에서 일어나는 모든 종류의 것을 지도에 그려낼 수 있다. 이런 도구들이 일반적으로 그러하듯 주요 결정적 순간, 기업의 강점과 약점을 파악하는 등, 단순한 것부터 시작하는 것이 좋다. 이후 차차 시간을 두고 개선과 검증을 해나간다.

모델의 적용

일회성 프로젝트의 일환으로 또는 시장 연구의 선행 작업으로써 CJM을 그려보는 경우도 종종 있다. 그림 11.1의 CJM은 연구조사가 시작되기 전에 워크샵을 통해 마련되었다. 다음의 세 가지는 CJM을 그려봄으로써 성취한 결과이다.

1. 다양한 부서의 고위 관리자들이 고객, 잠재 고객 및 고객 대응에 대해 함께 생각해 볼 수 있는 기회를 제공하였다. 이를 통해 기업이 취해야 할 조치와 개선점에 대해 연구조사를 시작하기 전에 파악할 수 있었다.
2. 설문 조사에 포함되어야 할 접점을 강조해 연구자들에게 제시해 주었다. 이는 설문 조사에 들어가는 질문을 설계하는데 도움이 되었다.
3. 연구 프로젝트와 CJM을 연계하여 비즈니스 부문 관리자들이 일련의 과정을 파악할 수 있도록 하였다. 관리자들은 지도 작성 프로세스에 참여함으로써 연구에 대한 주인의식을 가질 수 있게 되었고, 결과적으로 상당한 자율성과 행동을 성공적으로 이끌어낼 수 있었다.

하루 일정의 워크샵이 끝난 후 플립차트와 포스트잇 메모들을 정리해 모든 단계와 결정적 순간들을 포함한 도식적 흐름표를 만들기 위해 추가적으로 몇 시간이 더 소요되었고 그림 11.1과 비슷한 결과물이 도출되었다.

뒤이어 진행된 인터뷰를 통해 고객 여정을 검증하였다. 고객 인터뷰를 반영해 지도를 수정한 후 만들어진 포스터 크기의 인포그래픽infogaphic을 사내 벽에 전시하였다. 포스터는 임직원들에게 고객 여정 과정에서 훌륭한 경험을 제공해주는 것이 얼마나 중요한지를 일깨워주는 시각적 자료로 기능하게 되었다.

고객이 기업과 어떤 방식으로 관계를 맺는지를 보여주는 시놉시스로서의 기능 이외에도 CJM은 임직원이 고객 중심적으로 생각할 수 있도록 하는 촉매제의 역할을 수행하기도 한다. 직원들이 둘러 모여 고객 경험 개선 아이디어를 논의하는 중심점 역할을 하게 된 것이다.

> **생각해볼 점**
>
> - 고객 여정의 큰 줄기를 정의해보자. 첫 단계는 대체로 인지awareness단계이고 마지막 단계는 이탈한 고객이 다시 돌아오는 재유치return 단계이다.
> - 여정의 큰 줄기 각각의 단계에 포함되는 고객과 기업 간 상호작용하는 접점을 목록으로 작성해보자.
> - 각각의 접점을 아래의 기준에 따라 표시해보자.
>   - 어떤 접점이 중요한지
>   - 고객 관점에서 매우 높은 점수를 줄 만한 접점은 무엇인지
>   - 고객의 불만족을 야기하는 접점은 무엇인지
>   - 고객이 지불 의향을 나타내는 접점은 무엇인지
> - 훌륭한 고객 경험 제공이 얼마나 중요한지에 대한 인식을 향상시키기 위해 검증 과정을 거친 지도를 인포그래픽으로 만들어 사내 여러 장소에 전시해두는 것을 고려해보자.

고객 라이프타임 밸류
Customer Lifetime Value

고객의 라이프사이클에 걸친
특정 기업에 대한 지출 추정하기

12

 마케팅
 일반적 비즈니스 전략
 가격 결정
 재무 관리
 고객 분석

고객 라이프타임 밸류Customer lifetime value(이하 CLV) 개념은 1988년 로버트 쇼Robert Shaw와 멀린 스톤Merlin Stone의 저서 『Database Marketing』에서 처음 등장한 후, 컨설턴트 사이에서 매우 빠른 속도로 퍼져 널리 도입되었다. CLV 분석은 현재 대부분의 대규모 소매업체들 사이에서 표준 절차로 채택되어 사용되고 있으며, B2B 시장에서도 여전히 널리 쓰이고 있다.

모델의 구조 및 분석 방법

CLV 개념은 고객을 장기적으로 유지하는 것의 중요성을 반영하고 있다. 장기간에 걸쳐 고객을 유지하기 위해서는 고객에 대한 지속적 관리가 필요하다는 점에서 고객 경험customer experience과 철학적으로 연계되어있다. 또한 CLV 모델은 새로운 고객을 유치하는 비용보다 기존 고객을 유지하는 비용이 더 낮다는 점을 이용한다. 따라서 자사 고객을 통해 라이프타임 밸류를 추구하고자 하는 기업은 일회성 판매를 목표로 하기보다는 고객과의 관계를 오랫동안 유지시키기 위해 최선을 다해야 한다.

비즈니스에 따라 고객 유치에 투입되는 비용에는 큰 차이가 있을 수 있다. 극단적인 예시로 비교해보자. 항공기 제조사인 보잉Boeing과 에어버스Airbus는 시내 중심가의 제과점에 비해 훨씬 많은 고객 유치 비용을 투입해야 할 것이다. CLV 모델은, 항공기 제조사든 제과점이든 모든 회사가 고객을 유치하는 데 들어가는 비용을 알 수 있다고 전제한다. 유치 비용이란 단순히 영업 담당자가 고객에게 전화 연락을 하는 데 드는 비용만을 의미하는 것이 아닌 고객 유치와 관련된 모든 비용을 포괄한다. 여기에는 전통적인 형태의 광고와 디지털 광고 모두 해당한다. 고객 유치 비용의 평균을 계산하려면, 연간 총 마케팅 지출을 연간 신규 유치된 고객 수로 나눈다. 마케팅 예산의 일부는 기존 고객 유지의 용도로 배정되기 때문에 앞의 계산법을 통해 산출된 수치가 완벽히 정확할 수는 없다.

CLV 모델은 여러 해에 걸쳐 지속적인 구매가 이루어지는 등 고객과 장기적인 관계가 구축되어 있는 기업에게 특히 유용하다. 일부 기업들의 경우에는 해당사항이 없을 수도 있다. 물론 이론상으로는 주택 건축업자 역시 고객의 라이프사이클에 걸쳐 두세 개 정도의 주택을 판매할 가능성이 있다고 하지만, 대부분은 일회성 구매에 그칠 가능성이 높다. 따라서 이 경우 일회성 거래에서 전체 유치 비용을 회수할 수 있을 만큼의 충분한 이익이 창출되어야 한다.

이 장에서 우리가 초점을 맞추고 있는 것은 여러 해에 걸쳐 고객에게 재화와 서비스를 제공하는 기업이다. 새로운 집에 이사 온 사람이 가까운 시일 내에 건축업자로부터 새로운 집을 구매하지는 않겠지만 판매 대리인의 역할을 수행할 수 있다는 점은 여전히 짚고 넘어갈 가치가 있다. 만약 이들이 주택 구매 과정에서 좋은 경험을 했다면 해당 건축업자를 다른 사람들에게 추천해줄 수도 있는 것이다. 이는 29장에서 소개할 순추천고객지수가 적용될 수 있는 사례이다.

기업과 관계를 맺는 한 명의 고객의 라이프사이클에서 비즈니스 초기 단계에는 매출은 완만한 상승 곡선의 형태를 띨 것이라 예상할 수 있다. 그 이후 매출은 점점 빨리 증가하다가 차츰 둔화되고 결국 멈추거나 감소하게 된다. 고객이 평생 유지되는 경우는 거의 없으며, 평균적으로 기업과 고객의 관계가 활성화되어 있는 몇 년 동안만을 라이프사이클로 갖는다. 처음에는 시험 주문으로 관계가 시작되지만 일단 제품이 그들의 요구에 부합한다는 것에 만족한다면 판매는 증가할 것이다. 라이프사이클의 초기 단계에서 신규 유치된 고객들은 회사에 별 이득이 안 될 수도 있다. 그림 12.1에 이 점이 잘 나타나 있다.

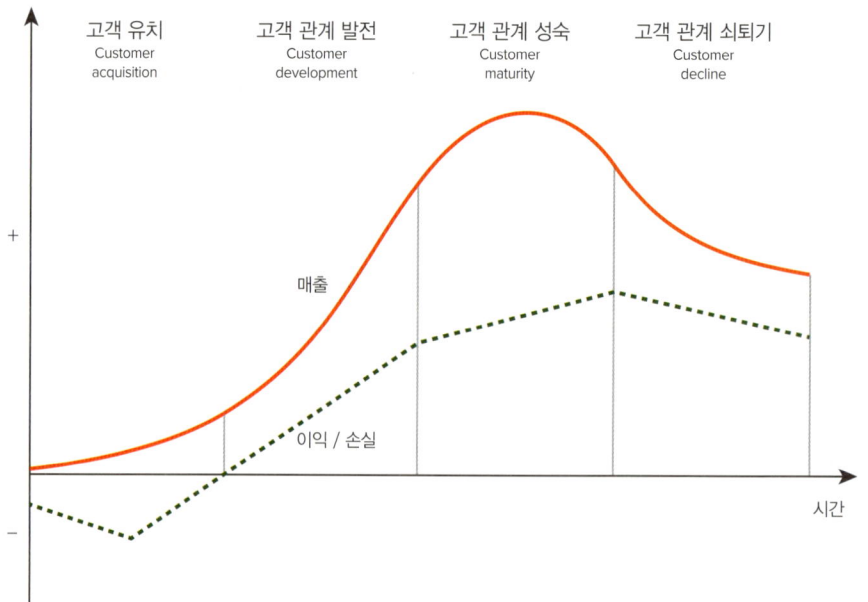

그림 12.1 고객 라이프사이클 내 손익 및 판매

단순한 공식을 이용하여 CLV를 계산할 수 있다.

고객 라이프타임 밸류_CLV
= (고객 1인당 연간 창출 이익 × 고객인 상태로 유지하는 햇수) - 고객 1인당 유치 비용

5년 이후에 얻게 될 1달러의 가치보다 현재 보유하고 있는 1달러의 가치가 더 크다는 점을 감안하여 위의 공식의 정확성을 더 개선할 수도 있을 것이다. 하지만 순현재가치 net present value 조정과 같은 복잡한 요소는 잠시 미뤄두고, 단순 CLV를 계산할 때에는 다음의 세 가지 요소를 포함한다.

1. 고객 유치에 투입된 비용
2. 고객 1인당 창출된 연간 이익
3. 평균 고객 유지율

고객 유지율은 해마다 평균적으로 이탈한 고객 수를 기반으로 계산할 수 있다. 예를 들어, 매해 20퍼센트의 고객을 잃고(이를 이탈률 churn rate 이라 한다) 80퍼센트의 고객을 유지하는 기업의 평균 고객 라이프사이클은 5년이 된다. 이를 기반으로 CLV를 계산할 수 있다. 표 12.1에서는 가상의 수치를 바탕으로 계산한 CLV가 나타나 있다.

표 12.1 CLV 단순 계산법

고객 유치에 투입된 비용	$200	
고객 1인당 창출된 연간 순이익	$600	$600 × 5년 - $200
평균 고객 라이프사이클	5년	
고객 라이프타임 밸류_CLV		$2,800

추정 햇수 내의 현금 흐름에 할인율을 적용함으로써 공식을 개선할 수 있다. 또한 이 공식은 일단 유치된 고객에는 지원 비용 support costs 이 들어가지 않는다고 가정한다. 이것이 해당되는 경우라면 고객의 라이프사이클에 걸쳐 감해야 하는 비용을 공식에 반영하면 된다.

CLV 분석 결과는 비즈니스 전략 수립으로 이어지기도 한다.

- CLV 모델은 고객 세분화에 도움을 줄 수 있다. 라이프타임 밸류에 따라 고객을 분석한다는 것은 라이프사이클에 걸쳐 수익성이 높은 고객군과 그렇지 않은 고객군이 있다는 것을 의미한다. 수익성이 높은 세그먼트의 프로파일을 통해 미래에 어떤 유형의 고객을 유치해야 할지를 파악할 수 있다.

- CLV 모델과 지갑점유율을 연계함으로써 높은 라이프타임 밸류를 가졌으나 지갑점유율이 낮은 고객을 파악할 수 있다. 낮은 지갑점유율은 아직 현실화하지 못한 판매기회가 많다는 것을 의미하므로 해당 고객들을 목표로 삼아야 함은 자명하다.

- CLV 분석 결과는 각 채널을 통해 유입된 고객들 간 라이프사이클의 차이를 보여주는데, 이를 통해 수익성 증대를 위해 어느 부분에 집중을 해야 하는지 파악할 수 있다.

- CLV를 통해 여러 해에 걸쳐 충성도를 보인 고객군을 파악할 수 있다. 분석 결과를 기반으로 충성 고객의 이탈을 막기 위한 특별 보상 프로그램을 개발할 수 있다.

- CLV를 통해 고객을 유치하는 초기 비용이 높더라도 투자를 하는 것이 가치 있다는 결론을 얻을 수도 있다. 유치된 고객이 장기간에 걸쳐 구매를 지속한다는 분석 결과가 도출된다면 고객 유치에 투입되는 추가 비용이 정당화될 수 있다. 또한 CLV 개선을 위한 부가적인 마케팅 활동이 정당화 될 수 있는 분석 결과를 얻을 수도 있다.

- CLV는 고객 관계 관리 및 고객 경험 개선에 유용한 도구가 될 수 있다. 만약 분석 결과를 통해 라이프사이클 내 고객과 더 많이 소통하는 것이 판매 증대로 이어진다는 것을 보여줄 수 있다면 CLV는 증가할 것이고 고객 경험은 강화될 것이다.

CLV를 측정하는 데에 따르는 어려운 점은 고객 개개인의 생애에서 얼마나 이익이 창출되었는가에 대한 현실적인 데이터를 얻는 일이다. 이 작업은 고객이 미래에 어떤 행동을 할 것인지 예측할 수 있어야 하기 때문이다. 가령 해당 고객들이 '지속적으로 같은 양의 제품을 구매할 것인가? 같은 채널을 통해 구매할 것인가? 혹은 다른 채널을 이용할 경우 고객 유지비용은 어떻게 달라지는가?'와 같은 질문을 해보자.

모델의 발전 과정

앞서 CLV를 단순하게 계산하는 방법을 소개했는데, 이것이 가장 자주 쓰이고 있는 형태의 모델이다. 이미 언급했듯이 여기에는 미래보다 현재의 돈의 가치가 더 높기 때문에 할인율을 적용하여 순 현재 가치 조정이 필요하다는 사실은 반영되어 있지 않다. 회계사들과는 달리 마케팅 담당자들은 이러한 종류의 조정에는 익숙하지 않다.

CLV 모델이 가진 가장 큰 문제는 고객의 과거 구매 행위가 그대로 이어질 것이라는 가정에 기반하고 있다는 사실이다. 예를 들어, 한 제과점이 일주일에 한 번씩 방문하여 빵 한 개를 사가는 고객을 유치했다고 가정하자. 그런데 해당 고객이 일주일에 세네 번 방문하여 제과류 제품을 구매하도록 설득할 수 있다면 어떨까? 사업을 키워나가는 것은 단 몇 주 또는 몇 달 만에 가능한 일이 아니기 때문에 라이프사이클 내 고객의 지출이 평균적으로 어떻게 변화하는지를 보여줄 수 있는 정교함이 더해져야 할 필요가 있다.

모델의 적용

CLV 매트릭스는 고객 관계를 중요시하는 기업에게 중요한 도구로 사용될 수 있다. 또한 고객 이탈률이 높아 고민하고 있는 기업에게 고객의 이탈을 줄이고 고객 라이프사이클 내 수익성을 증대하려면 고객 지출을 늘려야 한다는 것을 강조할 수 있다. 헬스클럽, 통신사, 항공사, 은행 및 보험회사 및 B2B 부문의 많은 기업이 이에 해당한다. CLV 분석을 통해 낮은 가치의 제품과 서비스라 하더라도 장기간에 걸쳐 축적 효과가 있다는 것을 명확하게 알 수 있을 것이며, 또한 고객을 장기적으로 유치하는 데 투입되는 상당한 규모의 홍보성 지출에 대한 정당성을 부여하는 근거가 될 것이다.

헬스클럽을 운영하는 한 회사를 예시로 들어보자. 일반적으로 헬스클럽 회원은 회원권을 취소하기 전까지 약 3년간 매월 20달러를 지출한다. 즉 회원권을 유지하는 기간 내 총 720달러의 수익이 창출된다는 것이다. 이러한 일반적인 고객 1인당 라이프타임 밸류 정보를 바탕으로 헬스클럽 소유주는 고객 유치를 위해 1인당 200달러를 지출하는 것이 충분히 가치가 있다는 판단을 내릴 수 있다. 고객 유치를 위한 무료 신규 회원권이나 프로모션 행사를 진행할 수도 있다. 18개월 이내에 간식이나 음료를 판매하는 뷔페 바를 연다면 분명 회원들이 이용할 것이고 이는 결국 추가적인 CLV 창출로 이어질 것이다. 이러한 방식으로 상품 제안에 변화가 생기는 경우 추가 이익을 반영하기 위한 모델 조정이 필요하다.

> **생각해볼 점**
>
> - 아래의 세 가지 중요 요소를 계산해보자.
>   - 고객 1인당 이익: 고객 1인당 매출의 평균을 구하고, 궁극적으로는 고객 1인당 순 이익을 산출해보는 것이 중요하다.
>   - 평균 라이프사이클: 고객이 유지되는 햇수를 산출해보자.
>   - 고객 유치 비용: 연간 투입된 총 마케팅 비용을 연간 유치한 고객 수로 나누어 고객 1인당 유치 비용을 산출해보자.
> - 아래의 공식을 바탕으로 CLV를 계산해 보고, CLV를 증대시키기 위해 공식 내 어떤 요소를 변화시킬 수 있는지 생각해보자.
>
>   고객 라이프타임 밸류 = (고객 1인당 창출 이익 × 고객의 평균 생애) − 고객 1인당 유치 비용

고객 가치 제안
Customer Value Proposition

강렬한 구매 동기
불러일으키기

마케팅 | 일반적 비즈니스 전략 | 가격 결정 | 혁신 | 제품 관리 | 고객 분석

1940년대 초반 광고 회사 테드 베이츠Ted Bates & Company의 로서 리브스Rosser Reeves는 USPunique selling proposition(제품 고유의 판매 포인트)라는 개념을 창안하였다(46장 참조). USP는 고객에게 제안하는 해당 제품 및 서비스만의 고유한 편익을 일컫는다. USP 개념으로 인해 1950년대 및 60년대에 걸쳐 사람들이 광고 캠페인에 관심을 갖게 되었다. 1961년이 되어서야 리브스는 그의 저서 『Reality in Advertising』에서 USP 이론을 공식적으로 제시하게 된다. 마케팅 담당자들은 고객의 니즈와 그들이 제안하는 제품이 경쟁사 대비 어떻게 차별화될 수 있을지를 생각하는 데 더 큰 노력을 기울이게 되었다.

고객 가치 제안Customer value proposition(이하 CVP) 개념은 이후 『Mastering Customer Value management』를 출간한 1980년대 레이 코두플레스키Ray Kordupleski의 이론에서 비롯되었다. 이 개념으로 인해 차별화 포인트를 가려내는 것보다는 고객이 어떤 요소에 가치를 부여하는지를 파악하는 것에 더 중점을 두게 된다. 이후 CVP 개념은 앨 라이스Al Ries와 잭 트라우트Jack Trout의 저서 『Positioning: The battle for your mind』에서도 연구되는 등, 많은 저자가 탐구하게 된다.

모델의 구조 및 분석 방법

모든 기업은 제품이나 서비스(또는 두 가지가 혼합된 형태)를 제안한다. 즉, 기업이 판매하는 것을 바로 상품 제안이라 하며 이는 경쟁적인 환경에서 판매된다. 성공적 기업은 이러한 경쟁을 뚫고 자사의 제품과 서비스를 하는 기업이다. 이들은 왜 자사의 제품이 최고인지, 왜 자사 제품을 구매해야 하는지에 대한 설득력 있는 근거를 제시한다. 상업적인 환경에서 이는 불변의 사실이었다.

상대적으로 새로운 점은 우리가 상품 제안에 대해 생각하는 방식 측면에서 찾아볼 수 있다. **판매 지향적 기업**들은 제품과 서비스를 이익 창출을 위해 판매되어야 하는 재고로 바라본다. 그들은 현재의 상황에 집중하는데, 일일 단위 또는 주간 단위로 매출을 살펴보며 항상 예상치에 도달하는지 확인한다.

이는 대부분의 기업에 있어 가장 기본적인 것이고 지극히 정상적인 것이다. 하지만 주의해야 할 점이 있다. 눈앞의 매출을 달성해야 한다는 압박으로 인해 고객들이 사실상 필요로 하지 않는 것까지 구매하도록 할 정도로 설득의 강도가 높아질 수 있는 것이다. 공격적인 목표치가 부여된 영업부서는 주간 목표를 달성하기 위해 제품의 혜택을 과장하여 설명하게 되는 경우도 있다.

판매 지향적 기업에게 있어 가격은 매우 중요한 동인이기 때문에 영업부서는 항상 가격을 낮출 기회를 모색하게 된다. 가격과 관계없이 제품 판매에만 집중하다 보면 가격을 낮추는 압력을 받게 되고 이는 수익성을 저하시킬 수 있다. 판매 지향적 기업은 자칫 고객의 니즈를 충족시키기보다는 제품을 처리해 버리는 것에 열중하게 되는 위험에 빠질 수 있다.

마케팅 지향적 기업은 좀 더 장기적 관점을 갖고 있다. 일단 시장의 니즈를 이해하고, 이를 충족시킬 수 있는 제품과 서비스를 개발하여 고객의 재구매를 이끌어내고자 하는 것이다. 마케팅 기업들은 스테이크를 판매하기보다는 스테이크가 지글지글 구워지는 소리를 판매한다. 기능만 홍보하기보다는 자사의 제품과 서비스가 가져다줄 수 있는 편익으로 고객을 설득하고자 한다. 즉, 이들이 궁극적으로 판매하고자 하는 것은 바로 가치이다. 제품 및 서비스 구매를 통해 좋은 가치를 얻었다는 생각을 하도록 하여 장기적이고 높은 충성심을 가진 고객이 될 수 있도록 하는 것이 목표이다.

CVP라는 용어는 마케팅 철학에서 비롯되었다. 이 용어는 '가치$_{value}$'와 '제안$_{proposition}$'이라는 단어를 강조하는 상품 제안$_{offer}$을 의미한다. 제품과 서비스는 곧 고객에 대한 제안이라는 의미가 내포되어 있다. 이는 문제 해결책이 될 수도 있고 어떤 욕구를 충족시켜주는 무언가가 될 수도 있다. CVP는 대체로 구매 행위에 대한 보상을 약속하는 것이며, 고객이 프리미엄을 지불할 의향이 있을 정도로 가치 있게 여기는 요소들로 구성되어 있다.

제품과 서비스를 가치 제안의 형태로 소통함으로써 고객에게 구매를 해야 할 이유를 만들어주고 기업이 제시한 가격을 정당화 될 수 있게 된다. 좋은 CVP는 제품 차별화를 가능하게 하며 경쟁 우위를 점할 수 있도록 한다. CVP를 개발하기 위해서는 다음과 같은 단계를 따른다.

1단계: CVP의 목표 세그먼트를 정하라

CVP가 필요한 세그먼트를 설정한다. 각 세그먼트별 CVP를 설계하는 것이 목적이다.

정책방향 매트릭스$_{directional\ policy\ matrix}$(15장 참조)를 이용해 자사의 상품을 제안하는 각 세그먼트 별로 자신의 기업 CVP 매력도를 파악해 보자. 그림 13.1에 제시된 예를 보면 세그먼트4에서는 해당 기업의 경쟁적 포지션이 매우 낮기 때문에 매력적이지 않으므로 포기해야 할 것으로 보인다. 물론 그럴 수도 있지만 그래프의 원의 크기에서 볼 수 있듯이 이렇게 큰 규모의 고객을 포기해 버리는 과감한 결정을 내리기 전에 해당 세그먼트의 CVP에 변화를 주어 경쟁적 포지션을 개선할 수 있는 방법은 없는지 고려해 보아야 한다. 마찬가지로 정책방향 매트릭스는 세그먼트2 또는 세그먼트3을 대상으로 CVP에 변화를 줌으로써 수익성을 높이거나 세그먼트1로 옮겨가게 할 방법은 없는지 생각해 볼 기회를 제공한다. 세그먼트1은 다른 세그먼트보다 적은 수익을 창출하기 하지만 여전히 반드시 목표로 삼아야 할 고객군이다.

그림 13.1 목표 세그먼트 설정을 위한 정책방향 매트릭스

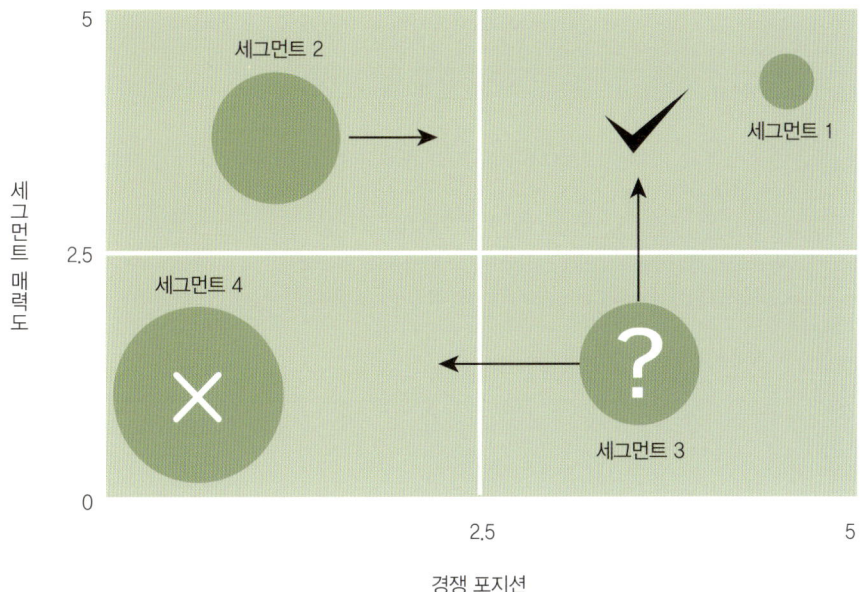

2단계: 목표 대상의 페르소나를 고려하라

각 세그먼트에는 다양한 페르소나(31장 참조)를 가진 사람들로 구성된 의사결정단위Decision-making unit, DMU가 존재한다. 각 세그먼트의 핵심 결정권자는 누구인가?

공급자 결정 권한을 가지고 있는 의사결정 집단 내 모든 구성원을 나열해 보자(표 13.1). 공급자 선택에 이들이 미치는 영향력을 표시함으로써 어떤 구성원이 주요한 의사결정 권자인지를 명확히 파악할 수 있다.

표 13.1 의사결정단위 구성원의 직함 및 영향력(예시)

의사결정단위 구성원의 직함	공급사 선정에 대한 영향력(%)
기술 관리자	60%
구매 관리자	30%
생산 관리자	10%
합계	100%

3단계: 주요 의사결정권자에 대한 상세한 묘사를 하라

직급, 근무연차, 연령, 성별, 생활방식, 개인관심사 등 세그먼트 내 주된 페르소나를 설정한다. 이름을 부여하고 실제 인물인 것처럼 현실적 설정을 해보자.

주요 의사결정권자의 결정적 선택을 좌우하는 요소를 이해하는 것이 중요하다. 구체적인 이름과 인구통계학적 특성을 부여해보자. 불특정 다수가 아닌 정해진 누군가를 대상으로 CVP를 설정하는 것이 중요하다(그림 13.2).

그림 13.2 목표 페르소나 만들어 보기

성명:

저는 ____에서 근무하며 제가 하는 일은 ____입니다.
저의 나이는 ____세이며 ____년간 이 회사에서 일하고 있습니다.
저는 아내, 세 명의 자녀가 있으며 개 한 마리를 키우고 있습니다.
저의 잠을 설치게 하는 고민은 ____입니다.

5년 후 이 회사에서 제가 그리는 저의 모습은 ____입니다.
제가 근무하는 회사는 다른 어떤 것보다 ____에 가장 큰 가치를 두고 있습니다.
공급사를 선택할 때 제가 중요하게 생각하는 요건은 ____입니다.

만약 내가 없는 상황에서 동료들이 저에 대해 말한다면 아마도 ____ 할 것이라 생각합니다.

4단계: 주요 의사결정권자의 행동을 규정하라

세그먼트 내 주된 페르소나의 행동적 특징을 설정한다. 공급사에 대한 충성도는 높은가, 그렇지 않은가? 다수의 공급사를 이용하는가? 고객과 공급사 간 연락 빈도는?

이제 주요 의사결정권자가 어떤 행동을 하는지 살펴보자. 다음과 같은 질문을 던져볼 수 있다. 단, 다음의 목록이 완벽한 것은 아니다.

- 해당 제품 수급을 위해 고객은 몇 개의 공급사를 이용하는가?
- 고객의 공급사에 대한 충성도는 어떠한가? 이들이 공급사를 바꿀 때 어떤 행동을 취하는가?
- 고객이 원하는 공급사와의 연락 빈도는? 고객은 어떤 채널을 통한 연락을 선호하는가?
- 고객의 공급사에 대한 통제권의 범위는 얼마나 넓은가?
- 회의를 열고자 하는 경우 얼마나 쉽게 회의를 잡을 수 있는가(고객에 대한 접근성)?

5단계: 주요 의사결정권자의 니즈를 규정하라

세그먼트 내 주된 페르소나의 주요 니즈를 규정한다. 제품에 대한 기능 관련 니즈, 제품을 지원하는 서비스 니즈, 무형의 니즈(예: 브랜드, 평판, 기업이미지)에 대한 추가적 고려가 필요하다. 공급사 선정에 중대한 영향을 미치는 고객 니즈에 순위를 매겨보자. 기본적 니즈(위생 요인)와 해당 세그먼트에 속한 페르소나에게 특별하고 차별화되는 '결정적 니즈'를 구분해보자.

주요 의사결정권자의 행동에 이어 이들의 니즈가 무엇인지를 파악하기 위해 아래의 질문에 답해보자.

- 주요 의사결정권자의 주된 니즈는 무엇인가?
- 전혀 충족되지 않았거나 완전히 충족되지는 않은 니즈는 무엇인가?
- 주요 의사결정권자의 만족감을 높이기 위해 '(필수는 아니지만) 있으면 좋은' 요소는 무엇인가?

6단계: 경쟁사와 자신의 기업을 비교해 보라

자사를 포함한 모든 주요 공급사를 나열하고 다양한 중요 니즈를 얼마나 잘 충족시키는지 10점 만점으로 점수를 부여해보자.

CVP는 경쟁사와 차별화되는 독특한 제안이 되어야 한다. 6단계에서 고객의 니즈 및 충족되지 않은 니즈를 나열하고 자사의 상품 제안이 경쟁사 대비 해당 니즈를 얼마나 잘 충족시키는지를 측정한다(그림 13.3).

그림 13.3 경쟁사와의 CVP 비교

답해야 할 질문	우리 기업의 니즈 충족 점수 (10점 만점)	경쟁사 1 (10점 만점)	경쟁사 2 (10점 만점)	경쟁사 3 (10점 만점)
주된 니즈				
1 _____	_____	_____	_____	_____
2 _____	_____	_____	_____	_____
3 _____	_____	_____	_____	_____
4 _____	_____	_____	_____	_____
5 _____	_____	_____	_____	_____
충족되지 않은 니즈				
1 _____	_____	_____	_____	_____
2 _____	_____	_____	_____	_____
3 _____	_____	_____	_____	_____
4 _____	_____	_____	_____	_____
5 _____	_____	_____	_____	_____
'있으면 좋은' 니즈				
1 _____	_____	_____	_____	_____
2 _____	_____	_____	_____	_____
3 _____	_____	_____	_____	_____
4 _____	_____	_____	_____	_____
5 _____	_____	_____	_____	_____

7단계: 강렬하고 차별화된 니즈

XY축 그래프 위에 자사의 비교 강점 대비 고객 니즈의 상대적 위치를 결정한다. 중요한 고객 니즈 중 자사가 강점을 보유하고 있는 부분이 CVP의 중추를 이루게 된다. 자사의 제안 중 고객이 가치 있게 여기는 것은 무엇이며 경쟁사 대비 더 나은 제안을 할 수 있는 부분은 무엇인가?

고객의 상위 5개 니즈를 경쟁사 대비 자사가 얼마나 잘 충족시키는지 도표로 작성해본다(그림 13.4).

그림 13.4 CVP 구성에 포함될 기능/혜택 결정을 위한 격자무늬 도표

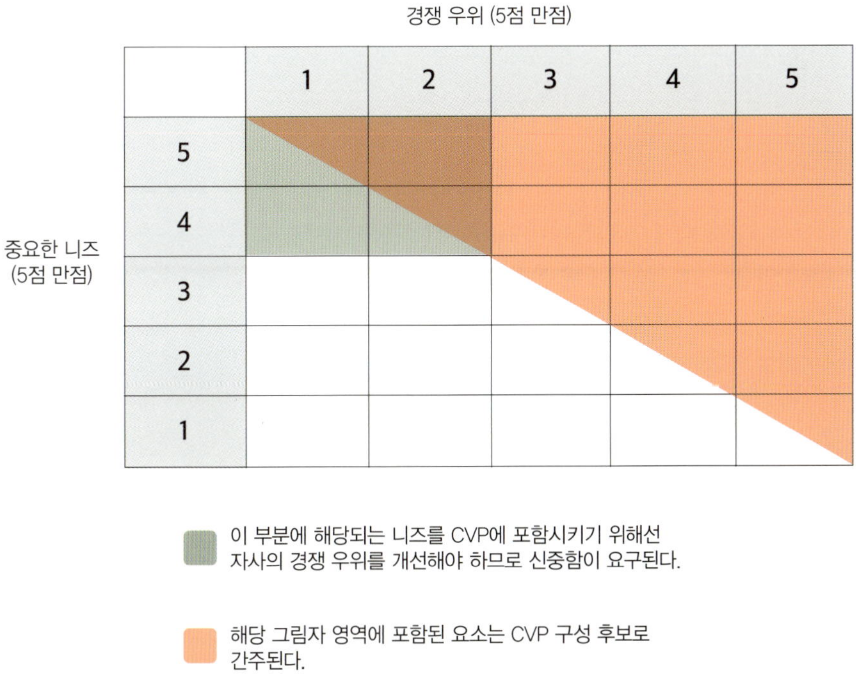

경쟁 우위 (5점 만점)
1
2
3
4
5
중요한 니즈
(5점 만점)
5
4
3
2
1
이 부분에 해당되는 니즈를 CVP에 포함시키기 위해선 자사의 경쟁 우위를 개선해야 하므로 신중함이 요구된다.
해당 그림자 영역에 포함된 요소는 CVP 구성 후보로 간주된다.

8단계: 배너 헤드라인을 작성하자

짧은 시간 안에 고객을 설득하려면 어떻게 얘기해야 하는가? 엘리베이터 테스트(엘리베이터를 탄 짧은 시간 동안 기업이나 제품을 홍보할 수 있는가를 확인하는 것)를 생각해보자.

CVP는 고객의 공감을 이끌어낼 수 있어야 하며 짧고 분명해야 한다. 고객들에게 동시다발적으로 소통하고자 하는 타 기업의 메시지 소음noise를 뚫고 우리의 CVP를 전달할 수 있어야 하는 것이다. 눈에 띄는 CVP 설명을 위해 그림 13.5의 엘리베이터 피치elevator pitch의 빈 칸을 채워보자.

그림 13.5 CVP에 대한 엘리베이터 피치 작성하기

주제	엘리베이터 피치
목표 고객	친애하는 고객님, …
가치	우리는 당신이 ○○○란 가치를 추구하는 것을 알고 있습니다.
우수성	그리고 우리 제품은 시장에서 최고입니다. 그 이유는…
이익	…즉 구매를 통해 ○○○ 혜택을 누리실 수 있습니다.
행동 촉구	그래서 제가 제안해 드리는 다음 순서는 ○○○입니다.

9단계: CVP가 3D 테스트를 통과하는지 확인하자

각 CVP 요소에 대해 다음의 세 가지 D를 생각하며 평가해본다.
- 바람직한Desirable   고객이 원하는 것을 줄 수 있는가?
- 독특한Distinctive   제품이 특별해 보이고 누군가가 구입해야 될 이유를 주는가?
- 방어할 수 있는Defensible   우리의 주장을 검증할 수 있는 근거가 있는가?

CVP를 통해 자사가 제안한 약속이 실제로 지켜지는지에 대한 검증이 필요하다. 만약 **3D 테스트**Desirable, Distinctive, Defensible 중 단 한 가지 요소에서라도 10점 중 7점 이하를 받았다면 CVP를 다시 만들고 개선을 진행해야 한다(그림 13.6).

그림 13.6 3D 항목에 따른 CVP 검토

	CVP는 어느 정도인가?	10점 만점	어떤 면에 있어서 그러한가?
Desirable	고객이 원하는 바를 충족시키는가?		
Distinctive	타사 CVP 대비 얼마나 독특한가?		
Defensible	우리의 주장을 뒷받침할 수 있는 '근거'는 무엇인가?		

10단계: CVP를 개시하고 모니터링 및 조정하라

기업 내 모든 구성원이 일관된 CVP를 가지고 소통할 수 있도록 내부적으로 CVP 내용을 공유하도록 한다. 웹사이트 및 마케팅 자료에서 어떤 방식으로 고객에게 CVP를 제시할 것인지 고려해야 한다. 각 구성원들에게 기한과 함께 CVP 실행에 대한 책임을 부여한다. 언제나 그렇듯이 CVP가 고객의 니즈와 일치된 상태를 유지할 수 있도록 이를 측정, 모니터링, 조정하는 작업이 필요하다.

모델의 발전 과정

CVP 발전 초기 단계에 열의에 찬 경영자들은 자사의 상품 제안이 고객에게 가져다준다고 생각하는 수많은 혜택들을 나열하였다. 당연하게도 이러한 방식은 정말 중요한 주요 차별점을 강조하지 못했기 때문에 오히려 CVP가 약화되는 결과를 낳았다. 여러 측면에서 이는 USP보다 오히려 후퇴한 격이었다.

이후 경쟁사 대비 제품과 서비스의 매력적 차별점을 보여주는 가치 제안$_{\text{value proposition}}$의 개념이 등장하였다. 하지만 이 역시도 완벽한 것은 아니었다. 경쟁사 대비 제품과 서비스의 차별점이 다수 존재하기는 하지만 그 중 고객이 가치 있게 여기는 기능이 무엇인지가 명확하지 않았기 때문이다. 고객이 큰 가치를 부여하는 차별화되는 기능과 혜택을 가려내 설득력 있고 강력한 CVP를 구성하게 되면서 모델은 최종 발전 단계에 이르게 되었다.

모델의 적용

2006년 제임스 앤더슨James Anderson, 제임스 나루스James Narus, 바우터 반 로섬Wounter van Rossum이 『Harvard Business Review』에 게재한 글 「Customer value proposition in business markets」에는 건물에 사용되는 건축용 페인트에 들어가는 특수 **레진 제조업체**의 예시가 언급되어 있다. 해당 레진 제조업체는 새로 도입된 강력한 환경 기준에 부합할 수 있는 고성능 제품을 제조하였다. 많은 경우 그러하듯 이 신제품은 생산 단가가 높았기 때문에 판매 가격 역시 높을 수밖에 없었지만 레진 제조업체의 영업부서는 더 높은 친환경성이라는 CVP에 가격 프리미엄이 붙을 수 있을 것이라 생각하지 않았다. 이에 따라 CVP 검증을 위한 시장 조사를 진행하게 된다.

조사 결과 영업부서의 우려는 현실로 나타났다. 페인트칠 업체들은 페인트 선정 시 빨리 칠할 수 있고, 빨리 건조되며, 내구성이 좋은 것을 가장 중요하게 본다고 말했다. 더 높은 친환경성은 '있으면 좋은' 특징이지만 의사결정을 좌우하는 주요 요건에는 해당하지 않았던 것이다.

레진 제조업체는 다시 처음으로 돌아가 8시간 기준 단일 교대근무 시간 내에 두 겹의 페인트칠을 할 수 있을 정도로 건조 시간이 짧은 제품을 개발하였다. 페인트 칠 업체 입장에서 이러한 생산성 향상은 가격 프리미엄을 정당화할 수 있을 만한 특징이었다. 레진 제조업체는 높은 생산성을 주요 CVP로 내세우며 환경 규제 준수에 대한 부가적인 언급과 함께 신제품을 출시하였다. 신제품은 매우 큰 인기를 끌었고 기존 레진 제품 대비 40퍼센트의 가격 프리미엄까지 붙여 판매할 수 있었다.

생각해볼 점

- 당신의 CVP가 목표로 하는 명확한 페르소나를 머릿속에 그려보자.
- CVP를 설계할 때는 제품의 가장 중요한 혜택 또는 기능 한 두 가지에 집중하자. 수많은 혜택을 일일이 나열하다 보면 결국 그중 어느 하나도 강조되지 못하고 그 중요성이 희석되어 버릴 것이다.

혁신의 확산
Diffusion of innovation

새로운 제품 및
서비스 출시하기

마케팅 / 일반적 비즈니스 전략 / 기법 결정 / 혁신 / 제품 관리 / 고객 분석 확산에 대한 연구는 19세기 후반 주로 인류학자, 지리학자, 사회학자에 의해 이루어졌다. 마케팅 담당자들 역시 오랜 기간 동안 혁신에 관심을 보였지만 주된 목적은 신제품 홍보였다. 이들은 혁신에 대한 정보, 인지도, 흥미를 쌓는 것이 호기심을 유발해 구매 행동으로까지 이어지게 하는 것이 중요하다는 것을 알고 있었다. 이러한 모델들은 일반 대중의 혁신에 대한 믿음이나 태도에 대해 탐구하기보다는 혁신의 시작에 초점을 맞추고 있었다.

1957년 에버렛 로저스 Everett Rogers 는 아이오와 농부들의 새로운 제초제 사용을 기반으로 박사학위 논문을 완성하였다. 이를 바탕으로 그는 수용률을 기준으로 한 집단 분류에 대한 개념을 제안한다. 이후 그는 다양한 수직 시장 내 혁신 제품에 대한 연구를 진행했고, 그의 기존 이론적 틀과 상당한 공통점을 발견한다. 1962년 오하이오 주립 대학의 농촌사회학 조교수로 재직할 당시 로저스는 『Diffusion of Innovation』 초판을 출판한다. 현재의 5판(2003)에서 그는 자신의 이론을 인터넷의 확산과 연관 지으며 이것이 새로운 아이디어의 전달과 수용에 어떤 영향을 미쳤는지를 설명하고 있다.

모델의 구조 및 분석 방법

우리는 모두 뭔가 새로운 것을 좋아한다. 실제로 '새로움'은 마케팅 어휘 중 가장 강력한 단어이다. 새로움은 더 나은 것을 약속한다. 또한 흥미롭다는 느낌을 주기도 한다. 하지만 사람마다 '새로움'에 반응하는 방식은 각기 다르다. 먼저, 신제품을 하루 빨리 손에 넣지 못해 안달인 부류가 있다. '새로움'이 주는 편익과 이에 수반되는 지위를 사랑하는 것이다. 반면 '새로움'을 두려워하는 부류도 존재한다. 새로운 것은 보통 기대하고 원했던 바에 부응하지 못하는 경우가 많았다는 것을 경험적으로 알고 있기 때문에 자기가 알고 있는 기존 제품을 선호하게 되는 것이다.

이를 통해 모든 이들이 새로운 제품과 서비스를 동일한 방식으로 수용하는 것은 아니라는 것을 알 수 있다. 시장에 출시된 혁신적 제품은 어떤 부류의 사람들에게는 빠른 속도로 전파되지만 다른 부류에게는 그렇지 않을 수 있다. 새로운 아이디어나 제품이 수용되는 과정을 설명하는 몇 가지 이론들을 소개한다.

2단계 전파가설 The two-step process   2단계 전파가설에서는 새로운 제품과 서비스를 가장 먼저 수용하는 작은 인구집단을 **오피니언 리더** opinion leader 라 칭한다. 오피니언 리더들은 신제품 전파에 주요한 역할을 담당한다. 이들이 자신의 맘에 드는 신상품을 추천하면 일반 대중이 수용하게 되기 때문이다.

실제로 오피니언 리더들의 목소리가 매우 큰 영향력을 발휘하는 특정 시장에서 그 예시를 찾아볼 수 있다. 신차 리뷰 후 기자가 남긴 평가글은 출시 성공 여부에 엄청난 영향력을 발휘할 수 있다. 공연 평론가들은 뮤지컬이나 연극의 성패에 지대한 영향을 미친다. 기업 내에서도 몇몇 권위자들의 신제품에 대한 의견이 함께 일하는 직원들에게 영향을 미치기도 한다.

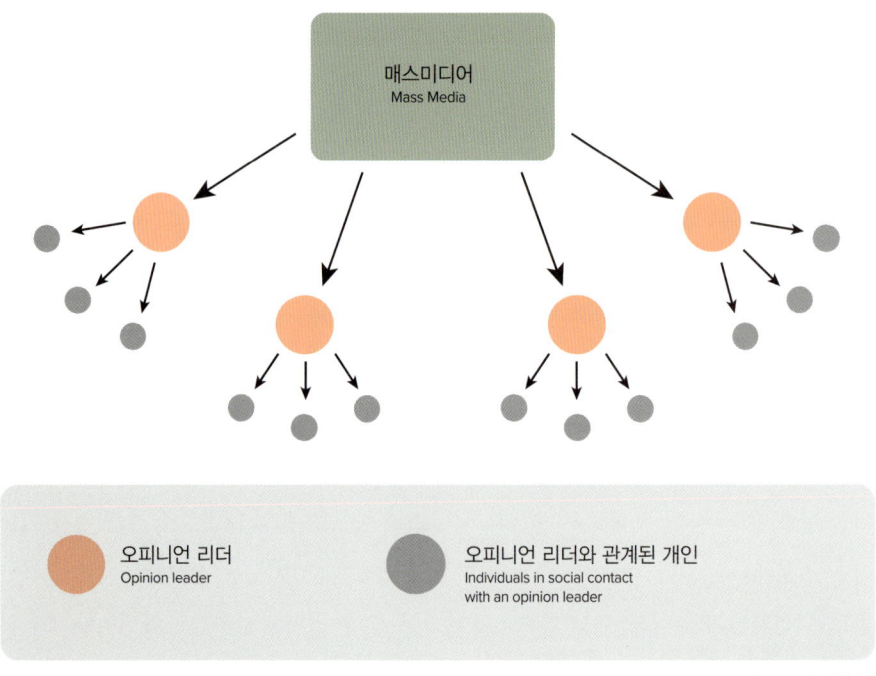

Katz&Lazarsfeld(1955)

낙수효과The trickle-down effect 이제 막 출시된 제품에는 대부분 높은 가격이 책정되어 있다. 부유층이나 특권층만이 구매할 수 있는 것이다. 따라서 좀 더 낮은 가격이 형성될 때까지 기다려야 하는 일반 대중의 관점에서는 신제품 구매 그 자체로 어떤 지위가 부여된다고 생각하게 된다. 휴대전화는 처음 출시되었을 당시 벽돌 크기만큼 큰데다 가격대도 높았지만 이를 구매할 수 있었던 대상은 고소득층이나 정치 사업계의 고위층에 국한되어 있었다. 가격대가 낮아지면서 점차 학생을 포함한 일반 대중 모두에게 휴대전화가 보급되게 되었다.

혁신의 확산 The diffusion of innovations 혁신의 확산 이론은 새로운 제품을 수용하는 방식을 기준으로 사람들을 다섯 개 집단으로 분류한 로저스에 의해 주장되었다.

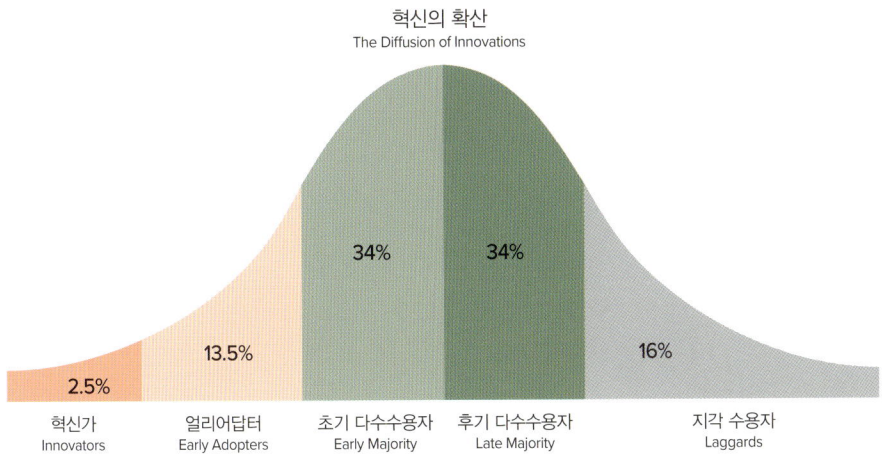

Rogers(1962)

혁신가 Innovators
전체 인구 집단의 2.5퍼센트. 항상 새로운 제품을 가장 먼저 소유하고자 하는 욕구를 가지고 있는 집단이다. 위험을 감수하면서 리더로 보이고 자하는 집단의 사람들이다.

얼리어답터 Early Adopters
전체 인구 집단의 13.5퍼센트. 교육을 받은 집단이며 노년층보다는 젊은층이 주를 이룬다. 사회 내에서 리더의 역할을 수행하는 사람들이다.

초기 다수수용자 Early majority
전체 인구 집단의 34퍼센트. 명칭 그 자체에서 알 수 있듯 충분한 정보를 가지고 있는 사람들이 제품을 받아들이기 시작하는 대중 시장을 의미한다.

후기 다수수용자 Late majority
전체 인구 집단의 34퍼센트. 마침내 제품이 다수의, 그러나 의심이 많고 보수적인 성격의 집단에게도 받아들여진다. 보통 낮은 사회경제적 지위를 가지고 있다.

지각 수용자 Laggards
전체 인구 집단의 16퍼센트. 마지막까지 저항하다가 모두가 새로운 제품을 받아들이고 나서야 수용하게 되는 집단을 일컫는다.

로저스의 이론은 새로운 아이디어/제품의 수용 과정을 설명하는 가장 널리 도입된 주류 이론이 되었다. 그의 연구에서 그는 모든 인구 집단은 혁신가, 얼리어답터, 초기 다수수용자, 후기 다수수용자, 지각 수용자의 다섯 개 분류로 나뉠 수 있다고 주장하였다. 그는 다섯 개 집단의 분포는 정규분포곡선 bell curve과 비슷한 형태를 띤다고 제안한다. 일단 전체 인구 집단을 반으로 나누어 곡선의 왼쪽에는 혁신을 초기에 수용하는 집단을, 오른쪽에는 혁신을 후기에 수용하는 집단을 위치하게 하였다.

하지만 수용자의 분류는 대칭 형태를 보이지 않았고 혁신을 초기에 수용하는 집단의 수는 셋(혁신가, 얼리어답터, 초기 다수수용자), 후기에 수용하는 집단의 수는 둘(후기 다수수용자, 지각 수용자)이었다. 연구 결과 혁신가와 얼리어답터는 이질적 집단인 반면 지각 수용자의 경우 동질적 집단으로 나타났기 때문이다.

혁신 사례 중에는 제대로 자리 잡지 못하는 경우도 다반사이다. 더 큰 집단의 관심을 끌기 위해서는 '**티핑포인트**tipping point'를 지나야 한다. 티핑포인트란 새로운 제품에 매력을 느끼는 사람들의 비율이고, 다음 그룹에게 그 매력에 대해 전파하기에 충분한 숫자를 의미한다. 보통 얼리어답터와 초기 다수수용자 집단 사이, 즉 16퍼센트의 인구 집단이 혁신을 수용한 상태인 지점에 존재하는 것으로 알려져 있다. 바로 이 지점에 존재하는 캐즘을 넘지 못하면 혁신 제품은 더 이상 확산되지 못하고 사그라질 위기에 처하게 된다.

어떤 시장에서는 아이디어가 빠른 속도로 확산된다. 충분한 수의 사람들의 상상력을 빠른 속도로 장악해 캐즘을 극복하고 더 넓은 범위의 인구 집단으로 퍼져나갈 수 있는 장난감이나 전자제품 시장이 그 예시이다. 출시된 지 몇 년도 되지 않아 발명가를 억만장자로 만들어준 전자제품 및 디지털 제품의 예시를 다수 찾아볼 수 있다.

상업적 수확기에 들어서기까지 수년이 걸리는 제품도 많다. 탄소 섬유는 원래 1950년대에 발명되었지만 항공우주공학에 적용되기 전까지 30여 년간 스포츠 제품이나 매우 제한된 분야에만 적용되기도 했다. 심지어 지금도 얼리어답터를 넘어 다음 집단으로 확산되기까지는 수년이 더 걸릴 것이다. 2008년에는 초경량이지만 강철보다 센 강도의 물질인 그래핀graphene이 발명되었다. 이와 같은 제품의 경우 다양한 적용 분야에 적합하며 저비용으로 쉽게 대량 생산될 수 있는 물질이라는 것을 증명하기까지는 상당한 시간이 걸리기 마련이다. 전체 확산 곡선을 거치기까지는 긴 시간이 걸릴 것이다.

캐즘을 넘어서 Crossing the chasm   **캐즘 이론**은 로저스가 주장한 다섯 개의 각 집단 사이에 간극 또는 깊은 틈chasm이 존재한다고 설명한다. 학자에서 기업 경영을 거쳐 컨설턴트로 활동하게 된 제프리 무어Geoffrey Moore에 의해 주장된 이론이다. 무어에 따르면 상품 출시 초기 단계에는 혁신가와 얼리어답터 사이에, 얼리어답터와 초기 다수수용자 사이에 매우 넓은 간극이 존재한다.

그는 시장에서 가장 먼저 제품을 구매하는 집단, 즉 어떤 제품인지 한 번 써보고자 새로운 것이라면 일단 가장 먼저 구매하고 보는 사람들을 기술 애호가technology enthusiasts라고 지칭하였다. 이러한 일반적이지 않은 사람들이 조직 구성원들의 구매에 미치는 영향은 거의 없거나 미미하기 때문에 이 집단을 넘어 얼리어답터 집단이 제품을 받아들이도록 하는 것이 중요하다. 하지만 집단 사이의 간극을 극복하는 것은 말처럼 쉬운 일은 아니다.

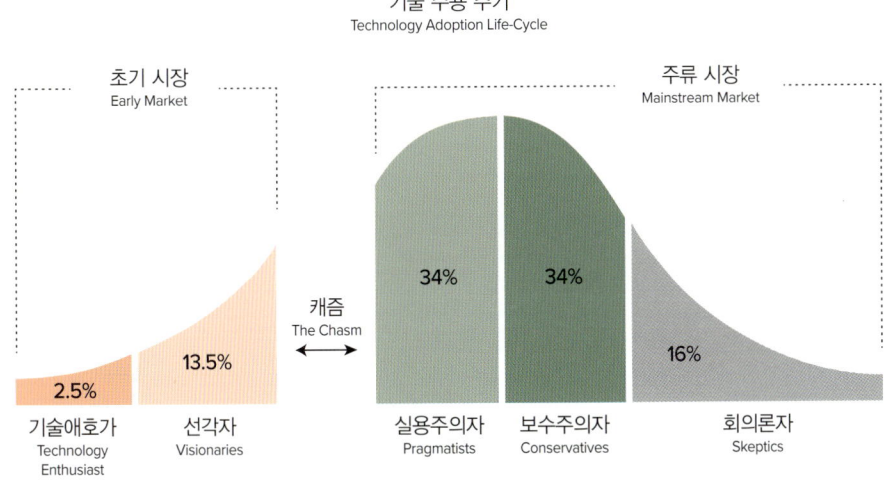

기술 수용 모형 Technology acceptance model   기술 수용 모형은, 큰 노력 없이도 직무 성과를 향상시킬 수 있다는 믿음을 수용자들에게 심어줘야 하는 신기술과 특히 관련된 이론이다. 예를 들어 컴퓨터가 처음 시장에 출시되었을 당시, 많은 사람은 '기존의 방식으로도 충분히 빠르게 할 수 있는 일에 굳이 많은 노력을 들여 배워야 하는 새로운 기술'이라고 생각했다. 그래서 컴퓨터는 두려움의 대상이 되었다. 지금 본인이 이 책을 쓰는 데 사용하고 있는 음성인식 받아쓰기 소프트웨어와 같은 제품들 역시 동일하게 인식되고 있을 수 있다.

혁신적인 제품을 구매하기 위해선 제품에 대한 지식이 선행되어야 한다는 사실은 말할 나위 없이 당연한 일이다. 이는 즉, 인지, 관심, 욕구, 행동을 이끌어 내기 위해 AIDA 모델이(3장 참고) 중요한 역할을 한다는 것을 의미한다. 소비자는 이전 제품보다 신제품이 더 많은 상대적 이점을 제공한다는 믿음이 있어야 구매를 결정한다. 하지만 상대적 이점의 존재 여부는 불확실하며 위험 회피 성향을 가진 이들이 많기 때문에 제품의 효용성에 대한 추가적인 증거를 발견할 때까지 구매 결정을 지연시키는 것이다.

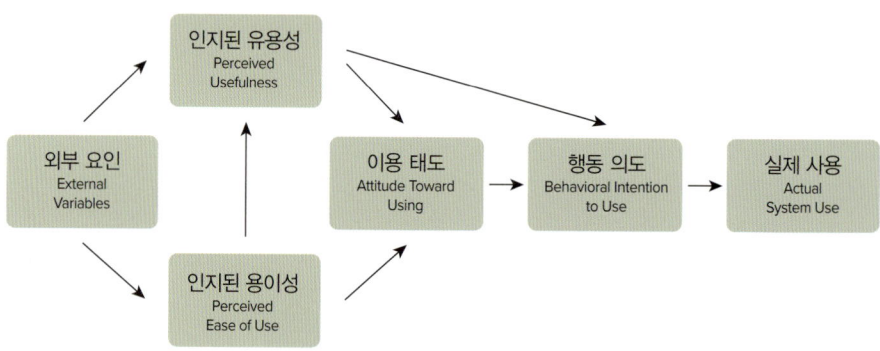

Davis, Bagozzi & Warshaw(1989)

모델의 발전 과정

혁신 확산 이론은 유용한 비즈니스 모델로써 널리 도입되었다. 새로운 제초제의 확산 과정을 설명하는 모델로 시작해 전자 제품 및 소프트웨어 부문의 빠른 기술 혁신 사례에까지 적용되는 모델로 발전한 것이다. 확산 자체에 대해 관심을 집중하면서 많은 연구자가 이 주제를 더 잘 이해할 수 있게 되었다. 연구자들은 아이디어의 확산이 반드시 소비자들이 지속적으로 제품을 사용한다는 것을 의미하지는 않음을 지적했다. 혁신가와 얼리어답터들은 가장 먼저 제품을 시도해보는 집단인 동시에 가장 먼저 이를 버리고 다른 새로운 것을 찾아 나서는 집단일 수도 있는 것이다.

혁신 확산 모델을 통해 설명할 수 있는 것은 신제품에 대한 인구집단의 행동 양상일 뿐이다. 신제품에 대한 구매 욕구를 어떻게 불러일으킬 수 있는지에 대해서는 설명하지 않는 것이다. 쿼티 키보드_QWERTY keyboard_의 발명 이후, 훨씬 빠르게 타자를 칠 수 있는 더 좋은 키보드가 많이 개발되었지만 대중의 관심을 얻는 데에는 모두 실패했다. 비슷한 맥락에서 에스페란토_Esperanto_와 같은 언어를 만국 공통어로 삼자는 아이디어는 일면 타당하게 들릴 수 있으나 수많은 사람을 대상으로 단일 언어를 사용하도록 설득하는 일은 불가능한 것으로 밝혀졌다.

모델의 적용

혁신 사례 중에는 오래된 와인을 새로운 병에 담는 것처럼 포장만 바꾸는 사례들이 다수 존재한다. 이러한 사례는 이번 장에서 다루는 진정한 혁신에는 포함되지 않는다. 이는 같은 제품을 다른 형태로 제시하는 프레젠테이션에 불과하다. 작은 수정을 통해 개선한 제품은 로저스가 설명하는 혁신 사례에는 해당하지 않는다. 인구 집단을 혁신가부터 지각 수용자까지 다섯 개로 분류할 수 있다는 사실은 새로운 제품이나 가치 제안을 개발하고자 하는 마케팅 담당자들에게 매우 유용한 정보이다.

유럽 전역의 인쇄 업체를 대상으로 종이를 대량 공급하는 한 **제지 업체**가 이 기회를 잘 활용하였다. 이 업체는 일정 범위의 새로운 가치 제안에 대한 인쇄 업체들의 관심도를 가늠하는 연구를 진행했는데, 새로운 가치 제안에는 매우 빠른 배송, 심야 배송, 정해진 시간대 배송 등, 서로 다른 배송 옵션이 포함되어 있었다. 설문조사에는 위탁재고, 현재 포트폴리오에는 포함되지 않은 제품, 다양한 자문 및 조언 서비스에 대한 구매 선호도를 묻는 질문들이 포함되었다. 동일 설문조사에서 응답자는 로저스의 분류 기준에 따른 스펙트럼 상에서 본인의 회사가 어떤 집단에 속한다고 생각하는지에 대한 답변도 함께 제공한다. 질문은 편향된 답변을 이끌어내지 않는 방식으로 설계되었다.

다음 중 신기술에 대한 자사의 관점을 가장 잘 보여주는 문장을 고르시오.

질문	선택
신기술을 중시하며 신제품이나 서비스를 누구보다도 먼저 이용하고자 한다.	①
가장 먼저 이용하는 집단은 아니지만 대다수 고객 보다는 먼저 이용하는 편이다.	②
초기 문제들이 해결될 때까지 기다리는 편이다.	③
서둘러 신제품이나 서비스를 구매/이용하는 편이 아니다.	④
기존 인프라가 불필요해지고 대안이 없을 때까지 최대한 기다린 후에야 새로운 기술을 받아들여 사용한다.	⑤

① 혁신가로 분류
② 얼리어답터로 분류
③ 초기 다수수용자로 분류
④ 후기 다수수용자로 분류
⑤ 지각 수용자로 분류

설문 조사 결과에 따른 인쇄 업체의 분포는 1962년 로저스가 논문에서 제시한 것과 비슷한 분포를 보였다. 무엇보다 설문조사를 통해 특정 유형 및 규모의 인쇄 업체들이 새로운 가치 제안에 상대적으로 더 큰 관심을 보인다는 사실을 알 수 있었고, 이를 통해 제지 업체는 고객군을 나누어 각 세그먼트에 맞춤화된 혁신적 서비스를 제공할 수 있었다.

> **생각해볼 점**
>
> - 유용한 고객 세분화란 혁신의 확산 측면에서 각 고객이 어느 집단으로 분류되는지를 이해하는 것이다. 이를 통해 새로운 제품과 서비스를 더 잘 수용할 수 있는 집단을 대상으로 홍보를 할 수 있다.
> - B2B 시장의 경우 급진적 혁신이 관심을 끌기까지는 수년이 걸릴 수 있다.
> - 시장 전반에 대한 영향력을 가지고 있는 오피니언 리더들이 당신의 새로운 제품을 수용할 수 있도록 하는 것을 목표로 삼자.

정책방향 매트릭스
Directional policy matrix

세그먼트 또는 새로운 아이디어의
우선순위 정하기

정책방향 매트릭스Directional policy matrix(이하 DPM)를 최초로 개발한 것은 1970년대 제너럴 일렉트릭General Electric, GE과 맥킨지McKinsey로 알려져 있다. GE와 맥킨지가 제시한 DPM은 시장성장률과 시장점유율이라는 두 축에 기반을 둔 보스턴 매트릭스Boston matrix와 매우 유사하지만 다음과 같이 여러 가지 전략을 제안한다는 점에서 차이가 있다.

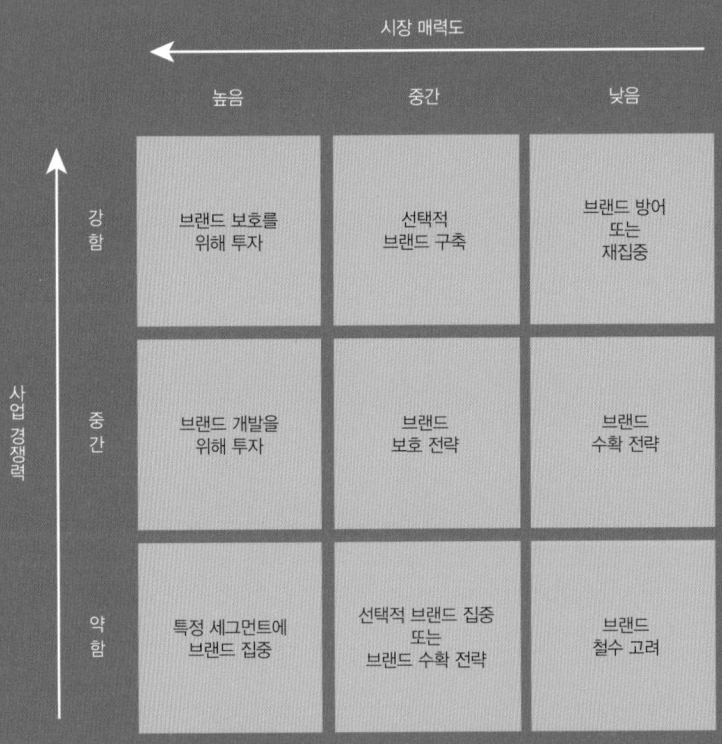

모델의 구조 및 분석 방법

DPM은 전략적 정책 방향을 수립하는 도구이다. 다수의 사업 단위를 가지고 있는 기업은 각 부문이 어느 정도의 투자 가치를 가지고 있는지를 파악하고자 할 것이다. 그리고 제품 매니저들이 보유하고 있는 다양한 제품 포트폴리오는 각기 다른 수준의 성과와 기회를 가지고 있을 것이다. 이 중 미래에 가장 강력한 주력 제품은 무엇이며, 포기해야 할 제품은 무엇일까? 이러한 분석을 하는 데 있어 보스턴 매트릭스(7장 참고)가 유용하게 쓰이며, DPM은 그 변형 모델이라고 할 수 있다.

DPM은 마케팅 담당자들이 세분화 전략을 수립할 때 필수적인 비즈니스 모델이다. 모든 고객이 동일한 것은 아니지만 그중 일부는 서로 유사점을 가지고 있다. 차이점과 유사점을 기반으로 고객을 분류하는 것을 '세분화$_{segmentation}$'라고 한다. 세그먼트$_{segment}$란 제품 또는 서비스 구매와 관련하여 공통점을 가지고 있는 고객군을 의미한다.

세분화는 기업이 고객의 니즈를 성공적으로 충족시켜 만족감을 높일 수 있도록 도와준다는 점에서 모든 마케팅 전략의 핵심이 된다. 또한 기업의 제품 및 서비스 공급 측면에 있어서도 고객 개개인을 대상으로 하는 것이 아니라, 집단화된 고객군의 니즈를 충족해주기 때문에 매우 유용하다. 즉, 공급자는 효율성을 더욱 높이는 동시에 경쟁 우위를 누릴 수 있는 방식으로 고객군에 제품을 공급함으로써 경쟁 우위를 점할 수 있는 것이다.

다양한 기준을 통해 고객을 분류할 수 있다. 흔히 쓰이는 세분화 기준은 다음과 같다.

물리적 특성 Physical characteristics
- 인구통계학 성별, 연령, 지리적 거주지, 사회적 계층, 소득 계층, 가족 구성원 수 등
- 퍼모그래픽스[1] B2B 기업 대상 직원 수 및 매출 기준 기업의 규모, 기업의 산업 분류, 기업의 연혁, 지리적 위치 등

---

1 퍼모그래픽스(firmographics): 회사의 규모, 업종, 위치 등, 기업조직의 특성과 관련한 통계를 말한다.

행동적 특성 Behavioral characteristics
- **고객 또는 잠재 고객**   실제로 이탈 고객인지, 재유치 고객인지
- **구매 패턴**   구매 빈도, 구매 규모, 구매한 제품 묶음 수 등
- **사용 행동**   제품을 어느 정도, 어떻게, 어디서 소비했는지 등
- **공급자 관련 행동**   단일 공급자, 이원화, 공급자에 대한 충성도, 정기적 공급자 변경 등
- **의사결정 행동**   의사결정 집단의 구성원 수, 의사결정자의 지위, 주요 의사결정자, 큰 영향력을 지닌 인플루언서influencer

니즈Needs
- **상품 제안의 주요 요건**   품질, 내구성, 사용편의성, 가용성, 가격, 기술 지원 서비스 등
- **공급자 및 브랜드에 대한 정서적 니즈**   지위, 확신, 흥미, 안전성

사이코그래픽스Psychographics[2]
- 고객의 생활방식, 가치, 의견, 태도, 흥미

공통된 특징을 공유하는 고객군 중 가장 높은 수익성과 성장 가능성을 가진 집단을 가려내는 것이 성공적인 세분화의 목표이다.

DPM은 다양한 투자 기회에 대한 의사결정을 돕는 도구이다. 대부분 각 세그먼트의 전략적 매력도를 보여주기 위해 쓰이지만 브랜드, 사업 단위, 신제품 기회 등, 사실상 기업이 고려해야 하는 모든 옵션의 정책적 방향을 설정하기 위한 도구로 사용될 수 있다. DPM은 다음에 설명된 것과 같이 수익성 전망prospects for profitability 측면에서의 세그먼트 위치와 경쟁력 측면에서의 세그먼트 위치라는 두 가지 요소에 기초한다.

시장 매력도 Attractiveness of the market   세그먼트나 사업 단위 또는 제품의 수익성 전망은 미래 투자 결정 시 주요한 고려사항이 된다. 낮은 수익이 기대되는 부문에 투자를 하지 않는 것은 당연한 논리이다. 물론 전망에 일정 수준의 불확실성은 있을 수 있다. 경쟁자의 시장 철수 결정이나 특정 세그먼트나 제품에 유리하게 작용할 새로운 또는 계류 중인 법

---

2   사이코그래픽스(Psychographics): 소비자의 심리를 파악하고 그들의 생활 방식을 알아내는 소비자 연구의 한 형태

안이 있다면 결론이 달라질 수 있다. 이러한 요소들 역시 평가 시 반영해야 한다. 이 외에도 시장 매력도 평가 시 추가적으로 고려해야 할 요소에는 세그먼트의 성장 가능성, 산업 내 경쟁자의 수와 각각의 강점 및 약점이 있다.

경쟁 역량 Competitive capability 세그먼트 내 다른 공급자와의 비교를 통해 자사의 경쟁 역량을 알아볼 수 있다. 세그먼트 안에서 경쟁사와 자사의 고객 가치 제안의 강점을 비교하여 경쟁력을 판단하는 것이다. 이 외에도 브랜드 파워, 고객의 충성도, 제조 단위, 기업 연령, 생산성, 특허권, 혁신 능력 등을 고려할 수 있다.

시장 매력도 및 기업의 경쟁 역량 판단 시 시장 정보를 측정 지표로 이용하는 것이 유용하다. 가중치나 점수 체계는 더욱 세심한 포지셔닝을 가능하게 하며, 상황 변화에 맞추어 조정할 수 있는 지표로도 활용한다. 예를 들어, 시장의 매력도를 판단할 때는 성장률, 세그먼트 규모, 수익성, 가격 탄력성, 법규 등, 해당 시장의 매력도와 관련된 모든 항목을 포함한 목록을 만든다.

그리고 각 항목의 중요성을 고려하여 가중치를 부여하는데, 이를 기반으로 각 세그먼트에 대한 점수를 매기고(1점~5점 기준, 1은 매우 약함 5는 매우 강함을 의미), 가중치를 고려한 점수를 산출한다. 유사한 방식으로 경쟁력 판단을 위한 가중 총합을 도출할 수 있다. 표 15.1과 15.2를 참고하자.

표 15.1 가중치 및 점수 산정을 통한 시장 매력도 판단

평가 항목	가중치	세그먼트 1		세그먼트 2	
		평가 점수	가중 총합	평가 점수	가중 총합
세그먼트 성장률	0.45	5	2.25	4	1.8
세그먼트 규모	0.3	3	0.9	2	0.6
세그먼트 수익성	0.25	1	0.25	1	0.25
총계	1		3.4		2.65

DPM은 우선순위를 정할 수 있도록 하는 도구이다. 산업 매력도와 사업 강점이라는 두 개의 관점을 통해 관리자들이 주요 이슈에 집중하도록 도와준다. 이것은 전략적 방향 설정을 돕는 모델로서 기업이 수익성 증대를 위한 행동을 취할 수 있게 한다.

표 15.2 가중치 및 점수 산정을 통한 경쟁력 판단

평가 항목	가중치	세그먼트 1		세그먼트 2	
		평가 점수	가중 총합	평가 점수	가중 총합
시장점유율	0.35	4	1.4	5	1.75
기업 수익성	0.2	2	0.4	2	0.4
브랜드 가치	0.3	3	0.9	1	0.3
시장 지배력	0.15	2	0.3	3	0.45
총계	1		3		2.9

사업 단위 강점을 x축, 시장 매력도를 y축으로 하는 그리드 차트에 가중 총합 점수를 기반으로 위치를 정하고, 몇 가지 전략적 방향을 설정해 볼 수 있다. 표 15.1과 15.2에 제시된 예시에서 세그먼트 1의 시장 매력도 및 경쟁력은 중간에서 높음 수준임을 알 수 있다. 반면 세그먼트 2의 경쟁력은 꽤 높음에도 불구하고 시장 매력도가 상당히 낮은 것을 확인할 수 있다. 이 결과를 바탕으로 브랜드 수확 전략harvesting the brand을 세울 수 있다.

경쟁력은 낮지만 매력적인 시장에 위치해 있는 브랜드라면 집중 공략할 수 있는 틈새 시장을 찾아보는 것도 의미가 있다. 반대로 경쟁력은 높지만 시장 매력도가 낮은 브랜드라면 현재 위치의 방어 및 재집중이 좋은 전략일 수 있다. 짐작할 수 있겠지만 경쟁력과 시장 매력도 모두가 낮은 브랜드는 포트폴리오에서 철수시켜야 한다.

모델의 발전 과정

DPM은 전 세계 많은 컨설턴트들에 의해 널리 사용되며 개선 과정을 거쳤다. 석유회사 쉘Shell은 GE-Mckinsey 모델과 유사한 두 축을 사용하면서 그리드 차트 상 제안 전략을 수정하는 방식으로 매트릭스를 개선했다.

모델의 적용

한해 고객의 수가 15,000 정도인 **레디믹스 콘크리트**ready-mix concrete(이하 레미콘) 공급업체가 있다. 해당 업체의 고객은 빌딩, 교각, 공항 등을 건설하는 대형 토목공학 업체부터 창고 또는 집의 기반을 다지는 용도로 레미콘을 사용하는 소규모 건축업자까지 범위가 다양하다. 업체는 고객의 다양한 니즈와 행동을 파악하기 위해 연구를 의뢰하였고 연구 결과를 통해 고객 분류에 이용할 수 있는 다양한 기준을 얻을 수 있었다. 그중 니즈의 조합과 기업 규모를 기준으로 세분화하는 방식이 채택되었다.

경쟁력이 강하고 매력도가 높은 세그먼트의 고객은 기술적 제품을 필요로 했다. 고층 빌딩이나 고가철도 등의 건축에는 고사양 콘크리트가 필요하다. 이와 함께 상당한 기술적 조언도 함께 요구되며 주로 이와 같은 니즈를 가진 고객은 대형 토목공학 업체였다. 해당 레미콘 업체는 이미 이 사업 부문에서 높은 시장점유율을 보유하고 있었기 때문에 추가적으로 점유율을 더 높이는 것은 어려웠다. 현재의 선두 위치를 계속 유지해야 하는 세그먼트인 것이다.

전문성을 요하는 기술 세그먼트Techies segment가 수익성과 효율성이 가장 높았던 것은 사실이지만 제품 판매 측면에서 가장 큰 비중을 차지하고 있는 것은 아니었다.

두 개의 세그먼트가 더 존재했는데, 첫 번째는 연중에 걸쳐 상당량의 레미콘을 구매하는 업체로 구성된 세그먼트였다. 해당 세그먼트의 일반적 건축 업체는 다양한 용도로 레미콘을 사용하였으며 요구 조건이 까다로웠다. 일정한 시간에 고용된 노동자들이 시간과 돈을 낭비하지 않고 레미콘 작업을 할 수 있게 하려면 정해진 시간에 제품을 공급하는 것이 중요했다. 이러한 가치 세그먼트value segment는 경쟁이 매우 치열했다.

해당 레미콘 업체는 연구 결과를 통해 더욱 다양한 서비스를 이 세그먼트에 공급함으로써 타 공급업체와 차별화할 수 있는 기회를 포착하였다. 정기배송 서비스, 특수배합, 시간제 기술조언 서비스를 추가함으로써 세그먼트 내 수익성 증대 및 경쟁 우위를 달성할 수 있었다.

가장 규모가 큰 세 번째 고객군은 기타 소규모 고객을 지칭하는 '작은 물고기small fry' 집단으로 명명하였는데, 이들은 주거용 건물의 소규모 공사를 위한 레미콘 수요가 종종 발생하는 고객으로 구성되어 있었다. 해당 세그먼트는 서비스비용이 높고 성장 전망이 제한되어 있으며 수익성이 낮다는 점에서 매력도가 떨어졌기 때문에 철수해야 하는 세그먼트로 생각되었다. 하지만 심사숙고와 몇 번의 실험을 바탕으로 레미콘 업체는 상당한 고객 이탈을 겪지 않으면서도 작은 물고기 집단의 고객을 대상으로 가격을 인상할 수 있다는 사실을 알 수 있었다. 이를 통해 해당 세그먼트의 매력도를 높여 특히 더 집중할 만한 가치가 생기게 되었다(표 15.1 참고).

> **생각해볼 점**

- 전략적 집중을 위해 DPM를 사용해보자.
- 가장 큰 기회는 경쟁력을 높이는 것과 관련하여(그림 15.1의 '작은 물고기 집단' 및 '가치 구매자' 예시에서 볼 수 있듯) 발견되는 경우가 많다. 이를 위해선 먼저 장점과 단점을 파악해야 한다.
- DPM과 함께 SWOT 분석을 사용해보자.

그림 15.1 DPM을 이용한 세분화 전략 방향 설정

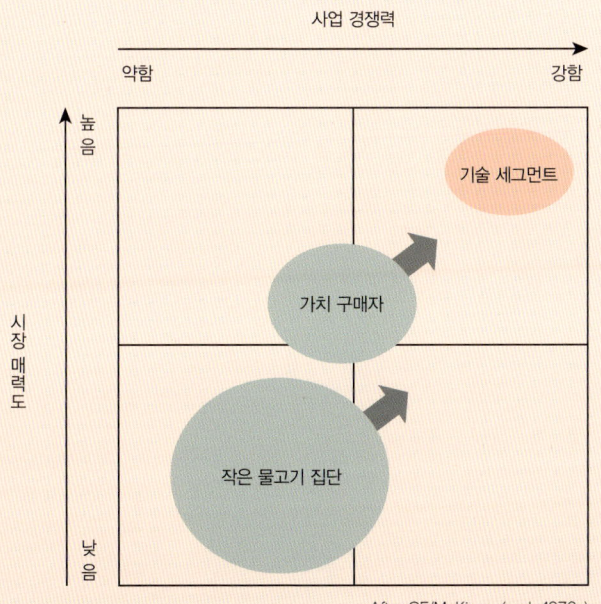

- **기술 세그먼트** | 리더십 포지션 유지
- **가치 구매자** | 더 많은 서비스를 추가하고 해당 세그먼트에 대한 매력도 증대
- **작은 물고기 집단** | 가격을 올려서 해당 세그먼트의 수익성 증진 및 비즈니스 개발에 투자

파괴적 혁신 모델
Disruptive innovation model

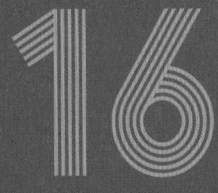

창의적 방법으로
경쟁에서 승리하기

파괴자disrupter 개념이 처음 소개된 것은 1995년 조셉 바우어Joseph Bower와 클레이튼 크리스텐슨Clayton Christensen이 『Harvard Business Review』에 기고한 글 「Disruptive technologies: catching the wave」에서였다. 처음 소개될 당시 모델은 파괴적 기술로 설명되었으나, 이후 파괴적 혁신은 기술뿐만 아니라 더 낮은 가격을 제시하는 새로운 진입 기업, 새로운 유통채널, 더 효율적인 제품 생산 방식 등과 같은 형태로 이루어질 수도 있다는 것을 인식하게 되었다. 이어 크리스텐슨은 1997년 출간 후 베스트셀러가 된 『The Innovator's Dilemma』에서 그의 이론을 자세히 설명한다.

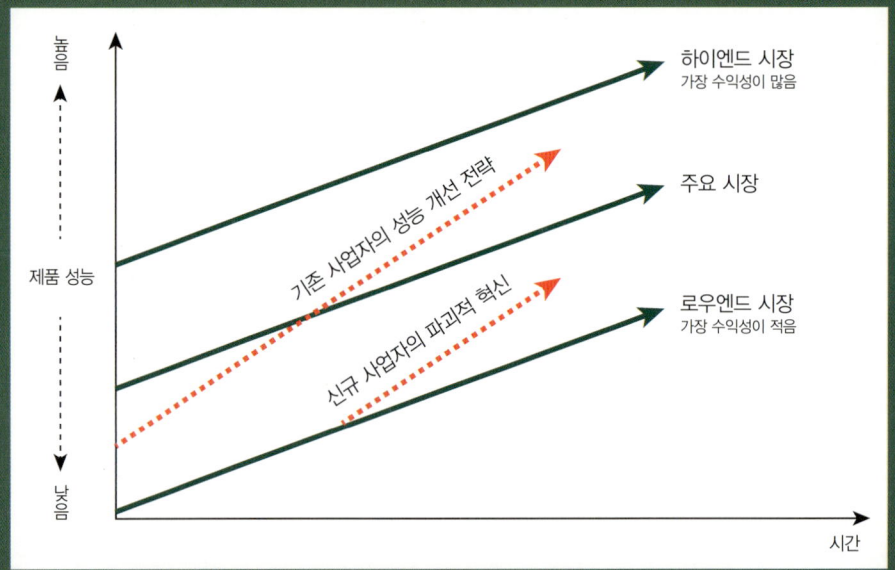

Clayton M. Christensen, Michael Raynor, Rory McDonald
'What is Disruptive Innovation?' December(2015)

모델의 구조 및 분석 방법

성숙한 시장에는 보통 소수의 공급자들이 존재한다. 이러한 과점 기업들은 너무 덩치가 커지고 게을러진 나머지 상위 고객층에게만 관심을 쏟고 소규모 고객은 무시하는 경우가 적지 않다. 이러한 환경은 파괴적 기업들에게 있어선 비옥한 땅이 된다.

파괴적 기업이란 기존의 대형 업체들이 차지하지 않은 틈을 포착한 새로운 진입 기업을 의미한다. 일반적으로 파괴자들은 규모가 작고 어느 부분에서든 사업 기회를 포착하려 열심이기 때문에 파괴자들에겐 과점 기업이 간과한 소규모 고객들이 용이한 타깃이 된다. 실제로 과점 기업들은 파괴적 기업들이 식탁 밑의 작은 빵 부스러기를 탐내는 초기 단계에는 이를 알아차리지조차 못하거나 별 관심을 쏟지 않는다.

파괴적 기업은 다른 행동 방식을 취한다. 보통은 더욱 비용 효율적인 방식으로 제품이나 서비스를 생산함으로써 대중 시장의 니즈를 충족시킬 수 있는 방식을 찾곤 한다. 처음 자동차가 출시되었을 당시엔 말이 끄는 사륜차 시장에 큰 변화를 불러오지 못했다. 가격이 너무 높았을 뿐만 아니라 소수의 특권층에게만 국한되어 있었기 때문이다. 그러나 헨리 포드Henry Ford가 단순한 디자인의 대량생산 체제로 상당한 경쟁력이 있는 Model T를 출시한 이후 말이 끄는 마차는 파괴되었다. 시간이 지날수록 고객들은 제품의 성능 향상을 기대하며 일반적으로 성능은 그렇게 향상된다.

시장 내 기존 업체의 경우 혁신을 통한 성장을 모색하고자 할 때 돈이 되는 고객들이 위치해 있는 시장의 중부 또는 상부에 집중하는 경향이 있다. 하지만 이 과정에서 기존 업체들은 시장의 하층부 고객들, 그리고 결국에는 주류 소비자들이 요구하는 품질 수준을 초과하는 제품을 생산하게 되는 위험에 빠질 수 있다.

바로 이러한 환경에서 새롭게 진입하는 기업들은 파괴적 혁신을 이루어낼 수 있다. 시장 하층부의 고객들에게 기존의 기업이 충분한 관심을 쏟지 않는다는 것은 그들이 새롭게 진입하는 기업에 대해 거의 알지 못하거나 초반에는 대응하지 않음을 의미한다. 새로운 진입 기업이 제시하는 제품은 기존 제품에 비해 성능이 떨어질 수 있으나, 그 자체로 보았을 때 하층부 세그먼트에서 요구하는 품질 수준은 상회할 것이다. 파괴적 기업의 제품은 충분히 쓸 만하면서 상당히 저렴하기 때문에 구매로 이어진다. 신규 진입 기업의 제품은 시장의 상당 부분을 대상으로 하기 때문에 이를 통해 시장의 관심을 끌고 매출을 증대시켜 나갈 수 있게 된다. 파괴 기업은 단시간 안에 시장의 하층부에서 주류로 진입하게 되므로 기존 업체들의 보복적인 대응은 너무 늦거나 어려워진다.

저가 항공사들은 파괴적 혁신을 이루었다. 기존 항공사의 비즈니스를 가져오는 방법뿐만 아니라 기존 가격 수준에 부담을 느꼈던 사람들이 항공 서비스를 이용할 수 있게 한 것이다.

기존 업체들은 수익성 높은 사업을 지켜야 한다는 딜레마에 빠지게 된다. 주류 또는 공격적인 시장 하층부에서 경쟁하기보다는 기존의 이익 마진을 유지하고 시장 상부에서 쉬운 타깃을 찾고자 하는 것이다. 바로 이 때문에 대기업들은 별도의 사업 단위를 만드는 방식으로 시장을 공략하고 파괴적 혁신을 이루어내려 한다. 이미 수익성이 높은 전통적 환경에서는 변화를 꺼려하기 때문에 파괴적 혁신을 위한 전략을 취하기가 힘들기 마련이다.

시장의 하층부에서 발생하는 공급자의 파괴적 혁신과 기존 사업자가 제공하는 제품보다 니즈를 더 잘 충족시키는 것 사이에는 차이가 있다. 예를 들어, 더 높은 품질의 차체와 부속품이 탑재된 승용차를 수입하여 공급하는 새로운 업체는 파괴적 기업이 아니라 단순히 더 나은 공급자로 보아야 할 것이다.

모델의 발전 과정

파괴적 혁신 이론을 쉽게 이해하고 설명하기 위해선 사례 연구를 살펴보는 것이 가장 적합하다. 파괴적 혁신 모델의 학문적 아버지인 크리스텐슨은 뒤이어 발표한 글과 논문에서 이론에 대한 추가 설명을 제공하였다. 혼동을 초래하는 부분들이 존재했기 때문에 이러한 부가적인 설명이 필요했다. 새롭게 진입하는 기업이 프리미엄 가격이 책정된 새로운 하이엔드 제품을 제시했다면 이 시장이 파괴되었다고 말할 수 있을까? 테슬라Tesla는 자동차 시장에 파괴적 혁신을 불러왔는가? 현 시점에서는 테슬라의 브랜드 및 전기자동차의 전반적 시장점유율이 매우 낮기 때문에 그렇지 않다고 대답할 수 있을 것이다. 결국 그렇게 나아갈 것이라는 위협감을 줄 수는 있지만 아직까지는 자동차 시장에 파괴적 혁신을 일으키지 못했다. 파괴적 혁신 이론에 따르면 파괴는 하위 세그먼트의 대중 시장에서 시작되어야 한다.

많은 이들은 우버Uber의 비즈니스와 이것이 택시 산업에 미친 영향이 파괴적 혁신의 전형적인 예시라고 생각할 것이다. 하지만 크리스텐슨의 이론에 따르면 우버는 파괴적 혁신기업에 해당하지 않는다. 그에 따르면 우버는 기존 택시 시장에 점진적인 개선을 불러왔다는 측면에서 혁신성을 보인 기업이다.

필자는 파괴적 혁신에 대한 까다로운 정의 때문에 마케팅 담당자 관점에서는 오히려 개념의 유용성이 떨어진다고 생각한다. 파괴가 시장의 하층부에서 시작하여 상층부로 진입했는지 또는 상층부에서 시작하여 하층부로 퍼져나가게 되었는지는 실질적으로 중요한 것이 아니다. 어떤 방향이든 기존 시장에 파괴적 혁신을 불러온 것은 사실이다. 3D 프린터는 아직까지 시장에 파괴적 혁신을 가져오지 못했지만, 더 비용 효율적인 방법으로 부품을 생산할 수 있게 되면 결국 수 년 내에 파괴적 혁신을 일으키게 될 것이다.

모델의 적용

다양한 파괴적 혁신의 예시를 찾아볼 수 있다.

- 전통적인 백과사전은 위키피디아Wikipedia에 의해 파괴되어 왔다.
- 전통적인 전화 회사는 스카이프Skype에 의해 파괴되고 있다.
- PC는 스마트폰에 의해 파괴되고 있다.
- 전구는 발광다이오드LED에 의해 파괴되어 왔다.
- 금속, 나무, 유리는 플라스틱에 의해 파괴되어 왔다.

- CD는 디지털 미디어에 의해 파괴되어 왔다.
- 전통적 필름은 디지털 사진에 의해 파괴되어 왔다.
- 타자기는 워드프로세서 및 컴퓨터에 의해 파괴되어 왔다.
- 단거리 비행은 고속철도에 의해 파괴되어 왔다.

이론상으로는 모든 기업이 파괴적 혁신을 일으킬 수 있는 아이디어를 고안해 낼 수 있다. 하지만 기존 업체가 아닌 기업이 더 강한 시장 파괴 의지를 가지고 있을 수밖에 없다. 파괴는 기존의 수익성 높은 시장에서 기존 업체가 점하고 있는 위치를 위협하기 때문에 이들이 파괴를 두려워하는 것은 당연한 일이다.

반면 기업가, 소기업, 신규 진입 기업은 잃을 것이 비교적 적다. 혁신 활용에 필요한 투자 능력은 제한적이지만 이것은 크게 문제가 되지 않는다. 이들은 로저스Rogers의 혁신 확산 이론(14장 참고)에서 제시된 혁신가와 얼리어답터와 같은 혁신을 수용할 만한 적은 수의 인구 집단에 주목한다. 혁신 확산 모델을 통해 제품 출시 단계 초기에 극복해야 할 장애물을 파악할 수 있는데, 혁신가와 얼리어답터 사이, 얼리어답터와 초기 다수 수용자 사이에 존재하는 깊은 골인 캐즘chasm을 극복하는 것이 파괴자들이 넘어야 하는 난제이다.

수년간 철강재는 대규모 통합 제강소에서 베세머법Bessemer process을 이용해 제조되어 왔다. 이 방식으로 가열로와 용광로를 가동하는 데는 엄청난 에너지 비용이 투입되었다. 또한 고온 상태를 유지하기 위해선 용광로를 지속적으로 운영해야 했는데, 철강재 수요가 낮은 기간에는 이것이 문제가 되었다. 완전가동생산 기간에는 효율성이 매우 높았지만, 전 세계적 수요 변동성으로 인해 수요가 안정적인 경우는 드물기 때문이다.

이로 인해 **미니밀**minimill이라는 새로운 형태의 **제강 생산** 기회가 생겨나게 되었다. 미니밀에서는 고철강scrap steel을 원자재로 사용하였으며, 정기적으로 쉽게 가동을 시작하고 중단할 수 있어 훨씬 유연한 전기 아크로를 사용하였다. 통합 제강소처럼 엄청난 규모의 생산을 할 필요도 없었다. 에너지 자재와 원자재 공급지와 근접한 곳에 위치해야 하는 통합제강소와 달리 미니밀은 철강재 수요지와 근접한 곳에 지을 수 있었던 것이다.

대기업은 파괴적 혁신의 위협을 인지하고 있다. 그들 대부분은 높은 수익으로 이어질 수 있는 파괴적 혁신 기회를 발견하기 위한 연구개발 프로그램을 갖추고 있다. 만약 전구 제조업체가 연구개발을 통해 영구적인 전구를 개발했다고 가정해보자. 이는 해당 업체에게 난제가 될 것이다. 이 기술을 숨길 것인가, 기술을 이용한 신제품을 출시하여 이미 높은 수익성을 누리고 있는 기존 비즈니스를 파괴할 것인가?

구글Google과 같은 기업은 파괴적 기술이 탑재된 제품 출시를 목적으로 하는 자체적인 사업 단위를 갖추고 있다. 충분한 규모와 경제적 자원을 보유하고 있기 때문에 기업가 정신도 자체적으로 추구할 수 있는 여력이 되는 것이다. 반면 전통적 산업 내 기업들에게 이는 쉬운 일이 아니기 때문에 시장의 관심을 끌 만한 혁신성을 갖춘 소규모 기업들을 인수하는 방식으로 파괴적 혁신에 대응하게 된다.

> **생각해볼 점**
>
> - 성공적인 파괴자가 되기 위해서는 시장 하층부를 공략할 수 있는 저비용 솔루션을 갖춰야 한다. 파괴적 기업은 저렴하지만 동시에 혁신적인 제품을 제공한다. 미국의 면도기 정기배송 회사인 달러 쉐이브 클럽The Dollar Shave Club은 저렴한 제품에 우편 배송 서비스까지 제공해준다.
> - 기존 업체에게 있어 최고의 방어 수단은 자체적으로 별도의 사업 단위를 설립하는 것이다. 미국 실리콘 솔루션 업체인 다우코닝Dow Corning은 자체적인 온라인 비즈니스인 자이아미터Xiameter(36장 참고)를 설립하여 실리콘 시장에서의 입지를 방어하였다.

에드워드 드 보노의 여섯 색깔 생각모자

Edward de Bono's six thinking hats

문제에 대한 브레인스토밍 및
새로운 아이디어 창출

혁신

여섯 색깔 생각모자 프레임워크는 회의의 효율성과 가치를 높이기 위한 도구로 에드워드 드 보노Edward de Bono에 의해 고안되었다. 의사이자 심리학자이자 수평적 사고 전문 컨설턴트인 그는 다양한 사고방식과 문제해결에 대한 풍부한 저작 활동을 했으며, 1985년에는 『Six Thinking Hats』를 출판했다. 드 보노는 1967년 그가 처음 제시한 개념인 '수평적 사고lateral thinking'의 아버지로 알려져 있다.

> 모델의 구조 및 분석 방법

에드워드 드 보노는 회의 내용이 혼란스러울 때가 종종 있다고 주장했다. 정보와 감정이 넘치는 가운데 사람들이 지나치게 여러 가지를 달성하려 한다는 것이다. 이에 그는 여섯 가지 생각모자 개념을 적용함으로써 혼란스러운 생각들을 정리할 것을 제안했다. 이 개념은 생각의 각 과정을 모자에 비유한 것으로, 정해진 방향에 집중하여 생각하는 것을 의미한다. 그리고 각 모자에 부여된 색깔은 특정 방향으로의 생각을 극대화한다.

여섯 색깔 생각모자는 아이디어 창출(예: 신제품 개발) 및 문제 해결(예: 고객 충성도 높이기)에 사용된다. 각 모자는 우리의 사고에 방향성을 제시함으로써 다른 방식으로는 찾을 수 없었던 아이디어를 도출해 낼 수 있도록 하는 장치이다. 그리고 회의 참여자들이 모자를 쓰는 시간을 제한하여 회의를 더욱 효과적으로 진행한다.

드 보노의 모자는 특정 방식의 생각을 상징한다. 각 색깔의 모자를 쓰면 해당 방향성을 가지고 생각을 하게 된다. 이런 방식으로 사고 과정을 단순화하고 생각의 방향을 전환한다. 부정적인 생각을 가지고 있거나 난관에 부딪혀 나아가지 못하는 사람이라면 모자의 색깔을 바꿈으로써 상황을 바꿀 수 있다.

여섯 색깔 생각모자 프레임워크는 회의 참여자들이 게임의 규칙과 각 모자의 의미를 잘 이해할 때 가장 큰 효과를 발휘한다. 물리적으로 모자를 꼭 쓸 필요는 없다. 중요한 것은 각 모자의 개념과 의미를 완전히 이해하는 것이다. 여섯 색깔의 모자를 쓰는 각 구성원들은 새롭고 다양한 관점에서 명확하고 객관적으로 문제를 바라볼 수 있게 된다.

대부분의 토론은 서로 다른 관점을 가진 사람들이 각자의 주장을 하기 때문에 대립적인 성격을 띤다. 여섯 색깔 생각모자는 어떤 모자를 쓰고 있는가에 따라 모든 회의 참여자의 생각이 한 방향으로 나아갈 수 있도록 한다. 그 과정에서 더 많은, 더 좋은 아이디어가 나올 수 있으므로 창의적이고 수평적인 사고의 도구라고 할 수 있다. 이 기법은 문제 해결, 각 세그먼트에 대한 새로운 가치 제안이 포함된 신제품 개발, 시나리오 계획, 모의훈련 등에 활용된다.

각 모자의 색깔에 따라 다음과 같은 방식으로 생각한다.

백색 모자
사실과 수치 담당

사실과 수치에 대한 모자이다. 백색 모자를 쓴 사람은 사실의 타당성을 고려해야 한다. 우리가 가진 것, 가지지 못한 것은 무엇인가? 우리에게 필요한 것은 무엇인가? 그것을 얻을 수 있는 방법은 무엇인가? 사실의 출처는 어디이며, 신뢰할 수 있는 출처인가?

적색 모자
직관, 감정, 느낌 담당

직관, 감정, 느낌에 대한 모자이다. 적색 모자를 쓴 사람은 사고 과정에서 감정의 움직임을 고려해야 한다. 적색 모자를 쓴 사람은 본인이 느끼는 두려움, 선호, 비선호, 좋음, 싫음을 공유하되 해당 감정을 정당화할 필요는 없다. 느낌은 수많은 경험에서 우러나온 것일 수 있으며 이를 통해 매우 강력한 직관이 형성될 수 있다.

흑색 모자
문제의식 담당

조심스럽고 주의 깊은 태도를 취하게 하는 모자이다. 어려움, 위험, 잠재적 문제를 파악함으로써 실수를 예방할 수 있다. 흑색 모자를 쓴 사람은 악역을 맡아 일이 잘 풀리지 않을 가능성에 대해 이야기해야 한다. 목표 콘셉트에 특정 아이디어가 왜 적절하지 않은지를 지적한다. 단, 부정적으로만 생각하기 보다는 현실을 일깨우는 역할을 담당한다. 드 보노에 따르면, 흑색 모자는 아이디어를 사장시키는 데 사용되지 않는 이상 가장 강력한 모자가 될 수 있다. 회의 초반에 사용해 극복해야 할 문제가 존재하는지를 파악하고, 마무리 단계에서 다시 한 번 사용해 극복하기 어려운 장애물은 없는지 짚고 넘어갈 수 있도록 한다.

황색 모자
긍정과 낙관적 사고 담당

논리적 사고의 모자이다. 황색 모자를 쓴 사람은 아이디어의 타당성과 편익을 검토해야 한다. 긍정적, 낙관적 사고와 관련된 모자이다.

녹색 모자
창의적, 수평적 사고 담당

창의적, 수평적 사고의 모자이다. 녹색 모자를 쓴 사람은 도발적 자세를 가지고 새로운 개념이나 대안적 아이디어를 제시해야 한다. 녹색 모자는 새로운 아이디어를 도출하기 위해 회의의 어느 단계에서 써도 무방하다. 아이디어가 적합하지 않을 가능성을 제기하는 흑색 모자에 대한 해독제 기능을 담당한다.

청색 모자
통제와 관찰 담당

통제와 관찰을 담당하는 모자이다. 청색 모자를 쓴 사람은 회의가 주제에 벗어나지 않고 모델의 가이드라인에 따라 회의를 진행하여 목표를 달성하도록 이끌어가는 역할을 담당한다.

모자의 색깔에 따라 사고의 방향성이 결정된다. 특정 생각의 유형에 집중하게 해준다는 점이 모델의 강점이다. 제한된 시간이 지나면 쓰고 있는 모자를 벗고 다음 색깔의 모자로 넘어가야 한다. 집단을 여러 개의 하위 팀으로 나눈 경우라면, 모든 사람에게 각 색깔의 모자를 쓰고 생각할 수 있는 기회를 주기 위해 각 팀이 번갈아가면서 모자를 써볼 수 있도록 한다.

다양한 방법으로 모자를 이용할 수 있다. 집단을 다수의 하위 팀으로 나누어 각각 다른 색깔의 모자를 배정하고 정해진 가이드라인에 따라 문제를 고찰한 후 생각을 공유할 수 있다. 만약 소규모 집단이라면 모든 사람이 정해진 시간 동안 동일한 모자를 쓰고 생각하면서 색깔을 바꾸어 가며 한 단계씩 함께 나아가는 방법으로 진행할 수도 있다. 집단이 아닌 개인이라면 여섯 개의 모자를 차례차례 써보며 생각을 진행할 수도 있을 것이다.

모델의 발전 과정

드 보노의 여섯 색깔 생각모자 모델은 유연하게 적용될 수 있다. 일반적으로 청색 모자가 회의를 시작해 회의의 목표를 설정한다. 회의의 마무리 단계에서 다시 한 번 청색 모자를 활용하여 목표가 달성되었는지를 평가하고 다음 단계로 넘어갈 것인지에 대한 합의를 하게 된다. 나머지 색깔의 모자를 쓰는 순서는 각 팀의 결정에 따라 달라진다.

대부분은 청색 모자 다음으로 백색 모자를 쓰고 회의 초기 단계에서 주제와 관련하여 이미 준비되어 있는 정보를 공유한다. 그 다음에는 녹색 모자를 쓰고 새로운 아이디어를 도출한다. 적색 모자는 아이디어에 대한 각자의 감정을 드러낼 수 있도록 한다. 황색 모자는 아이디어를 둘러싼 혜택에 대해 논의하고, 마지막으로 흑색 모자를 쓰고 위험 요소나 어려움에 대해 토론한다. 이 과정에서 이미 썼던 색깔의 모자를 언제든지 다시 쓸 수도 있다. 예를 들어, 아이디어를 발전시키는 과정에서 느낌이 달라질 수 있기 때문에 적색 문제를 두세 번 다시 쓰고 새로운 감정에 대해 이야기해 볼 수 있다.

모델에 따르면 각각의 모자에 지나치게 오랜 시간을 투자하는 것은 바람직하지 않다. 생각을 빨리 하도록 독려하여 2~4분 정도씩 번갈아가며 모자 색깔을 바꾸는 것이 적절하다. 그렇다고 무조건적인 시간제한이 있는 것은 아니다. 만약 주제에 대해 공유되어야 하는 배경 정보의 양이 많다면 백색 모자에 시간을 더 할애할 수도 있다.

모델의 적용

여섯 색깔 생각모자 기법은 모든 유형의 회의의 효율성을 성공적으로 높일 수 있는 방안으로 인정받아 왔다. 컴퓨터 사용 초창기 **모토로라**Motorola가 새로운 최첨단 소형기기 개발에 이 모델을 이용했던 것이 대표적인 예이다. 모토로라는 소비자에 대한 방대한 연구를 진행했는데, 당시 팀 구성원들은 하루 종일 백색 모자를 쓰고 시장에 대한 사실과 수치를 공유했다. 다음으로는 녹색 모자를 쓰고 신제품 아이디어에 대해 논의했으며 황색 및 흑색 모자를 쓰고 평가를 진행했다. 그 후 적색 모자를 쓰고 아이디어의 순위를 정했고, 성공적으로 제품을 개발하여 어컴플리Accompli라는 브랜드명으로 제품이 출시되었다. 이는 모바일 가상 오피스로 현재는 아이폰iPhone 및 아마존 에코Amazon Echo로 대체되었지만 당시에는 상당한 성공을 거두었다.

또 다른 예로 캐나다 신문사인 글로브 앤 메일Globe & Mail을 들 수 있다. 당시 안내광고 부서가 압박을 받고 있는 상황에서 글로브 앤 메일은 다양한 부서에서 80명의 직원을 차출하여 마켓플레이스Marketplace라는 새로운 안내광고를 만들기 위한 팀을 구성했다. 그들은 청색 모자를 통해 목표를 설정한 후 녹색 모자 세션에서 마켓플레이스에 대한 풍부한 새로운 아이디어를 도출해냈다. 독자의 관심을 이끌기 위해 논평의 내용과 광고를 혼합하기, 주제별 광고 묶기, 흐름을 개선하기 위해 광고 사이의 줄 없애기 등, 수많은 아이디어가 제시되었다. 과거엔 광고 재구성에 1년이 소요되었지만 여섯 색깔 생각모자 기법을 이용해 그 기간을 사 개월로 단축해 성공적인 안내광고 섹션을 만들어냈다.

> **생각해볼 점**
>
> - 여섯 색깔 생각모자 기법 적용에는 사회자가 필요하다. 사회자는 무엇이 필요한지를 설명하고, 신속한 회의 진행을 위해 각 모자에 소비되는 시간을 확인해야 하며 아이디어를 잘 잡아내 기록할 수 있도록 해야 한다. 보통 사회자는 청색 모자를 쓴다.
> - 더 많은 아이디어가 도출될 수 있다고 생각된다면 특정 색깔의 모자를 다시 쓸 수 있어야 한다.
> - 사람들이 실제로 모자를 쓰거나 지정된 모자 색깔 공간으로 모이게 하는 방식을 통해 좀 더 흥미 요소를 가미할 수도 있다.

EFQM 우수성 모형
EFQM excellence model

조직의 품질과 성과
개선하기

1988년 14명의 유럽 비즈니스 리더들이 유럽 기업의 경쟁력 제고를 목적으로 하는 재단을 설립하기 위해 한자리에 모였다. 피아트Fiat, 폭스바겐Volkswagen, 일렉트로룩스Electrolux, 시바-가이기Ciba-Geigy, 보쉬Bosch, 르노Renault, 브리티시 텔레콤British Telecom, 슐처Sulzer, 네슬레Nestlé 등, 제조 기업의 대표들이 모여 1989년 10월 유럽품질경영재단European Foundation for Quality Management를 설립하고, 모델 개발을 위해 산업 및 학계 전문가로 이루어진 팀을 구성하였다. 이 종합적인 모델은 규모나 부문에 관계없이 모든 조직에 적용될 수 있도록 설계되었다.

모델의 구조 및 분석 방법

유럽품질경영재단(이하 EFQM)은 기업 경쟁력 제고를 목적으로 설립된 브뤼셀에 근거지를 두고 있는 비영리기관이다. EFQM은 재단의 설립 목적인 기업 경쟁력 및 품질 향상을 위해 우수성 모델이 적극 활용될 수 있도록 촉진하고 있다.

EFQM 모델은 조직에 대한 종합적인 관점을 취하고 있는데, 이는 구체적인 목표를 가진 다른 모델들을 EFQM 모델에 적용할 수 있다는 것을 의미한다. EFQM 모델은, 강한 브랜드 구축을 위해서는 견실한 재무적 성장과 높은 고객 만족도가 필수적임을 인지하고 있다. 예를 들어, 고객 만족도 조사, 직원 만족도 조사, 재무적 성과 모두 EFQM 모델에 적용할 수 있다.

기업은 지속적으로 제품과 서비스를 개발하고 고객에게 가치를 제공해야 한다. 또한 이는 우수한 서비스로 뒷받침되어야 한다. 이 모든 것들을 성취할 수 있는 주체는 결국 조직 구성원이므로 인재를 모집하고 교육시키는 것이 EFQM 모델의 핵심요소이다.

EFQM 우수성 모형은 조직이 하는 것과 성취한 것 간의 인과관계에 주목한다. 이는 지금과는 다른 결과를 이루고자 한다면 조직 내 어떤 변화가 있어야 한다는 것을 전제로 하고 있다.

EFQM 모델에는 세 가지 중요한 요소가 있다.

- **근본 개념** fundamental concepts
  우수성을 달성하기 위해 필요한 것으로 기업을 지탱하는 요소들이다.
- **기준** criteria
  우수성 달성을 위해 필요한 재료이며 이를 통해 성취되는 결과를 말한다.
- **RADAR**
  우수성을 담보하기 위한 통제 및 모니터링 프로세스를 말한다.

세 가지 요소 각각에 대한 구체적 설명은 다음과 같다.

우수성의 근본 개념 The Fundamental Concepts of Excellence 우수성의 근본 개념은 우수한 품질과 성과를 달성하기 위해 기업이 해야 하는 것들을 의미한다. 우수성의 위생요인hygiene factor 과 같다고 할 수 있으며, 아래를 포함한다.

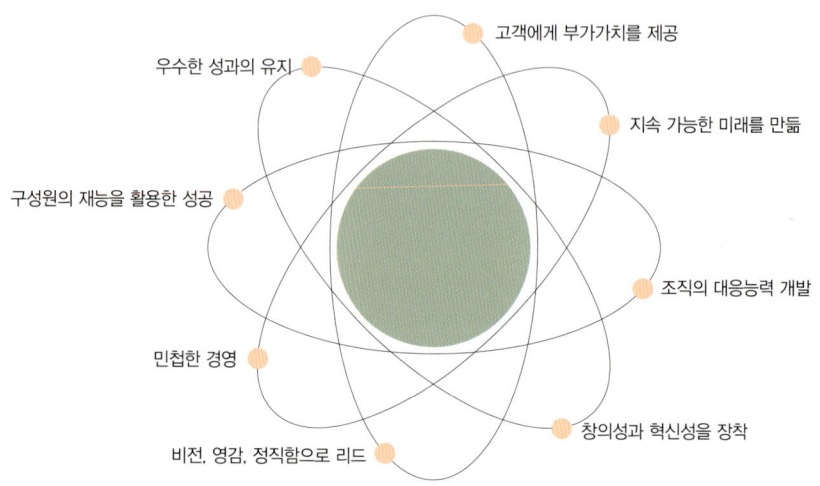

EFQM(2012)

- 조직이 고객에게 부가가치를 제공할 수 있도록 할 것
- 조직이 친환경적이고 지속가능하며 주변 세계에 잘 조화되도록 할 것
- 조직이 변화 대응 능력을 갖출 수 있도록 할 것
- 조직이 혁신성을 갖춰 지속적 개선을 이룰 수 있도록 할 것
- 조직이 비전 안에서 올바른 윤리의식을 갖출 것
- 조직이 민첩하고 빠르게 움직일 수 있도록 할 것
- 조직이 권한 부여 및 인재 양성의 문화를 갖출 수 있도록 할 것

기준Criteria 이 모델을 통해 기업의 특정 요인들이 결과에 어떤 영향을 미치는지를 파악할 수 있다. 조직은 다섯 가지 '촉진 요인enablers'과 네 가지 '결과results'를 통해 운영된다. 촉진 요인과 결과의 중요도에 따라 500점의 '가중치'를 부여한다.

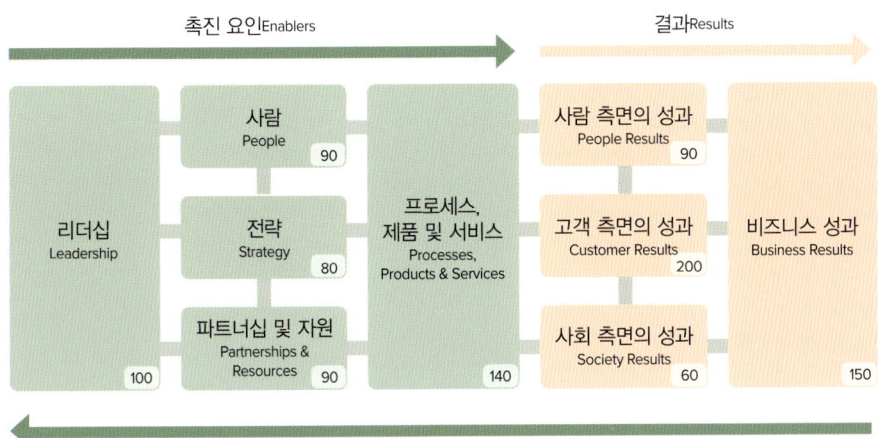

FQM(2012), Guidance Points Distribution

촉진 요인 그룹 The enablers group

- 리더십(가중치 100): 모든 것이 시작되는 지점이다. 조직을 형성하고, 가치를 설정하고 구성원들에게 영감을 불어 넣는 사람들이다.
- 전략(가중치 80): 조직이 목적을 달성하는 방식을 의미한다.
- 사람(가중치 90): 기업이 우수성을 달성하기 위해서는 실천 능력과 의지를 갖춘 사람이 반드시 필요하다.
- 파트너십 및 자원(가중치 90): 제대로 된 공장, 사무실, 물리적 자산, 그리고 운영을 뒷받침할 적당한 공급업체와 파트너를 갖춰야만 우수성을 달성할 수 있다.
- 프로세스, 제품 및 서비스(가중치 140): 모든 우수한 조직에게 있어 매끄러운 제조 또는 생산 프로세스는 매우 중요하다.

결과 그룹 The results group

- 고객 측면의 성과(가중치 200): 고객 설문 조사를 통해 나타난 만족도 및 충성도 점수에 기반한다.
- 사람 측면의 성과(가중치 90): 직원 인식 조사 점수에 기반한다.
- 사회 측면의 성과(가중치 60): 기업이 지속 가능성 프로그램을 통해 성취한 점수에 기반한다.
- 주요 수행성과(가중치 150): 기업이 달성한 매출 및 수익성 관련 재무 성과를 말한다.

RADAR 모델의 가장 마지막 부분인 RADAR는 진전 사항에 대한 모니터링을 의미한다. RADAR는 다음의 단어들로 이루어진 두문자어이다.

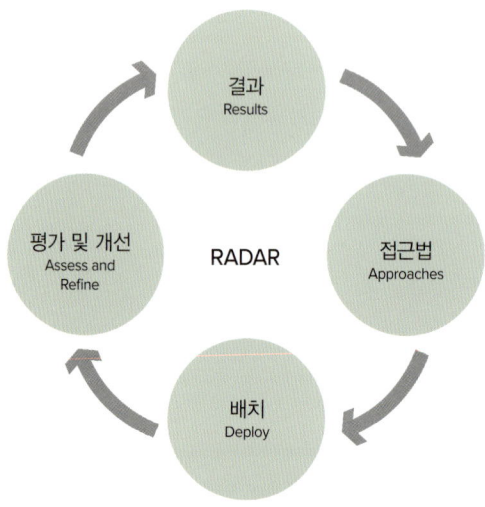

RADAR : Results - Approaches - Deploy - Assess & Refine

- 결과: 수립된 전략이 의도된 결과로 이어지고 있는가?
- 접근법: 해당 조직은 결과를 달성할 수 있는 적절한 계획을 가지고 있는가?
- 배치: 목표를 달성을 위해 모든 것이 체계적으로 배치되었는가?
- 평가 및 개선: 현재 조치를 조정할 수 있도록 하는 학습 환경이 필요에 맞게 조성되어 있는가?

EFQM 모델은 사업 계획, 전략적 계획과 연계된 정기 보고서, 고객 피드백 설문조사, 직원 인식 조사 및 지속 가능한 정책을 가지고 있는 데이터 주도적 조직에 기반한 모델이다. 이 모델은 벨기에에 근거지를 두고 있는 비영리기관인 EFQM을 통해 홍보되고 있으며, 해당 기관은 직원 교육, 기업의 운영 모델 검토 및 모범사례 벤치마킹 등을 제공하고 있다.

모델의 발전 과정

개발된 지 25년이 지난 EFQM 모델은 발상지인 유럽에서 특히 큰 영향력을 발휘하고 있다. 현재 이 모델은 3만 개 이상의 조직에서 사용되고 있는 것으로 알려져 있다.

EFQM 모델은 새로운 아이디어, 개념 및 학습을 반영하기 위해 주기적으로 검토되고 있다. 이 글을 작성할 당시 가장 최신 버전은 2013년에 발표되었다. EFQM 모델의 주목적은 변화하는 세계 경제 환경에 더 빠르게 적응할 수 있도록 기업 구조의 민첩성을 개선하는 것이다. 최근 개정 모델은 조직 내 기업가 문화를 조성할 것을 촉진하고 있으며 기업이 사용하는 전체 가치 사슬에 더욱 초점을 맞추고 있다.

모델의 적용

EFQM 모델은 헬스케어, 행정, 교육 등, 서비스 조직에서 상당한 유용성을 발휘해 왔으며, 기업 조직에서도 널리 사용되고 있다. EFQM 홈페이지에 제시된 일본 리코(Ricoh)의 자회사인 **독일 리코**의 사례를 보자. 다기능 프린터의 시장 선도 기업인 이 회사는 독일 내 해당 시장의 20퍼센트를 점유하고 있으며, EFQM 모델을 이용해 높은 고객 만족도와 충성도를 달성했다.

리코는 고객 만족도 조사와 직원 인식 조사를 통해 성과를 측정했다. 예를 들어 고객 만족도 조사를 통해 고객 중 90퍼센트가 리코 프린터 추천 의사가 있다는 사실을 파악했고, 이것은 타 B2B 기업 대비 훨씬 높은 기록이었다. 높은 고객 충성도는 리코의 계약 갱신률이 상승했다는 것을 의미했으며, 그 결과 회사의 총이익과 매출이 증대되어 리코는 해당 산업 내 가장 성공적인 기업으로 성장할 수 있었다. 리코의 예시는 촉진 요인 개선이 결과로 이어진다는 인과관계를 잘 보여주는 사례이다.

> **생각해볼 점**
>
> - EFQM의 가입을 고려해보자. 재단으로부터 교육을 제공받을 수 있으며 회원 간 경험을 공유할 수도 있다.
> - EFQM 모델에서 가장 중요한 것은 사람이다. 사람이 촉진 요인으로서 가장 큰 역할을 담당한다. 사람은 또한 결과에 있어 중요한 부분을 차지하기도 한다(예: 고객 만족도, 직원 만족도). 이러한 측면에서 EFQM 모델은 수익은 열심히 참여하는 직원으로부터 시작된다고 가정하는 서비스 수익 체인(40장 참고)과 유사점을 가진다.

4요소 모델
Four corners | 19

경쟁자의 전략
분석하기

마케팅 · 일반적 비즈니스 전략 · 제품 관리

하버드 경영대학원 교수인 마이클 포터Michael Porter는 경쟁 요소들이 어떤 방식으로 전략을 형성하게 되는지에 대한 이론을 1979년 『Harvard Business Review』에 발표하였으며, 뒤이어 1980년 그의 저서 『Competitive Strategy』에서 4요소 모델Four corners에 대해 설명하였다.

> 모델의 구조 및 분석 방법

진공 상태에서 사업을 하는 기업은 존재하지 않는다. 기업의 성공 여부는 경쟁자에 의해 결정된다. 전략을 수립할 때 경쟁자에 대해 이해하는 것은 모든 사업의 기본이다. 마이클 포터가 제시한 **4요소 모델**은 경쟁자 분석 및 경쟁자의 고객 유치·이탈, 가격 상승·하락, 산업 내 변동, 환경적 변화 등에 대한 대응 방식을 다루는 프레임워크이다.

4요소 모델은 경쟁자들로 하여금 특정 행동을 취하게 하는 요소들이 무엇인지 통찰력을 제공해 주는 네 가지 요인을 제시한다. 사분면의 좌측 상단에 위치하고 있는 '동인 drivers'은 경쟁자가 취하는 행동의 원인이 되는 요인을 의미한다. 좌측 하단에는 '경영의 기본 전제 management assumptions', 우측 상단에는 경쟁자의 '전략 strategies'이 자리하고 있다. 우측 하단에는 경쟁자의 자원을 포함한 '역량 capabilities'이 위치한다. 네 가지 요인을 통합해 보면 특정한 압박이 있을 때 경쟁자가 어떤 행동을 취할지 예측할 수 있다.

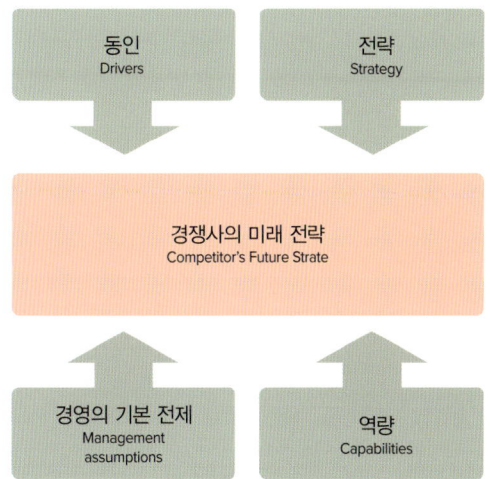

동인 Drivers

기업의 행동에는 어떤 원인이 존재한다. 모든 경쟁자는 목표를 가지고 있으며 그 목표가 무엇인지 아는 것은 매우 중요하다. 기업의 소유 형태나 경영 구조에 따라 목표가 달라진다. 굶주리고 야심찬 기업가가 경영하는 사기업과 글로벌 기업 조직의 자회사는 매우 다른 목표를 가지고 있을 것이다.

또한 모든 기업은 재무 목표를 설정하는데, 이 역시 매우 다양하다. 수익이나 시장점유율에 초점을 두고 재무 목표를 세울 수도 있는 반면 이익 최대화에 집중할 수도 있다.
다음과 같이 경쟁사에게 동기부여를 하는 모든 요소를 분석해 보자.

- 재무 목표
- 기업 문화
- 조직 구조
- 리더십 팀
- 사업 철학

경영의 기본 전제 Management assumptions

기업의 행동 방식을 이끄는 것은 경영진이다. 소수의 관리자 집단은 그들의 동기와 행동에 영향을 미치는 어떤 문화를 형성하고 있다. 이러한 문화적 포지셔닝은 경쟁자가 시장 변동에 방어적으로 또는 공격적으로 대응할 것인가를 결정하는 데 영향을 미친다.

경쟁기업의 지도자들은 시장에 대해 각기 다른 수준의 지식과 정보를 가지고 있을 것이다. 각자가 가지고 있는 편견이나 사각지대 역시 다르다. 4요소 모델에서는 이러한 부분에 대한 평가가 이루어져야 한다. 예를 들어 자사가 시장을 선도하며 강력한 위치에 있다고 믿는 기업이라면, 시장 내 가격을 선도해 다른 기업들이 따를 것이라 기대할 가능성이 높다.

다음의 예시와 같이 기업 행동에 동기가 되는 모든 경영 기본 전제를 분석해 보자.

- 시장이 느끼는 기업의 강점과 약점
- 기업 문화
- 경쟁 반응에 대한 태도

전략 Strategy

경쟁자의 행동을 통해 그들의 전략을 파악할 수 있다. 각 경쟁 기업은 제품 차별화를 통한 가치 확보, 틈새시장을 노리기, 가능한 낮은 가격으로 판매하여 비용우위 점하기 등, 다양한 전략을 가지고 있을 수 있다. 경쟁 기업의 투자 방식을 통해 어떤 전략으로 대응해야 할 것인가에 대한 단서를 얻을 수도 있다. 생산 설비, 마케팅, 사람 등에 대해 각각 다른 수준의 투자가 이루어질 수 있다. 또한 경쟁자가 공급자, 유통업체 및 고객과 상호작용하는 방식 역시 그들의 전략을 이해하는 중요한 단서가 된다.

기업은 전략적으로 어떻게 행동해야 하는지 다음 요소들을 통해 분석해보자.

- 기업의 차별화 포지션
- 가치를 제시하는 지점
- 투자 부문
- 가치 사슬과의 관계

역량 Capabilities

경쟁자의 행동은 일정 부분 그들의 강점과 약점에 의해 결정되기도 한다. 재정적 자원, 마케팅 강점 및 약점, 생산 능력 등, 모든 것이 그들의 행동에 영향을 미친다.

특허 받은 제품을 갖고 있는 기업은 경쟁력 있는 위치에 있게 될 것이고 제품의 경쟁력이 없는 기업과는 다른 행동을 하게 될 것이다. 직원과 리더의 능력 역시 기업의 행동 방식에 영향을 미친다.

다음 요소들을 분석하면서 기업이 스스로의 역량을 바탕으로 어떻게 행동해야 하는지 알아보자.

- 재무적 측면에서의 강점
- 마케팅 측면에서의 강점
- 생산 측면에서의 강점
- 특허권 및 저작권
- 인적 자원 측면에서의 강점

네 가지 요소의 특징을 결합해 보면 시장 내 변화에 대해 경쟁자가 어떻게 반응할 것인지 파악할 수 있다. 즉, 이 모델은 예측모델로써 특정 상황 속에서의 경쟁자의 대응 방식을 보여주는 것을 목적으로 한다.

4요소 모델을 이용해 분석을 하려면 먼저 경쟁자에 대한 충분한 양의 정보를 수집해야 한다. 모델을 구축하기 위해 답해야 하는 질문은 다음과 같다. 4요소 모델을 완성하기 위해 질문에 대해 먼저 답해 보자.

- 경쟁 기업은 어떤 역사를 가지고 있는가? 어떤 위치에서 어떤 방식을 통해 현재의 위치에 도달하였는가?
- 명시된 목표를 달성하기 위해 경쟁자가 수립한 전략은 무엇인가?
- 경쟁자는 어떤 행동 변화 추이를 보여 왔는가? 어떤 수준에서 일관성을 유지하거나 변화해 왔는가?
- 경쟁사의 고위경영진 구성 및 그들의 연령과 역할은 어떠한가? 어떤 배경을 가지고 있으며 동인은 무엇인가? 위험 회피 성향은 어떠한가?
- 수익·비용·수익성 측면에서 경쟁자의 재무적 강점은 무엇인가? 변화 추이는 어떠한가?
- 우리가 비즈니스를 하고 있는 세그먼트 내 경쟁자의 시장점유율은 몇 퍼센트인가?
- 시설, 고정자산, 현대화의 측면에서 경쟁자의 자원은 어떤 수준으로 평가되는가?
- 노동력의 규모와 구조는 어떠한가?
- 경쟁 기업은 어떤 유통경로를 이용해 어떤 경쟁 우위를 점하고 있는가?
- 경쟁자의 지리적 진출 현황은 어떠한가? 각각 어떤 국가에서 가장 크고 작은 영향력을 가지고 있는가?
- 경쟁자는 어떤 제품과 서비스를 보유하고 있는가? 포트폴리오의 규모는 어떠한가? 경쟁자의 시장 내 제품 차별화와 포지셔닝은 어떠한가?
- 경쟁자의 브랜드 전략은 무엇인가? 브랜드 포지셔닝 및 강점과 약점은 무엇인가?
- 경쟁자는 어떤 홍보 전략을 가지고 있는가? 그 규모는? 각 매체에 대한 홍보 전략의 차이는 무엇인가? 어떤 메시지를 어떤 목표 고객에게 전달하려 하는가?
- 경쟁자의 가격 전략은 무엇이며 타 경쟁자의 가격 변동에 대한 대응 방식은 어떠한가?

모델의 발전 과정

많은 기업이 시장 내 자사의 위치를 분석하기 위해 경쟁 정보CI를 이용해왔다. 이러한 방식과 4요소 모델의 차이점은 경쟁 기업이 취하는 행동의 동기를 고려한다는 점에 있다. 놀랍게도 포터의 4요소 모델은 그의 다른 프레임워크에 비해 널리 사용되지 않았다. 경쟁자의 동기를 분석하는 것이 어렵다는 점이 그 원인일 수 있다. 동기라는 것은 명확하지 않은 경우도 많고 장기간에 걸쳐 수집한 여러 가지 단서를 통합해야 파악할 수 있기 때문이다.

4요소 모델은 SWOT 모델과 함께 사용되는 경우가 많다. SWOT 분석을 통해 시장 내 각 경쟁자들이 가진 강점과 약점 및 기회와 위협요인을 파악할 수 있다.

모델의 적용

1970년대 후반 **랭크 제록스**Rank Xerox가 영국 내 기업 복사기 시장을 독점하게 되었다. 일본 복사기 기업인 캐논Canon은 영국 시장에서 엄청난 잠재력을 보았지만 영국 시장에 진출하기 위해선 강력한 영향력을 가진 제록스와의 경쟁에서 이겨야 했다. 그러나 정면 승부로는 어려울 가능성이 높았다.

제록스는 글로벌 기업 문화를 가지고 있었고 재무적 측면에서도 매우 건전했다. 미국 본사에서는 영국 내 높은 시장점유율을 구축 및 유지하고자 하는 목표 하에 복사기 시장을 지배할 수 있는 전략을 수립했다. 제록스 경영진은 자신이 상당한 강점을 가지고 있다는 충분한 근거가 있었다. 그 어떤 기업보다도 다양한 복사기 제품 포트폴리오와 강력한 브랜드명, 영국 대부분 지역을 관리할 수 있는 판매 인력과 기술 지원 능력을 보유하고 있었기 때문이다.

캐논의 관점에서 제록스의 구체적인 전략을 파악하는 것은 어려웠지만, 기업 행동 방식을 통해 제록스가 영국 내 가장 큰 경제 지역인 잉글랜드 남동부 지역에 집중하고 있다는 사실을 추론할 수 있었다.

제록스에 대한 4요소 모델에 기초한 이해를 바탕으로 캐논은 런던과 잉글랜드 남동부 지역에서는 승산이 없다는 판단을 내렸다. 이에 따라 잉글랜드 대비 상대적으로 작은 시장이지만 강력한 견제 세력 없이 포지셔닝 할 수 있다고 생각되는 스코틀랜드에 기반을 구축했다.

캐논은 스코틀랜드에 모든 자원을 집중함으로써 해당 시장 내 기업 복사기 시장의 40 퍼센트를 점할 수 있었고, 이는 영국 시장 진출의 발판이 되었다. 캐논은 선택적이고 매우 세밀하게 정의된 잉글랜드 내 시장을 공략하여 영향력을 높이고 강력한 기반을 구축해 갔다. 이를 기반으로 캐논은 새로이 구축한 판매 인력과 매력적인 가격이 책정된 다양한 복사기 조합을 가지고 런던 시장으로의 성공적인 진출을 이루어 냈다.

캐논이 도입한 해당 전략은 '**란체스터 전략**Lanchester strategy'이라고 부른다. 영국 기술자인 프레데릭 란체스터Frederick Lanchester의 이름을 딴 것으로, 강력하게 밀어붙이기 위한 기반을 구축하기 위해 쉬운 타깃을 먼저 공략한다는 전쟁 전략에서 유래되었다. 란체스터 전략은 비즈니스 세계에서 신규 시장에 진입하기 위한 도구로 점점 더 널리 활용되고 있다.

생각해볼 점

- 시장 내에는 경쟁자의 동기가 무엇인지를 파악할 수 있는 다양한 단서들이 존재한다. 기업의 행동은 기업을 움직이는 요인이 무엇인지를 파악할 수 있는 좋은 지표이다.
- 4요소 모델 분석 시 경쟁 정보는 매우 중요한 역할을 담당한다. 경쟁 정보를 얻을 수 있는 원천을 나열한 목록은 9장을 참고하라.

갭 분석
Gap analysis

20

기업의 약점
개선하기

 마케팅 일반적 비즈니스 전략 가격 결정 제품 관리 고객 분석 갭 분석은 매우 오래된 모델로, 사람들이 달성하고자 하는 목표 대비 현재의 위치를 평가해보고 개선할 수 있도록 도와준다. 하지만 갭 분석이라는 용어 자체는 1980년대 하와이에서 멸종 위기에 처한 조류를 연구하던 아이다호 대학University of Idaho의 연구자들이 만든 것으로 역사가 길지 않다. 이들은 1989년, 조류의 개체수를 파악한 후, 광범위한 서식지 손실을 막아 개체수를 늘리려는 목적으로 갭 분석 프로그램GAP을 구축하였다. 갭 분석이라는 용어가 공식적으로 쓰인 첫 사례이다.

이번 장에서 다루는 ImpSat 도구는 1980년대 초, 시장조사 연구원들이 개발했다. 이들은 특정 속성에 부여된 중요도Importance와 그에 대한 만족도Satisfaction 설문 데이터를 연관 지어 중요한 결과를 얻을 수 있음을 깨달았다. 이후 갭 분석은 상업적으로 적용되게 된다.

모델의 구조 및 분석 방법

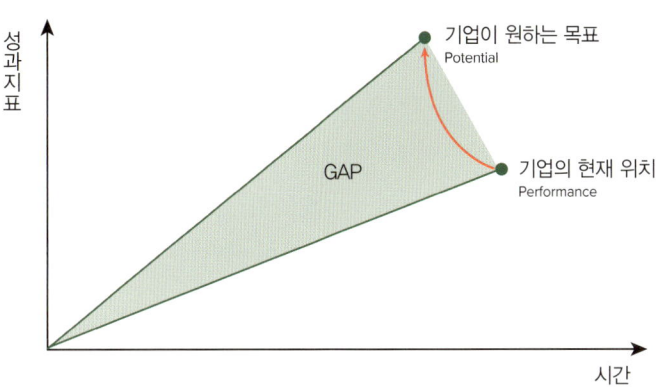

갭 분석은 매우 간단한 개념으로 기업의 현 성과 수준과 미래 목표 간 차이를 확인하는 것이다. 갭은 다양한 사업 영역에서 발견할 수 있다.

- 성과 갭　고객 관련 만족도 및 충성도 점수, 배송 시간, 부분 및 전체 배송, 지갑점유율
- 제품 갭　제품 포트폴리오 상의 갭
- 세그먼트 갭　현재 지원하고 있지 않은 고객 집단
- 지리적 갭　현재는 제품을 공급하지 않고 있는 지역 또는 나라

이 외에도 자원 갭(업무를 담당할 특정 인적 자원 부족), 기술 갭(기술 또는 프로세스 부재로 인한 효율성 제한), 정보 갭(시장에 대한 지식 부족) 등, 다양한 사업 영역에서의 갭을 찾아볼 수 있다.

성과 갭 Performance gaps　기업들은 제품 관련 성과 갭 문제를 겪을 수 있다. 경쟁사의 제품 수명이 더 길고, 더 빠르고, 더 잘 작동할 때 보통 문제가 되는 것은 고객이 인지하는 성과 갭이다. 그래서 사업 전략의 상당 부분은 고객의 니즈를 이해하고 그것을 충족시키는 데 초점을 맞춘다. 그렇기 때문에 고객의 니즈와 충족되지 못한 니즈 간 갭을 파악하는 것은 매우 중요하다. 시장조사를 통해 고객이 제품의 각 속성에 부여하는 중요도와 만족도를 물어봄으로써 이에 대한 이해를 얻을 수 있을 것이다. 어떤 특성이 중요도는 높지만 만족도가 낮은 상태라면 그 갭은 채워질 필요가 있다는 것을 의미한다.

제품 갭 Product gaps　　제품 갭의 존재는 사업의 성장을 제한할 수 있다. 예를 들어, 어떤 브랜드의 치약을 구매할지 결정할 때 맛, 치아 미백, 민감한 잇몸 보호 등, 고객마다 중요하게 생각하는 속성이 다르다. 치약 제조업체는 이런 다양한 니즈를 만족시킬 만한 제품을 가지고 있다. 하지만 어떤 제조업체는 포트폴리오 상 특정 니즈를 충족시킬 수 있는 제품이 부족한 경우도 있을 것이다. 예를 들어 민감한 잇몸을 가진 고객들을 만족시키는 제품을 아직 갖고 있지 않은 제조업체가 있다면, 이 제조업체는 새로운 시장에 존재하는 기회의 규모, 경쟁 환경, 시장점유율을 높이기 위한 방법 연구에 착수할 것이다. 그리고 분석 결과 모든 방면에서 새로운 시장이 매력적이라면 적절한 상품 제안을 통해 현재의 제품 갭을 채울 것이다.

세그먼트 갭 Segment gaps　　민감한 잇몸을 위한 제품이 부족한 치약 제조업체의 예시는 제품 갭인 동시에 세그먼트 갭에 해당하기도 한다. 기존의 제품으로 채울 수 있는 갭도 있다. 일회용 면도칼 제조업체는 전통적으로 명백한 시장인 남성 고객에 주력해 왔다. 하지만 여성 고객 역시 일회용 면도칼에 대한 수요를 가지고 있었다. 제조업체들은 손잡이 부분을 파랑 대신 분홍으로 색상만 변경한 동일한 제품을 새로운 세그먼트 대상으로 판매함으로써 엄청난 수익 기회를 창출할 수 있다는 사실을 알게 되었다.

콘플레이크는 전통적으로 아침식사용으로 생각되었다. 하지만 간단하게 저녁식사로도 먹을 수 있는 음식이라는 점을 아이들과 부모를 대상으로 설득해 새로운 세그먼트를 개발함으로써 전체 시장 규모를 키울 수도 있다.

지리적 갭 Territorial gaps　　기업은 지속적으로 성장해야 생존할 수 있다. 기업은 인구 증가, 고객 기반의 부 증대, 제품에 대한 견실한 수요 등에 힘입은 유기적 성장을 하거나 인수를 통해 성장한다. 하지만 새로운 시장에는 더 많은 기회가 존재한다. 갭 분석은 제품에 대한 잠재적인 시장을 파악하는 도구로 자주 사용된다.

코카콜라를 예시로 들어보자. 미국의 일인당 평균 콜라 소비량은 약 400캔/병이다. 중국의 경우엔 40캔/병에 불과하다. 즉, 360캔/병의 소비 갭이 존재하는 것이다. 여기에는 다양한 원인이 존재하는데, 중국인이 더 선호하는 대체 음료가 있을 수도 있고 시장 유통 채널이 부족하기 때문일 수도 있다. 또는 낮은 소득 수준이 높은 소비를 제한하는 요인으로 작용할 수도 있고, 제품에 무관심하거나 인지도가 낮기 때문일 수도 있다. 그러나 미국의 인구는 3억2,000명인데 반해 중국 인구는 14억에 달하기 때문에 중국은 인구 수 자체로 엄청난 잠재력을 가진 시장이므로 다음의 세 가지 질문에 대한 답을 찾아볼 필요가 있다.

- 우리의 현재 위치는 어디인가? 고객 만족도 측정과 같은 정량적 데이터 또는 특정 분야에서 부족한 성과를 보이고 있다는 느낌과 같은 정성적 데이터를 기반으로 현재 상태에 대해 이해하는 것이다.
- 우리의 미래 목표는 무엇인가? 기업이 달성하고자 하는 바가 무엇인지를 설명하는 미래 상태를 말한다.
- 어떻게 목표를 달성할 수 있는가? 갭을 채우기 위해 만족시켜야 하는 단계들을 말한다.

이 책에 설명된 다른 모델의 도움을 받아 '우리의 현재 위치는 어디인가?'와 '우리의 미래 목표는 무엇인가?'에 대한 답을 찾을 수 있다. 먼저, SWOT 분석을 통해 기업의 강점, 약점, 기회, 위협요인이 교차하는 지점에서 기회를 발견할 수 있다(44장 참고). 또한 보스턴 매트릭스와 정책방향 매트릭스를 이용해 갭과 기회가 존재하는 영역을 파악할 수 있다(7장, 15장 참고).

수년간 마케팅 담당자들은 **중요도/만족도 모델**$_{ImpSat}$을 이용해 상품 제안의 각 속성에 부여된 중요도와 그에 대한 만족도를 비교해 왔다. 두 가지 종류의 데이터를 도표 상에 나타내 보면 어떤 부분에 갭이 존재하는지, 어느 부분에 더 집중을 해야 하는지를 알 수 있다(그림 20.1).

그림 20.1 개선이 요구되는 부분을 파악하기 위한 중요도/만족도ImpSat 도표

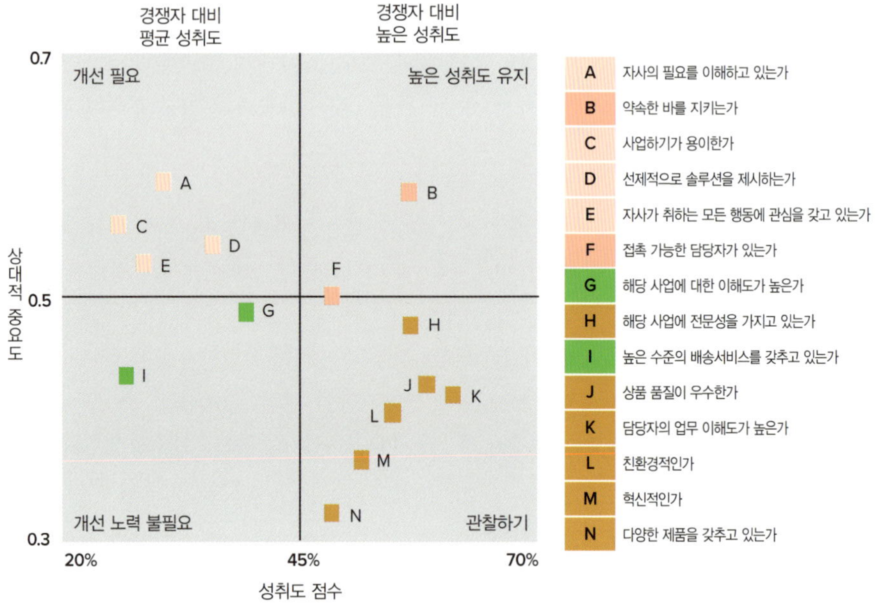

경쟁자 대비
평균 성취도
경쟁자 대비
높은 성취도
0.7
개선 필요
높은 성취도 유지
A
B
C
D
E
F
G
H
I
J
K
L
M
N
0.5
상대적 중요도
개선 노력 불필요
관찰하기
0.3
20%
45%
70%
성취도 점수
A 자사의 필요를 이해하고 있는가
B 약속한 바를 지키는가
C 사업하기가 용이한가
D 선제적으로 솔루션을 제시하는가
E 자사가 취하는 모든 행동에 관심을 갖고 있는가
F 접촉 가능한 담당자가 있는가
G 해당 사업에 대한 이해도가 높은가
H 해당 사업에 전문성을 가지고 있는가
I 높은 수준의 배송서비스를 갖추고 있는가
J 상품 품질이 우수한가
K 담당자의 업무 이해도가 높은가
L 친환경적인가
M 혁신적인가
N 다양한 제품을 갖추고 있는가

갭 분석은 다음의 단계에 따라 실시한다.

1단계: 문제가 있는 곳 파악하기

문제가 있는 곳이 명확히 드러나 있을 수 있다. 영업팀과 고객으로부터 받은 피드백이나 내부분석을 통해서도 파악할 수 있다.

2단계: 현재 성과에 대한 측정치 확보하기

고객 설문조사 또는 내부 자료 등을 통해 얻을 수 있다.

3단계: 목표 성과 정하기

고객의 기대를 충족시키거나 그 이상을 달성할 수 있는 목표를 설정한다. 이때 목표는 현실적이고 성취 가능하며, 조치에 따른 효과를 확인할 수 있는 구체적인 척도가 되어야 한다.

4단계: 갭을 채우기 위한 계획 수립하기

조치를 취하는 주체는 누가 될 것인가, 어떤 자원이 요구되며 어느 정도의 기간이 필요한가?

모델의 발전 과정

갭 분석에 쓰이는 대부분의 도구나 템플릿은 다양한 열 제목이 달린 스프레드시트의 형태를 띠고 있다. 문제점을 나열하고, 현재 상태를 파악하고 현재와 미래 상태를 측정할 수 있는 척도를 마련한다. 갭 분석 도구는 특히 갭을 줄이기 위한 행동과 관련하여 어느 정도 구체적으로 계획을 수립하고자 하는지에 따라 유연하게 수정해 적용할 수 있다. 예를 들어, 표 20.1에 목표 척도 달성 기한을 표시하기 위한 열을 추가할 수 있을 것이다.

표 20.1 갭 분석 템플릿

문제점	현재 상태	현재 상태 점수	미래 목표	미래 목표 점수	추진 방법
가격 인식	가성비가 낮은 것으로 인식	고객 만족도 10점 만점 중 6점	고객 가치 제안을 개선	고객 만족도 10점 만점 중 7.5점	새로운 CVP 관련 판매인력 교육
배송	부분 배송이 지나치게 많음	정시 전체 배송 80%	정시 전체 배송을 향상	정시 전체 배송 98%	재고에 대한 추가 투자

모델의 적용

시장점유율 하락에 대해 우려하는 **스테인리스강 튜브 전문 제조업체**가 있다. 해당 업체는 고객의 제품 확보 용이성에 문제가 있다는 사실을 인지하고 이 문제가 시장점유율 하락에 어느 정도 영향을 미쳤는지 알기위해 현재 성과와 이상적인 성과 간 갭 분석을 위한 시장 조사를 의뢰하였다.

설문 조사는 200명의 고객을 대상으로 다양한 질문을 하는 방식으로 진행되었다. 배송과 관련된 질문은 그림 20.2에 나타나 있다. 해당 설문조사에서 대부분의 요소에 대한 중요도와 만족도는 10점 만점 중 7점에서 9점 '구간' 내 점수를 받았다. 조사 결과, 서류 작업은 중요하지만 이 부문에서의 만족도는 높았고, 주문접수 직원의 효율성도 별 문제가 없는 것으로 밝혀졌다. 주된 문제점은 고객의 제품 확보 용이성, 주문 변경의 유연성, 정시 배송 및 배송 지연에 대한 사전 통지에 있었다.

그림 20.2 ImpSat 결과를 바탕으로 한 갭 분석

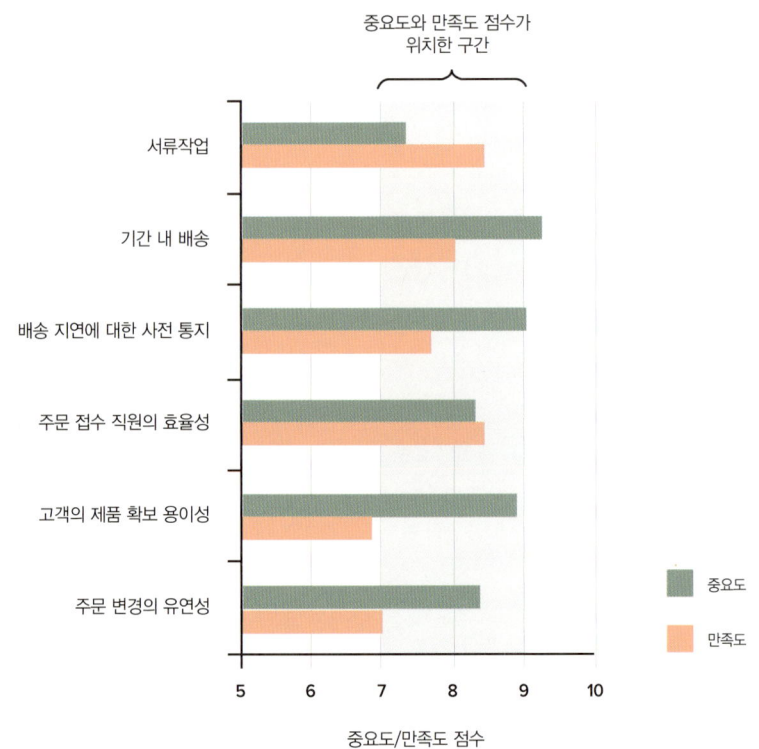

제품 확보 용이성 문제를 해결하는 데에는 신규 공장에 대한 상당한 투자가 필요했으며 단 시간에 해결될 수 있는 문제가 아니었다. 하지만 배송 지연에 대한 사전 통지는 효율적으로 업무를 수행하고 있는 주문 접수 직원을 통해 매우 적은 비용으로 해결할 수 있었다. 해당 업체는 고객에게 지연 배송에 대한 통지와 그 사유를 설명할 수 있도록 주문 접수 직원을 대상으로 즉각적인 교육을 실시했다. 이후 고객의 충성도가 높아졌고, 지연된 배송 일정에 따라 계획을 조정할 수 있도록 소통을 개선한 점에 만족했다. 하락세를 보였던 시장점유율 역시 반등했다.

20 갭분석 | Gap analysis

> **생각해볼 점**
> - 갭 분석의 핵심은 고객에게 중요한 것은 무엇인지를 파악하고 자사가 상대적으로 낮은 성과를 보이는 부문이 어디인지를 찾아내는 것이다.
> - 갭을 파악한 후에는 빠르게 개선할 수 있는 문제점(바로잡거나 개선하기 용이한 것)과 장기간에 걸쳐 상당한 자원을 투입해야 해결할 수 있는 문제점으로 구분해야 한다. 이를 통해 개선 계획을 수립할 수 있을 것이다.

그레이너의 성장 단계 모델
Greiner's growth model

기업의 여러 성장 단계에 대한 이해

 일반적 비즈니스 전략   제품 관리

래리 그레이너Larry Greiner는 1972년 『Harvard Business Review』에 게재한 「Evolution and revolution as organizations grow」에서 조직 성장 모델 이론을 소개하였다. 그의 이론은 조직이 각각 다른 종류의 위기로 마무리 되는 일련의 단계들을 거치며 성장한다는 믿음에 기초한다.

그레이너의 성장 모델은 조직이 수년에 걸쳐 지속적으로 성장한다고 가정한다. 기업이 몇 번째 성장 단계에 위치해 있는지를 파악하는 것은 쉽지 않다. 1단계에 있는 것을 판단하기는 쉽지만 기업이 성숙해 가면서 4~6단계의 차이를 분별하기가 어려워진다.

그레이너는 심리학과 개인의 행동에 기초하여 기업의 진화 및 변혁 이론을 완성했다. 그는 각 단계가 진화의 기간으로 시작하여 지속적 성장과 안정으로 이어진다고 주장하였다. 그러나 안정이 영원히 지속될 수 없으며, 각 단계는 혼란과 변화를 맞는 변혁의 기간으로 마무리된다고 결론지었다.

그레이너는 이와 관련한 논문에서 다음과 같이 다섯 성장 단계 및 각 단계에 따른 조직의 행동을 나열하였는데, 나중에 '6단계: 제휴를 통한 성장'이 추가되었다.

1단계: 창의성을 통한 성장
개인주의적, 기업가적 스타일의 비공식적인 구조. 제품의 생산 및 판매에 집중된 경영. 제품의 이동과 이익 창출이 핵심이다.

2단계: 지시를 통한 성장
효율성 증대에 초점을 둔 더욱 중앙집권화 된 기능적 조직. 경영진은 지시를 내리는 데 더욱 집중하며 기준을 설정한다. 원가 관리 단위cost center가 구축되고 경영진은 급여 및 연봉 인상률merit increase을 통해 보상받는다.

3단계: 권한 위임을 통한 성장
지역적으로 확대되면서 조직이 분권화된다. 관리자들은 권한 위임에 익숙해져야 한다. 본사는 자회사로부터 성과와 이익에 관한 정기적인 보고를 받는다. 관리자들은 성과에 기반하여 상여금을 받는다.

4단계: 조정을 통한 성장

조직이 통합되기 시작한다. 조직에는 라인 스태프를 각각 보유한 다수의 전략적 사업 단위들이 존재한다. 본사는 투자 계획 승인에 집중한다. 관리자들은 이익 분배 및 스톡옵션에 의해 보상받는다.

5단계: 협력을 통한 성장

조직의 복잡성이 증대되고, 보고 시스템과 관련된 매트릭스가 존재한다. 즉, 조직이 참여적 성격을 가져야 하며, 자회사의 목표에 대한 합의가 이루어져야 한다는 것을 의미한다. 문제 해결 및 혁신이 중요해진다. 각 팀에 상여금이 지급된다.

모델의 구조 및 분석 방법

기업은 성장을 원한다. 직원은 급여의 인상을 기대하며 이를 위해선 기업이 성장해야 한다. 직원은 신나고 역동적인 환경에서 일하고자 하는데, 정적이고 쇠퇴하는 기업에서는 불가능하다. 오랜 기간 동안 정적인 상태를 유지하는 기업은 거의 없다. 모든 환경은 변화하기 마련이기 때문에 결국 주어진 선택지는 성장 또는 쇠락뿐이다. 따라서 성장은 필수불가결한 것이며 성장통이 항상 수반된다.

성장통은 재정적 형태로 찾아올 수도 있다. 급격한 성장은 상당 규모의 운전 자금을 필요로 하기 때문에, 빠르게 성장하는 기업이라 할지라도 현금이 소진되어 파산할 수도 있다.

직원 역시 성장통을 느낄 수 있다. 직원들은 기업의 성장을 바란다고 말하지만 성장에 수반되는 부수적 효과들을 맛보게 되면 성장의 모든 것이 다 좋지만은 않다는 사실을 알게 될 수 있다. 성장하는 기업에서는 업무량이 늘어나고 버거워진다. 업무 방식의 변화와 조정이 필요해진다. 새로운 직원들이 유입되고 이로 인해 현상 유지가 어려워진다.

그레이너는 기업이 이러한 성장통의 문제들을 미리 예측하고 대응책 마련을 돕는 모델을 개발하였다. 그의 모델은 상대적으로 안정적인 몇 개의 성장 단계를 가정한다. 각 단계의 안정은 계속되지는 않으며, 단계의 후반으로 갈수록 조직은 스스로 쇠퇴의 씨앗을 뿌린다. 그리고 이것은 다음 단계의 변혁revolution으로 나아갈 수 있는 밑거름이 되는 것이다.

그레이너는 대부분의 기업이 거치게 되는 여섯 개의 성장 단계를 제시하였다. 각 단계에 해당하는 지배적 경영 접근법은 결국 그 효과를 잃게 되어 기업은 위기를 맞이하게 된다. 성장의 속도가 빠를수록 각 성장 단계의 길이는 짧아진다. 위기를 헤쳐나감으로써 기업은 다음 단계로 나아가며 계속해서 성장할 수 있게 된다. 그레이너가 제시한 여섯 성장 단계는 다음과 같다.

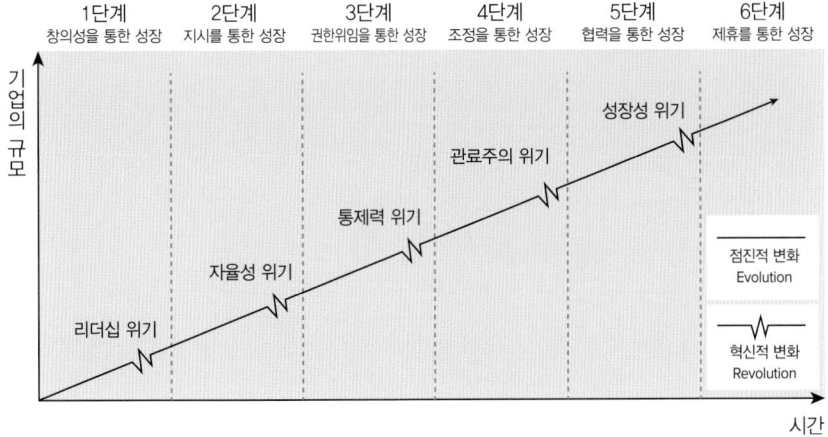

1단계: 창의성을 통한 성장(리더십의 위기)

작은 규모로 시작한 창업자는 기업 내 모든 일에 관여한다. 이 단계의 기업은 젊고 작으며 기업 내 소통이 잘 이루어진다. 수평적 조직으로 모든 이가 상사와 직접 소통할 수 있다. 점차 기업의 규모가 커지면서 필요 인력이 늘어나고 구조는 복잡해진다. 비공식적 프로세스가 공식화되어야 할 필요성이 대두된다. 창업자의 무신경하고 독단적인 접근법은 전문적인 관리인으로 대체된다. 이러한 방식의 변화가 리더십 위기로 이어진다. 구조 개선의 필요성이 증대된다.

2단계: 지시를 통한 성장(자율성의 위기)

2단계에서는 공식적 절차가 수립된다. 달성해야 할 예산과 목표가 생겨난다. 회사의 비즈니스가 확대되고 직원의 업무는 과중되다. 권한위임이 필요한 상황이 생겨나지만 자동적으로 이루어지는 단계까지는 이르지 않았다. 중간관리자가 임명되었음에도 창업자가 여전히 적극적으로 모든 일에 관여하고자 한다. 단계의 후반에 다다르며 자율성의 위기를 맞이한다. 더 많은 통제가 필요해진다.

3단계: 권한위임을 통한 성장(통제력의 위기)

3단계의 기업은 중간관리자를 고용하였으며 창업자는 이들에게 권한을 위임한다. 부서 관리자에게 지나치게 많은 권한이 위임되는 경우도 있다. 최고위층은 기업이 나아가는 방향에 대한 전략적 관점을 가지고 있지만 자회사 및 각 부문이 모두 한 방향으로 나아가고 있는지에 대한 강한 확신이 없는 경우도 있다. 인수합병과 같은 새로운 성장의 기회가 나타날 수 있다. 각 사업 단위의 관리자가 각자의 방향으로 나아가 기업의 분열을 일으킬 수 있는 위험이 존재한다. 통제력 상실의 위험이 발생한다.

4단계: 조정을 통한 성장(관료주의 위기)

자회사 및 사업 단위들이 이제 이익 창출 단위로 발전하여 표준화되기 시작한다. 재무적 성과가 철저하게 관리되고 각각 투자 대비 수익률$_{ROI}$의 측면에서 평가된다. 강력한 인재개발부서를 두어 기업의 목표에 맞는 이익 분배 제도$_{profit-sharing scheme}$를 도입하기도 한다. 이 성장 단계에서 기업은 관료주의 위기에 직면하기도 한다.

5단계: 협력을 통한 성장(성장성의 위기)

성장의 다섯 번째 단계로 나아가면 더욱 커진 규모의 조직을 다루기 위한 새로운 구조가 도입된다. 위계적 통제 구조는 매트릭스로 대체되고, 관리자들은 회의에 연달아 참석한다. 외부 제휴를 맺지 못하는 이상 기업이 더 이상 성장하지 못할지도 모르는 위험에 빠진다. 5단계의 마지막에는 성장성의 위기가 온다.

6단계: 제휴를 통한 성장

다른 기업과의 파트너십을 통해 여전히 성장할 수 있는 가능성이 남아 있다. 인수, 합병 및 아웃소싱이 일어난다. 사업의 규모가 지나치게 커져 핵심 사업 및 고객보다 제휴에 더 집중하게 될 위험에 빠지게 된다. 아웃소싱 및 인수에 대한 지나친 집착으로 인해 예전의 지역적 사업을 잃게 된다.

모델의 발전 과정

래리 그레이너의 초기 모델은 다섯 단계로 이루어져 있었다. 여섯 번째 단계는 1998년에 추가된 것이다. 여섯 번째 단계에는 글로벌화된 시장 속에서의 인수와 합병을 통한 성장의 중요성이 반영되었다.

조직에 가장 큰 영향을 주는 요소 중 하나는 시간이다. 시간이 흐르며 관리자는 융통성 없고 시대에 뒤처진 태도를 형성하게 되고 이는 미래의 변화를 더욱 어렵게 한다. 조직에 큰 영향을 주는 또 다른 요소는 규모이다. 기업의 성장 과정에서 다양한 문제를 맞닥뜨리는 것은 불가피한 일이다. 대기업은 소기업 대비 소통에 큰 문제를 겪는다. 대기업에는 위계조직과 다양한 수준의 경영진이 필요하다. 따라서 시간과 규모 모두 변화와 변혁의 원인이 될 수 있다.

그레이너의 모델은 기업이 현 위치가 어딘지를 파악할 수 있을 때 유용한 도구로 쓰인다. 다가오는 위기를 인지한다는 것은, 그 위기에 대응할 수 있는 계획을 수립할 수 있다는 것을 의미한다. 어떤 일이 닥칠지를 예상하고 있기 때문에 충격과 돌발 상황은 문제가 되지 않는다. 산업마다 각기 다른 변화의 속도를 가지고 있을 것이다. 성숙한 산업보다 빠르게 성장하는 산업 내에서는 각 단계의 길이가 짧다.

모델의 적용

특정 시점에서 기업이 몇 번째 성장 단계에 위치하는지 이해하는 것이 중요하다. 그래야 기업의 리더는 어떤 위치에서 어떻게 행동을 취해야 하는지 알 수 있을 것이다. 다양한 조직을 대상으로 기업이 그레이너의 성장 단계 중 어디에 위치해 있는지를 파악하고자 하는 수많은 사례 연구가 진행된 바 있다. 하지만 모두 과거에 이미 발생한 일을 가지고 그레이너의 성장 단계에 끼워 맞춘 것일 뿐, 미래 성장에 적응하기 위한 수단으로써 모델을 사용한 연구는 없었다.

각 단계의 마지막 부분에 나타나는 위기에 대응하는 주체는 리더이기 때문에 그레이너 모델은 결국 리더가 사용해야 하는 도구이다. 대부분의 소기업은 창업자가 공식적 절차를 수립하거나 전문 관리인을 영입할 준비가 되어있지 않기 때문에 1단계를 넘어서지 못한다. 이러한 이유로 대부분의 기업이 규모를 키우지 못하고 스스로 만든 성장의 벽에 부딪히게 된다.

2단계에 들어선 기업가 역시 여전히 통제권을 내려놓는 법을 잘 알지 못한다. 모든 일에 관여하며 권한을 위임하는 데 어려움을 겪는다. 대부분 통제에 대한 집착을 내려놓지 못해 직원들은 그의 승인 없이 행동을 취하는 것을 두려워한다. 이 단계의 기업은 최대 250명 정도의 직원을 보유한 중소기업으로 분류될 가능성이 높다. 창업자가 통제의 끈을 놓지 못하는 이상 기업의 성장은 제한될 것이다. 이 단계에서는 과중한 업무에 시달린 창업자가 스트레스를 받을 위험이 있다.

3단계에서는 창업자가 권한을 위임하는 방법을 학습하며, 심지어 각 사업 단위의 관리자들이 스스로를 사업 소유주로 생각하게 될 만큼 지나치게 많은 권한을 위임하기도 한다. 창업 시기부터 함께한 멤버들은 자신에게 위임된 권한을 가지고 서로 다른 방향으로 나아가기 시작한다. 이들은 중앙으로부터의 간섭을 싫어하고 이 단계의 기업은 더 이상 성장하지 못하거나 통제권을 회복하지 못하는 경우 분리된다.

4단계에서는 정반대로, 모든 사업 단위가 일관성을 유지할 수 있도록 통제권이 강화되는 모습을 확인할 수 있다. 여러 개의 자회사를 만들고 사업을 인수하면서 기업의 규모가 특정 수준 이상으로 성장하게 되면 본래의 성격을 잃고 정체성의 위기를 맞게 된다. 이 단계에서 창업자가 회사를 떠나게 되는 상황도 흔하게 발생한다. 다양한 사업 간 조정을 위해 지나친 관료주의가 생기게 되고, 이쯤 되면 20~30년 간 기업을 운영한 창업자가 충분한 수준의 보수를 받고 회사를 떠날 수 있을 정도로 그 규모가 커지게 된다.

5단계에서는 대기업의 성격을 가지게 된다. 모든 직원이 서로 협력하고 조정하려 노력함에 따라 끊임없이 이어지는 회의가 직원들을 옥죄기 시작한다. 그러나 적절한 인수와 합병을 통해 6단계로 나아가 글로벌 조직이 될 수 있는 방법을 찾지 못하면, 5단계의 기업은 정체성을 잃고 성장을 멈추게 된다.

> **생각해볼 점**
> - 그레이너의 모델은 성장에 통증이 수반된다는 점을 인지한다. 관리자가 그 통점을 파악할 수 있다면 다음 성장 단계에 대한 대비를 할 수 있다. 통증은 곧 성장 기회를 나타내므로 받아들여야 하는 대상이 된다.
> - 그레이어 모델의 전체를 꿰뚫는 중심선은 바로 리더십 방식과 통제 수준이다. 협력과 소통은 모든 단계에서 중요하며 성장의 핵심이 된다.

카노 모델
Kano model

구매 동기
파악하기

마케팅 · 가격 결정 · 제품 관리 · 고객 분석

카노 모델Kano model은 도쿄 이과대학의 카노 노리아키Noriaki Kano 품질경영 교수에 의해 1984년 발표되었다. 1970년대 후반 카노 교수는 상품 제안에 포함된 모든 속성이 반드시 고객을 만족시켜야 한다는 믿음에 이의를 제기하였다. 그는 모든 속성이 동일하지는 않으며 고객 충성도를 높이는 데 상대적으로 더 높은 중요도를 가진 속성이 있다고 전제한다. 일본에서 일을 하며 살고 있는 카노 교수가 전사적 품질 경영Total Quality Management, TQM에 몰두하게 된 것은 당연한 일이다. 그 결과 카노 교수의 가장 유명한 저서 『Guide to TQM in Service Industries』가 탄생했다.

모델의 구조 및 분석 방법

브랜드나 제품을 선택하는 과정에는 의식과 무의식이 모두 개입된다. 카노 노리아키의 모델은 고객이 중시하는 가치에 주안점을 두고 있다. 즉, 고객이 만족감을 느끼는 주요한 기능만으로 구성된 제품을 개발하는 데 도움을 줄 수 있는 모델이라고 할 수 있다. 중요한 기능에만 집중함으로써 지나친 기능을 탑재하지 않아 제품의 수익성을 높일 수 있도록 한다.

모델은 두 개의 축으로 구성되어 있다. Y축은 만족 수준을 측정하며 하단에서 상단으로 갈수록 만족도가 높음을 의미한다. X축은 소비자의 기대에 대한 서비스나 제품의 충족 수준을 측정한다. 축의 좌측은 기대를 잘 충족시키지 못했음을, 우측은 충족 수준이 높음을 의미한다. 그리고 다음의 세 가지 속성 또는 요소에 기반하여 제품 또는 서비스의 위치를 결정한다.

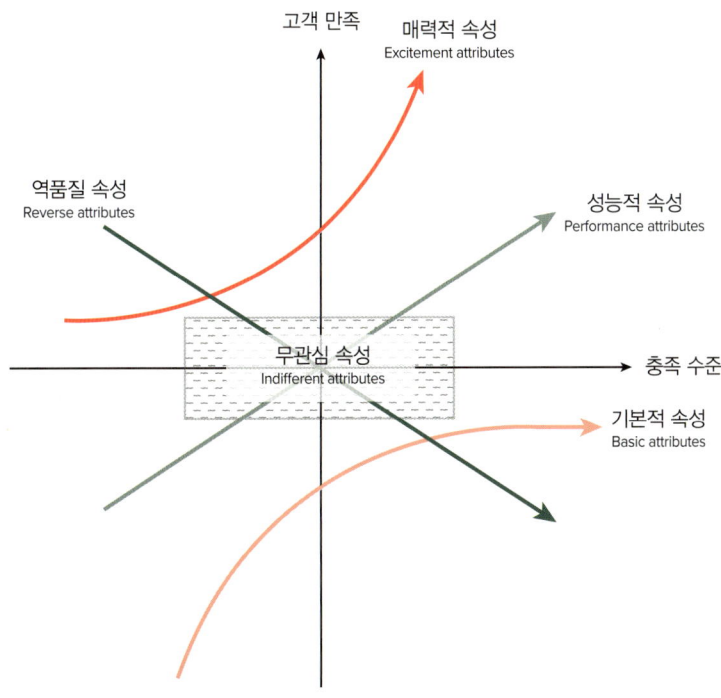

기본적 속성 Basic attributes

기본적 속성은 이미 소비자가 기대하고 있는 제품(또는 서비스) 속성이기 때문에 제공 시 중립적으로 받아들여진다. 주유를 한 후 기대하는 수준의 연비와 성능을 보인다면 우리는 중립적 성격의 만족감을 느끼게 된다. 호텔 회의실의 에어컨이 완벽하게 작동한다면 우리는 실내 온도에 신경을 쓰지 않을 것이다. 우리가 필요로 하고 기대했던 온도이기 때문이다. 하지만 실내 온도나 너무 낮다면 큰 불쾌감을 느끼게 될 것이다. 1회 충전 시 24시간 사용 가능한 휴대폰 배터리 사양은 일반적인 수준이기 때문에 기본적 속성에 해당한다. 앞서 제시한 예시들은 시장에 참여하고자 하는 기업의 상품 제안이라면 반드시 갖추어야 할 기본적 속성에 해당하며, 위생 요인이라고 부르기도 한다.

성능적 속성 Performance attributes

성능적 속성은 고객이 제품이나 서비스에 대해 가지고 있는 가변적인 요건이며 이에 비례하여 제품 만족도 역시 달라진다. 호텔 체크인에 소요되는 시간이 5분에 불과하다면 고객은 만족감을 느낄 것이다. 반면 10분이 소요된다면 불만족할 것이고 2분 안에 체크인이 가능하다면 매우 만족할 것이다. 제품이나 서비스의 성능이 10퍼센트 향상될 때마다 만족도가 10퍼센트 상승한다면 이는 성능적 속성으로 생각할 수 있다. 성능 개선에 비례하여 만족도 역시 선형적으로 상승하게 된다.

매력적 속성 Excitement attributes

매력적 속성은 고객이 제품과 서비스에 대해 기대하지 않았으나 제공된다면 만족감을 주는 요소이다. 예를 들어 충전이 필요 없는 휴대폰은 이론의 여지없이 고객에게 큰 만족감을 줄 것이다. 그러나 한때 카페에서 와이파이를 제공하는 것이 차별화된 특별한 서비스로 생각되었다가 이제는 기본적 속성으로 인식된 것처럼, 시간이 지날수록 매력적 속성은 결국 성능적 속성을 거쳐 기본적 속성으로 변한다. 매력적 속성은 혁신적 성격을 띠는 경우가 많으며 세계적 수준의 기업이 되고자 하는 모든 기업이 중시하는 요소이다.

카노는 시간이 흐름에 따라 각 속성의 위치가 변한다는 점을 인식하였다. 한 때 고객에게 만족감을 주었던 휴대폰의 성능적 속성은 이제 표준으로 인식되어 당연한 것으로 간주되는 것처럼, 또는 호텔에서 무료로 제공하는 샴푸, 바디워시, 핸드크림은 더 이상 매력적 속성으로 작용하지 않는 것과 같은 사례가 그 예이다. 가치가 존재한다면 반드시 경쟁자에 의한 벤치마킹이 이루어지고 결국 해당 장점의 특별함이 사라질 것이므로 끊임없는 혁신이 필요하다.

이후 카노는 기본적, 성능적, 매력적 속성에 추가적으로 다음의 두 가지 속성을 제시하였다.

무관심 속성 Indifferent attributes

카노의 모델에는 사람들이 신경 쓰지 않는 속성이 위치하는 영역이 존재한다. 무관심 속성의 존재는 특히 제조비용의 상승을 불러오는 경우라면 더욱 더 제품에 불필요하다고 할 수 있다. 무관심 속성의 제거는 판매에는 별 영향이 없지만 제품의 수익성 향상에는 큰 도움이 될 것이다.

역 품질 속성 Reverse attributes

상품 제안에 포함됨으로써 오히려 고객의 만족감을 떨어뜨리는 속성도 있다. 최신형 자동차에 포함된, 컴퓨터로 조작되는 시계를 예시로 들어보자. 이 시계는 시간 조정이나 변경이 어렵기 때문에 기계치인 노년층에게는 지나치게 복잡하고 불필요한 것으로 간주될 것이다. 그래서 사양이 떨어지더라도 단순하게 버튼으로 조작할 수 있는 아날로그시계를 선호할 가능성이 높다. 고객의 니즈를 이해하는 것은 카노의 모델에서 매우 중요한 부분이다. 상품 제안에서 불필요할 뿐만 아니라 매력적이지도 않은 특징을 파악한다면 이를 제거함으로써 매력도를 높이는 동시에 비용 역시 절감할 수 있다.

각 속성이 두 개의 축을 중심으로 어디에 위치하는 지를 파악하기 위해 카노는 다음과 같은 두 개의 질문을 던져볼 것을 제안한다.

> 만약 (속성의 명칭)의 수준이 개선된다면 당신은 어떻게 느끼겠는가?

이 질문의 목적은 해당 속성의 기능적 functional 매력도를 결정하고자 함이다.

> 만약 이 상품에 (속성의 명칭)의 특성이 포함되어 있지 않다면 당신은 어떻게 느끼겠는가?

이 질문의 목적은 비기능적 dysfunctional 매력도를 파악하고자 함이다.

다음과 같은 척도를 기준으로 질문에 답해 보자.

- 좋을 것이다.
- 기대했던 만큼이다.
- 상관없다.
- 대충 쓸 수는 있다.
- 싫을 것이다.

예를 들어 한 응답자가 특정 속성에 불만족스러움을 느껴 '그것이 없다면 더 좋을 것 (비기능적 측면에 만족함)'이라 대답한다면, 해당 속성은 명백히 '역 품질 속성'으로 간주된다. 역 품질 속성을 제거하면 제품을 개선할 수 있다.

앞선 질문에 대한 응답을 분석함으로써 만족감$_{satisfaction}$과 실현$_{implementation}$의 두 가지 축을 기준으로 각 속성의 위치를 결정할 수 있다. 각 속성은 다음과 같다.

성능적 속성 Performance attribute
제공 시 만족할 것이며 미제공 시 만족감이 감소하는 속성

기본적 속성 Basic attribute
당연히 제공될 것이라고 기대하여 미제공 시 심각한 불만을 초래하는 속성

매력적 속성 Excitement attribute
기대하지 않았던 요소이나 제공된다면 고객 감동을 주는 속성

모델의 발전 과정

카노 방법론을 사용하는 사람들은 기능·비기능 질문 후 추가적으로 한 개의 질문을 더 할 것을 제안한다. 특정 속성이 어느 정도의 중요도를 갖는지를 묻는 것이다. 질문에 대한 답을 통해 고객의 제품 구매 결정에 중대한 영향을 미치는 속성을 가려낼 수 있다.

카노 모델은 오랫동안 활용되며 그 유용성을 증명하였다. 모든 속성에 대해 적어도 두 개의 질문(기능적, 비기능적)을 던져야 하고, 그 중요성을 결정하기 위해 세 번째 질문이 필요할 수도 있다. 인터뷰에 소요되는 시간 때문에 카노 모델은 전화 인터뷰보다는 온라인 데이터 수집 방법에 더 적합하다. 속성당 두세 개의 질문을 해야 하기 때문에 전화 인터뷰로 진행할 경우 오랜 시간이 걸려 지루해질 수 있기 때문이다.

모델의 적용

카노 모델 적용 시 가장 먼저 결정해야 할 사항은 바로 인터뷰 대상이다. 제품을 이용하거나 이용할 가능성이 있는 사람들을 대상으로 설정해야 한다. 이제 각 속성에 대한 질문을 만들어 보자. 질문의 예시는 다음과 같다.

기능적 질문
아이폰을 이용해 자동차 키의 위치를 알아낼 수 있다면 어떻게 느끼겠는가?

비기능적 질문
당신의 아이폰으로 자동차 키의 위치를 알아낼 수 없다면 어떻게 느끼겠는가?

중요도 질문
아이폰 자동차 키 찾기 기능의 중요도는 1(중요하지 않음)에서 10(매우 중요함)의 척도에서 어느 지점에 해당하는가?

각 질문에 점수를 매겨 그래프 상의 위치를 결정한다. 응답의 예시는 다음과 같다.

기능적 질문에 대한 점수
-2(싫음), -1(쓸 수는 있음), 0(상관없음), 1(기대 수준), 2(좋음)

비기능적 질문에 대한 점수
-2(좋음), -1(기대 수준), 0(상관없음), 2(쓸 수는 있음), 4(싫음)

속성의 중요도 점수
1(전혀 중요하지 않음), 10(매우 중요함)

비기능적 질문에 대해 응답자가 어떤 속성에 대해 불만족스럽다는 대답을 하였다면, 그 속성은 상품 제안에서 제거하는 편이 더 낫다. 그래야 점수가 더 높아지기 때문이다.

고등학교 학생들이 사용하는 노트북 컴퓨터에 필요한 속성과 사양을 파악하기 위해 선생님을 대상으로 한 설문조사를 의뢰한 노트북 제조업체가 있다고 가정해보자. 해당 설문조사에서 응답자는 여러 사양과 속성에 대한 기능적 및 비기능적 질문에 답하게 된다. 고객의 선택에 영향을 미치는 컴퓨터의 다양한 속성들이 격자표상에 표시된다. 원의 크기는 각 속성의 중요도를 나타낸다(그림 22.1).

그림 22.1 고등학생용 노트북 컴퓨터가 갖추어야 할 중요한 속성(예시)

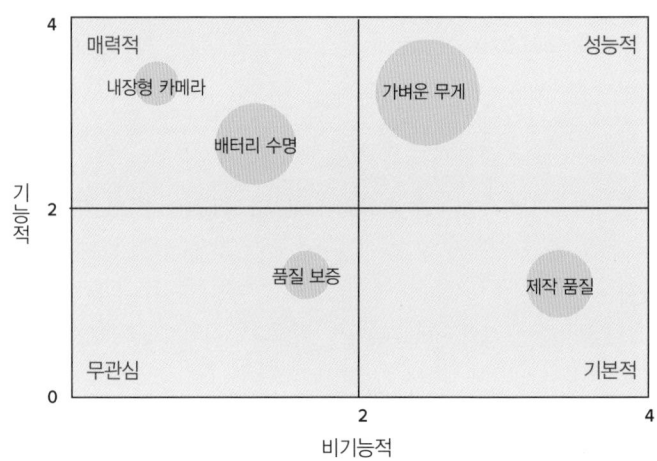

조사 대상이었던 선생님들은 학생들이 가방 안에 얼마나 많은 것을 넣고 다니는지 신경 쓰고 있었다고 가정하자. 학생들의 가방은 이미 무거운 것들로 채워져 있으므로, 컴퓨터가 불필요한 무게를 더 늘리지 않는 것이 중요하다. 가벼운 무게라는 특성은 학생용 컴퓨터에 있어서 확실히 바람직한 장점이다. 그러나 무게의 경량화는 계속 향상되는 사양이므로 성능속성으로 간주할 수 있다.

제조 품질은 당연히 보장되는 것으로 생각되어야 한다. 모든 유명 브랜드 노트북 컴퓨터는 일정 수준 이상의 품질을 보장하기 때문에 어느 정도 신경을 덜 써도 되는 부분이며, 따라서 기본 속성으로 간주할 수 있다.

컴퓨터의 품질이 점점 더 믿을 만한 수준으로 향상되고 있기 때문에 품질 보증은 점차 의미가 적어지는 추세이다. 따라서 품질 보증은 구매 선택에 큰 영향을 주는 요인이 아니다.

긴 배터리 수명은 학생들에게 큰 장점으로 작용할 것이다. 배터리 수명이 늘어난다는 것은 충전기를 가지고 다니지 않아도 되는 것이고, 학생 입장에서 신경 쓸 요소가 한 개 줄어든다는 것을 의미하기 때문이다. 이는 매력적 요소로 간주할 수 있다.

노트북 컴퓨터에 내장된 카메라는 매우 매력적이고 흥미로운 사양이 될 수 있다. 학생들은 사진을 캡쳐하거나 인터뷰 대화를 동영상으로 녹화하여 발표 수업에 사용할 수도 있다. 이러한 사양은 중요하지는 않을지라도 학생들의 학습 도구로써 점점 더 유용성을 더해갈 수 있어 가치 제안의 매력을 높이는 역할을 할 수 있다.

> **생각해볼 점**
> - 카노 모델은 혁신에 있어 중요한 역할을 할 수 있다. 사람들을 흥분시킬 수 있는 개선 또는 혁신 사항들을 발견하기 위해 활용할 수 있다. 이를 통해 제품을 특별하게 만들고 차별화시킬 수 있을 것이다.
> - 같은 목적으로 사용할 수 있는 대안적 모델로는 SIMALTO(42장 참고)를 들 수 있다.

코틀러의 5단계 제품 수준 | 23

Kotler's five product levels

제품/서비스에
가치 부가하기

마케팅 · 제품 관리

필립 코틀러Philip Kotler는 1967년 출간된 그의 저서 『Marketing Management』에서 제품의 다섯 가지 수준을 설명하였다. 그는 핵심 수준the core level보다는 증강 수준the augmented level에서 더 많은 경쟁이 이루어진다고 언급했다. 핵심 제품을 '둘러싸고 있는' 포장, 배송, 홍보 및 조언과 같은 부분이야말로 사람들이 그 무엇보다 큰 가치를 부여하고 제품을 차별화시키는 지점이라고 주장하였다.

모델의 구조 및 분석 방법

본 저서에서는 다양한 용어를 사용해 기업의 상품 제안을 설명한다. 상품 제안은 제품이 될 수도, 서비스가 될 수도 있으며 서비스가 수반된 제품이 될 수도 있다. 필립 코틀러가 제안한 전략 모델은 제품 구성을 이해하는 유용한 도구이다. 코틀러는 제품의 소비로 이어지는 세 가지 요소를 제안하였다.

필요 Need
사람들이 가진 기본적인 요구

욕구 Want
필요를 충족시켜 줄 수 있는 구체적인 제품에 대한 욕구

수요 Demand
욕구에 구매 능력이 더해져 만들어진 것

고객들은 자신이 가치 있게 여기는 제품을 선택한다. 자신의 가치가 충족되거나 가치 수준을 넘어설 때 고객은 만족감을 느낀다. 이에 기업은 고객이 모든 제품 수준에서 만족감을 느낄 수 있도록 노력해야 한다. 코틀러의 5단계 제품 수준을 기준으로 항공사가 여객기 승객을 대상으로 한 제안을 살펴보자.

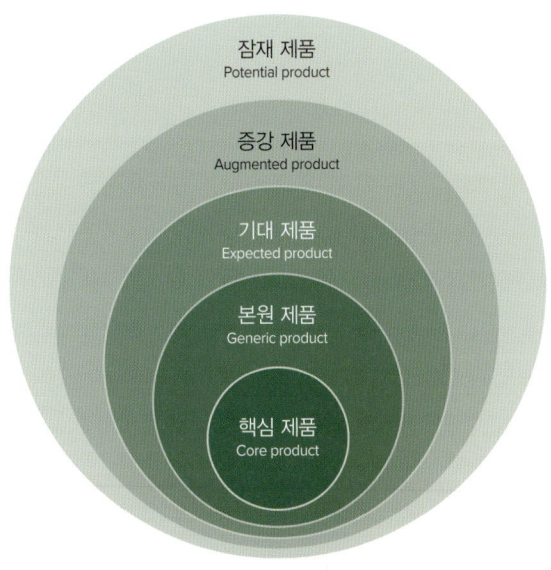

201

핵심 제품 Core product　코틀러의 개념은 핵심 제품에서 시작한다. 고객이 생각하는 편익을 갖춘 제품이다. 여객기 승객이 생각하는 핵심 제품은 A지점에서 B지점으로 비행할 수 있는 항공권이다.

본원 제품 Generic product　본원 제품은 제품과 관련된 특성을 나타낸다. 여객기 승객의 경우, 비행 일정의 준수와 안전한 비행이 본원 제품에 포함된다.

기대 제품 Expected product　제품 구매 시 얻을 수 있을 것이라고 기대하는 기능들을 의미한다. 여객기 승객은 일정 수준의 편안함과 친절한 서비스를 경험할 것이라 기대할 것이다.

증강 제품 Augmented product　제품에 부가가치를 더하는 기능들이며 대체로 무형인 경우가 많다. 이는 경쟁에서 차별화된 제품을 만들어낼 수 있게 해준다. 대개 브랜드에 대한 소비자의 인식이 증강 제품에 해당하게 된다. 여객기 승객은 유명한 브랜드를 선택함으로써 서비스에 대해 더 안심할 수 있다. 항공기를 자주 탑승하는 승객이라면 계정에 쌓인 항공 마일리지를 통해 비행 경험이 증강될 것이라 생각할 수도 있을 것이다.

잠재 제품 Potential product　잠재 제품은 미래의 제품이다. 여객기 승객에게는 미래 제품에 리무진 픽업/드롭 서비스가 포함될 수 있을 것이다. 탑승 서비스의 변화를 통해 제품이 개선될 수도 있다(잠재 제품은 보통 더 나은 제품일 것이라 간주되지만, 기존의 제품에서 꼭 필요한 부분만 남긴 버전 stripped-down version 이 될 수도 있다는 것을 유념하자).

제품은 기업이 시장에 존재하는 이유를 말해준다. 하지만 기업은 단순히 제품 자체로만 경쟁하지 않는다. 기업은 강력한 브랜드와 서비스로 제품을 증강시켜 경쟁한다. 제품은 포장되어 배송되며 광고 및 기술적 서비스로 지원된다. 이 모든 것이 통합되어 고객 가치를 구성한다.

모든 제품에는 가격이 책정되어 있다. 이는 인지된 가치에 기반을 두어야 하지만 단순히 비용에 마진을 더해 가격을 책정하는 경우도 많다. 기업이 성공하기 위해서는 포괄적 의미에서의 '제품'과 '가격'이 균형을 이루어야 한다.

모델의 발전 과정

코틀러의 모델은 테오도르 레빗Theodore Levitt의 앞선 연구에 기반을 두고 있다. 레빗은 그의 논문 「Marketing myopia」에서 근시안적인 사람들의 예시로 노새용 채찍 제조업자들에 대한 이야기를 들었다. 이들은 자신을 단순히 마차를 끄는 노새를 채찍질하는 데 사용하는 채찍을 판매하는 사람이라고 규정하였다. 이후 자동차가 마차를 대신하게 되자 이들은 폐업을 하게 되었다. 만약 이들이 자신을 '본원 제품' 또는 '기대 제품' 제조업자로 포지셔닝했다면 기존에 보유한 기술을 이용해 팬벨트fan belts 같은 자동차 부품을 만들면서 사업을 지속해 나갈 수 있었을지도 모른다.

모델의 적용

치열한 경쟁 시장에서 사업을 하는 도로용 역청Bitumen 공급업자가 있다고 생각해보자. 경쟁에서 이기기 위해 이 공급업자는 코틀러의 5단계 제품 수준에 대해 고려하기로 했다.

아스팔트로도 불리는 역청은 새로운 도로를 건설하거나 기존 도로를 보수할 때 사용된다. 역청은 석유의 정제 과정에서 생성되는 끈끈한 검정색 잔여물이다. 본 예시에서 설명된 적용 사례에서는 다양한 크기의 로드 스톤과 혼합되어 자동차가 달릴 수 있도록 매끄럽고 유연한 도로를 만드는 데 사용된다. 급수관 보수나 결함이 있는 가스관 또는 다른 시설을 수리하기 위해 도로를 판 경우에는 상대적으로 적은 양의 역청을 이용해 도로를 덮을 수 있다. 반면 새로운 도로나 공항 활주로를 건설하는 경우에는 상대적으로 많은 양의 고품질의 역청이 필요하다.

역청은 저장 수명이 짧기 때문에 온도가 높은 상태에서 빠르게 도포하는 것이 중요하다. 역청으로 도로를 도포하는 작업자들에게 정확한 시간에 역청을 공급해주지 않으면 이들은 귀중한 시간을 낭비하며 자재를 기다릴 수밖에 없을 것이다. 역청 공급업자에게 코틀러의 5단계 제품 수준 모델을 다음과 같이 적용해 보았다.

핵심 니즈 The core needs

역청은 도로에 난 구멍을 매우거나 새로운 도로의 표면을 덮는 용도로 사용된다. 실질적으로 역청은 타르$_{tar}$이지만 보통은 아스팔트(검정색 타르)와 돌 부스러기의 혼합물로 일컬어진다. 역청과 돌을 섞어 도로 위에 부은 뒤 롤러로 편평하게 만드는 작업을 진행한다.

본원 제품 Generic product

핵심 니즈를 충족하는 제품을 고객이 요청한 시간에 정확한 사양과 용량만큼 배달해주는 것이 중요하다. 역청을 배달하는 차량이 교통체증에 가로막혀 약속된 시간에 도착하지 못하는 경우도 있기 때문에 이 부분이 문제가 될 수도 있다.

기대 제품 Expected product

역청은 정기적으로 구매를 하는 경우가 많다. 한 번 주문하게 되면 동일 업체에서 구매를 하고자 하며, 업체 내에서도 이미 자신의 요구사항에 대해 잘 알고 있는 기존 담당자와 거래를 하고자 한다. '기대 제품'은 관계를 중심으로 구축된다.

증강 제품 Augmented product

역청 구매자와 담당자를 조사한 결과 적은 양의 제품을 직접 공장에 들러 사가는 사람들이 많다는 것을 알아냈다. 그들은 필요에 의해 적은 양을 구입하는 경우에 해당한다. 픽업 서비스를 통해 고객이 필요할 때 반드시 제품을 구할 수 있도록 보장해줄 수 있다.

잠재 제품 Potential product

역청은 19세기 후반 이후부터 도로 건설에 사용되어 온 매우 오래된 제품이다. 오랜 기간 동안 역청의 활용에 대해서도 많은 발전이 있었다. 역청을 이용하여 소음이 매우 적은 도로를 만들 수 있으며, 혼합물에 폐유리나 플라스틱을 첨가해 친환경성을 개선할 수도 있다. 중합체$_{polymer}$를 이용해 역청의 내구성과 동결방지 기능을 높이는 것도 가능하다.

역청 제조업체는 아스팔트를 빠르고 유연하게 받아갈 수 있는 서비스를 출시하기로 하였다. 총 처리시간 30분이 보장되고 대기 고객이 편안히 앉아 무료 커피와 신문을 즐길 수 있는 픽업 창고를 시범적으로 운영하였다. 익스프레스 컬렉션 센터$_{Express\ Collection\ Center}$는 큰 성공을 거두었고 영업시간이 더 긴 40개의 창고를 전국적으로 추가 운영하였다. 수년간 전통적인 시장에서 사업을 했던 역청 제조업체는 확장 제품을 통해 새롭고 수익성 높은 수익원을 창출해낼 수 있게 되었다.

> **생각해볼 점**
> - 핵심 니즈나 본원 제품을 둘러싼 제품의 개선은 이루어지기 어렵다. 개선은 제품을 강화할 수 있는 기능이나 서비스를 대상으로 한다.
> - 모든 제품은 개선될 수 있다. 어떤 개선이 이루어져야 하는지를 파악하기 위해서는 고객이 실제로 제품을 어떻게 이용하고 있는지를 알아보기 위한 관찰조사 ethnographic research를 고려해볼 수 있다.

시장 규모 추정
Market sizing

유효/잠재 시장의 규모 및
가치 평가하기

시장 규모 추정Market sizing을 누가 먼저 시작했는지는 정확히 알 수 없다. 다만 1920~30년대 미국의 닐슨Nielsen 사[1]는 식료품점에서의 개별 제품 판매 수준을 측정한 뒤 이를 통해 얻은 시장 점유율 데이터로 시장의 규모를 계산하였다.

세계대전 이후부터 마케팅이 체계화되면서 마케팅 계획을 세우기 위해 시장 규모에 대한 데이터가 필요해졌다. 1968년 오브리 윌슨Aubrey Wilson은 그의 저서 『The Assessment of Industrial Markets』에서 시장 규모를 측정하는 프로세스에 대해 설명한다.

---

1 닐슨(Nielsen) 사: 소비자의 트렌드와 행동에 대한 측정 및 조사를 수행하는 세계적인 정보 분석 기업

> 모델의 구조 및 분석 방법

마케팅 전략은 시장 규모에 대한 충분한 이해를 기초로 수립되어야 한다. 먼저 시장에 대한 정의가 필요하다. 시장의 규모는 **전체 시장**total available market, TAM과 **유효 시장**served available market, SAM 두 가지를 기준으로 측정할 수 있다. 유효 시장이란 기업이 제품을 공급하고 비슷한 제품을 생산하는 타 기업과 경쟁하는 시장을 일컫는다. 전체 시장은 유효 시장보다 범위가 넓으며 경쟁 및 대체 제품을 포함한다.

인스턴트커피를 공급하는 사업자에 대해 생각해보자. 이들의 유효 시장은 자사 및 타 경쟁사가 인스턴트커피를 공급하는 시장으로 정의할 수 있다. 그리고 전체 시장은 유효 시장에서 더 범위를 넓혀 신선한 분쇄커피를 판매하는 시장뿐만 아니라 핫초콜릿, 차 등, 다른 대체 음료 시장까지 포함한다. 전체 시장이라고 호락호락하지는 않다. 인스턴트커피를 원하는 사람은 인스턴트커피를 구할 수 없거나 입맛을 바꿔보려는 생각이 있는 경우에만 더 넓은 시장으로 나아갈 것이다. 시장 규모를 측정하려면 전체 시장과 유효 시장을 먼저 이해해야 한다.

표 24.1 시장 규모

시장 규모가 답을 줄 수 있는 전략적 질문	답을 얻기 위해 필요한 세부 질문
· 이 제품 또는 시장에 투자해야 하는가? · 이 제품 또는 시장에 대한 투자를 증가시켜야 하는가? · 이 제품 또는 시장에 대한 투자를 감소시켜야 하는가?	· 관심을 가질 만한 규모의 시장인가? · 이 시장은 올바른 방향으로 나아가고 있는가? · 이 시장의 성장 속도는 충분히 빠른가? · 이 시장의 수익성은 충분한가?

B2B International(2014)

전략적 계획을 수립하고자 하는 목적을 가지고 있다면 먼저 시장 규모를 추정한다. 그러나 시장 규모에 대한 수치 그 자체만으로는 전략적 질문에 대한 답을 구할 수 없다. 이에 더해 시장 채널, 경쟁 정도, 고객 충성도, 가격 등에 대한 이해가 필수적이다.

다음의 세 가지 접근법을 통해 시장의 규모를 평가할 수 있다.

수요 측면 Demand-side

최종 사용자를 대상으로 한 연구를 시장 통계에 적용하는 상향식 접근법이다. 예를 들어, 작업복 시장의 규모를 평가하고자 하는 기업은 설문조사를 통해 노동자 1인당 연간 작업복에 대한 지출이 얼마인지를 조사한다. 측정한 데이터를 공공 통계자료로부터 해당 작업복을 입을 수 있는 노동자의 수에 적용한다. 이런 방식의 시장 규모 측정은 다양한 업종에도 적용할 수 있다. 수요 모델을 효과적으로 만들 수 있는 것이다. 이 방식은 그 자체로 뭔가를 설명하므로 유용하다. 작업복 시장 규모 추정 예시의 경우, 전체적인 잠재 수요에 대해 알 수 있게 해준다.

하향식 Top-down

하향식 접근법은 수요 측면의 시장 규모 평가 방식과 정반대의 접근법을 취하고 있다. 발표된 보고서나 거시 데이터를 통해 시장에 대한 조감도를 그리거나 산업 전문가의 의견을 참고하여 평가를 진행하기도 한다.

공급 측면 Supply-side

시장에 제품을 공급하는 각 경쟁사의 매출 추정치를 기반으로 시장 규모를 평가하는 방법이다. 이러한 접근법은 경쟁사의 규모와 강점을 알 수 있게 해준다는 점에서 유용하다. 비정상적인 시장점유율을 보이는 기업이 있다면 평가 자체에 문제가 있음을 보여준다는 점에서 논리적 타당성을 확인할 수도 있다.

하지만 공급 측면 접근법을 통한 평가에는 확실히 어려움이 존재한다. 기업의 제품별 매출은 보통 비공개 자료이기 때문이다. 사용자를 대상으로 한 설문조사를 기반으로 여러 공급사의 시장점유율과 매출을 파악할 수도 있다. 한 공급사의 매출을 알 수 있다면 이를 기준점으로 삼아 다른 공급사의 시장 매출을 추정할 수도 있다.

시장 규모 평가는 거의 대부분의 경우 추정치다. 따라서 한 가지 이상의 방법으로 평가함으로써 그 정확성을 교차 확인하는 것이 도움이 된다. 추정치 간 차이가 크다면 의구심을 갖고 재조정 작업을 거쳐야 할 것이다.

모델의 발전 과정

일반적으로 아래의 조건에 해당한다면 시장 규모 평가에 대한 큰 오차가 존재해도 용인될 수 있다.

- 전체 시장 내 투자 규모가 매우 작은 경우
- 시장에 대한 예비 조사의 목적으로 연구를 진행하는 경우
- '해당 지점에 어떻게 도달할 것인가?'가 아닌 '우리가 어디로 가고 있는가?'에 대한 답을 찾는 것이 연구의 주요 목적인 경우

시장 규모를 측정하는 데 기업이 필요 이상으로 집착하는 경우도 있다. 그러나 시장 내 매우 작은 포지션을 가진 회사의 경우 정확한 시장 규모를 측정하는 것은 큰 의미가 없다. 명백하게 큰 규모의 시장에서 매우 작은 점유율을 가지고 있는 회사라면 많은 시간과 돈을 들여 시장 규모 측정에 필요한 정확한 수치를 얻고자 하는 것은 전략적 사고 측면에서 도움이 되지 않는다.

마찬가지로 시장 내 큰 영향력을 가진 기업이라면 이미 자사의 시장점유율에 대해 대략적으로 정확한 짐작을 할 수 있을 것이다. 지배적 위치를 점하고 있는 기업의 경우 자사 고객에 대한 **지갑점유율** 정보를 얻는 것이 시장의 전체 규모를 측정하는 것보다 더 의미가 있다.

예를 들어 10퍼센트의 시장점유율을 가지고 있는 기업이 있다고 가정해보자. 하지만 10퍼센트의 시장점유율은 소수의 대량 구매자를 보유한 경우에도 달성할 수 있는 수치이다. 반면에 시장 내 다수의 회사를 고객으로 보유함으로써 각각의 지갑점유율은 작지만 시장 전체적으로 10퍼센트의 점유율을 가지고 있을 수도 있다.

다음의 조건에 해당하는 경우, 매우 높은 정확성이 요구된다.

- 투자 규모가 큰 시장 내에서 투자자가 상당한 시장점유율을 점하고자 하는 목적을 가진 경우
- 추세를 파악하기 위해 다년간의 시장 규모에 대한 수치가 필요한 경우
- 틈새시장에서 사업을 하는 기업의 경우. 작은 시장 내에서 마케팅 계획을 수립하기 위해선 궁극적으로 달성할 수 있는 보상의 규모가 어떤지 감이 있어야 한다.

모델의 적용

창고업은 시간이 갈수록 더욱 정교해지고 있다. 식품을 보관하거나 온라인 고객을 대상으로 물품을 공급하는 대규모 창고들의 경우 매우 넓은 공간을 차지한다. 창고 내 제품들은 전자 태그가 부착된 칸에 보관된다. 창고 직원들은 주문 품목 목록을 가지고 음성 시스템이나 전자 지시 체계에 따라 각 칸을 옮겨 다니며 해당 제품을 찾는다. 창고 관리에 이용되는 소프트웨어와 하드웨어 덕분에 창고업은 매우 빠른 속도로 성장하고 있다. 이 시장의 어떤 공급자가 글로벌 시장 규모를 측정해 보려고 한다.

연구는 전 세계 창고의 수 및 규모와 같은 기초 통계부터 시작하였다. 북미 지역 및 유럽에 대한 정확한 통계 수치 및 다른 지역에 대한 대략적인 수치 등, 창고의 수와 규모에 대한 산재된 데이터를 구할 수 있었다.

고가의 창고 관리 시스템은 10만 평방피트 이상의 규모를 가진 창고에서만 사용되고 있었다. 북미 및 유럽 지역 내 해당 규모의 창고 수에 대한 통계를 작성하고 타 지역에 대해서는 추정치를 산출하였다. 창고의 규모와 숫자는 각 국가의 국내총생산GDP과 관련성을 보였으며, 이 비율을 이용하여 통계상의 부분적 공백을 메웠다. 창고 규모에 따른 사용 패턴은 남유럽과 동유럽이 서로 다른 모습을 보였고, 북미와 서유럽은 동일한 창고 분포도를 보였다.

전 세계 대형 창고 운영자 500명을 대상으로 설문조사를 실시했다. 기본적인 인터뷰 질문에는 평방피트/미터 단위로 측정한 창고의 크기 및 고용된 '창고 직원$_{picker}$'의 수에 대한 내용이 포함되었다. 창고 직원의 역할은 각 칸에서 제품을 꺼내와 주문을 처리하는 것이다. 창고의 규모 및 창고 직원 수에 대한 정보를 바탕으로 평방피트당 고용된 직원 수를 산출할 수 있었다. 해당 수치를 전 세계적으로 합산된 창고 크기에 곱하면 전체 창고 직원 수를 파악할 수 있다. 창고 직원들은 헤드셋과 휴대용 컴퓨터를 이용하여 어디서, 어떤 제품을 꺼내야 하는지에 대한 정보를 얻었는데, 이 점에 착안하여 창고 직원 수 및 창고 직원 한 명당 사용하는 소프트웨어 및 장비의 평균 비용 정보를 바탕으로 글로벌 시장 규모를 비교적 쉽게 추정할 수 있었다.

전 세계 시장 규모를 각 국가 및 수직 시장 단위(식료품 및 잡화, 식품 서비스, 제3자 물류, 일용소비재 등)로 나누어 분석해 보았다. 이를 통해 현재 글로벌 시장 규모를 파악하고 수동 픽업 작업이 자동 시스템으로 바뀔 경우의 시장 가치를 추산해 볼 수 있었다. 시장 규모에 대한 평가는 향후 5년 간 수요에 대한 예측치를 제시해 주었다.

> **생각해볼 점**
> - 대부분의 경우 시장 규모를 정확하게 측정할 필요는 없다. 하향식(거시 또는 고차원적) 및 상향식(최종 사용자 정보 및 시장 통계를 이용한 모델링) 접근법을 이용하여 삼각측정$_{triangulation}$을 해보는 것이 도움이 될 수 있다.
> - 금액이 아닌 수량으로 시장 규모를 추정하는 것이 유용할 수도 있다. 이렇게 하면 가치사슬 단계에 따라 제품 단가가 달라서 생기는 문제를 피할 수 있다.
> - 시장의 가치를 금액 기준으로 평가하는 경우, 제조업체 판매 가격인지 소비자의 구매 가격인지 기준이 된 가격을 명시하는 것이 중요하다.

매슬로우의 욕구단계 이론
Maslow's hierarchy

25

시장 포지셔닝
차별화하기

에이브러햄 매슬로우Abraham Maslow는 1908년 브루클린 슬럼가에서 태어났다. 그의 부모님은 러시아계 유대인으로 매슬로우는 뉴욕에서 반유대주의를 겪으며 어린 시절을 보냈다. 그의 IQ는 195에 달했던 것으로 알려져 있다.

1943년 그는 인간의 동기에 대한 이론을 담은 논문을 발표하였다. 그의 이론은 정신분석 및 행동주의적 접근법에 초점을 맞추었던 앞선 심리학자들의 연구 이후에 발표된 것이다. 매슬로우는 부정적인 감정보다는 인간 잠재력에 초점을 맞추고 있다. 그는 인간의 행동을 이끄는 동인은 외부적인 요소가 아니라 더 잘하고 개선을 이루고자 하는 내면적 요소에서 찾아볼 수 있다고 주장하였다. 그의 모델에 따르면 인간의 행동은 부모님이나 양육 환경에 의해 정해지는 것이 아니라 개선하고자 하는 열망과 욕구에 기인한다.

많은 점에서 매슬로우의 피라미드는 아메리칸 드림American dream으로 향하는 성취의 단계를 설명하고 있다. 그가 주장한 심리학은 낙관주의적 관점에서 인간이 앞으로, 위로 나아갈 수 있는 능력이 있음을 기초로 한다. 인간에게 무엇이 잘못되었는가를 설명하려는 다른 동료들과는 달리, 그는 인간이 무엇을 통해 잘될 수 있는가를 설명하려는 데 집중하였다. 또한 다른 심리학자들을 대상으로 글을 썼던 여느 심리학자와는 달리 매슬로우는 대중을 대상으로 한 글을 썼다. 그의 이론은 특히 비즈니스 영역에서 실용성을 발휘해 왔다.

모델의 구조 및 분석 방법

기업은 고객의 행동을 이끄는 **동기**를 이해해야 한다. 피상적인 수준에서는 어떤 행동을 하는 동기가 무엇인지 고객에게 직접 물어 답을 얻을 수도 있다. 하지만 과연 이렇게 얻은 답을 신뢰할 수 있을까? 사람들은 자신이 왜 포르쉐Porche를 구매하는지, 왜 피트니스 센터를 가는지, 왜 간호사가 되기 위한 훈련을 받는지에 대한 진정한 이유를 알고 있을까?

매슬로우의 욕구단계 이론 Maslow's hierarchy of needs은 이러한 동기를 이해할 수 있도록 돕는 모델이다. 이 이론은 피라미드 형태의 다섯 단계에 대해 설명한다. 각 단계의 욕구가 충족되면 피라미드의 상위 단계에 대한 욕구가 생기게 된다.

간단히 말해서 매슬로우는 피라미드 위계상 각 단계가 순서대로 진행된다고 주장하였다. 이는 삶의 초기 단계인 아동기에 잘 드러난다. 갓 태어난 아기에게는 음식과 온기와 같은 생리적 욕구밖에 존재하지 않는다. 이후 성장하여 5세까지 모든 생리적 욕구에 추가적으로 안전, 사랑 및 소속의 욕구를 갖게 된다. 5세에서 7세 사이 입학을 하게 되면서 다른 사람이 자신을 바라보는 관점에 대해 신경을 쓰게 된다.

아동기에는 피라미드의 하위 단계에서 다음 단계로 매우 명확한 과정을 거치며 나아간다. 하지만 점차 성숙하게 되면서 다섯 단계의 욕구는 식별은 가능하나 그 순서가 뒤죽박죽이 되거나 아예 부재하기도 한다. 실제로 매슬로우는 마지막 단계인 자아실현의 욕구까지 나아가는 사람은 극히 드물다고 주장하였다. 그럼에도 불구하고 매슬로우의 이론은 복잡한 사람의 행동을 이해하기 쉬운 방법으로 설명해 주었다는 점에서 대중의 큰 사랑을 받았다.

그림 25.1 매슬로우의 욕구단계

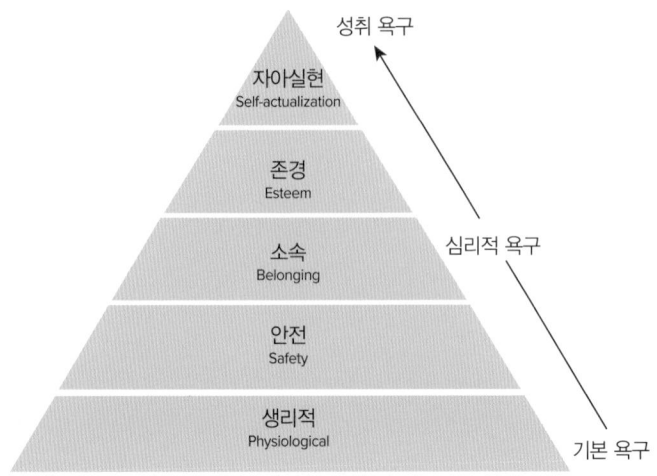

Maslow(1943)

피라미드의 최하단에 위치한 가장 기본적인 욕구는 생리적 기능에 필요한 욕구를 말한다. 의식주의 욕구, 성욕, 수면욕이 이에 해당한다. 가장 근본적인 욕구가 충족되고 나면 건강과 복지를 포함한 개인적 안전에 대한 욕구가 생겨난다. 재정적 안정감 또한 이에 포함된다.

안전하고 안정감이 있다고 느낄 때 우리는 사랑, 우정, 동반자를 얻고자 한다. 이는 어딘가에 소속되고자 하는 부족적 본능에 해당한다. 애국심을 느끼고, 어떤 집단에 가입하고자 하고, 스포츠 팀을 응원하는 이유를 여기서 찾을 수 있다.

한 단계 위로 올라가면 사회적 인정, 지위 및 존경을 받고자 하는 욕구가 자리하고 있다. 존경에는 두 가지 단계가 존재한다. 하위 차원은 타인의 존경을 받고자 하는 욕구로 지위나 인정의 욕구와 관련이 있다. 상위 차원의 존경은 완벽한 능력을 갖춘 사람의 내면의 강함에서 비롯되는 자신감과 자부심을 의미한다.

피라미드의 최상단에는 자아실현이 위치한다. 이는 최대 잠재력을 실현함으로써 성취할 수 있다. 시인이나 유명 예술가를 예로 들 수 있다. 이 단계에 이른 사람은 이미 이룰 수 있는 모든 것을 성취한 상태이다. 매슬로우는 전체 인구의 2퍼센트만이 이 단계에 도달할 수 있다고 한다. 1970년 그는 과거와 현재 인물 모두를 포함해 자아실현의 단계까지 나아간 소수의 사람들을 나열하였는데 토마스 제퍼슨Thomas Jefferson, 알버트 아인슈타인Albert Einstein, 매슬로우 자신을 포함하여 오직 열여덟 명만이 이름을 올렸다.

모델의 발전 과정

다른 순차 모델도 마찬가지겠지만 삶을 하나의 모델로 단순하게 설명하는 것은 불가능하다. 모든 사람이 동일하게 피라미드의 각 단계를 순서대로 올라가지는 않을 것이다. 매슬로우의 이론은 경험적인 증거보다는 관찰과 아이디어에 기반을 두고 있다. 1970년 매슬로우가 사망한 이후 **클레이튼 앨더퍼**Clayton Alderfer는 매슬로우의 다섯 가지 욕구를 **존재**Existence, **관계**Relatedness, **성장**Growth 세 가지로 줄일 수 있다고 말한다. 그는 인간은 세 가지 영역의 욕구를 모두 충족시키고자 하며, 그렇지 않은 경우 자연스레 부족한 부분의 욕구를 채우고자 하는 성향이 생기게 된다고 주장한다.

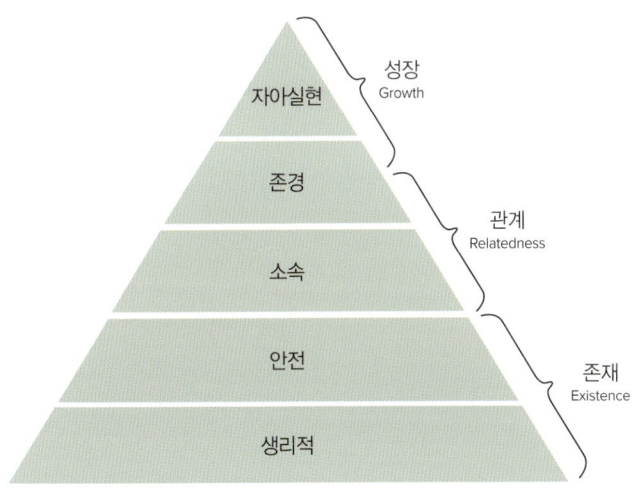

컨설턴트와 비즈니스 저자들은 매슬로우의 모델을 받아들여 개인이 아닌 조직에 적용하기 위해 이론을 보완하였다. 그림 25.2에서 기업의 **욕구단계**를 반영하여 B2B International이 개발한 피라미드를 볼 수 있다.

그림 25.2 비즈니스 환경에 적용한 매슬로우의 욕구단계 피라미드

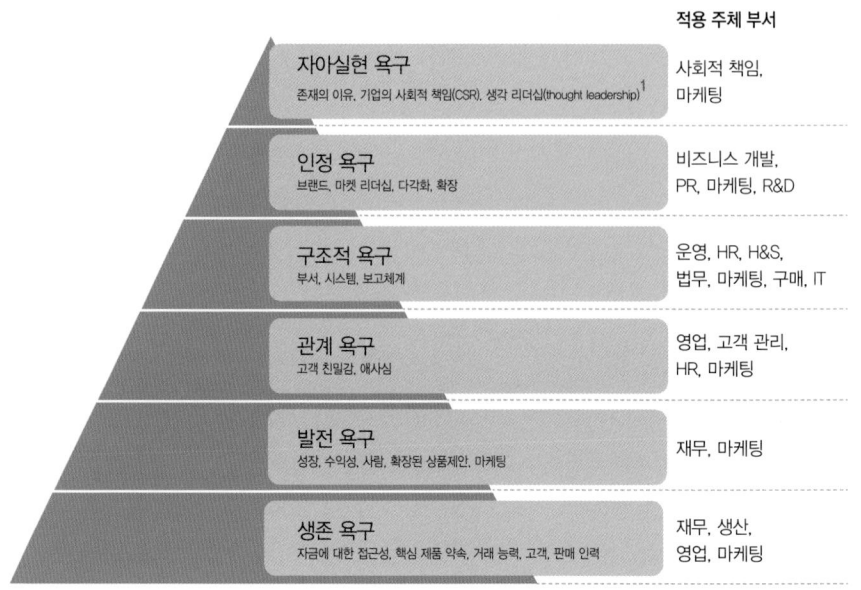

B2B International(2015), Maslow(1943)

1단계: 생존 욕구 Survival needs　　성공적인 기업은 상품 제안의 기본적인 생리적 욕구를 충족시켜야 한다. 적합한 제품Product, 가격Price, 장소Place 및 홍보Promotion가 이에 해당한다.

2단계: 발전 욕구 Development needs　　일단 회사가 설립되었다면 이제 지속 가능성을 추구해야 한다. 제품에 초점을 두고 시작한 회사는 이제 그것에 어떻게 가치를 더할 수 있는지 고민해야 할 것이다. 만약 이 단계에서 발전하지 못하는 기업은 대부분의 스타트업처럼 시작하는 1~2년 안에 실패하거나 정체하고 만다.

3단계: 관계 욕구 Relationship needs　　스타트업의 모든 관심은 판매에 집중되어 있다. 하지만 사업이 점차 성장하면서 전술적 마케팅tactical marketing 및 주요 고객 관리로 초점이 옮겨간다. 회사 내부적으로는 직원의 참여가 중요해진다. 참여도가 높은 직원일수록 더 열심히 일할 가능성이 높으며 이는 결국 더 높은 고객 만족도로 이어질 수 있다.

1　생각 리더십(thought leadership): 대중이 올바른 생각을 할 수 있도록 방향을 제시하는 리더십

4단계: 구조적 욕구 Structural needs   회사가 성장할수록 비공식적인 방식을 버리고 계층구조에 맞춘 조직과 보고 체계를 도입할 필요가 있다. IT 시스템과 고객 관계 관리 시스템이 설치되며, 각 부서를 책임질 중간 관리자가 임명되어 보고 체계의 필요성이 증대된다.

5단계: 인정 욕구 Recognition needs   제법 규모가 커진 회사는 이제 소중히 보호해야 할 브랜드를 보유하게 된다. 회사가 가진 명확한 방향성을 보여주는 비전과 강령이 수립된다. 브랜드는 중요한 자산으로 인식되고 직원들이 가야 할 방향을 지시하는 북극성 역할을 한다.

6단계: 자아실현 욕구 Self-actualization needs   매슬로우가 오직 소수의 사람만이 자아실현 욕구를 성취하는 단계까지 나아갈 수 있다고 주장했던 것과 마찬가지로 6단계까지 올라갈 수 있는 기업은 극소수에 불과할 것이다. 6단계에 도달한 기업은 기업의 사회적 책임에 상당한 무게를 둔다. 수익이 여전히 중요할 수는 있으나 브랜드나 기업의 목표를 희생하면서까지 수익을 추구하지는 않는다.

모델의 적용

욕구단계는 다양한 비스니스 환경에 적용될 수 있다. 관리자들은 직원의 욕구를 파악하고 충족시킬 수 있는 방안을 찾는 데 활용될 수도 있고, 마케팅 관점에서는 제품과 서비스를 구매하는 고객을 세분화하여 각기 다른 니즈를 충족시키는 데 도움을 받을 수도 있다. 광고 회사의 경우, 사람들의 공감을 얻어 행동을 이끌어내는 메시지를 만들기 위한 목적으로 모델을 사용할 수도 있을 것이다.

직원과 관계 맺기   직원 모집에 어려움을 겪고 있는 한 대형 **광업회사**가 있다. 해당 회사는 자국 내 여러 지역에 흩어진 다수의 광산과 가공 처리 공장을 보유하고 있었다. 대도시에서 금융이나 디지털 업계에 종사하는 것과 비교했을 때 광산 채굴이나 광물 처리는 특별히 영감을 주는 일은 아니었다. 이 회사는 직원과 잠재적 직원을 대상으로 해당 종류의 기업에 취직을 하고자 할 때의 동기를 파악하고자 설문조사를 의뢰하였다.

두 가지 요소가 기본 요구사항으로 판단되었다. '급여'와 '회사의 위치'가 수용할 수 있을 만한 수준이어야 한다는 것이었다. 하지만 이 두 가지 기본 요건 이외에 개인의 커리어 발전을 이룰 수 있을 만한 기회의 존재 여부가 매우 매력적인 요소로 작용한다는 것을 알 수 있었다. 직업 안정성과 일과 삶의 균형 역시 중요한 요소인 것으로 나타났다. 회사는 기본적인 요구 조건을 넘어 동기부여를 하는 욕구에 집중하여 **채용** 캠페인을 진행하였고, 결과는 매우 성공적이었다.

고객 세분화하기   가성소다를 제조하는 업체를 예로 들어보자. 많은 고객이 가성소다를 원자재로 사용하고 있다. 그런데 가성소다는 제품 원가에서 차지하는 비중이 높았고 이에 따라 해당 제조업체는 매우 큰 가격 압박을 받게 되었다. 고객은 소형, 중형, 대형 업체로 구분할 수 있다. 쉽게 예상할 수 있듯이 대형 고객은 더 큰 관심 대상이 된다. 하지만 규모를 기준으로 한 분류법은 여타 가성소다 공급업체들도 이미 사용하고 있는 분류법이기 때문에 이를 통해 경쟁 우위를 기대하기는 힘들다.

해당 제조업체는 고객의 니즈를 좀 더 정교하게 파악하기 위해 조사를 의뢰하였다. 조사 결과 가격은 가성소다 공급업체의 선택에 중대한 영향을 미치는 것으로 나타났지만 가장 중요한 요소는 아닌 것으로 밝혀졌다. 가격 이외에 고객사들의 가장 큰 고민은 물류였는데, 특히 제품 배송 일정을 수립하는 것이었다. 회사의 규모를 막론하고 모든 고객들이 물류를 가장 큰 어려움으로 인식하고 있었던 것이다. 또한 가성소다는 위험 화학물질이었기 때문에 공급업체의 선택에 있어 안전성 역시 큰 영향을 미치는 것으로 나타났다. 안전성은 규모와 관계없이 모든 고객들이 중시하는 요소였다.

조사 결과를 바탕으로 해당 제조업체는 보다 효율적인 배송을 위해 고객을 니즈에 따라 세분화하였다. 개선된 물류 계획을 통해 **가성소다 제조업체**는 보다 효율적으로 소형, 중형, 대형 고객들의 니즈를 더 잘 충족시킬 수 있었다. 제품 배송이나 가격과 같은 기본적인 요소보다 한 차원 더 높은 수준의 새로운 세분화 기준을 도입하였다. 안전성에 대한 높은 수준의 고객 니즈를 충족시킴으로써 가성소다 제조업체는 고객 만족도와 수익성을 크게 향상시켰다.

마음을 움직이는 광고 메시지 고안하기   광고 회사들은 매슬로우의 피라미드 하위 단계에 위치하는 욕구와 관련한 기능과 편익을 홍보하는 것은 시간 낭비에 불과하다는 것을 인지하고 있다. 이러한 욕구는 시장에 참여하고자 하는 기업이라면 당연히 만족시켜야 하는 기본적 요소이기 때문이다. 고객을 움직이는 것은 피라미드의 상부에 위치한 감정적 요소라는 사실을 광고 회사들은 잘 알고 있다. 기본적 욕구보다는 심리학적 또는 자아실현 욕구가 훨씬 강력한 동기로 작용한다.

데이비드 오길비 David Ogilvy는 종종 광고인의 할아버지로 일컬어진다. **롤스로이스**Rolls-Royce는 신차 광고를 위해 오길비를 고용하였는데, 그는 뛰어난 자동차 품질에 대해 이야기하지 않았다. 전례 없이 개선된 신차의 내구성도 언급되지 않았다. 지위에 대한 언급도 없었다. 그의 광고 카피는 다음과 같았다.

"시속 60마일로 달리는 신형 롤스로이스 안에서 가장 큰 소음은 전자시계 소리입니다."

메시지는 명확했다. 자동차는 자체적인 자아실현의 단계에 올라선 것이었다. 신차의 완벽함에 대해 설명하기 위해 시계 소리 이외에 다른 언급은 필요 없었다. 당연하게도 이 광고는 전 세계적인 유명세를 누리게 되었다.

> **생각해볼 점**
>
> - 마케팅 담당자들이 기본에 충실해야 함은 두말할 나위 없이 중요한 것이다. 적합한 제품, 가격, 장소는 반드시 갖추어야 할 요소이다. 하지만 기업 차별화를 가능하게 하고 수요를 이끌 수 있는 것은 감정적 요소이다. 가장 효과적인 소통과 세분화는 매슬로우의 피라미드 상층부에 기반을 두고 있다. 심리학적, 성취 욕구를 충족시킬 수 있어야 한다.
> - 포커스 그룹[2]과 정성적 연구를 통해 고객의 감정적 요소를 이해하고, 정량적 연구를 통해 해당 감정 요소들이 고객에게 갖는 중요도를 측정해 정량화하자.

---

2 포커스 그룹(focus group): 시장조사 등을 위해 대표성 있는 소수의 사람을 뽑아 구성한 그룹

맥킨지의 7S 모델
McKinsey 7S

기업의 '건전성 진단' 평가 도구

1970년대 후반, 컨설팅 업체 맥킨지McKinsey는 성공적인 비스니스 전략 연구를 위해 다수의 프로젝트를 지원하였다. 1980년 맥킨지 컨설턴트들과 학자였던 밥 워터만Bob Waterman, 안소니 아토스Anthony Athos, 리처드 파스칼Richard Pascale, 톰 피터스Tom Peters는 이틀간의 세션 끝에 7S 프레임워크를 도출한다. 프로젝트 리더는 톰 피터스였다. 같은 해 피터스, 워터만, J.R 필립스J.R Phillips는 「Structure is not organization」이라는 글에서 맥킨지 7S 프레임워크를 소개했고, 피터스와 워터만은 1982년 출간한 저서 『In Search of Excellence』에서 모델을 보다 발전시켜 설명하였다. 리처드 파스칼과 안소니 아토스 역시 그들이 일본 기업과 진행한 연구를 7S 프레임워크와 연관시킴으로써 모델 발전에 기여하였다.

모델의 구조 및 분석 방법

모든 기업은 자신이 올바른 방향으로 나아가고 있는지 확인할 필요가 있다. 이를 알려줄 수 있는 명확한 측정 지표들도 많다. 매출이나 수익과 같은 재무적 목표는 기업의 성과를 측정할 수 있는 확실한 지표가 되긴 하지만, 재무적 측면에서는 성공적으로 보이는 기업이라 하더라도 잘못된 방향으로 나아가고 있을 가능성이 크다.

예를 들어, 현재는 수익을 내고 있더라도 지나치게 높은 가격을 책정했다거나 적절한 시스템에 투자를 하지 않았을 수도 있다. 또한 직원이 과로에 시달려 불만의 목소리를 내기 시작했다면 결국 해당 기업은 장애물에 부딪히게 될 것이다.

맥킨지는 기업의 건전성을 보여주는 일곱 개의 지표가 포함된 모델을 개발하였다. 일곱 개의 요소는 모두 알파벳 S로 시작해 맥킨지 **7S 프레임워크**로 알려지게 되었다. 일곱 개 중 세 가지는 경성 요소hard element로, 정의하며, 경영자로부터 곧바로 영향을 받을 수 있는 것들이다. 전략Strategy, 구조Structure, 시스템System이 이에 해당한다.

세 가지 경성 요소와 더불어 네 가지 연성 요소soft element가 있다. 이들은 무형적이면서 문화의 영향을 더 많이 받는다는 점에서 연성 요소라 부른다. 경성 요소만큼이나 중요한 요소들이다. 연성 요소는 파악하기가 더 어렵기 때문에 경쟁자들이 쉽게 따라할 수 없고 이에 따라 경쟁 우위를 점할 수 있도록 해준다는 점에서 그 중요성이 부각된다. 기술Skill, 스타일Style, 직원Staff, 공유가치Shared value가 이에 해당한다. 모든 요소는 상호 연계되어 있기 때문에 한 요소의 변화는 다른 요소의 변화를 야기한다.

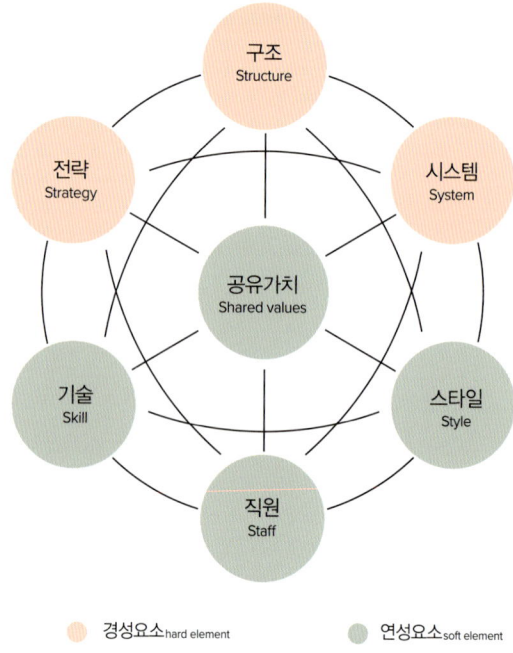

● 경성요소 hard element　　● 연성요소 soft element

전략Strategy　기업의 중장기적 성장을 위해 경영진이 수립한 계획과 전반적인 사업 방향성을 의미한다.

구조Structure　조직이 전체적으로 구성되는 방식을 말한다. 조직적 위계질서, 전략적 사업 단위 또는 중앙으로의 보고 체계 등이다.

시스템System　기업 내부적으로 일어나는 일을 측정하기 위한 절차를 의미한다. 재무적 프로세스, IT 시스템, HR 절차 등이 이에 해당한다. 조직적 변화를 거치는 모든 기업에게 중요한 요소이다.

공유가치Shared values　조직의 문화 및 DNA를 의미한다. 누군가가 "저 사람은 XX회사에서 일해"라고 말할 수 있게 하는 알아보기 쉬운 특징을 말한다.

스타일Style　최고 경영진의 행동적 태도를 의미하며 기업 지도자의 경영 스타일에 영향을 받는다.

직원Staff   직원, 직원 수, 채용 방식, 교육 방식, 인구학적 구성, 사고방식의 특성이 모두 이에 해당한다.

기술Skill   직원의 핵심 역량을 일컫는다.

7S 모델은 구조화된 방식으로 아래의 목적을 달성하고자 하는 변화관리 컨설턴트change consultants에 의해 널리 사용되었다.

- 기업 성과 개선
- 기업 내 변화가 가져올 수 있는 효과를 설명
- 효율성의 개선 또는 인수 합병 이후 부서 및 프로세스에 대한 합의 도출
- 전략 실행 방법 모색

모델의 발전 과정

7S 모델은 기업의 강점과 약점을 파악하기 위한 평가를 하는 데 유용한 도구이다. 하지만 이 모델은 어떤 기준을 가져야 하는지 또는 무엇을 시작해야 하는지에 대한 방법을 알려주지는 않는다. 7S 모델은 기업이 어떤 부분에 주목해야 하는지를 알려주는 모델이다. 즉, 다른 요소들 대비 차이가 나는 요소에 집중을 해야 한다.

7S 모델은 전략적 계획 도구로써 널리 사용되었으며, 적용하는 컨설턴트에 따라 조정되거나 수정되었다.

모델의 적용

7S 모델은 유연한 도구로써 초우량 기업이 되기 위한 비즈니스의 일곱 가지 구성 요소에 주목할 수 있도록 해준다. 시작 단계부터 성공을 위한 구성요소를 파악한다는 점에서 SWOT보다 한 걸음 더 나아간 모델이다. 이 모델은 다섯 단계를 통해 전개된다.

1단계: 모든 요소의 균형 정도를 파악한다

7S 모델의 각 요소가 긴밀하게 균형을 이루고 있는지 살펴본다. 이 단계의 평가 목적은 각 요소 간 간극이나 불일치가 존재하는지 파악하는 것이다. 상호 연계된 구성 요소들이 균형을 이루고 있는지를 표시하기 위해 '그렇다/아니다'의 표기법을 사용하는 것을 고려해보자. 엄청난 정교함보다는 균형을 이루고 있는지 여부를 판단하는 것이 목적이다. 모든 요소를 일일이 설명하는 것이 아니라 균형이 맞지 않는 요소만 찾아낸다. 이러한 측면으로 보았을 때 1단계는 우선순위를 정하는 도구라 할 수 있을 것이다.

2단계: 7S 요소의 이상적인 모습을 정한다

평가를 통해 각 요소 간 간극을 파악했다면 이상적인 조직의 모습을 파악하기 위한 계획을 마련해야 한다. 경성 요소$_{hard\ factors}$부터 시작한다. 조직의 고위층에서 기업의 목표와 전략에 대한 합의가 이루어져야 하며, 경영진은 목표 달성에 필요한 구조와 시스템을 승인해야 한다.

3단계: 어떤 변화가 필요한지 결정한다

'어떻게 할 것인가'에 대한 구체적인 계획을 의미한다. 그 계획은 가용한 자원과 목표를 실제적으로 연결시킬 수 있는 것이어야 한다. 계획 수립에 있어 가장 중요한 것은 '적합한 사람이 적절한 자리에 앉을 수 있도록 하는 것'이다.

4단계: 계획 실행

언제나 그렇듯 모든 과정에서 가장 어려운 부분이 바로 계획 실행 단계이다. 시간과 자원이 소요되며 변화하고자 하는 의지도 필요하다. 또한 계획이 성공하기 위해서는 변화와 목표 달성에 대한 긍정적인 자세도 갖춰져 있어야 한다. 하루아침에 끝낼 수 있는 과정이 아니다. 계획은 적어도 몇 달, 일반적으로는 몇 년에 걸쳐 실행된다.

5단계: 모니터링 및 검토

계획 대비 성취도를 검토해야 한다. 5단계에서는 결과에 대한 모니터링을 통해 조정 작업이 이루어진다.

생각해볼 점

- 성공적인 기업은 고객의 니즈에 맞추어져 있다. 7S 모델 각 요소의 강점을 살펴볼 때 항상 각 요소가 고객의 니즈를 어느 정도 충족시키고 있는지 염두에 두어야 한다.
- 기업은 사람이 모여 만들어지며, 사람은 일곱 가지 요소 모두에 관여되어 있다. 각 요소를 검토할 때 '적합한 인력을 보유하고 있는가? 동료들 간 잘 어우러지는가?'라는 질문을 해 보는 것이 도움이 될 것이다.

민츠버그의 전략 5P

Mintzberg's 5Ps for strategy

경쟁 전략 고안하기

헨리 민츠버그Henry Minzberg는 캐나다 몬트리올의 맥길 대학교McGill University 경영학 교수이다. 경영 및 비즈니스 전략과 관련해 다양한 저술 활동을 하였으며 해당 주제와 관련하여 150개의 논문, 15개의 저서를 출판하였다. 1987년 『California Management Review』에 발표한 「The strategy concept I : five Ps for strategy」에서 그는 전략적 사고의 5P모델을 소개하며 전략에 대한 보다 정확한 정의를 제시하고자 하였다.

모델의 구조 및 분석 방법

기업에 있어 전략Strategies은 핵심적 역할을 한다. 전략은 기업이 전반적인 목표를 달성할 수 있도록 하는 원대한 계획이다. 몇 주나 몇 달에 걸쳐 이 목표를 달성하는 것은 거의 불가능하기 때문에 전략은 보통 일 년 이상의 기간에 걸쳐 장기적으로 수립된다. 전술Tactics은 원대한 계획을 달성하는 데 이용되는 단기적 장치이다. 군사적 맥락에서 설명하자면 전략은 전쟁에서 승리하는 방법에 관한 것이고 전술은 전투에서 싸우는 방법에 관한 것이라 할 수 있다.

학자이자 비즈니스 철학가인 헨리 민츠버그는 비즈니스 전략을 분류하고 이해하기 위한 모델을 개발하였다. 그는 전략이 각각 알파벳 P로 시작하는 다섯 개의 유형으로 나뉜다고 주장하였다.

Mintzberg, H(1987)

계획Plan으로서의 전략: 의도된 행동 방침

가장 일반적인 유형의 전략은 목표를 명시하고 이를 달성할 수 있는 행동 방침을 담은 종합 계획이다. 의도적이고 의식적으로 수립된 계획으로써 미래의 행동을 이끌기 위해 사전에 준비된다. 대부분의 전략은 기본적으로 계획을 가지고 있으므로, 계획 이외에도 민츠버그가 고안한 다른 전략적 특징을 동시에 가지고 있을 수도 있다.

책략Poly으로서의 전략: 경쟁자를 이기기 위한 계책

경쟁자를 당황하게 하거나 심지어 잘못된 방향으로 이끌기 위한 계책 역시 전략이 될 수 있다. 19장 4요소 모델에서 언급된 '란체스터 전략'을 생각해보자. 제록스의 핵심 시장이 아닌 지역에 먼저 집중하는 계책을 통해 영국 복사기 시장에서 랭크 제록스Rank Xerox를 물리친 복사기 기업 캐논Canon의 예시를 소개한 바 있다. 캐논은 먼저 스코틀랜드 시장에 집중하였으며 점차적으로 그 영역을 늘려 달성한 40퍼센트의 시장점유율을 발판삼아 더 많은 수익을 낼 수 있는 남부로 진출하였다. 만약 캐논이 처음부터 런던을 공략했다면 실패했을 가능성이 높다.

패턴Pattern으로서의 전략: 우연히 나타나는 전략

성공적인 전략은 일관된 방식으로 적용된다. 계획이 의도된 전략이라면 패턴은 실제로 일어난 일을 의미한다. 현실에서는 원래 계획에 없던 일도 생겨나기 마련이다. 패턴은 종종 시장 선도 기업들 사이에서 발견된다. 그들의 행동 방식을 바탕으로 패턴을 예측할 수 있다. 시장 선도 기업은 일 년에 한두 번 정도 가격을 인상하고 경쟁자들이 따를 것으로 예상한다. 가격 측면에서 공격을 받는다면 또한 예상할 수 있는 방식으로 반응할 것이다.

포지션Position으로서의 전략: 경쟁자 대비 돋보이는 브랜드

기업은 낮은 가격을 책정하거나 브랜드에 기반하여 차별화된 포지셔닝을 하거나 틈새시장을 공략하는 등 다양한 시장 전략을 이용해 시장에서 경쟁한다. 이러한 다양한 포지셔닝은 34장에서 소개한 마이클 포터의 '본원적 전략'에 설명되어 있다. 스스로 강력한 포지션을 개척하여 시장에서 경쟁한 오토바이 제조기업인 **할리 데이비슨**Harley Davidson이 사용한 전략이 그 예시에 해당한다. 할리 데이비슨은 고객의 생활 방식 자체를 상징하는 차별화된 브랜드를 통해 대형 럭셔리 모터사이클을 원하는 고객들이 존재하는 틈새시장에 집중하였다.

관점Perspective으로서의 전략: 기업이 시장 내에서 작동하는 독특한 방식

많은 기업은 문화를 가지고 있다. 그것은 세상이 그들을 규정하는 관점이고 그들이 일하는 방식이다. **사우스웨스트 항공**Southwest Airlines의 예를 들어보자. 사우스웨스트 항공은 사용 항공기 종류 제한, 미국 남서부 지역에 집중된 지역적 운영 전략, 저비용이지만 믿을 수 있는 서비스 제공을 통해 성공적인 비즈니스를 이어왔다. 하지만 이 기업이 진정 차별화 된 지점은 직원의 의식에서 발견할 수 있었다.

『Nuts!』라는 제목의 저서에는 사우스웨스트 항공의 창업자인 허브 캘러허Herb Kelleher의 사례가 소개되어 있다. 그는 특이한 리더십 스타일을 통해 독특한 관점을 가진 기업을 만들어냈다. 「Southwest Airlines' crazy recipe for business and personal success」라는 부제목의 이 저서에서는 사우스웨스트 항공을 성공으로 이끌고 경쟁자가 따라 하기 어려운 특이한 서비스에 대해 설명하고 있다.

모델의 발전 과정

민츠버그의 모델은 전략적 경영 프로세스에 대한 충분한 설명과 사실적인 묘사를 한다. 전략의 유형을 파악하고 시장 내에서 생존하려면 어떻게 전략을 추진해야 하는지 경영자가 초점을 맞추도록 하는 데 유용하다. 반면, 어떤 전략을 사용해야 하는지 결정하는 데에는 덜 적합하다. 하지만 민츠버그의 5P 모델 내에서 다른 모델을 활용할 수 있다. 예를 들어, 포터의 '본원적 전략'을 통해 시장 내 어떻게 포지셔닝을 해야 하는지에 대한 도움을 받을 수 있다.

민츠버그 모델은 시장 내 경쟁에 주안점을 두고 있다. 많은 시장의 경우 경쟁 이외에도 수많은 요소가 전략에 영향을 미치는데, PEST 분석이나 포터의 산업구조분석five forces model을 통해 전략적 계획에 영향을 주는 다른 요소들에 대한 균형 잡힌 이해를 할 수 있다.

모델의 적용

민츠버그는 **혼다**Honda가 미국 오토바이 시장에 진출했을 당시의 사례를 소개하였다. 혼다의 계획, 즉 '포지션으로서의 전략'은 저가의 대형 오토바이 공급자로서 시장에 진출하는 것이었다. 미국 시장은 주로 250cc 이상의 유럽산 오토바이와 미국 오토바이로 구성되어 있었다. 혼다는 전국적으로 판매 대리점을 구축하였고 1965년에는 미국 시장의 3분의 2를 점유하기에 이르렀다.

하지만 미국 내 혼다의 성공을 가능케 했던 전략은 본래 의도했던 방향과는 달랐다. 혼다의 대형 오토바이는 미국의 거친 도로 환경에 맞게 만들어지지 않았기에 결함이 발생했다. 한편, 50cc 이하의 소형 오토바이는 혼다 직원들이 잔심부름을 할 때나 쓰였던 것으로 크게 판매 노력을 기울이지 않았다. 하지만 대형 오토바이의 결함 때문에 선택의 여지없이 소형 오토바이를 판매해야하는 상황에 이르게 되었다. 놀랍게도 과거 오토바이를 보유해 본 경험이 없는 소비자들 사이에서 혼다의 소형 오토바이가 상당한 인기를 끌었다. 여기서, '혼다를 타면 좋은 사람들을 만납니다You meet the nicest people on Honda'와 같은 광고 문구도 탄생하게 된다.

50cc 소형 오토바이는 혼다의 새로운 전략의 초석으로 자리 잡는데, 이는 패턴에 기반한 우연히 생겨난 전략에 해당한다. 미국 시장 진출 초기 다양한 공략법을 시도함으로써 혼다는 효과적인 방법을 발견했고, 이것이 패턴으로 발전해 후에는 하나의 관점을 형성하게 되었다.

민츠버그는 패턴이나 포지션은 전략을 바꿀 수 있지만, 일단 관점이 형성되고 나면 이는 변경할 수 없다고 주장하였다. 바로 이 점이 사우스웨스트 항공이 강력한 경쟁력을 구축한 지점이기도 하다.

생각해볼 점

- 성공적으로 성장하고자 하는 기업에게 있어 전략은 매우 중요하다. 하지만 전략은 유연해야 하고 중도에 변경이 될 수도 있다. 기업의 전략은 기업의 강점 및 목표시장의 니즈와 부합되어야 한다.
- 전략에 유연성이 필요한 것은 사실이지만 지나치게 자주 변경되어서는 안 된다. 전략이 결실을 맺을 수 있도록 충분한 기간을 두어야 한다.

MOSAIC

현재와 잠재적 기회 및
달성 방안에 대한
목표 설정하기

B2B International은 시장조사 연구로부터 행동을 이끌어내기 위한 도구로써 MOSAIC 프레임워크를 1996년에 개발하였다. 거의 같은 시기에 마케팅 컨설턴트였던 폴 스미스 Paul Smith는 SOSTAC®(정식 명칭은 PR Smith의 SOSTAC® 계획)이라는 계획 수립 도구를 개발하였다. 이는 MOSAIC와 마찬가지로 유용한 비즈니스 계획 수립 도구로써 폴 스미스의 저서에 기술되어 있다. SOSTAC®은 다음 단어들의 머리글자이다.

- **상황**Situation   우리의 현재 위치는 어디인가?
- **목표**Objectives   어디로 나아가고자 하는가?
- **전략**Strategy   어떻게 목표 지점에 도달할 수 있는가?
- **전술**Tactics   구체적으로 어떻게 해야 목표 지점에 도달할 수 있는가?
- **행동**Action   어떤 계획을 가지고 있는가?
- **통제**Control   목표 지점에 도달하였는가?

폴 스미스는 또한 그의 저서에서 어떻게 SOSTAC®을 마케팅 계획에 사용하는지 설명하였다.

모델의 구조 및 분석 방법

문제와 기회를 다루는 가장 오래되고 단순한 프레임워크는 다음의 세 가지 질문에 대한 답을 찾는 것이다.

- 우리의 현재 위치는 어디인가?
- 우리는 어디로 가고 있는가?
- 그곳에 어떻게 도달할 수 있는가?

MOSAIC 모델은 이 세 질문의 연장선으로, 거시 및 미시 문제를 다루는 프레임워크이다. MOSAIC는 지도 작성Mapping, 목표Objectives, 전략Strategy, 행동Action, 실행Implementaion, 통제Control의 머리글자이다.

M	시장에 대한 평가, 미래 트렌드 판단, 시장 내 경쟁사와 자사의 위치 파악
O	S.M.A.R.T[1]로 목표를 정의
S	목표를 달성하기 위한 장기적이고 고차원의 수단
A	전략을 달성하고 경쟁압박에 대응하기위한 구체적인 방법
I	누가, 언제, 어떤 자원으로 무엇을 할 것인지
C	목표를 달성하도록 하기 위해 시행할 조치들

B2B International(1998)

지도 작성 Mapping 모든 여정에 있어 지도는 필수적이다. 현재 어디에 위치해 있는지, 어딜 갈 수 있는지, 어떤 경로로 목표 지점에 도달할 수 있는지를 보여준다. 미지의 산악지대를 상세한 지도 없이 탐험하고자 나서는 사람은 없을 것이다. 마찬가지로 비즈니스 환경에서도 지도는 중요한 역할을 수행한다.

공간을 나타내는 지도가 도로, 마을, 지역의 물리적 지형을 나타내는 것과 마찬가지로 비즈니스 지도는 경제적인 것들, 즉 경쟁자, 시장 규모, 성장 추세, 고객에 대한 분석, 고객 니즈, 유통 채널, 가격 결정 구조 등에 대한 정보를 담고 있다. 지도가 얼마나 자세해야 하는지는 다루는 주제에 따라 달라진다. 복잡하고 중요한 프로젝트일수록 구체적이고 정확한 지도를 작성해야 한다.

---

[1] S.M.A.R.T: 구체적(Specific), 측정 가능한(Measurable), 달성 가능한(Achievable), 현실적인(Realistic), 시기적절한(Timely)

시장에 대한 지도를 그리는 데에는 시간이 소요된다. 또한 지도 작성에는 끝이 존재하지 않는다. 지도 작성 단계에서는 '하나만 더'를 갈구하며 정보 수집에 집착한 나머지 앞으로 나아가지 못하는 교착상태에 빠지지 않도록 하는 것이 중요하다.

대부분 지도 작성 단계를 통해 생각을 명료화할 수 있게 된다. 이는 전체 맥락 속에서 문제와 기회를 파악하는 단계이며, 그 과정에서 어떤 방향으로 나아가야 할지를 찾을 수 있다.

목표Objectives   목표는 나아갈 길에 대한 선언이다. SMART라는 머리글자를 이용해 목표를 정의할 수 있다.

    S: 목표는 구체적이고 specific 중요하며 significant 포괄적 stretching 이어야 한다.
    M: 목표는 측정 가능하고 measurable 유의미하며 meaningful 동기를 유발 motivational 할 수 있어야 한다.
    A: 목표는 달성 가능하고 achievable 동료들 간 합의한 agreed 내용이어야 한다.
    R: 목표는 현실적이고 realistic 합리적이며 reasonable 적절해야 relevant 한다.
    T: 목표는 시간을 기준으로 하고 time based 추적 가능해야 trackable 한다.

전략Strategy   전략은 목표를 성취하기 위한 청사진이다. 구체적 전술은 매일 바뀔 수 있기 때문에 전략은 그보다는 행동 계획을 알려준다. 좋은 전략은 경쟁 우위에 기반한 전략을 말한다. 핵심 경쟁력에 근거하여 강점을 활용할 수 있는 전략을 수립해야 한다. 또한 매우 명확한 목표를 설정해야 하며 특정 청중에 집중해야 한다.

계획 실행에 필요한 그날그날의 결정과 전술을 만들어내는 데에는 다양한 주체가 관여하게 된다. 따라서 확실하고 명백한 전략을 통해 여정에 대한 명확한 방향성을 설정해주는 것이 중요하다.

전략에는 적당한 유연성이 필요하다. 우리는 종종 플랜A, 플랜B에 대해 이야기하곤 한다. 만약 플랜B가 마련되어 있지 않아 전략상 유연성을 발휘할 수 없다면, 프로젝트가 문제에 직면했을 때 실패할 가능성이 높다.

행동Action　　　전략은 행동 계획으로 전환되어야 한다. 바로 이 단계에서 전술, 사람, 자원, 시기가 필요해진다. 목표를 성취하기 위해 여러 단계를 포함한 행동 계획을 수립하고, 각 단계마다 책임자를 선정하고 중간 목표 달성을 위한 기한을 설정해야 한다.

'아무리 철저하게 준비해도 계획은 빗나가게 마련이다the best-laid plans of mice and men often go awry'라는 속담이 있다. 그렇기 때문에 어떤 문제가 올지, 이를 어떻게 극복할 수 있을지 생각해볼 필요가 있다.

실행Implementation　　　실행은 계획을 실천에 옮기는 과정을 의미한다. 문서상의 계획을 실행하는 것이 예상보다 어렵다는 점이 증명되는 단계로, MOSAIC 중 가장 어려운 부분이라고 할 수 있다. 실행은 행동을 요하는데, 행동에 대한 책임자는 예상보다 더 많은 시간과 노력이 들어간다는 점을 깨닫게 된다. 행동 계획을 낙관적으로 수립하다 보면 종종 실행 단계에서 시간이 더 많이 소요되고 예산보다 더 많은 비용을 지출하게 된다.

실행의 어려움을 인지하는 것이 가장 중요하다. 계획의 각 부분을 책임지는 사람들에게는 지속적인 모니터링과 동기부여가 필요할 것이다. 성취하기 쉬운 여러 개의 작은 단계들을 거쳐 중간 지점에 도달할 수 있도록 하는 것이 좋다. 목표를 향해 순식간에 뛰어들어 바로 달성하기란 거의 불가능하다. 실행 단계에서는 단순하고 명확하게 일을 진행하는 것이 중요하다.

통제Controls　　　실행 단계는 계획과는 전혀 다르게 흘러갈 가능성이 높다. 계획에는 반드시 따라야 하는 중요한 경로가 있는데, 만약 문제에 직면했다면 그 경로에 맞춰 문제가 해결될 수 있다. 통제는 이러한 문제들을 파악하고 교정 작업을 하는 데 필요하다. 계획의 시작 단계에서부터 통제 조치를 고려하고 포함해 두어야 한다. 보통 중간 목표를 달성하였는지 확인하기 위해 측정하는 형태로 통제를 하게 된다.

모델의 발전 과정

MOSAIC와 SOSTAC® 모델은 계획 수립 프레임워크로, 다른 도구들과 함께 사용할 수 있다. 지도 작성 단계에서는 시장을 형성하는 요소 및 기업의 강점, 약점, 기회, 위협을 파악하는 데 PEST와 SWOT 분석이 유용하게 사용된다.

초기 단계에서 인과관계를 이해하는 것이 도움이 될 수 있는데, 다양한 도구를 활용해 이러한 상호관계를 파악할 수 있다. 복잡한 상황 속 다양한 측면의 연결 고리를 분석함으로써 내재된 동인을 파악하는 것이 그 목적이다.

계획 수립이 어떤 단계에 이르면 행동의 우선순위를 정하게 된다. 이를 위해서 실행의 난이도와 행동이 미치는 영향력을 두 축으로 각 행동의 위치를 그려보는 것도 도움이 된다(그림 28.1).

그림 28.1 우선순위 매트릭스

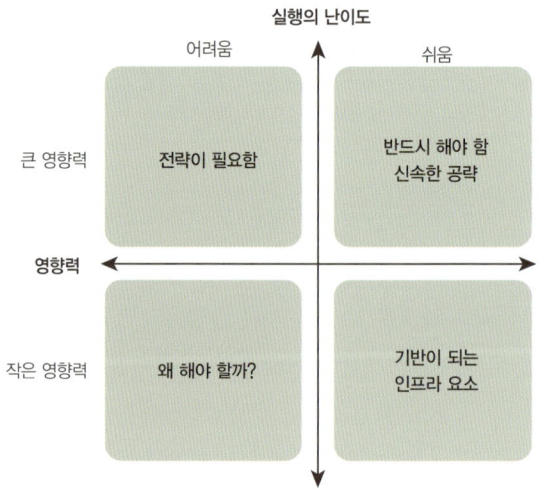

모델의 적용

플렉시다이Flexydie(익명성 보장을 위해 지어진 가칭의 회사)는 프린터 부품인 스프링 다이flexible die 제조 회사이다. 스프링 다이는 실린더를 감싸는 얇은 금속판으로 종이나 카드를 접거나 구멍을 내는 데 사용되는 프린터 부품이다. 복잡성에 따라 60~600유로 사이에서 가격이 책정되는데, 대부분 60유로 부근에서 가격이 형성된다.

고객(인쇄업자)은 이메일을 통해 디자인을 전송하고 다음 날 완성 제품을 배송해줄 것을 요청한다. 플렉시다이는 소규모 지역 업체였지만 유럽 시장 내 사업을 성장시키고자 하였고 MOSAIC 모델을 활용하여 사업 계획을 수립하였다.

지도 작성 Mapping 유럽의 주요 시장 내에 스프링 다이 잠재 고객의 수는 약 5,000군데인 것으로 추정하였다. 주요 경쟁자로는 소수의 대형 독일 제조업체 및 다수의 지역 업체들이 있는 것으로 파악하였다. 시장은 그다지 성장하고 있지 않기 때문에 플렉시다이가 성장할 수 있는 유일한 방법은 시장점유율을 빼앗아 오는 것이다.

목표Objectives 플렉시다이의 유럽 시장 내 시장점유율은 5퍼센트인 것으로 파악되었으며, 5년 내 시장점유율 10퍼센트 달성을 목표로 설정하였다.

전략Strategy 훌륭한 고객 서비스를 기반으로 주문에서 배송까지 총소요시간을 아주 짧게 줄임으로써 목표를 달성하고자 하였다.

행동Action 주문을 처리할 고객 서비스 직원 모집과 교육을 포함한 행동 계획을 수립하였다.

실행Implementation 실행 단계는 계획대로 흘러가지 않았다. 마케팅에 상당한 노력을 기울였음에도 불구하고 인쇄업자들은 기존 다이 공급업체에 대해 높은 충성도를 보이고 있었다. 기존 업체에 실망하지 않는 이상 업체 변경을 주저하는 것으로 나타난 것이다. 가격 역시 이미 낮게 형성되어 사업을 끌어오기 위해 이윤 폭을 더 줄일 여지는 없는 상태였다.

통제Controls   판매 노력에 대한 실망스러운 결과를 마주한 상태였기 때문에 원 계획에서 물러나기 쉬운 상황이었다. 하지만 해당 업체는 재정비를 단행하였다. 주문에서 배송까지의 총 소요시간을 줄이고 들러붙지 않는 다이 코팅 같은 혁신 기술 제품을 상품화했다. 원래 계획에 의하면 매출은 우상향 직선 모습을 띨 것으로 예상되었으나, 실제로는 하키 스틱 모양의 형태를 보이는 것으로 나타났다. 첫 두 해까지의 매출은 상대적으로 작은 움직임을 보였으나 그 이후 빠른 속도로 증가하였다. 플렉시다이는 4년 만에 목표를 달성하였다.

> **생각해볼 점**
>
> - MOSAIC 모형은 광범위한 마케팅 및 프로모션 계획에서 행동을 이끌어내기 위한 도구로 사용될 수 있다.
> - 시장에 대한 지도를 작성하는 데는 시간이 소요되지만 계획 수립에 있어 매우 중요하다. 일단 시장에 대한 지도가 작성되고 나면 그 이후의 목표, 전략, 실행 계획은 빠른 속도로 수립할 수 있게 된다.
> - MOSAIC 프로세스에서 가장 난이도가 높은 부분은 실행 단계이다. 필연적으로 반발에 부딪힐 것이며 이는 통제 체제를 통해 다루어져야 한다.

순추천고객지수
Net Promoter Score®

고객 만족도를
높이기 위한 수단

다년간 기업들은 1~10, 1~5, 1~7 등의 점수 척도를 이용하여 자사의 제품과 서비스에 대한 고객 만족도를 측정해왔다. 이와 같은 설문 조사는 제품, 배송, 판매 서비스 및 가격 등, 고객 만족의 다양한 측면을 반영한 여러 가지 질문을 포함하고 있으며, 이러한 만족도 관련 설문조사와 질문지는 여전히 널리 사용되고 있다.

모델의 창시자인 베인 앤 컴퍼니Bain & Company의 프레드 라이켈트Fred Reichheld에 따르면, 순추천고객지수가 유명세를 얻게 된 이유는 이것이 '성장시켜야 할 단 하나의 숫자One Number You Need To Grow'이기 때문이다. 이는 2003년 라이켈트가 『Harvard Business Review』에 게재한 논문의 제목이기도 하다. 과다한 고객 만족도 질문이 혼란스럽고 지나치게 구체적이라고 생각하는 기업의 고위 경영진에게 '한 개의 질문' 개념은 매력적일 것이다.

하지만 라이켈트가 '추천 의향' 질문 하나에만 그친 것은 아니라는 점을 짚고 넘어갈 필요가 있다. 그는 '왜 그렇게 응답하셨습니까?'라는 보완적 질문이 이어져야 한다고 정확히 짚어냈다. 이와 같은 주관식 질문에 대한 응답을 통해 얻은 통찰은 고객 충성도를 높이기 위해 어떤 행동을 취해야 할지를 파악할 수 있도록 한다.

모델의 구조 및 분석 방법

순추천고객지수Net Promoter Score®(이하 NPS)는 고객 만족도 및 충성도를 측정하는 척도로, 고객이 기업을 추천할 가능성을 판단하는 데 이용된다. 다음의 질문에 대한 답변에 기초하여 점수를 매긴다.

> X 브랜드를 동료에게 추천할 의향을 0~10점 척도를 사용해 평가한다면 몇 점을 주겠습니까?
> (0점 전혀 없음, 10점 매우 추천)

모델에 따르면 **추천 의향**과 **충성도**는 비례한다. NPS는 9-10점을 준 응답자(추천고객)의 비율에서 6점 이하를 준 응답자(비추천고객)의 비율을 빼 산출한다. 7 또는 8점을 준 응답자(중립고객)는 계산에서 제외한다(그림 29.1).

그림 29.1 NPS 산출

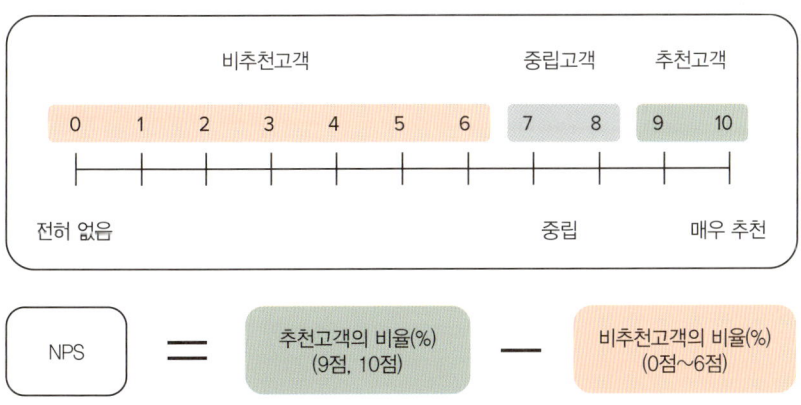

해당 기업과 브랜드를 알고 제품을 사용해 본 고객은 이 질문에 대해 6점에서 10점 사이의 점수를 부여한다. 사실상 대다수의 고객은 7점이나 8점을 선택하는데, 이는 척도의 실질적인 폭이 보기보다 좁다는 의미다. 그렇기 때문에 NPS는 양 극단의 점수, 즉 9점 이상 또는 6점 이하의 점수만을 이용하여 산출된다. 이들이 바로 브랜드나 기업에 대해 적극적인 관심을 가지고 긍정적 또는 부정적인 의견을 표출하는 고객이다.

높은 NPS는 충성도 및 미래의 성장과 긴밀한 상관관계를 가지고 있다. 따라서 고객 충성도 추세를 파악하기 위해서는 NPS를 볼 필요가 있다. 추천고객은 기업에 대한 지지자들로 회사 최고의 영업사원이 될 수 있다.

B2B 시장에서 NPS는 평균 20에서 30 사이이다. 표 29.1에 나타난 점수를 합리적인 기준으로 삼을 수 있다.

표 29.1 NPS 점수

NPS 점수	각 범위에 해당하는 일반적인 회사 종류
20점 미만	공기업, 독점회사, 화학회사, 원자재공급업체, 대다수 서양 항공사
20점~30점	제조회사, 대기업
30점 초과	서비스회사 또는 서비스 비중이 큰 회사, 첨단기술회사, 전문 서비스회사, 중소기업, 좋은 평가를 받는 무역회사 및 유통회사

대부분의 기업에 있어 NPS를 개선하는 최고의 방법은 7, 8점을 준 고객의 '추천 의향' 점수를 높일 수 있도록 노력하는 것이다. 6점 이하의 점수를 준 고객의 비율이 20퍼센트가 넘는 기업이나 브랜드라면 상품 제안 또는 목표 집단 설정에 문제가 있다고 볼 수 있다.

50점 이상의 높은 NPS 점수를 기록하는 기업이나 브랜드는 훌륭한 제품을 보유한 회사들이다. 이와 같은 기업들은 다음의 중 한 개 이상의 측면에서 뛰어날 가능성이 높다.

- 고객과의 약속을 지키는 강한 브랜드
- 적절한 권한이 부여된 친절한 직원의 잦은 소통을 통해 구축된 고객과의 긴밀한 관계
- 요청에 대한 빠른 응대
- 사업하기 편한 파트너

모델의 발전 과정

NPS의 매력은 단순함에서 비롯된다. 순추천고객지수라는 모델의 명칭에서 볼 수 있듯 NPS는 해당 브랜드 또는 기업에 대해 긍정적 태도를 가지고 있는 고객의 순 숫자를 측정하는 기준이다. NPS는 많은 대형 소비자 브랜드의 고객 충성도 프로그램에 포함되어 있으며, 현재 근무하고 있는 회사에 대한 직원 충성도 구축을 목적으로 하는 직원 연구에도 종종 이용되고 있다.

NPS가 대기업 사이에서 누린 높은 유명세에도 불구하고, 헤이스Hayes는 그의 연구에서 '추천 의향'에 대한 질문이 'X 브랜드에 얼마나 만족하십니까?'나 'X 브랜드에 대한 재구매 의향은 어느 정도입니까?'와 같은 여타 고객 충성도에 대한 질문과 성장 예측이라는 측면에서 별 다른 점이 없다고 주장하였다.

NPS의 약점이 보이는 것은 응답자 수가 적을 때이다. 대부분의 B2B 시장의 경우 NPS 설문에 참여할 수 있는 고객사의 수는 100개 정도에 그칠 것이다. 또한 만약 대부분의 응답자가 7, 8점을 선택한다면 매우 적은 숫자의 추천고객과 비추천고객 숫자를 가지고 NPS를 산출할 수밖에 없을 것이다. 결국 시간을 두고 점수를 산출하다 보면 수치의 변동성이 높게 나타나게 된다. 추천고객에서 비추천고객으로 또는 그 반대 방향으로 한 두 명만 옮겨가게 되어도 NPS 점수가 급격하게 변하기 때문이다. 즉, 표본 크기가 작은 경우 지수의 신뢰도는 낮아진다.

단 하나의 질문만으로는 **고객 충성도**와 **만족도**를 추적할 수 없다고 보는 것이 타당하다. NPS가 시간에 따른 변화를 추적하기에 유용한 도구이긴 하지만 고객 충성도를 심도 있게 이해하고 높은 점수와 낮은 점수의 원인을 파악하기 위해서는 추가적인 질문을 던질 필요가 있다. '이 회사의 제품에 대한 재구매 의향이 어느 정도 있으십니까?'라는 질문은 고객 충성도를 측정할 수 있는 좋은 기준이 될 수 있다. 마찬가지로 '이 기업과 사업을 하는 데 어느 정도의 노력이 들어간다고 생각하십니까?'와 같은 기업 노력 지수company effort score 역시 많은 기업의 단골 질문이다. 함께 사업하기 좋은 환경은 만족도와 충성도를 높이는 주요 동인이기 때문이다.

고객 충성도는 제품, 서비스, 가격 및 채널과의 복잡한 관계에서 비롯되기 때문에 단 한 개의 질문만으로 이를 완벽하게 이해하는 것은 불가능하다.

모델의 적용

몰슨 쿠어스 Molson Coors는 맥주를 양조하는 회사이다. 다양한 펍, 클럽, 바, 레스토랑에 청량음료와 알콜음료를 판매 및 유통하는 유통 부서도 보유하고 있다.

2011년 영국의 몰슨 쿠어스는 자사 유통부를 고객의 최우선 선택으로 만드는 것을 목표로 하는 전략적 비전을 수립했다. 이를 위해 현재 어떤 종류의 서비스를 이용하고 있으며 어떤 개선 노력이 필요한지에 대한 고객 인터뷰를 실시하였다. 가장 최근의 고객과의 거래를 바탕으로 몰슨 쿠어스를 추천할 의향이 얼마나 되는지를 묻는 간단한 프로그램이 고안되었다. 그리고 매년 수천 건의 전화 인터뷰를 실시해 피드백을 수집했다.

고객 인터뷰를 통해 얻은 주요 결과는 관리자에게 이메일로 전송되어 문제 발견 시 해결할 수 있도록 하였다. 비즈니스 관리자들을 대상으로는 음성 녹음 파일을 재생해줌으로써 고객의 목소리를 직접 들을 수 있도록 하였다. 또한 분기별 전략적 검토를 통해 진척 사항을 추적하였다.

이를 통해 몰슨 쿠어스의 NPS는 프로그램 시작 당시 시장 평균에 그쳤던 +25에서 현재 +60으로 시장 선도 기업의 수준으로 향상되었다. 이러한 성과는 영업팀account manager 및 신용관리팀credit control service과의 더 나은 상호작용을 통해 달성할 수 있었다.

조직 내 소비자 경험의 중요성에 대한 인식은 고객의 충성도 점수가 지역 담당자의 보너스에 반영될 때 더 명확해졌다. 이는 변화와 고객 경험의 차별화를 만들어내는 위치에 있는 직원들이 더 적극적으로 참여하도록 만들었다.

고객 경험 프로그램은 많은 이점이 있었다. 고객 충성도가 향상됨에 따라 고객 이탈률이 감소하였으며, 고객은 더 많은 종류의 몰슨 쿠어스 제품을 구매하기 시작했고 이로 인해 전반적인 재무성과가 향상되었다.

프로그램의 가장 중요했던 부분은 NPS를 사용함으로 인해 몰슨 쿠어스가 더욱 고객 중심적 조직으로 거듭날 수 있었다는 점이었다. 프로그램 진행 결과 '프로모터 클럽$_{Promoter}$ $_{Club}$'으로 불리는 온라인 커뮤니티와 같은 고객참여 방식을 더욱 쉽게 도입할 수 있었다. 몰슨 쿠어스의 프로모터 클럽은 고객들이 회사의 서비스 중에서 개선해야 할 점을 토론하는 온라인 웹사이트이다. 여기서 제안된 개선 아이디어 중 하나는 온라인 웹사이트에 관한 것이었는데, 이것이 반영됨에 따라 현재 고객사들은 채권담당자의 전화를 기다리는 대신 온라인에서 바로 결제를 할 수 있게 되었다.

> **생각해볼 점**
>
> - 고객 충성도 구축은 많은 이가 큰 관심을 두는 분야이다. 일단 비용을 들여 신규 고객을 유치하고 나면 이들을 최대한 오랫동안 유지해야 하는 것은 당연한 이치이다. NPS는 고객 충성도와 매우 긴밀한 상관관계를 맺고 있는 간단한 측정지표이다.
> - NPS가 유용성을 발휘하기 위해서는 최소 50에서 이상적으로는 100개의 응답이 있어야 한다. 이는 만약 많은 응답자가 7 또는 8점을 선택하여 NPS 점수를 산출할 수 있는 실질적인 표본 크기가 작아지면 조그만 변화에도 NPS가 급격하게 변동될 수 있기 때문이다.
> - 전반적인 만족도, 기업의 상품 제안 중 다른 부분에 대한 만족도, 재구매 의향 등 충성도에 영향을 미치는 다른 요인들과 관련한 질문을 고려해 보는 것도 의미가 있다. 이 모든 질문에 대해 '왜 그런 응답을 하셨습니까?'라는 보완 질문을 해보는 것은 언제나 도움이 된다.

신제품 가격 결정
New product pricing

신제품 가격 결정하기

1960년대, 영국 노팅엄 대학교 경제학교 교수 클라이브 그레인저Clive Granger와 앙드레 가버André Gabor는 신제품 및 서비스에 대한 가격 결정 도구를 개발하였다. 네덜란드 경제학자인 피터 반 베스텐도르프Peter van Westendorp는 1976년에 가격 민감도 측정법을 개발하였다.

모델의 구조 및 분석 방법

심사숙고를 거친 가격 결정 전략은 판매량과 수익을 최적화하는 데 결정적 역할을 한다. 그러나 가격결정협회 Professional Pricing Society (가격 결정 전략을 전문적으로 연구하는 세계 최대 조직)가 발표한 데이터에 따르면, 포춘 500대 기업 중 가격 결정 전담부서가 있는 기업은 놀랍게도 5퍼센트도 되지 않는다. 기업들은 '매출 대비 최대 이윤을 낼 수 있는 최적의 가격을 결정하였는가?'라고 스스로 질문해 볼 필요가 있다.

컨설팅 회사 맥킨지 McKinsey 는 소기업부터 대기업까지 포괄하는 S&P 1500에 해당하는 기업의 제품 가격이 평균 1퍼센트 상승할 때, 영업이익은 8퍼센트 증가한다는 연구를 진행한 바 있다. 이는 판매량이 일정하게 유지된다는 가정을 전제로 한다. 단 1퍼센트의 가격 인상은 판매량에 큰 영향을 주지 않기 때문에 추가 이익은 당기순이익 증대에 직접적으로 기여하게 된다. 가격의 지렛대 역할은 상당하다. 간접비용은 이미 반영된 상태이므로 40~60퍼센트 수준인 추가적인 매출 총이익은 모두 순이익 증대에 기여하게 된다. 물론 바로 이 시점에서 '가격을 5퍼센트, 또는 10퍼센트까지 인상하면 어떨까?'라는 생각을 할 수도 있다.

신제품을 출시하고 적절한 가격을 책정하여 홍보하는 것은 매우 중요하다. 지나치게 높은 가격은 매출에 타격을 줄 것이고, 지나치게 낮은 가격은 이윤을 위태롭게 할 것이다. 대부분의 기업은 이미 시장에 존재하는 경쟁 제품을 기준으로 자사 신제품의 위치를 판단해 가격을 결정한다. 가격을 결정하는 논의 과정에서는 영업팀이 큰 영향력을 발휘하는데, 이들은 매출증대라는 자신의 목표를 좀 더 쉽게 성취하기 위해 상대적으로 낮게 가격을 설정하려는 경향이 있다. 그래서 최적의 가격 설정을 위해 독립성과 신뢰성이 증명된 가격 결정 도구를 이용하는 것이 좋다.

신제품에 가격이 어떤 영향을 미치는가에 대해 정확하고 현실적인 이해를 돕는 가장 확실한 방법은 **테스트 마켓** test market 을 운영해 보는 것이다. 즉, 고객이 실제적인 수요 압력과 함께 가격 변동에 노출되는 상황을 만들어 본다. 하지만 여전히 테스트 마켓에 대한 출시 가격을 결정해야 하며, 테스트 마켓은 비용이 높고 조직하기가 어렵다는 한계가 있다. 이런 이유로 우리는 구매 상황에 대한 모의실험을 진행하기 위해 가격 결정 모델을 사용한다.

가버-그레인저 Gabor-Granger   1960년대 앙드레 가버와 클라이브 그레인저라는 두 명의 경제학자에 의해 개발된 **가버-그레인저 가격 결정 도구**는 신제품에 대한 가격 인식price perception을 설정하는 데 종종 사용된다. 목표 고객들은 새로운 제품에 대한 설명을 듣거나 보고난 후 여러 다른 가격대에 따라 구입할 의사가 있는지 질문 받는다. 이론적으로는 고객에게 가격을 무작위적으로 제안해야 하지만, 실제로는 높은 수준에서부터 시작하여 가격을 낮춰 간다. 이를 통해 각 가격 지점에서의 수요 수준을 계산할 수 있다

그림 30.1 시장 연구를 통한 판매량 곡선

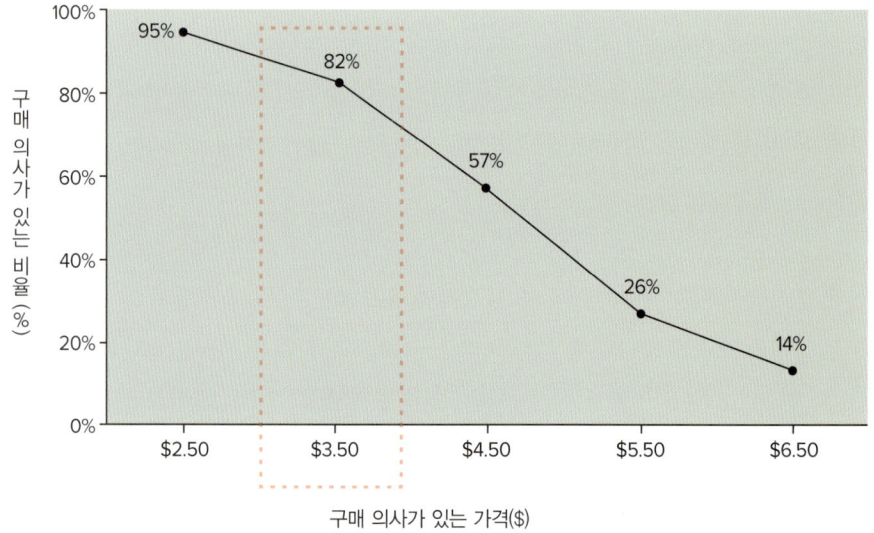

Gabor and Granger(1965)

추정 수요를 이용하여 가격 탄력성(또는 예상 수익)을 계산하고 이에 기초하여 최적의 가격을 설정한다. 그림 30.1의 수요 곡선을 보면, 3.50달러 부근에서 가격을 책정했을 때 목표 고객의 약 80퍼센트를 점유할 수 있음을 알 수 있다. 물론 해당 가격 수준에서 적정 이윤을 확보할 수 있는지 역시 검토해야 할 것이다.

반 베스텐도르프 van Westendorp

피터 반 베스텐도르프는 가버-그레인저 기법을 한 단계 더 정교하게 변형시킨 도구를 개발하였다. 응답자에게 제품 또는 서비스의 기능과 편익을 보여주거나 설명한 후 아래의 네 개 질문에 기초한 **가격 민감도 측정법** price sensitivity measurement, PSM 을 이용해 가격옵션을 결정한다.

- 제품/서비스가 저렴하다고 생각되는 가격 수준은 얼마입니까?
- 제품/서비스가 비싸다고 생각되는 가격 수준은 얼마입니까?
- 제품/서비스가 너무 저렴해 품질이 우려될 정도의 가격 수준은 얼마입니까?
- 제품/서비스가 너무 비싸서 구매할 수 없을 정도의 가격 수준은 얼마입니까?

반 베스텐도르프 도구 역시 가버-그레인저 도구와 마찬가지로 새로운 제품이나 서비스의 가격 결정 및 기존 제품에 대한 가격 테스트 price-testing 에 종종 사용된다. 데이터 분석 결과를 통해 다음과 같은 네 개의 수요 곡선을 도출해 낼 수 있다. 각각의 곡선이 교차하는 지점은 가격 결정의 옵션을 가리킨다.

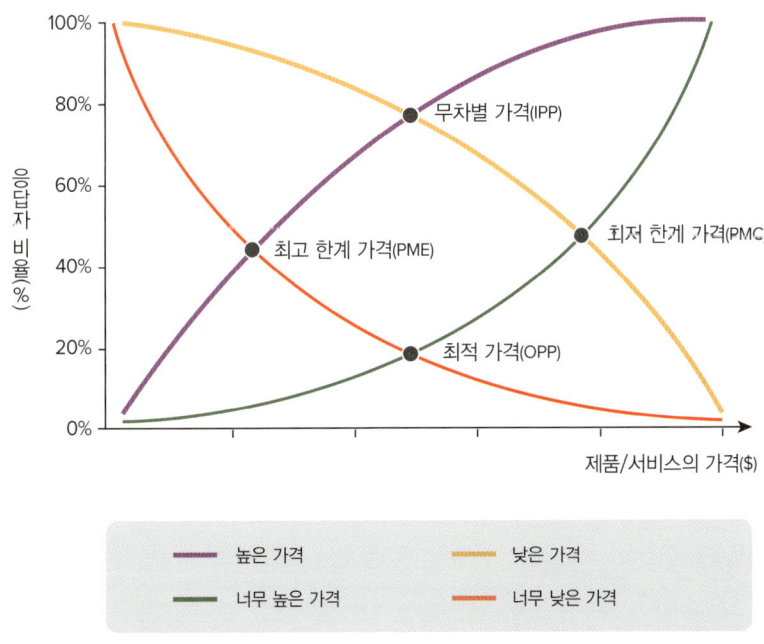

무차별 가격 지점 The indifference price point, IPP은 가격이 낮다고 생각하는 응답자와 가격이 높다고 생각하는 응답자의 숫자가 일치하는 지점이다 반 베스텐도르프에 의하면 이 지점은 일반적으로 실제 고객이 지불하는 중간 가격median price 또는 주요한 시장 선도기업 제품의 가격을 나타낸다. IPP는 시장 내 가격 수준에 대한 고객의 경험에 기초하기 때문에 시장 상황에 따라 변동될 수 있다.

최적 가격 지점 The optimum price point, OPP은 제품의 가격이 지나치게 낮다고 생각하는 응답자와 지나치게 높다고 생각하는 응답자의 숫자가 일치하는 지점이다. 일반적으로 이 지점이 권장 가격에 해당한다.

최저 한계 가격point of marginal cheapness, PMC과 **최고 한계 가격**point of marginal expensiveness, PME 사이의 가격은 제품에 대해 실제 책정 가능한 가격 범위를 의미한다. 반 베스텐도르프에 의하면 시장이 자리를 잡은 상황에서 이 범위를 벗어나 책정된 경쟁 제품은 거의 존재하지 않는다.

모델의 발전 과정

가버-그레인저와 **반 베스텐도르프**의 가격 결정 도구가 만들어진 지 40년에서 50년 이상이 흘렀음에도 불구하고 두 모델은 자주 이용되지는 않았다. 그 이유는 다음과 같다.

- 시장을 조사하는 담당자들은 보다 과학적으로 접근할 수 있도록 하는 컨조인트 분석(10장 참고)을 더 선호하였다. 컨조인트 모델은 지나치게 저가인지 고가인지에 대한 사람들의 인식을 묻는 구체적인 질문 없이도 제품의 다양한 기능이 가진 효용 가치 및 최적 가격을 계산한다.

- 직관적으로 생각했을 때 제품이 너무 저렴한지 질문하거나, '네, 구매하겠습니다'라는 응답이 나올 때까지 가격을 낮춰가는 질문을 하는 것에 대한 우려가 있을 수 있다. 응답자 입장에서는 어렵지 않게 항공권 가격을 25달러라는 매우 낮은 수준까지 내리도록 할 수 있다.

- 가버-그레인저 및 반 베스텐도르프 도구를 이용해 얻어낸 결과에 대한 해석이 항상 명확한 것은 아니다. 반 베스텐도르프는 수요 곡선이 교차하는 여러 개의 지점을 옵션으로 제시한다. 그렇다면 이 중 어떤 지점을 선택해야 할까? 가격이 계속 떨어진다는 것을 응답자들이 느끼면 그들은 결국 최저 가격을 선택하게 되고, 그러면 기업은 가버-그레인저 모델이 걱정스러울 수밖에 없다.

이러한 우려로 인해 두 가격 결정 도구가 자주 이용되지 못했을 수 있다. 하지만 컨조인트 분석과 동시에 사용되었을 때 놀라울 정도로 비슷한 결과가 도출된 것을 확인할 수 있었다. 또한 대부분의 B2B 시장과 같이 표본 크기가 작은 경우에도 가버-그레인저 및 반 베르텐도르프 도구는 상당히 높은 신뢰도를 가진 결과를 도출해낸다. 100명 이하의 작은 표본에서 신뢰도가 낮아졌던 컨조인트 분석 결과와는 대조적이다.

모델의 적용

소음이 심한 작업 공간에서 사용되는 방음 귀마개를 제조하는 업체가 경쟁 제품 대비 자사 신제품을 테스트했다. 직원들이 일상적으로 방음 귀마개를 사용하는 120개의 회사를 테스트 참여 대상으로 모집하였다. 테스트 대상 제품들의 브랜드를 가리고 브랜드 A, B, C로 명명하였으며, 각각의 제품을 한 주씩 실제 작업장에서 사용하게 하였다. 테스트 참가 회사들을 대상으로 가이드라인을 제공하여 제품을 통제된 방식으로 사용하고 결과를 왜곡할 여지가 있는 예외 사항들은 배제할 수 있도록 하였다.

모든 제품의 테스트 사용이 끝난 뒤 각 기업을 대상으로 인터뷰를 진행하였고, 반 베스텐도르프의 네 가지 질문을 포함하여 각 방음 귀마개에 대한 사용자의 의견을 물었다.

- 방음 귀마개가 저렴하다고 느껴지는 가격 수준은 얼마입니까?
- 방음 귀마개가 너무 저렴해 품질이 우려될 정도의 가격 수준은 얼마입니까?
- 방음 귀마개가 비싸다고 생각되지만 여전히 구매를 고려할 만한 가격 수준은 얼마부터입니까?
- 방음 귀마개가 너무 비싸서 구매할 수 없을 정도의 가격 수준은 얼마입니까?

인터뷰 결과를 분석하여 그래프로 작성하였다.

그림 30.2 반 베스텐도르프 도구를 이용한 작업용 방음 귀마개 가격 결정

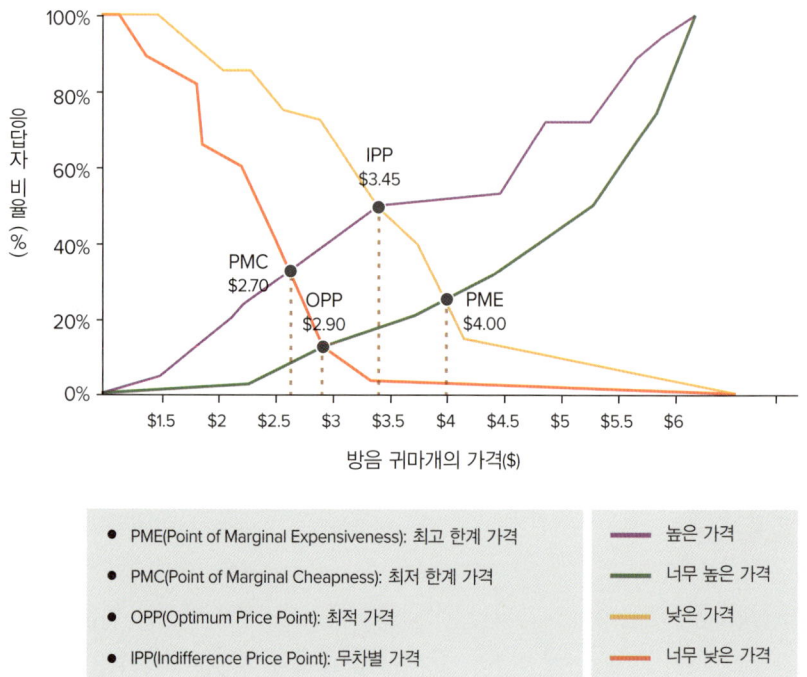

van Westendorp(1976)

사용자로부터 좋은 반응을 이끌어낸 신제품 가격은 반 베스텐도르프의 가격 결정 도구를 통해 세 가지로 도출할 수 있었다. **방음 귀마개** 한 쌍의 최적 가격 지점$_{OPP}$은 2.90달러였으며, 이는 영업팀이 예상한 가격과 맞아떨어졌다.

하지만 테스트에 참여한 대부분의 회사들이 대량 구매 고객이었기 때문에 정가 대비 상당한 수준의 할인을 기대할 것이라는 점을 고려하여 최종적으로는 한 쌍당 4달러에 출시하기로 결정하였다. 2.90달러로 가격을 책정한다면 이후 가격 협상 과정에서 할인해줄 수 있는 여지가 없을 것이라 생각했기 때문이다. 또한 테스트는 브랜드를 가리고 진행하였기 때문에 실제 출시를 할 때는 강력한 브랜드 효과로 구매자가 추가 가치를 부여할 것이라는 사실 역시 고려되었다.

가격 결정 전략은 성공적이었다. 새로운 방음 귀마개의 가격은 4달러로 책정되어 출시되었고, 실제 구입 가격은 3.50달러 수준에서 형성되었다. 방음 귀마개 업체는 제품과 가격 결정 테스트를 통해 이것이 옳은 결정이었음을 재확인할 수 있었다. 자체적인 판단을 통해 출시 가격을 결정할 수도 있었지만, 만약 그랬다면 연구 결과에서 확인했듯이 보다 낮은 가치가 부여되었을 것이고 이윤 창출 기회를 최대로 누리지는 못했을 것이다.

> **생각해볼 점**
>
> - 신제품 가격 결정은 출시의 성공 여부와 판매 수익성을 결정짓는 요인이라는 점에서 매우 중요하다. 시제품을 만들기 전에 먼저 가버-그레인저 도구를 이용하여 콘셉트에 대한 테스트를 진행할 수 있다. 응답자에게 보여줄 수 있는 시제품이 개발된 후에는 반 베스텐도르프 도구를 이용해 최적 가격을 산정한다.
> - 가버-그레인저와 반 베스텐도르프 모델은 모두 신제품에 대한 현실적인 가격 수준을 제시해 주는 것으로 확인되었다. 할인에 대한 기대가 존재하는 시장이라면 이보다 약간 높게 출시 가격을 책정하는 것을 고려해볼 필요가 있다.

페르소나
Personas

마케팅 메시지의 타기팅
효과 높이기

페르소나Personas의 개념은 20세기 초 융 심리학Jungian psychology으로 거슬러 올라간다. 이 개념이 마케팅 담당자들에 의해 받아들여진 것은 상대적으로 최근 들어서이다. 1980년대 미국 소프트웨어 디자이너이자 프로그래머인 앨런쿠퍼Alan Cooper는 첨단기술 제품 개발에 페르소나를 이용한 선구적인 사람이었다.

1990년대에 들어 광고 에이전시들은 '고객의 입장에서 살아본 하루'에 대해 이야기하기 시작했다. 이 과정에서 목표 고객 세그먼트를 대표하는 가상의 인물을 만들어내게 된다. 지금도 여전히 광고 에이전시들이 페르소나 개념을 가장 자주 이용하고 있다.

모델의 구조 및 분석 방법

마케팅에는 큰 비용이 들어간다. 프로모션을 하는 데에도 비용이 많이 들 뿐만 아니라 헛돈을 쓰는 경우도 많다. 특히 목표 고객이 아닌 소비자와 소통 하고 있을 경우, 영업비용 역시 많이 들어간다. 마케팅 그물을 넓게 치는 일은 쉽지만 이는 곧 우리의 시간과 자원 대부분이 낭비된다는 것을 의미하는 것이다. 그러나 우리가 만족시킬 수 있다고 생각되는 니즈를 가진 집단을 가려냄으로써 낭비를 막을 수 있다. 즉, 세분화는 우리가 고객의 니즈를 보다 효과적이고 확실히 충족시킬 수 있도록 해준다.

고객의 관점에서 봤을 때 이상적인 세분화의 단위는 각 개인이지만 이는 비현실적이다. 우리는 더 넓은 집단의 사람들을 대상으로 하되, 그들과의 소통은 각각의 개인에 맞추어진 느낌을 주어야 한다. 목표한 소통을 효과적으로 이루기 위해선 특정 대상을 염두에 두고 있어야 할 것이다. 일대일 소통으로 우리는 대상에 완전히 몰입할 수 있으며, 고객에게 공감할수록 그들이 무엇을 선호하는지 더욱 잘 이해할 수 있다. 이것이 바로 페르소나 구축의 밑바탕에 깔린 핵심 아이디어이다.

페르소나는 특정 인격이다. 다시 말해서 불특정의 누군가가 아닌 특정 인물에 대한 설명이다. 어떤 사람에 대한 이미지, 얼굴 생김새 및 성격을 의미한다. 만약 우리가 고객집단 내 페르소나의 특징을 규정할 수 있다면, 이들을 목표로 삼는 것이 더욱 수월해진다. 광고에서 판매 촉진에 집중하려면 페르소나를 개발하는 것이 중요하다. 특정 페르소나를 염두에 두면 누구에게 말을 하는지, 누구를 위해 제품을 디자인하는지, 누구와 사업 관계를 맺고자 하는 것인지를 파악할 수 있기 때문이다.

페르소나를 구축할 때에는 거의 대부분 제품을 구입하는 사람에게 중점을 둔다. 그러나 고객이 아닌 사람의 페르소나 역시 구축할 수도 있다. 예를 들어 직접적인 고객은 아니지만 이들에게 큰 영향력을 미치는 사람인 인플루언서 influencer의 페르소나를 구축하거나, 반대로 '부정적 negative' 페르소나를 만들어 목표 대상에서 제외할 수도 있다.

제품 구매자 페르소나를 구축하기 위해선 먼저 명확한 목표를 설정해야 한다. 우리가 판매하고자 하는 것은 무엇인가? 이 질문 다음에는 **의사결정 집단**decision-making unit에 대한 논의로 이어진다.

- 제품 구입에 대한 의사결정은 어떻게 내려지는가?
- 어떤 집단의 사람들이 의사결정 과정에 관여하는가?
- 각 집단은 의사결정의 어느 단계에 관여하는가?
- 각 개인은 의사결정을 내릴 때 어떤 요소에 영향을 받는가?
- 각 개인은 의사결정에서 어떤 역할을 담당하는가? 주요 의사결정권자는 누구인가?

의사결정 집단에 관해 논의할 때 우리는 어려운 선택을 내려야 한다. 여러 명의 의사결정권자나 인플루언서 중 단 한 명만을 선택해야 하는 것이다. 만약 주요 의사결정권자가 여러 명 존재한다면 두세 개의 페르소나가 필요하다.

페르소나를 만들 때는 이름과 직함을 부여하는 것이 좋다. 물론 모두 가상이지만 특정 세그먼트에서 우리가 예상할 수 있는 사람을 특징짓는 과정의 일부라고 할 수 있다. 누군가의 사진을 넣는 것도 도움이 된다. 이제 이 인물에 대한 인구학적 특징, 인생의 목표와 도전, 가치, 두려움 등과 같은 세부사항을 추가할 수 있고 이들이 공감할 수 있는 메시지를 만들어낼 수 있게 된다.

표 31.1의 예시를 참고해보자. 사실 이런 목록에 들어갈 수 있는 항목에 제한은 없다. 다만 아침 식사용 시리얼을 구입하는 고객과 산업용 원자재를 구입하는 고객은 매우 다른 속성이 각각 포함될 것이다.

표 31.1 구매자 페르소나 구축에 사용할 수 있는 템플릿

이름:

인구 통계 자료
- 연령
- 성별
- 교육/자격증
- 급여
- 혼인 여부
- 자녀 수
- 급여

우려사항
- 직장 내 애로사항
- 가정 내 애로사항
- 인생의 목표들

미디어
- 구독 신문
- 구독 잡지
- 좋아하는 웹사이트
- 방문한 블로그

직장 내 역할
- 직책
- 직무상 책임

회사
- 규모
- 산업
- 위치

공감 요소
- 자동차 모델
- 즐겨 듣는 음악
- 좋아하는 책
- 휴가지 선택
- 애완동물 여부
- 취미 운동

구매자의 페르소나를 만들 때는 브레인스토밍 기법을 이용하고 최대한 다양한 정보를 이용하는 것이 좋다.

시장 조사 보고서
시장 조사 보고서는 주요 의사결정권자에 대한 배경을 설명해준다. 이를 통해 파악할 수 있는 구매자나 인플루언서 개인에 대한 배경 정보는 제한적일 수 있으나 많은 부분 추론이 가능하다. 포커스 그룹 및 정성적 설문조사를 기초로 의사결정 집단의 구성원에 대한 통찰을 얻을 수도 있다.

영업팀
고객과 마주하는 영업팀은 구매자 및 인플루언서를 대상으로 항상 소통하기 때문에 페르소나에 대한 구체적인 설명을 제공한다.

인터넷 조사
구글에서 특정 업계 사람들의 이미지를 검색해 봄으로써 목표 고객을 특징지을 수 있는 다양한 사진을 찾을 수 있다.

링크드인 LinkedIn
링크드인에서 직책을 검색하면 해당 직책을 가진 인물들의 사진과 프로필을 볼 수 있다. 이를 통해 나이, 교육 수준, 진로에 대한 정보를 얻을 수 있다.

구글 애널리틱스 Google analytics
구글 애널리틱스는 외부 활동에 대한 사람들의 관심을 포함해 웹사이트 방문자의 인구통계학적 특징에 대한 통계 수치를 제공한다.

페르소나를 구축했다면 이제 본론으로 들어가 커뮤니케이션 메시지를 설계할 차례다. 페르소나는 다음과 같은 것들을 보여준다.

- 이목을 끌 수 있는 메시지와 이미지
- 설득력 있고 의미가 있는 메시지
- 같은 언어로 소통한다는 것을 보여주는 단어들
- 당신과 비즈니스를 하고 싶도록 만들어 주는 설득력 있는 주장

모델의 발전 과정

페르소나는 범위가 너무 좁다는 것이 단점으로 지적되기도 한다. 한 사람에게만 초점을 맞추기 때문에 구입 프로세스에 포함될 수도 있는 다른 사람들이 배제될 수 있다는 것이다. 아마도 이는 의사결정 집단에 대한 충분한 고려가 이루어지지 않을 때 생기는 것으로, 한 개 이상의 페르소나를 만들고 각각에 맞는 마케팅 메시지를 고안함으로써 해결할 수 있다.

또한 구축하는 과정에서 페르소나가 추상적으로 되기 쉽다. 가능한 한 현실에 기반을 둔 페르소나를 구축해내야 한다. 가상의 페르소나이지만 최대한 사실과 통계에 기초해 만들어야 하는 것이다.

'고객의 입장에서 생각하는 것'이 항상 쉬운 일은 아니다. 기업의 관리자들은 페르소나를 만들 때 스스로의 모습을 투영하는 경향이 있다. 이러한 자기중심적 관점은 객관적 데이터를 무시하고 주관적인 페르소나를 구축하는 결과를 가져온다. 최대한 사실에 기반한 정보를 바탕으로 페르소나가 구축되었는지 유념할 필요가 있다. 또한 페르소나를 만드는 팀에게 그들에게도 편견이 있을 수 있다는 점을 자각하도록 하여 편향된 생각에 대처하도록 해야 한다.

페르소나는 고정된 것이 아니다. 페르소나의 태도나 니즈는 이들이 기업에 대한 정보를 얻고 고객이 되는 고객 여정을 거치면서 변화하게 된다. 각 단계마다 가지고 있는 기대와 우려사항 역시 다르다. 따라서 페르소나에 대한 정기적인 재검토는 반드시 이루어져야 한다.

모델의 적용

영국 및 아일랜드 양조 회사인 몰슨 쿠어스Molson Coors는 펍, 클럽, 레스토랑을 대상으로 알콜 및 청량음료를 유통한다. 해당 업체는 NPS(순추천고객지수)를 매우 중시한다

(29장 참고). NPS는 '이 회사에 대한 추천 의향을 0-10점 척도를 사용해 평가한다면 몇 점을 주시겠습니까?'라는 질문에 9점 또는 10점을 준 응답자의 비율이 커질수록 점수가 높아진다. NPS는 9, 10점을 준 응답자(추천고객promoters)의 비율에서 6점 이하를 준 응답자(비추천고객detractors)의 비율을 제하여 산출한다. 7 또는 8점을 준 응답자(중립고객passives)은 계산에서 제외한다.

몰슨 쿠어스는 세 개의 페르소나를 실존 인물처럼 재현하여 만들었다. 세 개의 페르소나는 추천고객을 팻Pat, 중립고객을 피트Pete, 비추천고객을 데이브Dave로 묘사하고, 각 인물에 대한 포스터를 만들었다. 그리고 이들이 몰슨 쿠어스에 대한 생각을 요약한 내용, 그들의 연령과 성별, 그리고 장소에 대한 인구통계학적 배경정보를 포함하였다.

페르소나를 통해 각각의 인물이 대표하는 상점 유형에 대한 그림을 그릴 수 있었다. 예를 들어 거래하고 있는 공급업체의 수, 몰슨 쿠어스의 점유율, 각 상점이 판매하는 주요 음료 유형, 몰슨 쿠어스와의 경험 개선을 위해 각 페르소나가 중요하다고 생각하는 요소에 대한 요약 등의 정보를 제공해 주었다. 그리고 각 페르소나에 대한 대형 포스터를 만들어 사무실 벽에 붙여 놓음으로써 NPS를 개선하기 위해 직원들이 어떻게 행동해야 하는지 지속적으로 상기하도록 유도했다. 캠페인을 진행하면서 몰슨 쿠어스의 NPS는 +25에서 현재 +60으로 향상되었다. 페르소나의 도움을 받아 이와 같이 높은 점수를 달성할 수 있었다. 그림 31.1은 페르소나를 작성할 때 참고할 만한 예시이다.

그림 31.1 페르소나의 예시

추천고객과의 1분 인터뷰

신상 정보

이름: 폴(Paul)

나이: 60세

직함: 마케팅 서비스 회사 창립자

지역: 영국 맨체스터

 인터뷰 요약

- 저는 시간이 늘 부족하기 때문에 요청에 즉각 대응할 수 있는 공급업체가 필요합니다.
- 제품 재고수량이 부족하지 않도록 계속 신경을 써주는 공급업체라면 저는 영원히 충성고객이 될 것입니다.
- 저는 잡담을 하는 사람을 좋아하지 않습니다. 단지 제 사업이 성장할 수 있도록 도와줄 사람이 필요합니다.

어떤 종류의 공급업체를 선정하는 역할을 맡고 있습니까?

저는 매번 최종 결정을 내리는 역할을 하진 않지만, 사업의 전략적 측면과 관련된 공급 업체 선정에 관여하고 있습니다. 소프트웨어 플랫폼, 회계업체, 법률 및 홍보 에이전시. 또한 모든 고위직 채용 인터뷰 업무도 맡고 있습니다.

어떤 측면을 중시하십니까?

타인과 자신의 사업 및 세상에 진심으로 관심을 갖는 공급업체와 직원을 원합니다.

어떤 사람을 기준benchmark로 삼으십니까?

저희 회사와 계약한 IT 담당자는 모든 면에서 최고입니다. 꼭 추천하고 싶은 사람입니다. 필요시 언제든 지원을 해주며 모든 문제를 해결해 줍니다. 꼭 필요하다면 야근이나 주말 근무도 주저하지 않습니다.

공급업체와는 얼마나 자주 소통하십니까?

생각보다 자주 하지는 않습니다. 한 달에 한 번 정도 이야기하는 것 같습니다. 굳이 소통할 필요가 없다면 모든 것이 잘 돌아가고 있다는 의미겠죠.

경험 개선 방안

모두 추천할 만한 최고의 공급업체들이며 별로 바꿀 점은 없다고 생각합니다. 서비스도 훌륭하고 지원도 충분합니다. 단지 변화를 통한 회사의 개선 방안에 대해 조금 더 적극적으로 의견을 준다면 도움이 될 것 같습니다.

생각해볼 점

- 페르소나를 만들 때는 개인적이고 구체적으로 생각해보자. 이름을 지어주고, 나이, 거주 지역, 가족관계, 직장에서의 목표, 소유하고 있는 자동차 종류 등, 어떤 사람인지를 상상해보자. 최대한 목표 집단 내의 핵심 인물과 가깝게 페르소나를 만들어야 한다.
- 구축된 페르소나가 바로 당신의 고객이다. 해당 인물을 보여주는 대형 포스터를 마케팅 회의에 가져가는 것을 생각해보자. 그 인물이 바로 당신이 고객이며 당신이 소통해야 할 대상인 것이다.

PEST

기업의 미래를 결정짓는 주요 거시적 요소 평가하기

PEST 모델이 정확히 언제 만들어졌는지는 확실치 않다. 다만 1967년 하버드 경영대학의 프랜시스 아귈라Francis Aguilar 교수의 저서 『Scanning the Business Environment』에서 네 가지 요소를 언급한 것이 그 시초 중 하나이다. 해당 저서에서 그는 사업에 영향을 미치는 다양한 요소에 대해 설명하면서, 경제적Economic, 기술적Technical, 정치적Political, 사회적Social의 각 요소 첫 알파벳을 따 ETPS라는 두문자어를 만들었다. 이것을 기초로 훗날 다른 이들이 좀 더 기억하기 쉽게 순서를 조정하여 PEST라는 두문자어가 탄생했다.

모델의 구조 및 분석 방법

PEST는 사업 환경을 형성하는 정치Political, 경제Economic, 사회Social, 기술적Technological 외부 요인을 의미하는 머리글자이다. PEST는 시장 내 위협과 기회를 결정짓는 거시 및 미시적 요소들을 살펴보는 도구이다. 마이클 포터의 산업구조 분석 모델Five forces이나 SWOT 분석과 마찬가지로(33장, 44장 참고) PEST는 전략 계획, 마케팅 계획 작성, 미래 시나리오 구상 시 사업에 대한 시장 환경을 평가하는 데 쓰인다. 보통 PEST는 기회와 위협 요인에 대해 이해할 수 있는 정보를 제공해주기 때문에 SWOT 분석 이전 단계에서 활용된다. **PEST 프레임워크**는 기업, 제품, 브랜드에 대한 시장을 파악하는 데 활용되기도 한다. 적어도 연 1회마다, 혹은 일부 요소가 바뀌었다면 보다 자주 분석을 실시해 볼 가치가 있다.

정치적Political 정치적 영향력으로부터 자유로운 시장은 거의 존재하지 않는다. 정치적 요소는 비용 및 국가 내 사업 용이성에 영향을 주며 다음과 같은 측면에서도 영향을 미칠 수 있다.

- **지역의 정치적 안정성**: 전쟁 및 군사적 조치 관련 리스크 포함
- **제품에 대한 세금**: 국산 및 수입품 가격에 영향을 미친다. 여기서 세금이란 부가가치세, 소비세, 수입관세 등을 일컫는다. 세금의 부과는 가격을 상승시켜 판매를 둔화시킬 수 있다.
- **사람 및 기업에 대한 세금**: 기업 이익 및 수익에 대한 세금은 시장 내 역학관계를 바꿔놓을 수 있다. 높은 세율은 지출 및 투자에 쓰일 수 있는 현금의 가용성을 제한한다.
- **정부 정책**: 대부분의 정부는 기업에 영향을 미치는 정책을 가지고 있다. 자유 무역 및 외국인 투자를 장려하는 정책이 있는가 하면, 국수주의적 성격을 가지고 국내 공급자들을 선호하는 정책도 있다. 어떤 정부는 국가에 의한 통제를 선호하는 반면, 어떤 곳은 자유 기업 체제를 장려하기도 한다.
- **노동법**: 채용 및 해고, 연금, 출산·육아 휴가, 최저임금 등에 영향을 준다.
- **가격 규제**: 반 독점법을 포함한다.
- **환경 관련법**: 폐기물 처리, 제품 표시, 제조공정에서의 특정 화학원료의 사용 가능 여부에 영향을 준다.

경제적Economic   경제적 요소는 비용 및 성장 관점에서의 시장 매력도에 영향을 미친다. 다음과 같은 요소들이 포함된다.

- 지역의 GDP 수준(경제적 번영 정도)
- 1인당 GDP
- 평균 소득 및 가처분 소득
- 고용 및 실업률
- 노동 숙련도 및 비용
- 유통 및 시장으로의 채널
- 지역의 상대적 비용 우위(인건비 및 원자재 비용을 바탕으로 결정)
- 정부의 기업에 대한 간섭 정도 등 국가의 경제 시스템
- 과거의 경제 성장률 및 미래의 경제 성장률 전망
- 융자 가용성
- 환율 수준 및 안정성
- 인플레이션
- 이자율

사회적Social   사회적 요소는 직원 및 제품의 구매자에 영향을 주는 요소이다. 다음과 같은 요소들이 포함된다.

- 인구수 및 성장률
- 언어
- 인구통계학적 특징 : 연령, 성별, 종교, 교육, 직무기술, 가구 구성 등
- 국가 내 계급 구조
- 미디어 영향
- 평균 수명 및 보건
- 안전에 대한 태도
- 문화 및 노동 의향/능력
- 윤리적 의식

기술적Technological   기술적 요소는 지역 및 시장 내 사업을 영위하는 데 드는 비용에 영향을 미친다. 이는 기업의 혁신 능력에 영향을 주기 때문에 매우 중요하다. 사업의 속성에 따라 기술적 요소의 중요도가 달라질 수 있다. 고려할 요소는 다음과 같다.

- 지역 내 기술 인프라(예: 고속데이터통신망의 분포도 및 강도)
- 시장 내 기술적 변화의 속도
- 기술적 변화의 성격
- 지역 내 기술력 및 기술에 대한 관심
- 가정 및 직장 내 사람들의 혁신 수용 의향
- R&D 지출
- 특허권 보호

PEST 분석에 포함될 수 있는 요소의 종류와 숫자는 거의 무한대이며 산업의 성격에 따라 달라진다. 예를 들어, 식품 회사와 IT회사는 각기 다른 요소에 더 큰 무게를 둘 것이다.

PEST 분석의 목적은 과거 및 현재 각각의 거시 및 미시 요소를 살펴봄으로써 사업에 대한 미래 시나리오를 결정하는 것이다. PEST 분석은 시장의 매력도를 알아보고자 할 때 가장 좋은 수단이며, 특정 사업 단위에 집중하는 SWOT 분석을 보완하는 도구로 사용되기도 한다. 일반적으로 PEST 분석은 SWOT 모델의 기회·위협 요인 분석에 근거를 제공해주기 때문에 이전 단계로써 수행된다(그림 32.1 참고).

그림 32.1 PEST와 SWOT의 관계

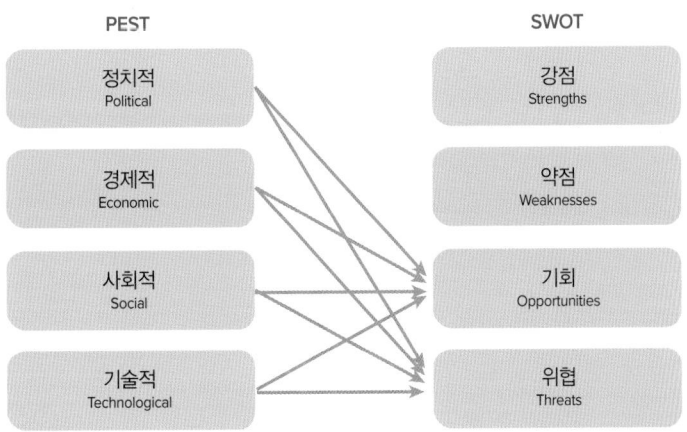

모델의 발전 과정

모델의 단순성으로 인해 이후 많은 변형 모델이 생겨나게 되었다. PEST라는 머리글자가 부정적인 단어를 연상시킨다고 생각했던 사람들은 순서를 바꿔 STEP이라는 두문자어를 만들기도 했다. 모델에 다른 요소가 추가되어야 한다고 생각한 사람들도 있었다. 그래서 **법적**legislative 및 **환경적**environmental 요소를 추가하여 PESTLE이라는 두문자어가 만들어졌다. 법적 및 환경적 요소는 사실 기존의 PEST 모델에 이미 포함되어 있다고 보아도 무방하다. 그래도 이 두 요소를 정확하게 분리하면 다음과 같이 설명할 수 있다.

법적Legislative   법적 요소는 분리해서 생각하거나 '정치적' 또는 '사회적' 요소에 포함시킬 수도 있다. 법적 요소는 사업을 영위하는 비용 및 용이성에 영향을 미칠 수 있는 다음과 같은 것들을 포함한다.

- 차별금지법, 보건 및 안전 관련법 등의 고용법
- 임원 및 기업 주주에 대한 제한 등의 회사법
- 반독점법 및 경쟁에 영향을 주는 요소들

환경적Environmental   환경적 요소에는 다음과 같은 요소들이 포함된다.

- **지리적 위치**: 국가의 위치가 특히 글로벌 경제에서는 상당한 이점으로 작용한다.
- **인프라**: 도로, 철도, 공항, 상수도 및 고속데이터 통신망은 특정 환경에서 이점으로 작용한다.
- **날씨 및 기후 변화**: 일조량, 강수량, 태풍 및 쓰나미의 가능성, 풍량 등은 사업 기회에 영향을 미친다.
- **공해**: 대기오염 및 수질오염
- **원자재**: 에너지, 광물, 연료, 물 등

모델의 적용

코카콜라 컴퍼니는 전 세계 어디서나 찾아볼 수 있기 때문에 사례연구를 하기에 좋은 분석 대상이다. 모델의 요소에 따라 생각해 보자.

정치적 요소
- 코카콜라 제품은 미국 내에서 식품의약국의 규제를 따르고 있다. 이 사실은 미국뿐만 아니라 거의 모든 국가에서 판매에 적합하다는 점을 보장해준다.
- 일부 국가의 정치적 혼란 상황은 코카콜라 매출에 부정적 요소로 작용한다.
- 반미 또는 친미 성향이 콜라 소비에 영향을 줄 수 있다.
- 설탕이 첨가된 음료에 대한 과세 정책을 가진 정부가 있을 수 있다.

경제적 요소
- 국가의 경제 성장은 코카콜라에 상당한 기회를 제공한다. 2009년 세계 금융위기는 전 세계적으로 코카콜라에 부정적인 영향(다른 비즈니스보다는 덜 했지만)을 미쳤다.
- 1인당 소득과 가처분 소득이 증가할수록 코카콜라와 같은 쾌락성 음료$_{indulgent\ drinks}$에 대한 소비 기회가 늘어난다.
- 환율 역시 코카콜라의 매출에 영향을 미친다. 예를 들어 베네수엘라 화폐가 평가 절하되었던 2014년 당시, 해당 시장 내 코카콜라의 이익은 55퍼센트 감소하였다.

사회적 요소
- 선진국에서는 비만 및 건강에 대한 의식이 증대되면서 탄산음료 소비가 감소하는 추세이다. 영국 내 코카콜라 컴퍼니 콜라 판매의 40퍼센트는 다이어트 콜라$_{Diet\ Coke}$와 코크제로$_{Coke\ Zero}$가 차지하고 있다.
- 알코올음료를 허용하지 않는 국가에서 절제된 삶을 살고자 하는 사람들에게 코카콜라는 알코올음료의 대체재로써 매력을 가지고 있다.
- 코카콜라는 연령과 성별에 관계없이 모든 이가 소비할 수 있으며 특정 계층에만 국한되지 않은 음료이다.
- 지난 15년 간 미국 내 탄산음료 소비는 감소한 반면 생수 및 스포츠음료의 소비는 증가하였다.
- 더러운 동전을 콜라에 담가두어 깨끗하게 만드는 실험 등, 건강 문제에 대한 언론 보도나 블로그 글은 항상 긍정적인 내용을 말하지는 않는다.

기술적 요소

- 특히 소셜 미디어나 디지털 채널을 통한 코카콜라의 홍보 방식에 큰 변화가 있었다. 디지털 채널은 젊은 고객층에게 다가갈 수 있는 새로운 미디어로 매우 중요한 변화라고 할 수 있다.
- 캔이나 병에 음료를 채우는 기술의 급격한 발전으로 인해 현재는 기관총으로 총알을 발사하는 것보다 더 빠른 속도로 코카콜라 캔음료를 제조할 수 있게 되었다.

> **생각해볼 점**
>
> - PEST의 각 요소를 심도 있게 이해하기 위해 시간을 투자하고, 자신의 회사에 가장 중대한 영향을 주는 요소가 무엇인지 파악해보자. 그리고 해당 요소에 변화가 생길 때 바로 인지할 수 있도록 알림 설정을 해두자.
> - 분석 결과가 보여주는 위협 및 기회 요인에 각별한 관심을 기울이고, 이에 대한 대응 방안을 고안해보자.

포터의 산업구조 분석 모델

Porter's Five Forces

33

경쟁의 강도와 관련된
다섯 가지 경제적 요소
평가하기

 마케팅
 일반적 비즈니스 전략
 가격 설정
 혁신
 제품 관리
 고객 분석

하버드 경영대학에서 부교수로 재직할 당시 마이클 포터Michael Porter는 1979년 『Harvard Business Review』에 「How competitive forces shape strategy」라는 제목의 글을 게재하였다. 비록 이에 대한 분석과 비평이 뒤따르긴 했지만, 모델의 폭넓은 사용과 유명세는 산업구조 분석 모델five forces model이 전략적 사고에 얼마나 큰 기여를 했는지를 보여준다. 특히 이 모델의 다섯 가지 요소가 경제적 가치의 배분을 결정한다는 점에서 산업의 이익 구조에 영향을 준다고 할 수 있다. 또한 기업 간 경쟁 관계, 공급자의 영향력, 고객의 영향력, 신규 진입자, 대체재라는 다섯 요소 중 어느 한 가지에 의해 그 가치가 사라질 수도 있다.

모델의 구조 및 분석 방법

"경쟁자가 없었다면 사업이 훨씬 수월했을 것이다." 과연 사실일까? 분명 경쟁자는 성가신 존재임에 틀림없다. 고객을 빼앗아가고 가격을 끌어내리며 더 좋은 제품을 만들어 내기도 한다. 하지만 경쟁에도 긍정적인 측면은 있다. 시내 중심가의 수많은 커피전문점으로 인해 신선한 커피에 대한 관심이 증대되었다. 그 결과 편안한 의자와 와이파이Wi-Fi가 있는 커피 라운지라는 개념을 만들어 낸 **스타벅스**Starbucks를 포함하여, 모든 커피 전문점이 혜택을 입었다.

이처럼 보다 나은 제품을 만들어 낸 경쟁자는 성가신 존재일 수도 있지만 동시에 우리를 더욱 완벽하게 만들고자 노력하게 하는 자극제로 기능하기도 한다. 경쟁자로부터의 가격 압박은 효율성을 높이게 하는 동기가 된다. 논쟁의 여지도 있겠지만, 결론적으로는 모두가 혜택을 보게 되는 것이다.

마이클 포터는 기업에 영향을 주는 다섯 가지 힘five forces이 있다고 주장하였다. 다섯 요인들은 PEST 모델에서 설명했던 것과 같은 거시적 요소(정치적, 경제적, 사회적, 기술적)라기보다는 기업과 좀 더 긴밀하게 닿아 있는 미시적 요소이다. 그 요인들은 기업에 즉각적인 효과를 불러오며 고객에 대한 상품 제공 및 이윤 창출 능력에 영향을 미친다.

산업 내 경쟁 Industry rivalry   모든 사업에서 일반적으로 직면하는 중추적인 힘은 시장 내의 다른 경쟁자들이다. 시장은 모든 공급자들이 가격, 품질, 그리고 배송으로 서로 공격하면서 매우 공격적인 양상을 띨 수 있다. 일부 성숙시장mature market에는 공급자의 수가 제한된 과점시장oligopoly market이 존재해 그들간의 경쟁이 마치 잘 짜인 안무 같은 경우도 있다. 그렇다고 하여 반드시 이를 대부분의 국가에서 불법으로 간주하고 있는 담합으로 단정 지을 순 없다. 단지 다른 공급자의 행동 변화에 대해 가장 효과적인 대응 방안이 무엇인지를 오랜 경험을 바탕으로 도출해 낸 결과일 수도 있기 때문이다.

공급자의 협상력 Bargaining power of suppliers   경쟁에 있어 공급자는 매우 큰 영향력을 미칠 수 있다. 한 예로 전 세계 코발트cobalt 매장량의 60퍼센트를 보유하고 있는 콩고민주공화국

이 있다. 코발트는 전기 자동차의 배터리를 생산하는 데 들어가는 주요 자재이다. 자동차 제조업체들이 전기 자동차 라인의 생산량을 증가하면서 투기꾼들은 대량의 코발트를 비축하였고, 이로 인해 코발트 가격이 상승했다. 전기 자동차용 배터리를 제조해야 하는 테슬라Tesla 같은 기업은 제한된 공급 때문에 프리미엄을 지불해야 하는 상황에 놓이게 되었다.

기업의 경쟁적 포지션에 영향을 주는 것은 단지 원자재뿐 만이 아니다. 전동공구를 공급하는 업자가 어떤 중개업자의 유통 권한을 박탈한다면, 이 유통업체는 주력 제품군이 사라져 사업 운영에 위협이 될 수 있다.

대체재의 위협 Threat of substitutes   대체재는 기업의 경쟁적 포지션을 약화시킬 수 있다. 거의 모든 제품에는 어떤 형태로든 대체재가 존재한다. 예를 들어, 커피가 지나치게 비싸진다면 소비자들은 차나 핫초콜릿 같은 다른 음료를 찾을 것이고, 철도 요금이 지나치게 높아진다면 사람들은 자동차나 항공 수단을 고려할 것이다. 금속은 플라스틱으로, 석탄은 석유나 가스로 대체될 수 있다.

그러나 대체재를 찾는 것이 언제나 쉬운 것은 아니다. 커피 맛에 빠지게 된 사람들이 쉽게 다른 음료로 옮겨가지는 못한다. 또한 새로운 제트 여객기의 동체와 인테리어에 상당한 이점을 주는 첨단 복합 소재가 있다 하더라도, 새로운 항공기 모델에만 적용 가능할 뿐, 기존 항공기는 이미 승인받은 설계가 있어 쉽게 바꿀 수 없다.

신규 진입자의 위협 Threat of new entrants   시장 내 기존의 공급자가 누리던 안락한 위치는 신규 진입자에 의해 방해를 받을 수 있다. 모든 신규 진입자는 일정 부분의 점유율을 빼앗는다. 그들은 가격을 더 낮게 책정할 수 있고, 보다 우월한 제품을 갖추고 있을 수도 있으며, 전혀 다른 방식으로 제품을 공급할 수도 있다.

진입 비용이 낮은 경우도 있다. 예를 들어, 중국 철강 제조업체가 유럽 시장에 진출하는 것은 상대적으로 용이하다. 이미 중국에 제조 기반을 구축하고 있기 때문에 제품을 운송하여 관세만 부담하면 되기 때문이다.

하지만 다른 시장의 경우엔 사정이 다를 수 있다. 전기 자동차 시장의 경우 제조비용이 매우 높기 때문에 누구나 진입하기는 어렵다. 전통적인 틀을 깰 만한 의지와 용기를 갖춘 억만장자가 아니라면 막대한 제조시설 및 마케팅에 필요한 투자가 필요하기 때문에 시장 진입이 쉽지 않다.

구매자의 협상력 Bargaining power of buyers   어떤 시장에는 가격 및 조건에 대해 지배적인 영향력을 행사하는 소수의 대형 구매자large buyer가 있다. 슈퍼마켓이나 식료품점에 유제품을 납품하는 농부들은 대형 구매자의 지배적 영향을 받는다. 대기업으로부터 수주를 받는 서비스 회사는 경쟁 업체들이 다수 존재하기 때문에 이들이 공급자로서 강력하게 밀어붙일 수 있는 위치에 있는 경우는 거의 없다.

많은 중소기업은 기업 매출의 대부분을 한두 개의 고객에 의존하기도 한다. 이들은 대규모 고객 중 하나만 잃어도 심각한 타격을 입을 수 있기 때문에 단지 사업을 유지하기 위한 이유만으로 압력에 굴복하기 쉽다. 포터는 대체재의 위협, 기존 경쟁자의 위협, 신규 진입자의 위협을 '수평적horizontal' 경쟁, 공급자의 협상력, 고객의 협상력은 '수직적vertical' 경쟁이라 지칭하였다.

포터의 산업구조 분석 모델 그 자체만으로 어떤 전략을 도출할 수는 없다. 다섯 가지 미시적 요인들이 기업을 둘러싸고 있는 환경에 어떤 영향을 미치는가를 알려주는 이 모델을 사용하기 전에 PEST 분석으로 거시적 요소들을 먼저 이해하는 것이 좋다. 사업을 이루고 있는 요소들에 대해 이해하고 SWOT 분석을 실시함으로써 전략적 변화를 완성시킬 수 있을 것이다.

그림 33.1

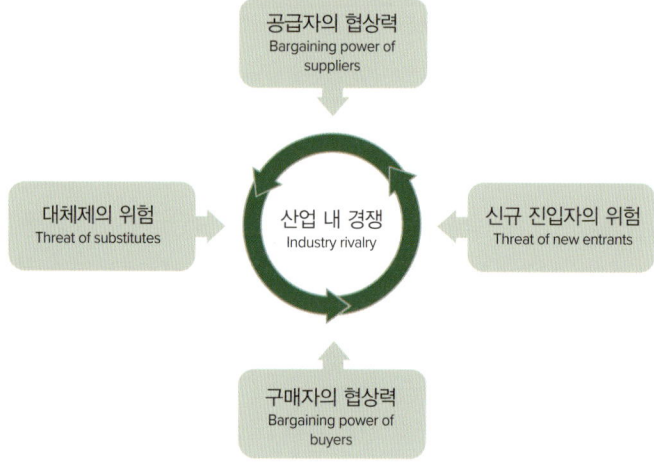

모델의 발전 과정

1990년대 중반 포터의 산업구조 분석 모델에 한 가지 요소를 더 추가하자는 제안이 제기되었다. 그렇게 해서 선정된 여섯 번째 요소는 '**보완재**complementary products'로 이미 시장에 존재하는 관련 제품 및 서비스의 영향력을 의미한다. 예를 들어 수산화나트륨(가성소다)은 종이를 만들 때 사용되는 주요 원자재이다. 따라서 수산화나트륨 가격의 상승은 잠재적으로 종이 가격의 상승을 불러오고 매출 감소를 가속화할 수 있다. 비슷한 사례로 대중교통 비용의 큰 부분을 차지하고 있는 연료의 가격도 있다. 버스 회사는 상당한 양의 연료를 사용하기 때문에 연료 값의 가파른 상승은 결국 버스비 인상을 초래한다. 이 경우 버스를 이용하는 고객들은 자전거, 도보, 카 셰어링 등의 보완재로 대안을 모색할 것이다.

모델의 적용

스웨덴 가구 제조업체인 **이케아**IKEA는 전 세계 40개국에 걸쳐 300개 이상의 매장을 보유하고 있다. 2016년 이케아는 총 매출액 350억 유로를 기록하였다. 포터의 산업구조 분석 모델을 적용하여 다음과 같은 사실을 파악할 수 있었다.

기존 경쟁자 간 경쟁 정도(매우 강함)

소매 가구 시장은 소규모부터 대규모 기업까지 다양한 경쟁자가 존재하며 공격적 성격을 가지고 있다. 일부 업체는 특정 유형의 가구에 초점을 맞추고 있어 이케아보다 고객의 니즈에 더 잘 부합하는 제품을 제공할 수 있다. 그러나 소매 가구 시장 내 경쟁이 치열함에도 불구하고 이케아는 가성비가 좋은 제품을 공급하는 업체라는 자신만의 포지션을 구축하였다. 몇몇 타 업체 역시 동일한 차별화 포지션을 가지고 있다.

신규 진입자의 위협(강함)

가구를 소매로 판매하는 시장의 진입 장벽은 높지 않기 때문에 이케아는 항상 신규 진입자들의 위협을 받고 있다. 물론 이케아에 범접하는 규모의 사업을 가진 신규 진입자는 없을 것이다. 하지만 여전히 신규 진입자의 총 숫자는 성가신 요인으로 작용할 수 있다. 또한 온라인 소매 사업체를 쉽게 차릴 수 있기 때문에 이 역시 이케아 사업의 일부에 대한 위협이 될 수 있다.

구매자의 협상력(중간)

이케아에서 제품을 구매하는 사람들은 가격을 의식하는 구매자들이다. 개별 고객 차원에서는 큰 영향력이 없지만 집단적으로 봤을 땐 상당한 영향력을 행사할 수 있다. 예를 들어, 지나친 가격 인상 같은 이케아의 특정 조치가 고객을 화나게 한다면, 이는 회사에 매우 부정적으로 작용할 것이다.

공급자의 협상력(약함)

이케아는 50개국에 걸쳐 1,000개 이상의 공급업체를 가지고 있다. 이케아의 거대한 구매력은 공급업체의 협상력이 크시 않음을 의미하며, 민약 특정 업체외의 거래가 어려워진다면 대안이 될 만한 선택지가 많다는 것을 뜻한다. 이케아는 실제로 공급업체에 까다로운 사양을 요구하며 그에 맞춘 제품을 공급할 것을 요구하고 있다.

대체재의 위협(약함)

이케아가 판매하는 가정용 가구를 특별히 대체할 수 있는 제품은 존재하지 않는 듯하다. 사람들은 언제까지나 잠을 잘 수 있는 침대와 앉을 수 있는 의자를 필요로 할 것이다. 물론 가구의 형태와 스타일은 바뀔 수 있겠지만 이케아는 이렇게 변화하는 고객 니즈를 맞출 능력을 가지고 있다. 이케아 제품에 대한 수요는 오래도록 지속될 것으로 생각된다.

생각해볼 점

- 경쟁은 위협 요소이지만 보통 관리가 가능하다. 다섯 요소를 이용하여 주된 위협의 근원은 어디인지 파악하고, 이를 최소화할 수 있도록 하자.
- 사업에 영향을 주는 거시적 요소를 설명해 주는 PEST 모델(32장 참고)을 이용한 분석을 고려해보자.

포터의 본원적 전략 | 34
Porter's generic strategies

가장 강력한 경쟁적 지위를
정확히 짚어내기

하버드 경영대학원 교수인 마이클 포터Michael Porter는 1980년 출판한 그의 저서 『Competitive Strategy』에서 차별화differentiation, 비용 리더십cost leadership, 집중화focus라는 세 가지 본원적 전략에 대해 설명하였다. 1979년 그는 『Harvard Business Review』에 「How competitive forces shape strategy」라는 제목의 글을 게재했는데, 이는 그의 또 다른 유명한 이론인 '산업구조 분석 모델Five forces model'의 시초가 되었다(33장 참조).

모델의 구조 및 분석 방법

본 저서에는 기업의 전략 수립에 도움을 주는 다양한 모델이 수록되어 있다. 먼저 앤소프Ansoff의 모델은 기존 시장과 새로운 시장 안에서, 그리고 기존 상품과 새로운 상품으로 기회를 찾는다(4장 참고). 이 모델은 향후 영역 확장을 고려할 때 유용한 도구이다. 보스턴 매트릭스Boston matrix 또한 높은 성장이 예상되는 시장과 시장점유율이 높은 사업을 기준으로 기회를 발견하고자 하는 모델이다(7장 참고). 민츠버그Mintzberg의 모델은 경쟁자를 물리치기 위한 계략에 따라 움직이는 것과 시장의 흐름에 맞추어 계획을 따르는 것 사이의 차이를 이해할 수 있도록 해준다(27장 참고).

한편 마이클 포터의 **본원적 전략**은 가장 기초적인 지점에서부터 시작한다. 그는 브랜드나 사업이 성공하려면 기업은 다음의 세 가지 주요 포지션 중 하나를 취해야 한다고 주장한다.

그림 34.1 포터의 세 가지 본원 전략

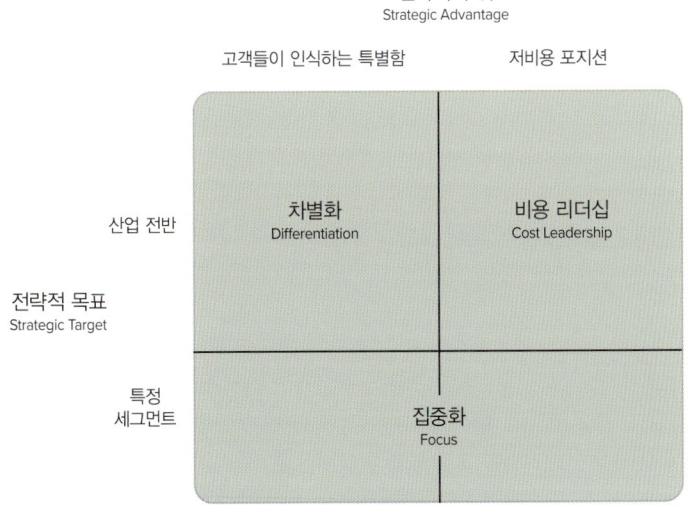

저비용Low-Cost — 비용 리더십cost leadership

비용 우위를 가지고 있는 기업이 시장 내에서 효과적으로 경쟁하기 위해 구사할 수 있는 전략이다. 저가 항공사는 서비스의 군더더기를 벗겨내고 프로세스를 완벽하게 구축하여, 기존의 대형 항공사에 비해 낮은 항공료를 제시할 수 있다. 낮은 인건비로 제품을 대량생산 하는 중국 회사들은 높은 인건비와 적은 생산물량에 발이 묶여 있는 회사보다 높은 경쟁력을 가질 수 있을 것이다. 포터는 어느 시장에나 최대한 낮은 가격을 원하는 중요한 소수의 고객이 존재한다는 사실을 인지하였다. 이들의 선택을 결정짓는 주요 동인이 가격이기 때문에 비용 리더십 포지션을 추구하는 기업들은 충성도가 낮은 고객을 보유한다. 만약 저가의 상품에 끌리는 고객이 더 저렴한 가격을 발견한다면, 그 고객은 이탈할 가능성이 높다.

저비용 전략으로 경쟁하는 기업은 이 전략을 평생 구사할 수는 없다는 것을 깨닫게 된다. 중국의 낮은 인건비로 인한 비용 우위는 베트남이나 캄보디아의 보다 저렴한 인건비에 의해 추월당할 수 있다. 따라서 비용 우위가 사라지게 되면 새로운 전략을 찾아 나서야 할 것이다. 또한 저비용 포지션을 취하는 기업이라도 고객의 기본적 니즈는 반드시 충족시킬 수 있어야 한다. 저비용 전략을 구사하는 기업은 매력적인 부가적 요소나 브랜드 차별화 요소를 없애는 것은 허용되지만 상품 제안의 기본적 품질을 희생하는 것은 위험하다.

틈새시장Niche — 집중화focus

대부분의 시장에는 자신만의 틈새 영역을 구축한 다수의 회사가 존재한다. 사람들은 자신의 니즈에 맞춘 서비스를 제공하는 브랜드나 회사를 선호하므로 **특화**specialization는 언제나 좋은 경쟁 전략이 될 수 있다. 포터는 이런 기업들을 특화된 제품을 이용해 전체 시장의 작은 일부만을 목표로 삼는 매우 집중화된 회사로 생각하였다. 비록 이러한 성격의 회사는 비용 우위를 기반으로 경쟁하는 대규모 경쟁자들보다는 규모가 작은 경향이 있지만, 그럼에도 수익성이 있으며 충성 고객 기반을 가지고 있을 수 있다. 예를 들어, 오토바이 시장에서 **할리 데이비슨**Harley-Davidson은 맞춤화된 제품을 원하는 고객들에게 대형 럭셔리 오토바이를 제안하는 틈새시장을 구축하였다. 그래도 전체 오토바이 시장 중 해당 세그먼트는 할리데이비슨이 연간 60억 달러의 매출을 벌 수 있을 정도로 규모가 크다.

차별화Differentiation

기업이 남들과 뚜렷이 구분되는 가치 제안을 가졌다면 경쟁자들과 차별화되는 브랜드를 구축할 수 있다. 메르세데스 벤츠Mercedes-Benz, 비엠더블유BMW, 포드Ford, 제네럴 모터스General Motors와 같은 자동차 대기업은 모두 차별화 포지션을 추구한다. 산업 시장에서 다우Dow(화학 회사), 그룬포스Grundfos(펌프제조 회사), 쉘Shell(석유 회사) 등의 기업은 사람들에게 강인하게 인식되는 브랜드를 구축하였다. 강한 브랜드 구축을 통한 차별화 전략은 일반적으로 저비용 전략에 비해 방어에 유리하다. 사람들의 마음 한구석에 자리 잡은 차별화된 브랜드 이미지는 오랜 기간 지속된다.

하지만 브랜드 역시 재앙과 같은 상황을 마주하게 된다면 그 자리에서 밀려날 수 있다. 1990년 페리에Perrier는 광천수를 대표하는 브랜드로서 미국 시장의 15퍼센트를 점유하고 있었다. 페리에는 건강에 좋은 음료라는 순수한 브랜드 이미지로 차별화 포지션을 구축하였다. 그러나 1992년 미국 노스캐롤라이나 정부에 의해 벤젠이 검출되면서 그 지위를 거의 날리게 되었다. 검출된 오염물질은 매우 소량이었지만 이로 인해 페리에는 120개국에 걸쳐 1억6천만 개의 병을 회수했어야 했고 2억5천만 달러에 달하는 비용을 부담하게 되었다. 높은 비용이긴 했으나 차별화된 포지션을 사수하려면 지불해야 하는 비용이었던 것이다.

저비용 전략을 통해 경쟁하는 기업도 강한 브랜드를 가지고 있을 수 있지만 결국 사람들의 구매 선택을 이끄는 요소는 낮은 가격이다. 틈새시장 전략을 구사하는 기업 역시 강한 브랜드를 갖고 있을 수 있지만 이 경우 사람들을 끌어당기는 것은 브랜드 그 자체라기보다는 그들의 전문성이다. 저렴한 가격이라는 단순한 이유 하나만으로 구매하는 사람들을 제외하면 이러한 기업들은 시장 내에서 다양한 범위의 고객을 대상으로 상품을 제공한다.

좋은 전략이란 세 가지 포지션 중 한 가지에 뚜렷하게 집중하는 전략이다. 브랜드가 모든 포지션에 위치하도록 하려고 중간에 끼어 있다면 결국 어떤 목적도 달성하지 못하는 최악의 전략이 된다. 그러나 포터는 하나 이상의 포지션을 취하며 고객층을 더 넓게 확보하는 것은 어렵지만 불가능한 일은 아니라고 주장하였다. 그것은 세분화segmentation를 통해 달성할 수 있다.

예를 들어 항공사는 비즈니스석 고객을 대상으로 매우 차별화된 가치 제안을 하는 동시에 이코노미석 고객에게는 최소한으로 요구되는 상품 제안을 할 수 있다. 하지만 이것은 어떤 시장에서는 가능하지만 어떤 시장에는 안 된다. 자동차 제조업체의 경우, 단일 브랜드를 가지고 차별화된 제품과 저비용 제품을 동시에 제안하는 것은 쉽지 않을 것이다. 저렴한 가격을 원하는 고객과 프리미엄을 기꺼이 지불하고자 하는 고객에 동시에 대처하는 것은 많은 B2B 회사들이 어려움을 겪고 있는 부분이다. 이들은 결국 모든 고객을 대상으로 동일한 제품과 서비스를 그저 다른 가격과 다른 수익성 수준으로 제공하게 되는 실수를 범하게 된다.

어떤 전략을 취할 것인가에 대한 판단을 내리기 위해선 먼저 SWOT 분석을 실시해야 한다. 이를 통해 해당 회사의 강점과 약점 및 기회와 위협 요인을 파악할 수 있다. 어떤 요소들이 기업을 어떻게 형성시키고 있는지 알아보기 위해 포터의 산업구조 분석 모델을 이용해 보는 것도 도움이 된다. 이를 바탕으로 해당 회사의 강점을 살릴 수 있는 적절한 본원적 전략을 선택할 수 있을 것이다.

모델의 발전 과정

포터와 그의 본원적 전략에 모두가 동의하는 것은 아니다. 경험적 증거에 기반하고 있지 않다는 비판을 받기도 하고, 중간의 애매모호한 위치를 점하는 것이 반드시 나쁜 것만은 아니라는 의견을 가진 사람도 있다. 유연한 대응이 필수적인 현재와 같은 환경에서는 두 가지 전략을 성공적으로 결합하는 것이 가능할 수도 있다. 사우스웨스트 항공의 경우 자사의 브랜드 포지션에 대해 상당한 관심을 기울이기 때문에 저비용 상품을 제안하는 회사인 동시에 매우 차별화된 회사로 인식될 수도 있을 것이다. 포터는 이후 그의 관점을 수정하여 성공적인 하이브리드 비즈니스 전략의 가능성을 인정하였다. 마찬가지로 차별화된 포지션을 매우 강력하게 구축한 할리 데이비슨을 틈새시장 공략 공급자로 분류하는 것이 적절하지 않을 수도 있다.

모델의 적용

맥도날드McDonald's의 사례는 흥미로운 연구대상이다. 맥도날드는 전 세계 최대 규모의 패스트푸드 레스토랑 체인으로 성장하였으며 엄청난 규모의 경제를 가지고 있다. 거대한 구매력과 동시에 수직 통합을 통해 이러한 성과를 달성하였다. 맥도날드는 자사 식품에 들어가는 다수의 식재료를 직접 생산한다.

맥도날드가 비용 리더십 이점을 가지고 있다고 주장할 수도 있겠으나 맥도날드의 본원적 전략은 차별화이다. 제품 경쟁력이 뛰어나지만 시장 내에서 가장 낮은 비용 또는 가장 저렴한 가격을 추구하지는 않는다. 실제로 맥도날드는 로날드 맥도날드 브랜드를 구축하기 위해 키즈 밀kids' meal 구성에 50센트의 작은 장난감을 포함하는 데 기꺼이 돈을 쓴다. 맥도날드의 전반적 목표는 서비스, 품질 및 편의성을 기반으로 한 경쟁이다. 즉, 가치를 높이기 위해 경쟁력 있는 가격을 포기하는 것이다.

월마트Walmart는 저비용 리더십 포지션을 성공적으로 선택해 유지한 기업의 적절한 예시이다. 1962년 샘 월튼Sam Walton에 의해 아칸사스 벤톤빌Bentonville, Arkansas에서 창설된 월마트는 현재 전 세계적으로 1만2천 개의 점포를 보유하고 있다. 월마트는 지금껏 '상품을 많이 쌓아 놓고 낮은 가격에 판다'라는 철학을 유지해 왔다. 월마트 제품은 상당한 가격 경쟁력을 가지고 있으며 일반적인 식료품을 구매하는 경우 소비자는 타 상점 대비 적어도 15퍼센트를 절약할 수 있다.

이처럼 낮은 가격은 거대한 구매력이 바탕이 되기 때문에 성취 가능한 것이다. 월마트는 중개인을 거치지 않고 원산지 생산자로부터 직접 구매한다. 엄청난 매입 규모 덕분에 월마트는 다른 경쟁자보다 더 낮은 가격을 요구할 수 있는 것이다. 또한 월마트는 분석정보를 이용해 수요와 공급을 예측하고 효율성을 끌어올린다. 제조업자로부터 창고를 거쳐 소매상점까지 물건을 옮길 수 있는 트럭들 역시 직접 소유하고 있다. 월마트의 점포는 이자율과 임대료가 낮은 주요 도시의 변두리 지역에 위치해 있다.

> **생각해볼 점**
>
> - 전략을 수립할 때에는 명확성clarity이 매우 중요하다. 바로 이러한 이유에서 마이클 포터는 차별화, 비용 리더십, 집중화를 기반으로 전략을 수립해야 한다고 주장한다. 자사 브랜드의 강점을 정확하게 파악하자. 비용 리더십 및 틈새시장에 대한 강력한 브랜드를 동시에 가지고 있을 수도 있다. 전반적인 관점에서 전략적 비교 우위를 지닌 지점은 어디인가?
> - 전략적 우위를 점했다면 반드시 당신의 고객 가치 제안과 메시지가 이를 강조할 수 있도록 해야 한다. 이를 통해 커뮤니케이션의 설득력을 높일 수 있을 것이다.

가격 탄력성
Price elasticity

가격 인상 또는 인하의 기회
파악하기

수요 탄력성의 개념은 경제학자 알프레드 마샬$_{\text{Alfred Marshall}}$이 1890년 저서『Principles of Economics』에서 처음 정의한 것으로 알려져 있다. 그는 탄력성이란 제품의 가격 변동에 대한 시장의 수요 변화 반응도를 의미한다고 설명하였다.

모델의 구조 및 분석 방법

대부분의 기업은 자신의 고객을 잘 이해하고 있다. 고객의 숫자, 고객의 니즈 및 경쟁 상대를 파악하고 있으며 기회와 위협 요인에 대한 감을 가지고 있다. 반면 자신의 제품이 가진 가격 탄력성에 대한 이해는 부족한 경우가 대부분이다.

가격 탄력성은 비즈니스에서 중요한 개념으로, 제품의 가격과 수요 사이의 관계를 설명한다. 가격의 작은 변화에도 수요가 크게 변한다면 가격 탄력성이 높은 제품이라 할 수 있다. 높은 탄력성을 가진 제품의 예로는 식품류 중 특히 기초식품basic food을 들 수 있다. 사람들이 꼭 필요로 하는 제품군이기 때문에 가격 인하는 더 많은 양의 구매를 유도하게 된다. 마트에서 쉽게 찾아볼 수 있는 할인 쿠폰이나 특가 상품은 소비자들이 하나 가격으로 두 개를 사게 만드는 효과를 불러온다.

가격의 변화가 수요의 정도에 매우 작은 영향을 미친다면 비탄력적인 제품이라고 할 수 있다. 가격이 바뀌더라도 수요는 변하지 않는다. 공산품에 들어가는 제품이 일반적인 예시이다. 사람들은 어떤 것을 만들기 위한 부품으로 너트와 볼트, 모터와 화학 제품을 구매한다. 너트와 볼트는 부품을 합쳐 만들고자 하는 결과물의 개수에 따라 필요한 수량이 결정되므로 그 가격이 변한다고 하여 더 많이 소비할 필요가 없는 것이다.

이 지점에서 일반적인 제품의 가격 탄력성과 특정 브랜드의 가격 탄력성을 구분 짓는 것이 중요하다. 자동차 연료를 예로 들어보자. 우리들 대부분은 교통수단으로써 자동차를 매우 의존하므로 연료에 상당한 수준의 지출을 한다. 따라서 휘발유에 대한 수요 탄력성은 일정 수준까지는 비탄력적이라고 볼 수 있다. 하지만 만약 두 개의 주유소가 도로를 사이에 두고 위치해 있다면 사람들은 단돈 몇 십 원 차이라 해도 더 낮은 가격의 주유소를 찾을 것이다. 즉, 석유 브랜드에 대한 가격 탄력성은 매우 탄력적이며 바로 이러한 이유로 대부분의 주유소가 거의 같은 가격을 책정하고 있다.

단지 저렴하다는 이유만으로 너트와 볼트의 구매량을 늘리는 것은 불가능하지만, 대체 공급자가 더 낮은 가격을 제시한다면 공급자 자체를 변경하는 것은 고려할 만하다. 이러한 경쟁 환경 속 가격 탄력성은 특히 흥미로운 부분이다.

그러나 가격 탄력성 역시 한계가 있다. 만약 버터 가격을 마가린 수준으로 내린다면 점유율을 빼앗아 올 수 있을 것이다. 마가린 대신 버터를 사용하기 시작할 것이기 때문이다. 그러나 버터 가격이 말도 안 되는 수준으로 낮아진다 하더라도 결국에는 사람들이 더 이상 버터 소비를 늘릴 수 없는 일정 지점에 도달하게 될 것이다. 사람들이 먹을 수 있는 총 버터의 양에는 한계가 있기 때문이다.

가격 탄력성은 상식적인 상황에서 적용되는 것으로, 일반적인 수준을 벗어나게 되면 기이한 일이 벌어질 수 있다. 예를 들어, 19세기 중반 아일랜드 대기근이 일어났을 당시 감자 가격이 급격하게 상승했음에도 불구하고 사람들은 더 많은 감자를 구매했다. 이는 반직관적이지만 당시 감자는 아일랜드인의 주식으로써 중요한 부분을 차지하고 있었기 때문에 이런 일이 발생했다. 대기근 당시 감자의 가격이 올라갔다고 해도 더 비싼 고기, 닭, 채소를 사는 것보다는 감자를 먹는 것이 나았기 때문이다. 이 현상은 설명한 경제학자의 이름을 따서 **기펜**Giffen **효과**라고 한다.

마케팅 담당자에게 가격Price과 판매량volume의 상관관계는 매우 중요하다. 가격은 판매에 영향을 미치는 중요한 요소 중 하나로, 4P Product, Price, Promotion, Place 중 유일하게 가치를 발생시키는 요인이다. 나머지 3P 요소는 비용을 발생시킨다. 예를 들어 가격을 적절히 책정하지 못해 너무 낮아진다면 충분한 이익을 실현하지 못하게 된다. 마찬가지로 어떤 수준 이상으로 가격을 인상하게 되면 판매량이 떨어지는 결과를 낳게 된다. 시장의 모든 제품에는 최적의 가격이 존재하며 그 수준을 알아내는 것이 중요하다.

대부분의 기업 관리자들은 자신이 가격 탄력성에 대해 충분히 잘 이해한다고 생각한다. 실제로 가격 수준이 적정하지 않다고 생각하며 시장에 제품을 내놓는 기업이 있을 것이라고 생각하기는 어렵다. 그런데 조사에 따르면, 많은 관리자가 자신의 제품 가격을 너무 낮게 책정하는 것으로 나타났다. 고객은 늘 가격이 너무 높다고 말하기 마련이므로 관리자들은 비싼 가격으로 인해 매출이 떨어지지 않을까 걱정한다. 자사 제품의 진정한 가치를 고객에게 제대로 알리지 못했다는 자책감에 시달릴 수도 있다. 그 진정한 가치를 이해하지 못했다면 고객에겐 그 제품이 비싸게 느껴질 것이기 때문이다. 편익이 아닌 기능을 판매하는 기업은 이러한 상황에 빠지고 만다.

가격 탄력성은 제품의 가격 변화율 대비 판매량 변화율에 기초하여 도출된다.

$$\text{가격 탄력성} = \frac{\text{제품 판매량 변화율}}{\text{제품 가격 변화율}}$$

가격 탄력성 계산에 필요한 데이터가 항상 가용한 것은 아니다. 기업이 가격을 올리거나 내릴 때 보통 이에 따른 판매량 변화는 기록하지 않는다. 판매량의 변화가 즉각적으로 나타나지 않을 수도 있다. 고객이 가격의 변화를 알아차리는 데에는 어느 정도 시간이 걸리기 마련이다. 이미 체결된 계약 때문에 고객이 즉각적으로 반응을 보이지 못하는 경우도 있다. 이에 따라 가격 변화에 따른 효과가 나타나기까지 시간이 걸리는 것이다.

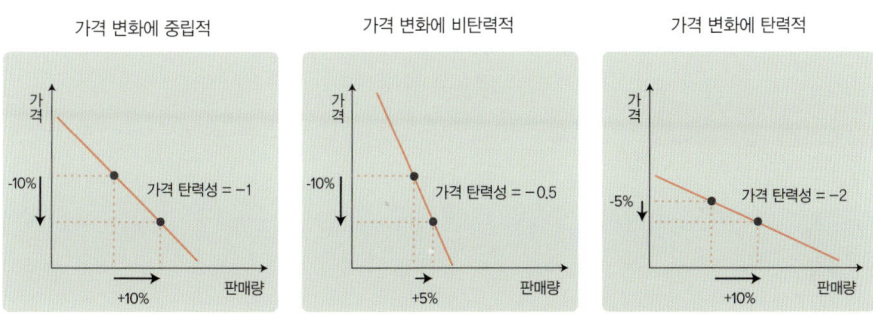

가격 탄력성이 -1.0인 경우(마이너스는 가격과 판매량이 반비례 한다는 의미), 가격 인하에 정비례하여 판매량이 증가한다는 점에서 가격 변화의 효과는 중립적이다. 즉, 가격의 10퍼센트 인하가 판매량의 10퍼센트 증가로 이어지는 것이다.

가격 탄력성이 -1.0보다 큰 경우 제품 수요는 탄력적이다. 이는 곧 제품가격이 인하되었을 때 판매량은 그 이상으로 더 가파르게 증가한다는 것을 의미한다. 예를 들어 레저 목적의 항공료는 가격 탄력성이 -1.5로 탄력적 성격을 갖는다. 가격이 낮아지면 이전에 여행을 고려하지 않았거나 경제적 여력이 되지 않았던 사람들에게도 항공여행을 고려해 보도록 조장한다. 또 다른 예로 코카콜라의 수요는 -3.8로 매우 탄력적이다. 작은 수준의 가격 인하로도 다른 음료 대비 코카콜라에 대한 사람들의 선호도 상승을 불러온다. 반면에 약간의 가격 인상은 이보다 더 많은 수의 고객을 잃게 할 수 있다.

가격 탄력성이 -1.0보다 낮은 제품은 비탄력적 성격을 갖는다. 산업제품은 대부분 -0.7 또는 -0.8 정도의 가격 탄력성을 보인다. 산업용 제품을 구입하는 사람들은 제품이 규격과 사양에 맞춰 제작되었다는 것을 알고 있다. 만약 제품 공급자를 변경하려면 새로운 제품사양을 위한 서류작업을 해야 한다. 새 제품의 가격적 이점이 오래 가지 않고 공급자가 머지않아 가격을 올릴 수도 있기 때문에 제품 구매자는 구매처 바꾸기를 꺼리게 된다. 또한 새로운 공급자가 약속한대로 정확한 시간에 맞춘 배송, 같은 서비스 제공, 빠른 불만 응대 등을 보장해 줄지에 대한 우려도 생길 수 있다. 따라서 구매자는 불만이 조금 있더라도 전혀 모르는 새로운 공급자보다는 기존 업체와 비즈니스를 지속하려는 경향이 강하다.

모델의 발전 과정

가격 변동이 판매량에 미치는 영향에 대한 과거 자료를 보유하고 있지 않은 어떤 회사가 시장조사를 통해 수요 탄력성을 파악하고자 한다고 가정해보자. 특정 가격 수준에서의 구매 의사를 제품 구매자에게 질문함으로써 대략적인 수요 탄력성을 파악할 수 있다. 즉, 높은 가격 수준에서 시작하여, 구매자가 구매 의향이 없다고 답할 경우 구매 의사가 있다고 대답할 때까지 가격을 계속 낮춰가며 질문을 한다(30장 참고).

단, 이들은 실제 구매상황에 있지 않기 때문에 대략적인 참고만 하도록 하자. 또한 구매자는 질문에서 가격이 계속 하락할 것이라고 예상할 수 있으므로 더 낮은 가격이 나올 때까지 기다리는 경향이 생긴다. 이렇게 여러 가지 한계가 있긴 하지만 이 방식은 수요 탄력성에 대해 어느 정도 확인할 수 있게 해준다.

조금 더 정교하게 수요 탄력성을 측정하고 싶다면 컨조인트 분석Conjoint analysis을 이용해 보자(10장 참고). 그러나 기업이 그 어떤 종류의 데이터도 구할 수 없을 때는 표 35.1에 제시된 기준에 기초하여 수요 탄력성을 판단할 수 있다.

표 35.1 제품의 수요 탄력성에 영향을 미치는 요소

	탄력적	비탄력적
다른 제품으로 쉽게 대체될 수 있다.	v	
제품의 전환 비용이 낮다.	v	
차별화되지 않는 균질한 상품으로 간주된다.	v	
특허권으로 강력하게 보호된다.		v
강한 브랜드 파워를 가지고 있다.		v
정해진 사양에 맞춰 제작되었다.		v
제품 확보가 쉽지 않다.		v
누군가가 대신 지불한다.		v
개인적인 서비스에 대한 의존도가 높다.		v

모델의 적용

한 지역의 신문사그룹을 소유하고 있는 대표가 있다. 수익성이 점차 줄어들자 그는 전략적 검토의 일환으로 해당 신문사가 광고면 가격을 인상함으로써 수익성을 개선할 수 있는지를 알아보고자 하였다. 내부 영업팀은 광고 가격 인상은 매출에 큰 타격을 줄 것이라 주장하며 강력히 반대하였다. 그래서 지역 신문에 광고를 싣는 회사들(소매업자나 엔터테인먼트 회사)을 대상으로 시장 설문조사를 실시해 다양한 유형의 광고에 대한 수요 탄력성을 측정하기로 결정하였다.

설문조사에서 다뤄진 여러 가지 주제 중 하나는 자사의 사업에 있어 광고가 얼마나 중요한 역할을 한다고 생각하는지를 묻는 것이었다. 조사대상 중 75퍼센트는 광고가 매우 중요한 역할을 담당하며 가용한 모든 유형의 미디어 광고 중 **신문 광고**가 가장 중요하다고 응답하였다.

응답자에게 각각 다른 수준의 가격이 책정된 다양한 신문 광고 시나리오를 제시하자, 25~35퍼센트의 응답자들은 어떤 가격 수준에서도 광고를 실을 의향이 전혀 없다고 대답하였다. 해당 응답자들은 '무관심' 세그먼트로 분류하였다.

신문 광고를 실을 의향이 있다고 답한 응답자들은 다양한 수준의 가격대에 따른 지불 의향을 표시하였다. 놀랍게도 수요 탄력성은 -0.8인 것으로 나타나 수요가 상대적으로 비탄력적임을 보여주었다. 만약 신문사가 가격을 10퍼센트 인상한다면 수요는 떨어지겠지만 광고 한 개당 가격이 올라갔기 때문에 총 수익은 거의 현재 수준으로 유지되는 동시에 전반적인 수익성은 향상될 수 있었다.

해당 신문사는 성공적으로 가격을 인상했다. 동시에 신문 광고의 중요성을 강화하고 가치 제안의 설득력을 높일 수 있었다. 또한 높은 충성도를 보이며 광고 지출이 큰 고객에게 보상을 하는 포인트 시스템을 기반으로 광고주에 대한 인센티브 프로그램도 도입하였다.

생각해볼 점

- 제품 가격 탄력성에 대한 이해는 필수적이다. 많은 B2B 회사들이 지나치게 높이 가격을 책정해 고객을 잃을 수도 있다는 두려움에 적정 수준보다 낮게 가격을 책정한다. 표 35.1에 제시된 체크리스트를 이용해 자사의 제품이 탄력적·비탄력적인지 개략적으로 파악한 후, 더 정확한 수치를 얻기 위한 조사 연구를 고려해보자.
- 제품의 가격 탄력성은 제품 가치를 고객과 얼마나 잘 소통하는지에 따라 결정된다는 사실을 유념할 필요가 있다. 강력한 브랜드를 가진 차별화된 제품은 비탄력적인 경향이 있으며, 더 높은 가격을 책정할 수 있게 된다.

가격 품질 전략
Price quality strategy | 36

기업의 가격 결정 전략
가이드하기

필립 코틀러Philip Kotler는 마케팅 주제와 관련하여 풍부한 저작 활동을 했으며 노스웨스턴 대학교 켈로그 경영대학원의 국제 마케팅 교수직을 역임했다. 그는 1988년, 자신의 저서 『Marketing Management: Analysis, planning, implementation and control』에서 가격 품질 이론을 소개하였다. 이 책은 현재 15쇄까지 출판되었고, 전 세계 경영대학원에서 교과서로 가장 많이 이용하고 있다.

모델의 구조 및 분석 방법

본 저서에서 '제품product'은 기업이 고객에게 제안하는 대상을 의미한다. 유형의 제품과 무형의 서비스 모두 해당될 수 있다. 사람들은 화폐를 이용해 제품에 대한 값을 지불한다. 즉, 제품에 가격이 매겨지는 것이다. 사람들이 제품에 부여하는 가치는 대개 그들이 느끼는 품질perceived quality에 의해 결정된다.

품질quality이란 모호한 개념이다. 조립 품질, 신뢰성, 내구성, 서비스와 지원 서비스의 품질 모두를 일컫는다. 품질을 정확히 정의할 수는 없지만, 고품질 제품은 비싸고 저품질 제품은 저렴할 것이라는 사실은 직관적으로 알 수 있다.

필립 코틀러 모델의 핵심은 가격과 품질 간의 관계에 있다. 그는 가격의 수준과 품질의 수준을 높음, 중간, 낮음의 세 단계로 나누었다. 그리고 이를 조합해 총 아홉 개의 가격 결정 전략을 도출했다.

그림 36.1 가격 품질 전략 매트릭스

	고가	중가	저가
고품질	프리미엄 전략 Premium strategy	좋은 가성비 전략 Good value strategy	훌륭한 가성비 전략 Exelent value strategy
중품질	과다한 가격부과의 위험 Danger of overcharging	중도 전략 Middle of the road strategy	좋은 가성비 전략 Good value strategy
저품질	착취 전략 Exploitative strategy	잘못된 경제 전략 False economy strategy	저가 전략 Cheap strategy

그림 36.1의 전략 매트릭스에는 제품 제조비용을 반영하지 않았다. 대부분의 제품은 제조원가에 매출이익을 가산하는 원가가산cost-plus 방식에 따라 판매된다. 코틀러의 모델은 적절하다고 생각되는 가격을 얼마든지 부과할 수 있다고 전제하는데, 사실상 가격은 상당 부분 제품의 품질에 따라 결정된다. 예를 들어 이론상으로는 저품질 제품에 높은 가격을 책정하는 것이 가능하지만, 얼마 가지 않아 바가지라는 게 밝혀질 것이기 때문에 이 전략이 오래 가기는 힘들다. 중간 품질의 제품까지 높은 가격을 책정한다면, 결국 기업이 지나치게 비싼 가격을 부른다는 인식을 줄 수 있다. 따라서 모델 내 실현 가능성이 있는 전략은 여섯 가지라 할 수 있다. 고품질 제품에 높음/중간/낮음 수준의 가격을 책정하는 것과 고/중/저품질의 제품에 낮은 가격을 책정하는 것이다. 고가/저품질, 중가/저품질, 고가/중품질 전략은 효과가 없다.

실행 가능한 가격 결정 전략은 다음과 같다.

고품질, 고가

프리미엄 가격 결정 전략으로 대부분의 시장에서 찾아볼 수 있다. 롤스로이스Rolls-Royce 자동차, 새빌로 양복Savile Row suits, 최상급 싱글몰트 위스키, 디올Dior 드레스 모두 최고가를 책정하고도 품질이 그 가격을 정당화해 주는 예시이다. 보통 강력한 브랜드가 높은 품질을 잘 홍보하여 이루어지는 전략이다. 반면, 제품의 산지를 아는 것만으로도 좋은 품질이 보장되는 예시도 있다. 프랑스 샴페인 지역에서 생산된 스파클링 와인에 국한하여 샴페인이라는 지역명을 사용할 수 있도록 보호한 경우가 이에 해당된다.

고품질, 중가

메르세데스 벤츠Mercedes-Benz, 비엠더블유BMW, 일본의 고급 자동차가 사용하고 있는 전략이다. 미국의 노드스트롬Nordstrom 백화점과 영국의 막스 앤 스펜서Mark & Spencer와 같은 상점은 고품질 제품을 중간 수준의 가격으로 판매하는 것으로 알려져 있다. 이는 대중 시장에 대한 고급화 전략이라고 할 수 있다.

고품질, 저가

중국을 비롯한 극동아시아 지역에서 생산된 많은 제품은 고품질 저가 제품이다. 시장에 빠른 침투를 원하거나 아직 고품질로 인식되지 않은 브랜드가 시장 내에서 발판을 마련하기 위해 이 전략을 사용한다. 삼성 핸드폰, 레노버Lenovo 컴퓨터, 기아 자동차는 서구 시장에 침투하기 위해 높은 품질의 제품을 저가에 판매하는 포지셔닝을 취했고, 이제는 브랜드 이름이 널리 알려지게 되었다. 하지만 대부분의 사람들은 가격이 낮으면 품질도 낮다고 인식하는 경향이 있다는 것이 이 전략이 가진 잠재적인 문제점이다. 사람들이 높은 품질을 인지하고 가성비가 좋다는 사실을 깨닫기까지 시간이 걸릴 수 있다.

저가, 중간 품질

저가, 중간 품질 전략 역시 아시아 제품에서 그 예시를 다수 찾아볼 수 있다. 아시아 제품 외에도 유럽의 에이치앤엠H&M 같은 소매업체, 미국의 서브웨이Subway나 코스트코Costco 와 같은 업체는 고객의 니즈에 맞는 제품을 저가에 판매해 높은 가성비를 제공한다. 전형적인 대중 시장 전략이다.

저가, 저품질

경제성의 최저점이다. 저품질이라고 하여 반드시 제품이 목적을 충족시키지 못하는 것은 아니다. 단순히 필요 이상의 부분을 제한 후 필요한 최소한의 요건만 갖추고 있다는 것을 의미할 수도 있다. 가격은 저렴하지만 항공 좌석 이외에는 어떤 추가 서비스도 제공하지 않는 저가 항공사가 이에 해당한다. 인구의 20~30퍼센트에 해당하는 무시할 수 없는 소수 집단이 상품의 저가 제안에 매력을 느낀다는 점에서, 이는 대중 시장 전략이라고 할 수 있다.

코틀러의 전략은 기업으로 하여금 시장에서 적절하다고 인식되는 가격을 제시하도록 권장한다. 만약 가격과 품질 간 적절한 균형이 이루어진다면 고객은 실망하지 않을 것이다. 기업들이 최대한 높은 이익을 달성하기 위해 원하는 것을 다 할 수 있게 해주는 자유분방한 전략freewheeling strategy인 것처럼 보일 수 있으나, 코틀러가 말하고자 하는 바는 그것이 아니다. 제품에 들어가는 특정 요소를 빼거나 품질을 낮추면서 높은 가격을 유지해 수익성을 올리려는 노력은 곧 '잘못된 경제적 전략false economy'으로 밝혀질 것이다. 그림 36.1의 매트릭스 우측 단에 위치할 수 있도록 가격과 품질 간의 균형을 맞추는 것이 목적이다.

모델의 발전 과정

현재 존재하는 다양한 가격 결정 모델 중 다수가 코틀러가 제안한 가격 품질 전략과 유사점을 가지고 있다. 그림 36.2에는 아홉 개 대신 네 가지로 단순화한 가격 결정 모델(창시자는 알려지지 않음)이 나타나 있다.

그림 36.2 변형된 가격·품질 전략

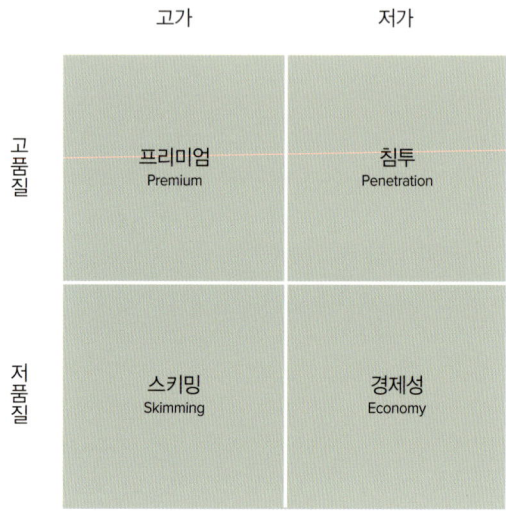

- **프리미엄**Premium　말 그대로 고품질 제품을 높은 가격에 판매하는 전략이다.

- **침투**Penetration　공격적인 가격과 훌륭한 품질의 제품으로 빠르게 시장점유율을 높이는 것이 침투 전략을 사용하는 기업의 목표이다. 단, 낮은 가격으로 충분한 이익이 창출되지 않는 경우 일정 시점에서는 전략 변경이 필요할 수 있다.

- **경제성**Economy　저가 항공사의 전략이다. 제품/서비스의 핵심만 남기고 모두 제거해 가격을 낮춘다.

- **스키밍**Skimming　스키밍은 매우 높은 가격을 지불할 준비가 되어 있는 소수의 고객이 있는 시장에서 높은 이익을 취하는 전략이다. 어떤 면에서 고품질의 고가 세그먼트에 속하는 집단일 수 있다. 그림 36.2에서 확인할 수 있듯이 다른 대안이 없어 어쩔 수 없이 해당 제품을 구매해야 하는 소비자들에게 회사는 높은 가격을 매긴다. 예를 들어 가스

맨들을 제조하는 업체가 하나밖에 없다면, 대안이 없으므로 소비자에게 매우 높은 가격을 부과할 수 있을 것이다. 좀 더 흔히 찾아 볼 수 있는 예시로는 우리가 공항에서 높은 가격을 지불하고 구매하는 것들을 들 수 있다. 공항에 있는 고객들은 그 공간에 어쩔 수 없이 머물러야 하므로 그저 그런 샌드위치를 비싼 가격에 사먹게 된다.

코틀러의 패러다임으로 모든 가격 결정 전략을 다룰 수 있는 것은 아니다. 처음부터 가격과 품질 간의 관계에 집중했기 때문에 애초에 모든 것을 다룰 목적으로 만들어진 것도 아니다. 그래서 가격 결정 전략가들은 다른 가격 결정 옵션 역시 잘 알고 있어야 한다. 다음과 같은 전략들을 살펴보자.

원가 기반 가격 결정 전략 Cost pricing strategies

제조업체가 흔히 사용하는 전략으로, 제품의 원가를 계산하여 적절한 매출총이익을 달성할 수 있을 정도의 이윤 폭을 더해 가격을 책정하는 방식이다. 한계비용 가격 결정 marginal cost pricing과 같은 원가 기반 가격 결정의 변형 전략도 있다. 생산 설비를 최대로 가동하고자 하는 제조업체가 제조 원가를 간신히 메우면서 간접비에 어느 정도 기여하는 수준으로 특정 고객에게 가격을 매기는 것이다(예를 들어 수출 가격). 이러한 전략들은 생산 라인을 최대한 가동시키는 것을 주된 목표로 하는 생산 지향 회사들에 의해 활용된다.

특화 전략 Specialist strategies

특화 전략은 특정 목적을 달성하기 위한 가격 결정 전략이다. 예를 들어 많은 국가에서 불법으로 간주되는 **약탈적 가격 결정** predatory pricing은 경쟁자를 약화시켜 시장에서 몰아내기 위한 목적으로 이윤이 전혀 남지 않음에도 불구하고 매우 낮은 가격으로 제품을 공급한다.

심리적 가격 결정 Psychological pricing

일부 제품의 경우 고객이 자신이 구매하는 제품의 품질에 대해 완전히 이해할 수 없는 경우도 있다. 사람들의 인식이 조작되어 가격이 높아야 가치가 있다고 믿기도 한다. 와인이나 향수, 사치품에 이러한 심리적 가격 결정 전략이 사용된다. 여기서 기업은 제품의 품질보다 더 높은 수준으로 가격을 책정하는 전략을 선택하는데, 제품이 가진 지위 덕분에 고객의 관점에서는 해당 가격이 정당화되기 때문이다.

코틀러의 가격 품질 전략은 경쟁 시장 환경을 전제로 한 프레임워크라는 점을 유념해야 한다. 구매자는 시장 내 다른 제품과 비교하면서 가격과 품질에 대한 기준을 세우고 판단을 내리게 된다. 바로 이 때문에 다른 제품과의 비교를 통해 형성된, 인지된 가격 perceived price과 인지된 품질perceived quality에 대해 말하는 것이다.

모델의 적용

세계적으로 몇 안 되는 실리콘 제조업체 중 하나인 **다우코닝**Dow Corning은 경쟁 회사들이 낮은 가격의 제품으로 시장점유율을 공격적으로 빼앗고 있다고 생각하고 있었다. 다우코닝은 조사를 통해 낮은 가격이 선택의 주요 이유가 되는 특정 고객 세그먼트가 존재한다는 사실을 밝혀냈다. 해당 세그먼트의 고객은 고품질의 제품을 원하지만 다우코닝이 프리미엄 가격을 부과하고 있는 부가가치 서비스는 필요로 하지 않았다.

다우코닝은 고품질의 제품을 생산하기 때문에 품질 수준을 낮추는 것은 이들의 고려대상이 아니었다. 또한 그들은 훌륭한 판매 및 기술 서비스를 제공하고 있었기에 해당 서비스를 줄일 수도 없었다. 다만 기술 서비스와 같은 부가가치 서비스는 필요 없다고 주장하며 우선 낮은 가격으로 다우코닝의 제품을 요구하는 고객사의 경우가 문제였다. 해당 고객사들은 나중에서야 기술적 조언을 요구하였는데, 실제로 빈번한 이런 상황에서 다우코닝은 그 요청을 거절하기 어려웠다.

2000년대 초반 다우코닝은 앞으로 나아가기 위해서는 세그먼트를 두 집단으로 분류해야 한다는 판단을 내렸다. 첫 번째 집단은 고품질 제품을 원하며 동시에 그와 관련된 모든 서비스에 대한 지불 의향이 있는 고객이며, 두 번째 집단은 부가적인 서비스 없이 고품질 제품만을 원하는 고객이었다. 다우코닝은 두 번째 집단을 대상으로 저렴한 옵션을 제공하기 위해 온라인으로 고품질 실리콘을 구입할 수 있는 자이아미터Xiameter라는 웹사이트를 구축하였다. 온라인을 통해 실리콘을 구매하는 고객들은 이용약관에 동의해야 했는데, 그것은 다우코닝으로부터 직접 구입할 때 받을 수 있었던 서비스를 제공받을 수 없다는 조항이었다.

이러한 양 갈래 접근법은 큰 성공을 거두었다. 다우코닝은 3개월 만에 투자금을 회수했고, 현재 온라인 판매는 다우코닝 수익의 30퍼센트 이상을 차지하게 되었다. 새로운 모델이 기존 고객 기반을 잠식할 것이라는 우려가 있었으나 그렇게 되지는 않았다. 새로운 비즈니스는 주로 신규 고객으로부터 창출되었다.

> **생각해볼 점**
>
> - 많은 기업이 과거를 기반으로 한 가격 결정 전략을 가지고 있다. 수년전 책정 된 가격을 기준으로 매해 조정을 해 가는 것이다. 이는 주로 인플레이션을 적용해 상향조정된다. 코틀러의 가격 결정 모델을 이용해 목표 고객에게 맞는 가격을 책정했는지 판단해보자.
> - 다우코닝이 자이아미터를 만들었던 것처럼, 서로 다른 고객군의 니즈에 부합하기 위해 다른 브랜드를 사용하는 방안을 고려해보자.

제품라이프사이클
Product life cycle

장기적 제품 전략 정하기

1900년대 초반 사회학자들은 라이프사이클life cycle라는 생물학적 개념을 산업 제품에 적용하기 시작하였다. 자동차와 같은 제품이 라이프사이클 성장 곡선을 보인다는 점에 주목한 경제학자들이 1920년대와 30년대, 이 개념을 차용하게 된다. 뉴욕 광고 에이전시의 창립자였던 오토 클레프너Otto Kleppner는 1933년, 제품 성장 곡선의 각 단계마다 시장개척pioneering, 경쟁competitive, 유지retentive와 같이 적합한 광고 유형이 다르다는 점을 깨닫는다.

'제품라이프사이클'이라는 용어는 1950년대, 『Harvard Business Review』에 실린 조엘 딘Joel Dean의 신제품 가격 결정 정책에 대한 연구에서 처음 언급되었다. 1960년, 컨설팅 업체 부즈 알렌 해밀턴Booz Allen Hamilton에서 출판한 논문에는 제품라이프사이클에 대해 공식적으로 설명한다. 이후 1965년, 테오도르 레빗Theodore Levitt과 같은 마케팅 권위자들이 예측 도구로써의 사용 가치를 강조하며 이 개념을 대중화시켰다.

1966년 미국 경제학자인 레이몬드 버논Raymond Vernon은 제품이 어떻게 라이프사이클을 거쳐 가는가를 설명한 논문을 발표했다. 예를 들어, 미국에서 처음 개발된 컴퓨터는 원래 미국 내에서만 제조되어 사용되었으나, 컴퓨터가 해외로 수출되기 시작하면서 라이프사이클에서 다음 단계로 이동하게 된다. 결국 컴퓨터 생산 시설은 해외로 옮겨지고 이제는 오히려 컴퓨터가 처음 발명된 곳으로 수입되기에 이르렀다. 1966년에 발표한 이 논문 덕분에 '제품라이프사이클'을 처음 만들어 낸 인물로 버논이 자주 일컬어지게 되었다.

모델의 구조 및 분석 방법

라이프사이클이란 이해하기 쉬운 개념이다. 그것은 우리가 매일 마주하고 있는 개념이기 때문이다. 사람은 잉태되고 태어나고 성장하여 성인이 된 후 결국 나이가 들어 죽음을 맞이한다. 제품에도 동일한 개념이 적용된다. 제품라이프사이클에 대한 이해를 통해 기업은 각 단계에 맞는 마케팅 전략을 수립할 수 있다.

도입기 Pre-birth 제품을 만들 때는 아이디어를 고안하는 단계가 있다. 대부분의 새로운 아이디어는 성공하지 못하고 생을 다한다. 이 시기의 아이디어는 마치 배아와도 같아서 잠재 고객의 니즈를 충족시키지 못했다거나, 경쟁이 너무 치열하다거나, 제조원가가 너무 높다거나, 시장 침투가 너무 어렵다는 이유 등으로 사라지고 만다. 태아기에 새로운 아이디어가 살아남는 것은 쉬운 일이 아니다.

하버드 경영대학원 교수 클레이 크리스텐슨 Clay Christensen 는 95퍼센트의 신제품은 실패한다고 주장했다. 출시조차 되지 못하는 신제품의 수가 많기 때문에 이 수치의 정확성을 확인할 수 있는 방법은 없다. 산업에 따라 다르겠지만 출시된 신제품 중 30~50퍼센트 정도가 실패한다는 것이 일반적인 의견이다. 정확한 실패율 수치가 어떻든 간에 이러한 수치들은 이미 기존 제품들이 굳건히 위치를 점하고 있는 시장에 새로운 제품이 자리를 잡는 것이 얼마나 어려운지를 보여준다. 채워지지 않은 진공 상태가 존재하는 시장은 거의 없기 때문에 신제품이 성공하기 위해서는 진정한 혁신, 충분한 마케팅 지원 및 적절한 타이밍이 결합되어야 한다.

청소년기 Youth 앞서 언급했듯이 **신제품 출시** 단계는 어려운 시기이다. 새로운 제품은 높은 인지도를 얻어야 하고 결국 이를 위해선 홍보 예산이 지원되어야 한다. 신제품을 목록에 올려둘 가치가 있다는 점을 유통업자와 소매업자들에게 설득해야 한다. 많은 고객에게 신제품을 판매하기 위해선 먼저 새로운 것을 시도하고 실험하고자 하는 의향이 있는 혁신가들이 매력을 느끼도록 해야 하며, 얼리어답터와 초기 다수수용자의 관심을 얻기 위해서는 그 사이에 존재하는 캐즘을 극복해야 한다(14장 참고).

이 초기 단계에서는 판매량이 천천히 증가하다가 점차 빨라진다. 비용이 높아 신제품에서 적자가 나는 경우가 많다. 제품에 따라 청소년기에 머무르는 기간은 각기 다를 것이다. 장난감, 전자제품, 디지털 제품은 빠르게 움직여 수개월 안에 상당한 모멘텀을 얻을 수 있는 반면, 대부분의 다른 제품들은 수년 동안 청소년기에 머물러 있을 가능성이 있다.

성장기Growth   시간이 지나면 제품에 대한 인지도가 상승하고 판매량이 급격하게 증가할 것이다. 얼리어답터들이 본격적으로 제품을 구매하기 시작하고 초기 다수수용자들이 강한 관심을 보이게 된다. 다른 기업들은 이런 강력한 성장을 보게 될 것이고 경쟁자들은 그 시장에 이끌린다. 추가적인 경쟁은 제품을 판매하는 시장을 더욱 넓히는 데 도움을 주므로 꼭 부정적인 것만은 아니다.

판매량이 증대되면 비용이 낮아지고 제품 판매를 통해 이익이 창출되기 시작한다. 그러나 추가적인 경쟁으로 인해 가격 압박을 받게 될 것이다.

성숙기Maturity   결국 신제품은 시장 내에서 널리 알려지고 사용되면서 주류로 자리매김하게 된다. 후기 다수수용자Late majority가 제품을 구매하기 시작하고 침투 속도가 빨라져 시장이 포화 상태가 되어 간다. 이 지점에서 성장기에 시장에 진입했던 많은 경쟁자는 경영합리화rationalization를 진행하게 된다. 인수와 합병을 통해 경쟁자의 수 자체는 줄어들겠지만, 성장기를 이미 지난 시장에서 규모가 커진 기업들의 경쟁이 치열해질 것이다. 가격 압력을 받게 되지만 시장 공급자들은 매우 높은 효율성을 갖춘 상태이기 때문에 상당한 수익을 창출할 것으로 기대된다. 이 단계의 제품은 대부분 캐시카우cash cow 제품들이다. 제품 공급자들은 브랜드 차별화, 세분화, 가치 마케팅 등으로 점차 고도화되어 간다.

노년기Old age   제품에 대한 수요는 결국 줄어들게 되고 고객의 니즈를 더 잘 충족시켜 줄 수 있는 새로운 제품들이 시장에 출시되며, 그 결과 판매량이 감소한다. 불가피하게 공급자들의 추가적인 경영합리화가 이루어지고 판매량의 감소와 가격에 대해 계속되는 압박은 이익을 쥐어짜게 만든다. 제품 공급자들이 시장에 남을 것인가, 인수와 합병을 통해 효율성을 높일 것인가, 혁신을 통해 제품을 재활성화시킬 것인가, 완전히 철수할 것인가를 결정해야 하는 시기이다. 그림 37.1에는 각 라이프사이클 단계에 따른 마케팅 및 커뮤니케이션 목표들이 나타나 있다.

그림 37.1 제품라이프사이클과 이에 따른 마케팅 커뮤니케이션

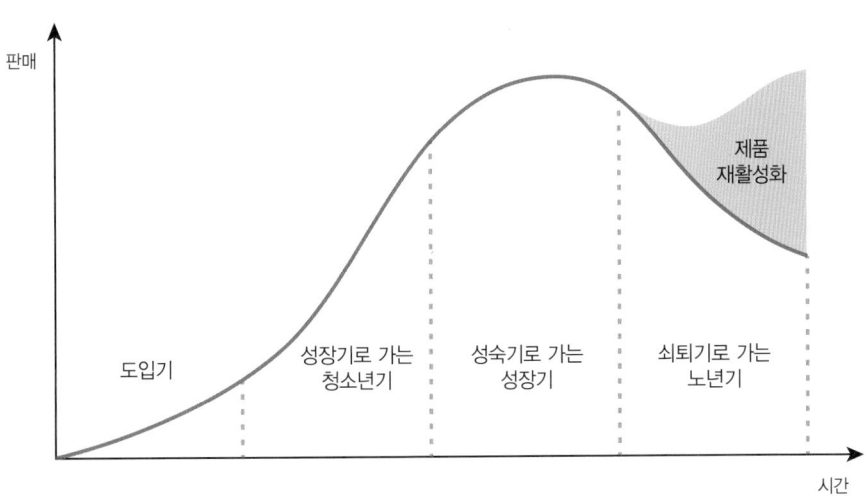

	도입기	성장기로 가는 청소년기	성숙기로 가는 성장기	쇠퇴기로 가는 노년기
마케팅 목표	• 초기의 제품 사용 유도 • 학습 요건 최소화	• 시장점유율 및 유통 채널 확보	• 시장점유율 확대 • 도매상 및 고객 충성도 쌓기	• 제품을 캐시카우로 이용 • 제품 확장 고려
커뮤니케이션 목표	• 인지도 확대 • 혁신가의 관심 끌기	• 브랜드 선호도 강화하기 • 제품 시도 집단 넓히기	• 사용 빈도 높이기 • 제품의 새로운 사용 방식 제안	• 홍보 최소화 • 브랜드 유지 • 전통적 틈새시장 창출
커뮤니케이션 전략	• 개인적 판매 • 미디어 광고 • 출시 상품 제안	• 미디어 광고 • 개인적 판매 • 판매 프로모션	• 미디어 광고 • 도매상 프로모션 • 판매 프로모션	• 미디어 지출 감소

모델의 발전 과정

제품라이프사이클은 개념적인 성격을 가지고 있기 때문에 그 안에서 정확한 제품의 위치를 짚어내는 것은 어려울 수 있다. 제품에 따라 라이프사이클의 길이가 각기 다르다는 점이 복잡성을 가중시킨다. 어떤 장난감의 경우 출시부터 쇠퇴기까지 12개월도 걸리지 않는 반면, 전자제품은 3~4년의 라이프사이클을 가질 수 있다. 자동차의 경우 7년 정도이다. 하지만 철강, 시멘트, 벽돌, 기본 자재와 같은 제품은 훨씬 긴 라이프사이클을 보인다.

성숙기에서 노년기로 넘어가는 시점을 판단하는 것도 쉽지 않다. 20세기 후반 유리는 성숙기 또는 노년기에 들어서는 것처럼 보였다. 하지만 건축가와 디자이너에 의해 유리에 대한 관심이 부활하면서 건축에서의 유리의 역할이 새롭게 발견되었다. 바퀴, 망치, 못과 같은 몇몇 제품들은 오랜 기간 살아남을 것이므로 쇠퇴기로 이어지는 예상된 경로를 절대 따라가지 않을 가능성이 높다.

제품이 라이프사이클의 어느 위치에 있다는 것을 정확히 아는 데 한계가 있긴 하지만, 이 개념은 여전히 제품의 판매가 어떻게 그리고 왜 변하는가에 대한 이유를 설명해준다. 또한 각 단계에 필요한 전략을 알려준다는 점에 있어서 마케팅 담당자들에게 유용한 도구가 될 것이다.

모델의 적용

콘프레이크 및 라이스 크리스피 아침식사용 씨리얼로 가장 잘 알려진 **켈로그 컴퍼니** Kellogg Company는 1997년 아침식사용 씨리얼바를 출시하였다. **뉴트리 그레인** Nutri-Grain은 아침 식사를 건너뛴 사람들이 이동 중에 먹을 수 있는 건강한 스낵으로 포지셔닝되었다.

뉴트리 그레인은 제품 출시기의 청소년기 youthful phase에 매우 큰 성공을 거두었다. 단 몇 년 만에 시장점유율 50퍼센트를 차지하며 씨리얼바 시장을 독점하게 된 것이다.

강력한 홍보 지원에 힘입어 2002년까지 뉴트리 그레인은 빠른 성장을 이어갔다. 그동안 아침 식사를 하지 못한 사람들이 먹는 아침식사 대용 음식에서 하루 종일 먹는 건강한 스낵으로 리포지셔닝repositioning하기도 했다.

씨리얼바 시장은 빠르게 성숙하여 다수의 제조업자의 브랜드와 유통업자의 브랜드가 경쟁하게 되었다. 전체 시장은 연간 15퍼센트씩 성장했음에도 불구하고, 뉴트리 그레인은 출시 이후 7년 만인 2004년을 기점으로 판매량이 줄어들기 시작했다. 켈로그는 시장에서 철수할지 또는 어떤 방식으로든 제품의 수명을 늘릴 것인지 결정을 내려야 했다. 켈로그는 연구를 통해 브랜드 메시지가 충분히 강하지 않으며 미니즈Minis와 같은 켈로그의 다른 제품이 뉴트리 그레인의 포지션을 약화시키고 있다는 사실을 알아냈다. 제품에 더 많은 마케팅 지원이 필요한 시기였다.

켈로그는 맛있으면서도 건강한 스낵을 원하는 사람들에게 매력적으로 다가갈 수 있는 살짝 구운 씨리얼바를 개발했다. 오전 중에 먹을 수 있는 스낵으로 리포지셔닝 하고, 하위 브랜드 이름인 일레븐시스Elevenses를 붙여 뉴트리 그레인 브랜드명을 유지하였다. 그리고 2005년, 켈로그는 씨리얼바를 재출시하게 된다.

건강과 맛에 초점을 둔 **제품 재활성화**product rejuvenation는 성공적이었다. 새롭게 출시된 제품은 강력한 홍보로 뒷받침되었으며 경쟁력 있는 가격이 책정되었다. 그 결과 판매량이 반등해 뉴트리 그레인의 판매량이 약 50퍼센트 증가하였다. 20년이 지난 현재까지도 뉴트리 그레인은 켈로그의 제품 포트폴리오에서 강력한 브랜드 및 제품으로 유지되고 있다.

> **생각해볼 점**
> - 제품의 라이프사이클 위치를 파악하는 것은 어떤 전략을 수립할 것인가와 관련 있기 때문에 중요하다. 특히 어느 지점에서 수요가 정점을 기록하고 감소하기 시작하는지 파악하는 것이 중요하다. 이 지점에서 제품 재활성화가 가능할 것인지에 대한 판단을 내려야 하기 때문이다.
> - 제품의 라이프사이클 위치에 따라 커뮤니케이션 전략도 달라져야 함을 기억하자.

제품 서비스 포지셔닝 매트릭스
Product service positioning matrix

품질 및 서비스 가치에 따른
제품 포지셔닝

마케팅 | 일반적 비즈니스 전략 | 가격 결정 | 혁신 | 제품 관리 | 고객 분석

제품 서비스 포지셔닝 Product service positioning(이하 PSP) 매트릭스는 2016년 B2B 기업 고객과 함께 가격 프리미엄을 결정하고 정당화하기 위한 목적으로 B2B 시장조사 컨설턴트인 캐롤 앤 모건 Carol-Ann Morgan에 의해 개발되었다. 해당 모델은 기업의 평판과 브랜드 이미지가 제품과 서비스에 대한 고객 경험으로부터 비롯된다는 관점에서 시작한다. 특히 오랜 세월에 걸쳐 쌓아올린 브랜드 유산이 없는 새로운 브랜드를 위한 포지션이었다. 최근 들어 새로운 브랜드들이 떠올라 전통적인 브랜드에 도전하기 시작했다. 이로 인해 자사의 우위는 어디에 있는지, 프리미엄이 정당화될 수 있는지, 현재의 포지션을 유지하려면 어느 방면에 투자가 필요한지 등을 명확히 해야 할 필요성이 생겨나게 된 것이다.

구매자는 점점 영리해지고 시장은 경쟁이 더욱 치열해지면서, 각 브랜드는 현재의 포지션이 프리미엄 가격을 부과할 수 있다고 해서 안주하면 안 될 상황에 놓이게 되었다. PSP 매트릭스는 공급자들이 본인의 상품 제안을 살펴보고 시장 내 포지션을 확인함으로써 프리미엄을 정당화할 수 있도록 도와준다.

매트릭스는 고객 경험 성과 수치 및 브랜드에 대한 고객의 태도 등과 같은 데이터로 채워질 수도 있고, 설문조사를 통해 브랜드에 대한 기업 내 관리자들의 인식과 시장의 인식을 비교해볼 수도 있다. 이를 통해 찾아낸 간극 gap은 어떤 부분에 전략적 조정이 필요한지를 파악할 수 있도록 해준다.

모델의 구조 및 분석 방법

PSP 매트릭스는 기업의 제품과 서비스에 가격 프리미엄을 붙이기 위한 목적으로 만들어진 프레임워크이다. 브랜드 포지션의 상당 부분은 해당 기업의 제품과 서비스에 대한 고객 경험으로부터 직접적으로 만들어진다는 점을 인식하고 있다는 점에서 B2B 기업에 적용하기에 특히 적합한 모델이라고 할 수 있다. 이 모델은 프리미엄 가격을 결정하기 위한 옵션들을 보여주고 어떤 부분에 투자가 필요한지 확인할 수 있게 도와준다. 또한 기업의 전략과 브랜드가 시장의 인식에 견주어 적합한가를 확인하는 데 사용된다. 매트릭스는 **제품 우월성**과 **서비스 우월성**이라는 두 개의 축으로 이루어져 있으며, 매트릭스 상에서 네 개의 중요 포지션을 파악할 수 있다(그림 38.1).

그림 38.1 PSP 매트릭스

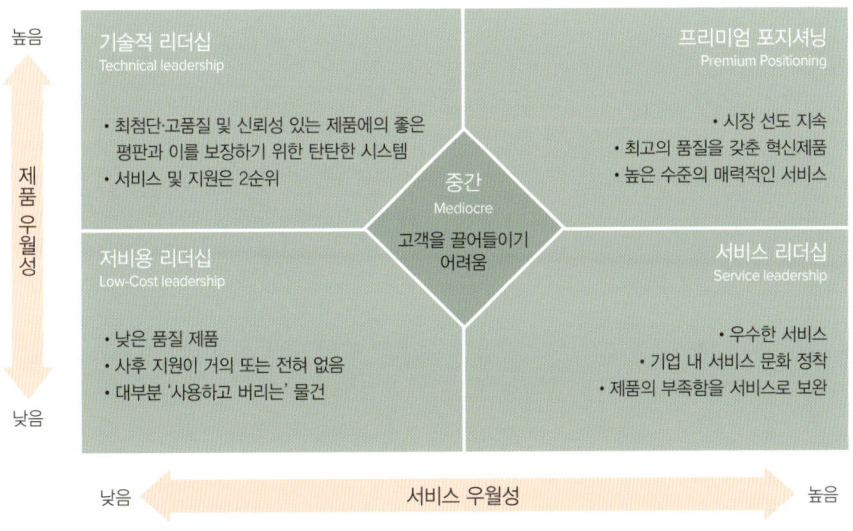

Carol-Ann Morgan, B2B International(2016)

- **제품 우월성** Product superiority   우월한 제품은 높은 품질, 신뢰성, 성능을 갖추고 장기간 사용할 수 있으며 혁신적인 특징과 강한 명성을 갖추고 있다.

- **서비스 우월성** Service superiority   서비스 우월성은 서비스팀의 대응력, 지식 및 기술적 능력, 문제점을 빠르게 해결할 수 있는 능력, 문제를 선제적으로 파악할 수 있는 능력, 고객의 입장에서 생각할 수 있는 능력에 의해 결정된다.

프리미엄 포지셔닝 Premium positioning   높은 제품 우월성/높은 서비스 우월성

시장 선도기업의 포지션을 점하고 있으며 자사 상품 제안에 대해 프리미엄 가격을 부과할 수 있는 기업이 취할 수 있는 포지션이다.

기술적 리더십 Technical leadership   높은 제품 우월성/낮은 서비스 우월성

강력한 상품 제안을 보유하고 있지만 높은 수준의 서비스는 갖추지 못한 기업이 해당한다. 여기에 위치한 기업의 경우, 시장에 새롭게 진입했으나 아직 서비스 제안을 개발하지 못했을 가능성이 있다.

서비스 리더십 Service leadership   낮은 제품 우월성/높은 서비스 우월성

해당 위치의 기업은 서비스 우수성을 통해 성공을 이루어낸다. 기술적인 우월성은 떨어지나 우수한 서비스를 바탕으로 다양한 수입품을 유통 판매하는 업자가 여기에 해당한다.

저비용 리더십 low-cost leadership   낮은 제품 우월성/낮은 서비스 우월성

여기에 위치한 기업은 낮은 가격을 책정함으로써 살아남을 가능성이 있다. 해당 기업의 제품은 높은 가격을 감당할 여력이 없거나 더 좋은 성능의 제품을 구매할 의향이 없는 고객사를 대상으로 판매된다.

매트릭스를 통해 기업은 다음을 판단해볼 수 있다.

- 책정된 가격이 적정한가
- 가격 인상의 기회가 존재하는가
- 지나치게 높은 가격이 책정되지는 않았는가
- 차지할 수 있는 시장 내 리더십 갭이 존재하는가
- 포지션을 조정하거나 유지하기 위해 어느 부분에 투자해야 하는가

유일하게 존재하는 진정한 '프리미엄' 포지션은 우월한 제품과 서비스를 일관되게 제공하는 것이다.

모델의 발전 과정

PSP 프레임워크는 이후 추가적인 발전 과정을 거쳐 산업 부문에 대한 더욱 구체적인 설명을 제공하고, 표 38.1에 나타난 것과 같이 네 개의 시장 포지션 각각에 대한 기회와 위협요인을 파악할 수 있도록 했다. PSP 매트릭스는 제품의 품질과 서비스 품질을 바탕으로 기업의 포지션을 결정하는데, 대부분의 경우 브랜드가 가진 강점이 큰 영향을 미치게 된다. 따라서 시장의 진정한 관점을 반영하고 있는 **브랜드 포지셔닝**이 이 모델에서 가장 중요하다.

표 38.1 각 PSP 포지션에서 취할 수 있는 조치

	프리미엄 포지셔닝	기술적 리더십	서비스 리더십	저비용 리더십
포지셔닝 요약	• 업계 최고의 브랜드 파워 • 고품질 제품과 훌륭한 제품 지원 서비스 • 훌륭하며 일관된 고객 서비스	• 제품 우수성: 업계 선도 제품 • 높은 품질의 우월하고 평판이 좋은 제품	• 서비스 우수성: 평균적인 제품이라도 판매 전후로 훌륭한 서비스 지원	• 최고의 가격: 모든 단계에서 비용에 집중
투자 대상	• 브랜드 • 사람 • 제품 • 고품질과 혁신성을 보장하는 프로세스	• 제품 개발 • 혁신 • 제조 공정 • 공급 사슬 • 품질 테스팅 • 공급업체 관리	• 사람 및 프로세스 • 서비스문화 • '고객우선주의'	• 비용 절감 • 공급 사슬 효율성
프리미엄 부과 능력	매우 높음	높음/매우 높음	중간/높음	없음
장기적 브랜드 생존 이슈	• 프리미엄 가격에 걸맞는 브랜드 유지 • 프리미엄 지불의향과 능력을 갖춘 고객이 충분해야 함	• 철저한 품질 관리 시스템-경쟁사 대비 우월한 제품 • 혁신에의 투자	• 사내 서비스 문화 유지 • 제품에 대한 서비스 지원 비용 관리	• 저비용 포지션 유지를 위해 운영 비용이상으로 유지 • 정확한 매출원가 데이터
장기적 위험 요인	• 서비스 지원 비용이 회사가 시장으로부터 받는 프리미엄의 수준보다 커질 수 있음 • 부정적 리뷰	• 제품의 상용화 • 혁신 둔화 및 신규 진입자 등장	• 제품 신뢰도 저하로 고객 이탈 • 낮은 제품 성능으로 인한 브랜드 리스크	• 계속해서 낮아지는 가격으로 인해 재투자에 필요한 이익 감소

Carol-Ann Morgan, B2B International(2016)

> **모델의 적용**

프리미엄 가격을 부과할 수 있는 기회가 있는지를 알아보고자 하는 어떤 화학 회사가 있다. 시장 설문 조사를 통해 얻은 1차 데이터를 기반으로 경쟁사 대비 해당 화학 회사의 포지션을 좌표에 표시했다. 향후 옮겨갈 것으로 예측되는 포지션 역시 표시하였다. 분석 결과 그 어떤 공급자도 프리미엄 포지션을 점유하고 있지 않았다.

본 연구를 후원한 해당 화학 회사(그림 38.2에서 공급자 X로 표시)의 가격정책에의 만족도가 가장 높았는데, 이는 가격인상의 여지가 있음을 시사했다. 반면 서비스 품질 부문에서는 약점을 보이고 있었는데, 이로 인해 장기적으로 제품 리더십 사분면에서의 포지션이 위협 받게 될 수 있는 상황이었다.

그림 38.2 화학 회사의 PSP 모델을 이용한 기회 및 위협 요인 파악

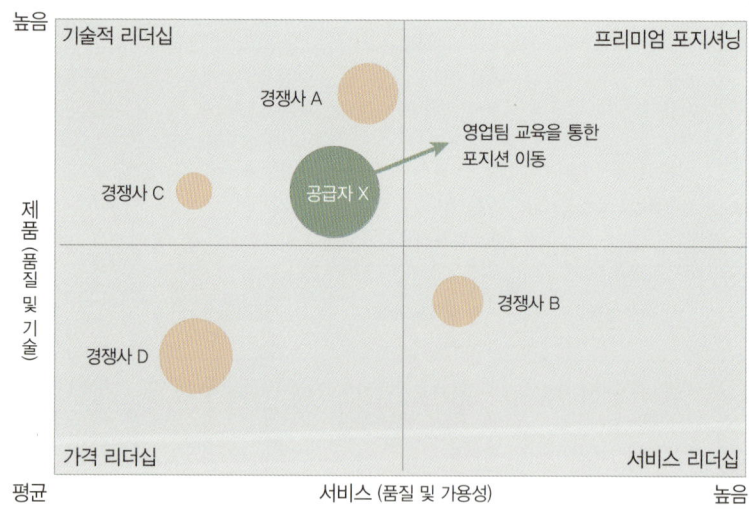

Carol-Ann Morgan, B2B International(2016)

공급자 X는 매트릭스를 이용해 영업 인력과 고객 서비스 인력 교육에 투자하였다. 일선의 서비스 직원에게 더 많은 권한이 부여되면서 해당 회사의 서비스에 대한 인식이 개선되었고 포지션을 우측 상단의 사분면으로 옮겨갈 수 있었다. 제품과 서비스 모두

에서 강한 포지션을 갖게 되면서 공급자 X는 프리미엄 가격을 부과할 수 있는 위치를 점하게 된 것이다.

또 다른 예시로 대규모 건설 플랜트 업체에 매각된 **엔진 제조업체**가 PSP 매트릭스를 활용한 사례가 있다. 해당 엔진 제조업체는 중공업 시장에서 기술적으로 복잡하고 맞춤화 된 제품을 기반으로 항상 시장 내에서 프리미엄 포지션을 점해왔다. 그러나 매출 감소, 경쟁 및 소송까지 갈 정도의 고객 불만으로 인한 타격을 받고 있었다. 제품 공급 및 유지보수와 관련한 상호 의존적 장기계약으로 인해 고객사인 건설 장비 OEM 업체와의 관계 역시 부담이 컸다.

다음과 같은 사항을 표시하기 위해 PSP 매트릭스를 사용하였다.

- 시장 내에서의 목표 포지션 및 회사가 주장하는 포지션(과거 포지션, 현재 시장 커뮤니케이션, 웹사이트 등)
- 회사 내부적으로 인식하고 있는 자사의 포지션
- 고객이 생각하는 해당 회사의 포지션

표시된 결과를 보면 고객이 경험하는 회사의 포지션과 회사가 목표로 하는 포지션 간에 상당한 차이가 있음을 확인할 수 있다. 매트릭스를 통해 가격 결정 전략의 문제점이 더욱 뚜렷하게 드러났다. 해당 업체는 실제 자신이 위치한 포지션이 아닌 목표로 삼고 있는 포지션에 기반하여 가격을 책정하였고, 이는 회사의 이미지에 부정적 영향을 주고 있었다. 프리미엄 포지션의 요건을 충족시키지 못하고 있다는 사실은 알고 있었지만 얼마나 심각한 상황인지는 인지하지 못하고 있었던 것이다.

내부 워크숍에서 활용한 매트릭스와 외부 시장조사 결과를 통해 해당 업체는 가격 결정뿐만 아니라 현재의 포지션을 바로잡기 위해 어떤 투자와 조치가 필요한지 생각했다. 제품과 관련된 문제를 해결하려면 제품 혁신에 대한 노력이 필요했지만 이는 단시간에 해결될 수 있는 것은 아니었다. 이에 따라 고도의 기술시장에서는 제품 개발을 통해 프리미엄 포지션을 되찾기 이전에 서비스 개선이라는 단기적 조치를 먼저 취한다는 전략을 수립하게 되었다(그림 38.3).

그림 38.3 PSP를 이용해 포지션 및 가격 결정 파악하기

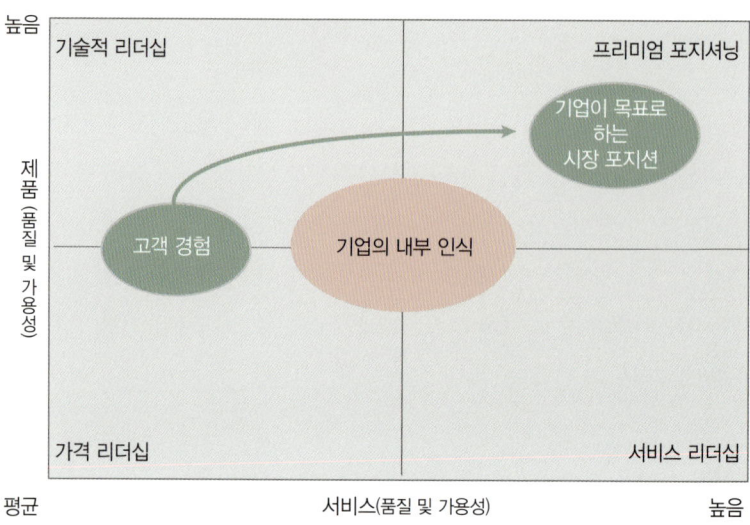

Carol-Ann Morgan, B2B International(2016)

> **생각해볼 점**
>
> - B2B 시장에서는 제품과 서비스 품질이 매우 중요하다. 기존 회사들은 현재의 포지션에 안주한 나머지 현재의 제품 및 서비스 품질로는 정당화 될 수 없는 수준의 프리미엄을 부과하는 경우가 있다. 고객 불만 사항, 보증 기간의 하자 요청, 시장 조사를 이용해 현실을 직시하자. 서비스 품질에 대한 투자를 통해 짧은 시간에 많은 개선을 이루어낼 수 있다.
> - 자사의 제품의 어떤 부분이 고객을 만족시킨다고 생각하는지 자문해보자. 카노Kano 모델을 이용해 고객 만족을 이끌어내는 제품 특징을 파악해보자(22장 참고).

세분화
Segmentation

39

고객 집단을 이용해
비교 우위 점하기

마케팅 | 일반적 비즈니스 전략 | 가격 결정 | 제품 관리 | 고객 분석

기업들은 고객들 사이에 차이가 있음을 인지하고 이에 따라 목표를 달리 하였다. 초기 상품들은 지역 단위에서만 판매되었으나, 1990년대 초반의 광고대행사들은 서로 다른 반응을 보이는 사람들을 타기팅하는 것의 이점에 관심을 갖기 시작했다.

현재 우리가 알고 있는 세분화Segmentation의 개념은 웬델 R 스미스Wendell R. Smith가 1956년에 쓴 「Product differentiation and market segmentation as alternative marketing strategies」에 처음 등장한다. 그는 논문에서 성공적인 제품 차별화는 광범위하고 일반적인 시장을 아우를 수 있다고 주장하였다. 예를 들어, 하인즈 빈즈Heinz beans는 독특한 제품 포지셔닝으로 다양한 고객에게 판매되고 있다. 웬델은 시장의 이런 형태를 일종의 케이크 한 층으로 비유했다.

반면 시장 세분화 전략을 구사하는 회사는 케이크의 한 조각을 잘라간다. 그는 냉동 칸이 없는 냉장고를 출시한 냉장고 제조업체를 예로 들었다. 당시 많은 가정에는 이미 냉동고가 있었다. 이미 음식물의 냉동 보관에 대한 니즈가 완전히 충족되어 있었기 때문에 냉장 보관만 가능한 기기는 시장의 한 조각(즉 세분화)만을 대상으로 한 것이다. 그는 **세분화와 차별화**가 상호 연관되어 있다고 보았다. 성공적인 세분화 전략은 세그먼트를 하나의 독립적인 시장으로 재정의하는 단계로 이어지며 결국 차별화 전략으로 선회한다는 것이다.

모델의 구조 및 분석 방법

마케팅의 목적은 사람들의 니즈를 만족시키는 동시에 그 과정에서 이익을 창출하는 것이다. 그러나 사람들은 매우 다양한 니즈를 가지고 있기 때문에 이를 충족시키기 위해선 각 집단에 대해 서로 다른 접근법을 취해야 한다. 마케팅 담당자의 역할은 이러한 니즈를 파악하고 각 고객 집단 간의 차이를 가려내는 것이다. 각각의 고객 집단을 세그먼트$_{segment}$라고 하는데, 마케팅의 핵심은 세분화$_{segmentation}$에 있다고 할 수 있다.

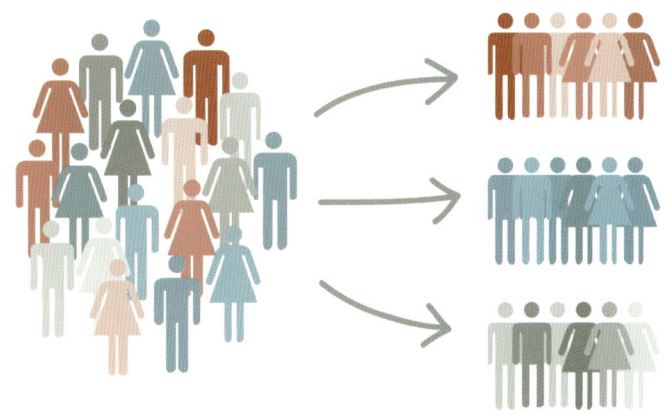

소비재 기업의 경우 인구통계학$_{demographics}$, B2B 기업의 경우 퍼모그래픽스$_{firmographics}$에 기반을 두는 것이 일반적인 세분화 접근 방법이다. **인구통계학 기반의 세분화**는 물리적 요소들을 기준으로 시장을 구분한다. 소비자의 경우 연령, 성별, 혼인 여부, 가족 구성원에 따라 구분하는 것이고, 기업의 경우 회사의 규모, 업종, 지리적 위치와 같은 요소로 구분하는 것이다. 보다 세밀하게 세분화하려면 사업의 미래를 좌우할 전략적 고객, 중요한 주요 고객, 그리고 상대적으로 작은 일반 고객으로 분류한다.

인구통계적 요소에 기반한 세분화는 매우 합리적이며 그 자체만으로 충분할 수 있다. 그러나 경쟁사들이 따라할 수 없는 지속 가능한 경쟁 우위를 제공해 주지는 못한다. 또한 고객과 잠재 고객이 원하는 바가 무엇인지를 알려주지도 않는다. 이보다 한 단계 더 복잡한 세분화 방식은 고객의 행동과 니즈에 기반한 것이다. 규모가 큰 기업이 사업상의 전략적 가치를 갖추고 있다는 점은 분명하지만, 누군가는 군더더기 없이 최소한의 필요한 서비스만 받으며 낮은 가격을 원하는 반면, 모든 면에서의 지원을 요구하는 회사도 있다. 만약 두 성격의 고객사들을 동일한 방식으로 대한다면 이들의 니즈를 충족시키지 못해 경쟁사에게 빼앗기는 결과를 낳게 될 것이다.

고객의 니즈를 파악하기 위해서는 하나의 메커니즘이 필요하다. 직접 고객에게 묻는 상식적 접근 방법이 있을 수 있다. 하지만 어떤 질문을 해야 할 것이며, 이를 통해 얻은 답변의 정확성에 확신을 가질 수 있을까? 고객이 거짓말을 한다는 것이 아니라 자신의 진정한 니즈를 인지하고 있지 못한 고객이 있을 수도 있다.

- 사람들은 기술공학적 우수성 때문에 포르쉐$_{Porsche}$를 구입하는 것일까?
- 사람들은 오래 입을 수 있기 때문에 아르마니$_{Armani}$ 양복을 구입하는 것일까?
- 화학물질을 구입할 때 오직 가격만을 따진다는 회사는 나중에 기술적 지원이나 긴급배송에 대한 요구를 절대로 하지 않을까?

시장 설문조사를 통해 얻은 답변을 통해 시장을 세분화한다. 설문지의 분류 데이터를 통해 인구통계적 정보를 얻을 수 있고, 인터뷰를 통해 고객 행동의 측면을 파악할 수 있다. 또한 해당 요소에 대한 정보를 연관표로 나타냄으로써 서로 다른 응답자 집단 사이의 차이를 살펴볼 수 있다. 이는 가장 단순한 형태의 시장 세분화로, 연구자들은 조사 결과를 컴퓨터를 이용해 표에 나타냄으로써 응답자 집단 간의 뚜렷한 차이를 파악한다.

세그먼트에 대해 좀 더 구체적인 분석을 하는 데는 통계적 기술, 특히 다변수 분석$_{multivariate\ analysis}$이 이용된다. 설문조사에서 응답자에게 다양한 의견을 제시하고 각각에 대한 동의 수준을 묻는다. 각 문항들은 시장 내의 다양한 니즈, 흥미, 사이코그래픽$_{psychographic}$을 분석하기 위한 의도로 설계된 것이다. 일반적으로는 20개 남짓의 문항이 있지만 그 이상이 되는 경우도 있다. 200개의 인터뷰로부터 나올 수 있는 조합은 말 그대로 수백만 개가 될 수 있으므로 이 결과를 자연스럽게 그룹으로 묶을 수 있는 수단이 필요하다.

어떤 특성을 지닌 사람들끼리 묶는 것이 적합한가를 판단하는 데 **요인 분석**factor analysis이 이용된다. 각 집단별로 문항에 대한 답변이나 속성을 살펴보면 낮은 가격을 원하는 사람들, 돈이 추가되더라도 부가 서비스를 원하는 사람들, 환경 문제에 관심이 많은 사람들 등, 공통적인 주제를 발견할 수 있다. 요인 분석은 수많은 속성을 대표적인 하위 집단으로 정리해준다. 이렇게 하위 집단이 도출되면 군집 분석cluster analysis을 이용해 공통 니즈를 가진 집단으로 재배열한다. 그리고 각 집단에 대해 '가격 중시 구매자price fighters', '서비스 탐색가service seekers' 등, 주요 특징을 대변하는 명칭을 부여한다.

니즈 기반 **세분화에 대한 통계적 접근법**은 매우 널리 이용되고 있으며, 그것은 고객층을 확인하는 객관적인 수단이라고 할 수 있다. 그러나 사람들의 취향과 니즈는 지속적으로 변해가기 때문에 현재의 레이더 화면에 보이지 않는 새로운 세그먼트가 존재할 수 있음을 항상 명심해야 한다. 예를 들어 만약 기네스Guinness가 1960년대의 고객 니즈를 기반으로 세분화를 진행했다면 젊고 트랜디한 이미지의 음료로 리포지셔닝 할 수 있는 기회를 포착할 수 없었을 것이다. 해당 세그먼트는 여러 시리즈에 걸친 기민한 마케팅 캠페인을 통해 발견했다.

모델의 발전 과정

다양한 세그먼트를 X/Y축으로 이루어진 격자표에 표시함으로써 타기팅할 가치가 있는, 또 그럴 값어치가 없는 세그먼트를 가려낼 수 있다(15장 정책방향 매트릭스 참고). 이 의사결정에 영향을 주는 두 가지 축은 '세그먼트 자체의 기회 요소'와 '세그먼트 내에서의 공급자 차별화 정도'이다. 이를 통해 자원을 투자할 가치가 있는 타깃을 확인할 수 있다. 그림 39.1의 예시에서 가격 중시 구매자 세그먼트가 규모 측면에서는 크다 해도 만약 큰 이익이 창출되지 않는다면 타깃에서 제외될 수 있다. 하지만 범위 내 구매자range buyers들이 우측 상단으로 위치를 옮겨 전통주의자traditionalists, 품질 중시 구매자quality fanatics, 납기 중시 구매자delivery buyers와 같은 보다 매력적인 세그먼트가 될 수 있다면 충분히 타깃으로 삼을 만한 가치가 있을 것이다.

그림 39.1 세분화 매트릭스

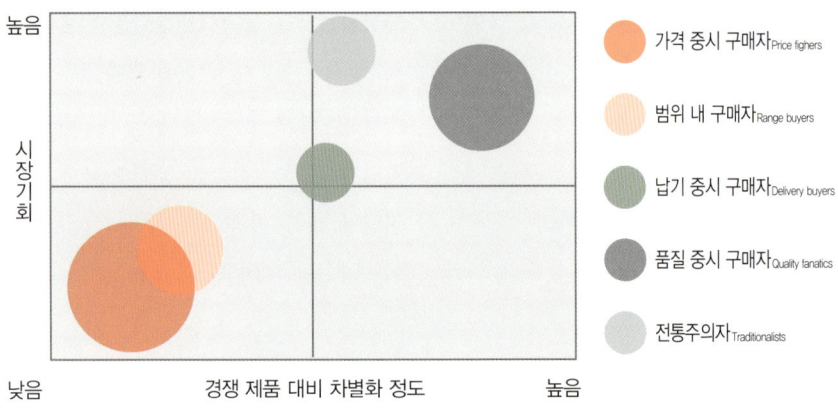

니즈 기반 세분화에 대한 비판적 의견도 존재한다. 특히 B2B 시장의 경우, 의사결정 단위가 너무 세분화되고 계속 변하기 때문에 니즈 기반 세분화를 적용하기 어렵다. 물리적인 요소로 묘사하는 세분화는 판매를 촉진하는 데 중요한 동기나 감정에 대한 통찰이 부족하다. 또한 빠르게 변하는 세그먼트와 달리 기업은 시대에 뒤떨어진 세분화 기준을 계속 유지하기도 한다.

하지만 시장 세분화의 핵심은 고객의 니즈를 충족시키는 것이기 때문에 향후에도 유용한 개념으로 남아 있을 가능성이 높다. 디지털 커뮤니케이션 수단의 발달로 인해 마케팅 담당자들은 촘촘하게 세분화된 고객 집단을 대상으로 맞춤화 된 상품 제안을 할 수 있게 되었고, 미래에는 기업들이 서비스를 제공하는 세그먼트의 수가 급격히 늘어날 것으로 예측된다.

모델의 적용

니베아 선 Nivea Sun은 독일계 회사 바이어스도르프Beiersdorf 소유의 브랜드로, 영국의 자외선 차단 제품 시장을 대상으로 세분화 전략을 사용하였다. 니베아 선은 다양한 니즈를 충족시킬 수 있는 넓은 브랜드 포트폴리오를 보유하고 있었다. 사람들이 **자외선 차단**

제품에 대해 가지고 있는 태도가 세분화 전략의 가장 중요한 변수라는 관점을 기반으로 소비자의 태도를 완전히 파악하기 위해 시장조사 연구를 수행하였다. 연구 결과, 자외선 차단에 대한 태도를 기준으로 다섯 개의 세그먼트로 고객을 분류하였다.

걱정하는 소비자 Concerned consumers
자외선 노출로 인한 유해 효과를 인지하고 있으며 자외선 차단 수치가 높은 제품을 구매하는 고객. 태닝에 관심이 없다.

햇볕 기피자 Sun avoiders
일광욕 하는 것을 원치 않으며 자외선 차단제를 바르는 것을 귀찮아한다. 그러나 지나친 햇빛 노출은 위험하다는 사실을 인지하고 있으며, 바르기 쉬운 제품이라면 구매할 가능성이 높은 고객이다.

성실한 햇볕 애호가 Conscientious sun lovers
햇빛에 노출되는 것을 좋아하며 적절한 자외선 차단 지수를 갖춘 유명 브랜드 제품을 구매한다. 다양한 제품 간 차이를 알고 있고 자신 및 가족 구성원의 피부에 알맞은 제품을 구매한다.

부주의한 태너 Careless tanners
햇빛 노출을 좋아하지만 장기적 위험에 대해 크게 우려하지 않아 충분한 차단제를 바르지 않는다. 자외선 차단제를 종종 구매하지만 보통 낮은 지수의 제품을 구입한다.

순진한 미용 인식층 Naive beauty conscious
피부 태닝을 중요시 생각하는 고객층이다. 자외선 차단의 중요성에 대해서는 알고 있으나 자외선 차단 요소에 대해서는 충분히 이해하지 못하고 있다. 자외선 차단제를 구매할 경제적 여력은 있지만 상황에 따라 적절한 차단제가 무엇인지에 대한 교육이 필요하다.

자외선 차단 제품에 대한 관심과 우려를 기준으로 다섯 종류의 고객 세그먼트 중 걱정하는 소비자Concerned consumers, 성실한 햇볕 애호가Conscientious sun lovers, 순진한 미용 인식층Naive beauty conscious의 세 개 집단을 주요 목표 집단으로 설정하였다. 햇볕 기피자Sun avoiders와 부주의한 태너Careless tanner 세그먼트는 중요도 측면에서 후순위로 설정되었다. 세그먼트를 나누는 주요 기준은 태도의 차이인 것으로 파악되었다. 각 세그먼트 내에서는 일관된 인구통계적 차이가 발견되었다. 남성은 자외선 차단제의 편의성, 여성은 좀 더 고급스러운 제품을 추구했으며 성인과 어린이는 각기 다른 니즈를 가지고 있었다. 자외선 차단에 대한 태도는 소득 및 사회 계층을 초월하여 적용되었다.

이 사례 연구에서는 다음과 같은 중요 질문을 던질 수 있다. '이러한 세분화가 니베아에 어떤 측면에서 기여할 것인가?', '니베아가 추구할 수 있었던 선택지에는 무엇이 있으며, 다른 옵션을 취했다면 더 나은 결과로 이어졌을까?'

니베아가 꼭 고객의 태도를 기준으로 세분화할 필요는 없었다. 니베아는 시장 내 훌륭한 포지션을 점하고 있으며 좋은 상품 라인업도 갖추고 있었다. 니베아는 웬델 스미스Wendell Smith의 상품 차별화 전략을 추구해 왔는데, 폭넓은 자외선 차단 제품 구성에는 로션, 스프레이, 민감성 피부용 제품, 어린이용 제품이 포함되어 있다. 다양한 종류의 회복용 제품과 셀프 태닝을 위한 제품도 갖추고 있다. 다양한 고객의 니즈를 충족시키기에 적합한 제품의 범위도 설정하였다. 남성은 스프레이를 선호하고, 여성은 고급스러운 제품을 선호했으며, 아이들을 위한 특별 제품도 갖추고 있었다. 각기 다른 인구통계적 집단에 맞는 제품을 만드는 데 집중하는 전략도 나쁜 전략은 아니었을 것이다.

소비자의 태도를 기준으로 한 세분화는 시장에 대해 또 다른 이해를 할 수 있게 했다. 이러한 연구 결과에 기반하여 연구 개발팀은 빠른 효과가 나타나는 제품과 바르기 쉬운 제품을 개발하였다. 또한 홍보팀을 이를 이용해 각 고객 집단이 공감할 수 있는 메시지를 고안해 냈다. 고객의 태도에 대한 이해를 바탕으로 니베아는 그들의 제품을 구입하는 고객들에게 더 가까이 다가가 깊은 관계를 맺을 수 있게 되었다.

> **생각해볼 점**
>
> - 니즈를 더욱 잘 충족시키기 위해 고객 기업을 그룹으로 묶는 것은 쉬운 일이 아니다. 이를 위해선 인구통계적 정보, 행동, 사이코그래픽 정보 및 니즈와 같은 고객에 대한 충분한 정보가 필요하다. 그러나 기업의 마케팅 지향성을 높이기 위해선 니즈와 행동을 기준으로 한 고객 세분화가 필요하다. 또한 이는 경쟁자가 따라 하기 힘든 전략으로 비교 우위를 점할 수 있도록 해준다.
> - B2B 회사의 경우 의사결정 집단이 복잡하고 자주 변하기 때문에 니즈를 기준으로 고객을 세분화하는 것이 쉽지 않다. 따라서 행동을 기준으로 회사의 특징을 구별 지어 상품 제안을 하는 것이 더욱 실용적인 접근법이 될 수 있다. B2B 회사의 행동은 회사의 규모와 산업 부문의 영향을 받는다.

서비스 수익 체인
Service profit chain

직원의 만족도 및
성과와 기업의 수익을
연결하기

마케팅 · 일반적 비즈니스 전략 · 가격 결정 · 혁신/제품 관리 · 고객 분석

서비스 수익 체인의 개념은 1994년 제임스 헤스켓James Heskett et al이 『Harvard Business Review』에 기고한 「Putting the service profit chain to work」에서 처음 제안되었다. 제임스 헤스켓은 1997년 해당 주제로 『The Service Profit Chain: How leading companies link profit and growth to loyalty, satisfaction and value』라는 책을 출판하였다.

모델의 구조 및 분석 방법

기업 경영진은 수익을 높일 수 있는 방법은 세 가지 뿐이라는 사실을 알고 있다. 더 많이 팔거나, 가격을 높이거나, 비용을 줄이는 것이다. 하지만 서비스 수익 체인 모델에 따르면 네 번째 방법이 존재한다. 그것은 바로 **직원 만족**Employee satisfaction이다. 행복한 직장 생활을 하는 직원은 그냥 일을 하는 차원을 넘어 훌륭하게 자신의 업무를 수행하며 고객은 이를 쉽게 알아차린다. 이는 고객의 행복으로 이어지며, 만족한 고객은 충성 고객이 되어 일생 동안 더 많은 가치를 창출해 수익을 높여준다. 서비스 수익 체인은 직원에서 시작해 수익 향상으로 이어진다.

기업의 문화는 일하기 좋은 직장인가를 판단하는 데 중요한 요소이다. 기업의 문화는 최고경영자와 경영진에 의해 결정된다. 사우스웨스트 항공의 성공에 대해 공동창업자이자 최고경영자였던 **허브 캘러허**Herb Kelleher의 공으로 보는 견해가 많다. 공감력이 뛰어나고 카리스마 있는 지도자로 정평이 나있는 그는 재미있게 일하고 고객에게 집중하며 적합한 사람을 고용하고 타인에게 이로운 일을 해야 한다는 핵심 가치를 가지고 있었다. 캘러허는 5만 명의 직원에게 있어 치어리더와도 같았다. 그의 리더십 덕분에 사우스웨스트 항공은 50년 동안 손실을 내지 않은 유일한 항공사가 될 수 있었다.

행복한 직장 생활을 하는 직원은 **고객 만족**을 위해 한 걸음 더 나아갈 가능성이 더 크다. **충성도**가 높은 직원은 신규 채용과 교육의 필요를 줄이고, 생산성이 높기 때문에 기업의 비용을 낮추는 역할을 하게 된다. 행복한 직원과 행복한 고객 간의 상관관계는 소매업종에서 특히 두드러진다. 미국의 노드스트롬Nordstrom 백화점과 영국의 존 루이스John Lewis 백화점은 의욕에 가득 찬 직원이 어떻게 수익에 기여했는지 잘 보여준다. 타코벨Taco Bell은 여러 지점에 걸쳐 직원의 이직 기록을 살펴본 결과, 이직률 하위 20퍼센트 지점이 이직률 상위 20퍼센트 지점보다 매출은 2배이고, 수익은 55퍼센트 높다는 사실을 발견하였다.

만족도가 높은 고객과 충성도가 높은 고객 사이에는 정비례는 아니어도 뚜렷한 상관관계를 가진다. **충성 고객**을 얻기 위해선 먼저 이들이 제품의 가치와 좋은 서비스를 인지할 수 있도록 해야 한다.

랭크 제록스Rank Xerox는 매해 약 50만 명에 달하는 고객을 대상으로 만족도를 조사한다. 높은 만족도는 5점을, 낮은 만족도에는 1점을 부여했는데, 조사 결과 5점 만점에 4점을 주는 고객과 5점을 주는 고객 간에 상당한 차이를 알아냈다. 5점을 준 고객들은 4점을 준 고객보다 제록스 장비를 재구매할 가능성이 여섯 배나 높다는 사실이었다. 하버드 대학교 마케팅 교수인 제임스 헤스켓은 충성도 수치 대비 만족도 수치를 표로 나타냈는데, 이를 통해 고객의 상당한 충성심을 얻기 위해서는 평균적으로 5점 만점 중 4.5점 이상을 얻어야 한다는 사실을 알아냈다.

그림 40.1 서비스 수익 체인 구조

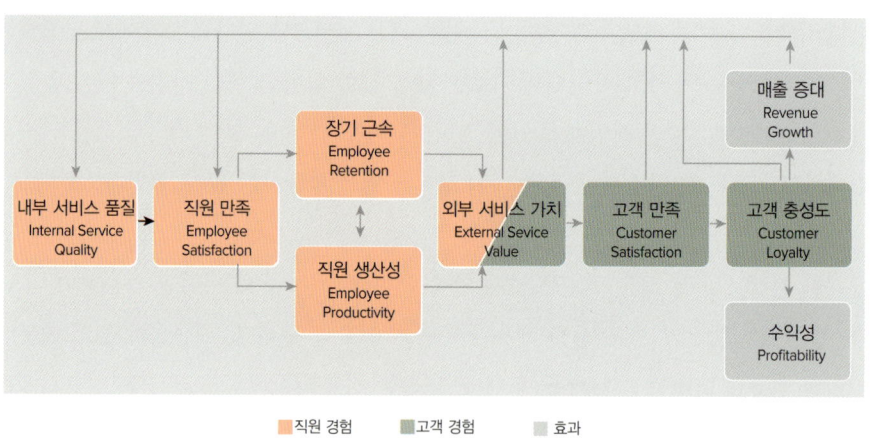

모델의 발전 과정

서비스 수익 체인은 크고 작은 모든 규모의 회사에 적용될 수 있는 모델이다. 특히 항공사, 소매회사, 레저회사 등과 같이 직원과 고객 간의 접촉이 많은 기업에 적합하다. 하지만 이 외에도 모든 유형의 기업에 응용될 수 있는 모델이다.

헤스켓의 충성도/만족도 모델은 시장 조사 결과에 쉽게 적용해 볼 수 있다. 어떤 글로벌 엔지니어링 회사에 대한 설문조사 결과를 갖고 헤스켓 모델을 이용해 수익의 위험성revenue at risk을 분석하였다.

각 고객사가 제공한 해당 엔지니어링 회사에 대한 만족도 및 추천 의향(충성도의 대용 지표로써) 점수를 분석한 결과 응답 고객의 32퍼센트가 충성도를 유지할 것으로 보였으며, 20퍼센트의 고객은 이탈할 위험이 있는 상태(그림 40.2의 추천 의향 또는 만족도 점수가 6점 이하인 부분의 합산)인 것으로 나타났다. 이와 같은 분석 결과를 통해 해당 회사는 고객 만족도와 수익 간의 연계성에 대해 주의를 환기시킬 수 있었다.

그림 40.2 헤스켓 모델에 기반한 수익의 위험성 예시

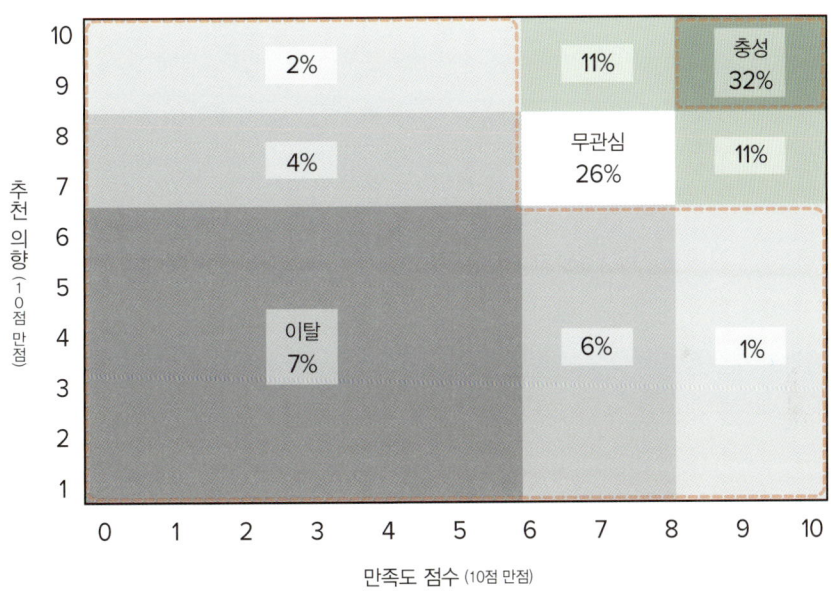

Using theory from Heskett, Jones, Sasser and Schlesinger(1994)

모델의 적용

노드스트롬은 1901년 존 노드스트롬_John Nordstrom_에 의해 설립된 고급 백화점 체인이다. 고객과 직원 모두를 위하는 것을 중요하게 생각하며 가족 같은 분위기를 지금까지 유지하고 있다. 직원의 자율성을 중요시하는 노드스트롬의 고객 서비스와 관련된 미담은 많다. 한 예로 어떤 고객이 타이어 한 세트를 환불하기 위해 노드스트롬 앵커리지_Anchorage_ 지점을 방문한 적이 있었다. 그러나 그 타이어는 노드스트롬이 판매한 제품이 아니라, 노드스트롬이 그 부지에 들어서기 전에 있었던 아울렛에서 판매되었던 것이었다. 그럼에도 불구하고 지점 매니저는 고객의 환불 요청을 받아들이기로 결정하였다. 이는 직원으로 하여금 고객 행복 유지와 새로운 관계 형성에 힘쓰도록 격려하는 노드스트롬의 여러 전설적인 미담 중 하나가 되었다.

이러한 직원 문화는 창업주인 존 노드스트롬으로부터 시작한다. 그는 칼 월린_Carl Wallin_과 공동으로 상점을 설립했다. 개점 첫 날, 사업상 용무가 아니었음에도 점심을 먹으러 외출했던 그의 동업자와 달리 존은 새로운 매장을 관리하기 위해 직접 매장을 찾았다. 첫 여성 고객이 찾아왔을 때, 그는 열정적으로 영업을 했다. 그 고객은 쇼윈도에 진열된 신발을 보고 신어볼 수 있겠냐고 물었다. 노드스트롬은 진열된 신발과 같은 크기와 색깔의 신발을 찾아 창고를 샅샅이 뒤졌지만 찾을 수 없었다. 필사적이었던 그는 고객에게 진열된 제품을 신어보도록 권유했고, 신발은 고객의 발에 꼭 맞았다. 고객은 12.50달러에 신발을 구매했는데 그것이 그날의 유일한 매출이었다. 이 단 하나의 사건으로 그는 '노드스트롬 웨이_The Nordstrom Way_'의 기초를 세웠다. 그것은 '고객을 위해선 무엇이든 하라. 모든 수단과 방법을 가리지 말고 고객이 아무것도 사지 않고 매장을 떠나는 일이 없도록 하라'는 원칙이다.

100년이 넘은 지금까지도 노드스트롬은 동일한 원칙을 따르고 있으며, 이 원칙은 매우 고객 친화적인 방식으로 실천되고 있다. 직원들은 항상 고객을 환대하되 지나친 구매 압박은 가하지 않아야 하며, 언제나 회사보다 고객을 우선시하는 의사결정을 내리도록 교육받는다. 노드스트롬은 최대한 내부 직원을 승진시키는 체계를 따르고 있어 경영진의 절반 이상은 매장 직원에서부터 시작하였다.

노드스트롬의 직원과 고객의 약속이라는 단순한 원칙은 직원 핸드북에 잘 나타나 있는데 오랫동안 이 핸드북은 75단어로 이루어진 그냥 한 장의 5X8인치 색인카드였다[1](그림 40.3 참고).

그림 40.3 노드스트롬의 직원 핸드북

> 노드스트롬에 오신 것을 환영합니다. 우리 회사에 함께 하게 되어 매우 반갑습니다. 우리의 최우선 목표는 고객에게 뛰어난 서비스를 제공하는 것입니다. 개인적, 그리고 회사에서의 목표를 높게 설정하십시오. 당신이 그 목표를 이룰 수 있는 충분한 능력을 갖추고 있을 것이라 믿습니다.
>
> **노드스트롬 규칙**
> 규칙 1: 모든 상황에서 여러분의 올바른 판단력을 발휘하십시오.
> 이것이 유일한 규칙입니다.
>
> 궁금한 점이 있으시면 부서 매니저, 매장 매니저 또는 부서 총지배인에게 주저하지 마시고 언제든지 질문하십시오.

자율권을 부여받은 행복한 노드스트롬 직원은 여러 해에 걸쳐 높은 수익을 달성하는데 기여했다. 회사의 성과는 미국 내 거의 모든 소매회사를 뛰어넘었고 온라인 판매와 같은 새로운 도전에 대응해가며 지속적으로 높은 수익을 약속하고 있다. 능력 있는 좋은 사람을 고용하고 높은 수준의 고객을 목표로 하며 최고의 고객 서비스를 제공했던 것이 노드스트롬의 주요 성공 요인이다. 이는 서비스 수익 체인의 핵심 요소이기도 하다.

---

1 이 사례는 사실 출처불명으로 위작일 수 있으나 인터넷 상에서 자주 인용된다.

생각해볼 점

- 짐 콜린스 Jim Collins는 그의 저서 『좋은 기업을 넘어 위대한 기업으로 Good to Great』에서 모든 회사는 좋은 직원에서 시작한다고 주장하였다. 그는 적절한 사람을 버스에 태우고 부적절한 사람을 하차시킨 후 적절한 사람을 적합한 자리에 앉히면 그 버스가 이 세상에서 갈 수 없는 곳은 거의 없다고 말한다. 이는 곧 서비스 수익 체인이 말하고자 하는 바이기도 하다. 동기가 부여된 좋은 직원은 높은 수익을 가져다준다. '적절한 사람을 버스에 태웠는가?', '이들을 적합한 자리에 앉혔는가?' 자문해보자.

- 수익 위험성 revenue-at-risk 분석을 통해 어떤 고객이 가장 취약한지 파악하고 그 이유를 찾아보자. 직원 관계 및 고객 관계 개선을 통해 위험을 최소화할 수 있는가?

SERVQUAL

고객의 기대와 기업의 성과 일치시키기

SERVQUAL 모델은 파수 파라수라만Parsu Parasuraman, 발레리 자이사믈Valarie Zeithaml, 렌 베리Len Berry, 세 명의 학자들이 1983년과 1988년 사이에 수행한 자신들의 연구를 기반으로 창안하였다. 초기 모델에는 서비스 품질을 구성하는 열 가지 요소가 있었으나 이후 테스팅을 거쳐 다섯 개로 요약해 신뢰성Reliability, 보증성Assurance, 유형성Tangibles, 공감성Empathy, 대응성Responsiveness의 알파벳 앞 글자를 딴 두문자어 RATER를 만들었다.

모델의 구조 및 분석 방법

서비스Service와 품질Quality의 합성어인 **SERVQUAL**은 기업의 서비스 성과와 고객의 기대를 비교하기 위해 고안된 모델로, 일종의 갭 분석(20장에서 논의함)이라고 할 수 있다. 소비자의 기대는 그들이 공급자에 대해 무엇을 알고 있는지와 공급자에 대한 과거 경험, 그리고 소비자 니즈로부터 형성된다. SERVQUAL 연구는 기업이 제공하는 다양한 서비스에 대해 응답자가 얼마나 기대하는지 점수를 매기고, 그 기대한 바가 얼마만큼 충족되었는지를 평가한다. 그 결과를 통해 서비스에 대한 기대 정도와 그 기대에 기업의 성과가 충족시키는지의 차이$_{gap}$를 판단할 수 있다.

SERVQUAL 모델은 서비스의 다섯 차원에 기반을 두고 있으며, **RATER**라는 두 문자어로 나타낸다.

그림 41.1 SERVQUAL 모델의 다섯 가지 서비스 차원

- **신뢰성**Reliability   전반적인 만족도 및 추천 의향 등, 약속한 바를 지키는 것에 대한 중요도 및 만족도를 묻는 질문들이다.
- **보증성**Assurance   고객 서비스 및 판매 직원의 지식 및 친절도를 묻는 질문들이다.
- **유형성**Tangibles   배송 차량의 청결도, 직원의 외모 등 물리적 측면에 대한 질문들이다 (SERVQUAL은 서비스 지향적 모델이기 때문에 유형성 요소는 제품 그 자체가 아닌 서비스 전달 관련 부문에 관심을 둔다).
- **공감성**Empath   영업 담당자처럼 사람에 의해 제공되는 서비스의 중요도 및 만족도를 묻는 질문들이다.
- **대응성**Responsiveness   문의에 대한 대응 속도, 거래의 편의성 등의 요소에 대한 중요도 및 만족도를 묻는 질문들이다.

서비스 품질은 제공 받는 서비스에 대한 사람들의 인식Perceptions에서 기대Expectations를 뺀 다음과 같은 등식으로 요약된다.

$$\text{서비스 품질(Service Quality)} = \text{서비스 인식(P)} - \text{서비스 기대(E)}$$

항상 그런 것은 아니지만, 서비스에 대한 기대는 실제로 받는 서비스보다 더 크므로 기대를 충족시키는 데에 따른 갭을 발견할 수 있다. 이를 토대로 기업은 고객의 니즈를 더 잘 충족시키기 위한 조치를 취하게 된다. SERVQUAL 모델을 통해 파악할 수 있는 갭은 다음과 같다.

갭 1: 지식 갭 Knowledge gap
고객이 원하는 바에 대한 경영진의 생각과 고객이 실제로 원하는 것 사이의 갭이다.

갭 2: 표준 갭 Standard gap
기업이 고객을 위해 고안한 표준과 고객이 실제로 기대하는 것 사이의 갭이다.

갭 3: 전달 갭 Delivery gap
고객의 기대치와 고객이 실제로 받는 것 사이의 갭이다.

갭 4: 커뮤니케이션 갭 Communication gap
기업이 약속한 바와 실제로 지켜지는지 사이의 갭이다.

갭 5: 고객 만족도 갭 Customer satisfaction gap
고객의 만족도와 기대치 사이의 갭이다.

기대와 인식 간의 갭은 다음과 같이 다양한 요인에서부터 기인한다.

- 공급자가 고객이 기대하는 바를 잘 알지 못하고 있을 수 있다.
- 공급자가 고객에게 잘못된(보통 너무 낮은) 서비스 품질 기준을 제공하고 있을 가능성이 있다.
- 공급자가 해당 서비스를 제공하는 데 적합하지 않거나 충분한 기술이 없는 직원을 고용하고 있을 가능성이 있다.
- 공급자가 기대를 충족시키지 못하는 상품을 제안하고 있을 가능성이 있다.
- 공급자가 지키지 못할 약속을 하는 경우이다.

경영자는 SERVQUAL 결과를 바탕으로 갭을 최소화할 수 있다. 필요한 부분에서는 서비스의 수준을 높이되 지키지 못할 약속은 하지 않도록 한다. 직원 교육을 통해 적절한 수준의 서비스를 제공하고 더욱 효율적인 커뮤니케이션을 유도할 수도 있다.

모델의 발전 과정

SERVQUAL 모델은 고객의 만족도와 관련된 설문조사 작성에 표준이 되었다. 고객은 기업의 성과에 대해 얼마나 만족하는가, 그리고 해당 요소가 그들에게 얼마나 중요한가에 대한 질문을 받는다. 중요도와 기대는 각기 다른 개념이지만 긴밀히 연관되어 있다. 고객은 공급자를 선택할 때 자신이 중요하다고 생각하는 요소에 대해 더 많은 기대를 하는 경향이 있다.

SERVQUAL 모델은 각각의 기업이 신뢰성, 보증성, 유형성, 공감성, 대응성을 측정하기 위한 질문을 나름대로 만들 수 있다는 점에서 유연성을 지닌다. 보통 응답자는 해당 기업이 얼마나 좋은 성과를 보이고 있는지를 표시하기 위해 각 질문에 대한 점수를 매기게 된다(예: 1-5점 또는 1-7점 또는 1-10점). 또한 비슷한 척도로 각 요소에 대한 기대치를 표시한다. 질문을 구성할 때에는 유연성을 발휘할 수도 있다. 일반적인 질문 예시는 다음과 같다.

대응성 질문
- 항상 제때에 납품한다.
- 필요 시 언제나 담당자와 연락할 수 있다.
- 문제 발생 시 해결하고자 하는 의지를 보인다.

보증성 질문
- 직원이 자사 제품에 대한 충분한 지식을 갖고 있다.
- 직원이 나의 문제를 만족스러운 수준으로 해결해 준다.
- 직원이 나에게 도움이 된다.
- 직원이 나에게 친절하다.
- 나는 해당 기업 직원에 대한 신뢰를 가지고 있다.

유형성 질문
- 해당 기업은 현대식 장비를 갖추고 있다.
- 해당 기업은 고품질 제품을 갖추고 있다.
- 해당 기업의 직원은 항상 깔끔한 외관을 하고 있다.
- 시각적으로 매력적인 홍보자료가 갖춰져 있다.

공감성 질문
- 해당 기업의 직원이 나의 필요에 귀 기울여 준다.
- 해당 기업의 직원이 나에게 개별적 관심을 가져준다.
- 해당 기업의 영업시간이 나의 필요에 맞춰져 편리하다.
- 해당 기업이 나의 이익에 우선순위를 부여한다.

신뢰성 질문
- 전반적으로 고객에게 고품질의 서비스를 제공한다.
- 기업의 서비스에 만족한다.
- 해당 기업의 서비스를 지속적으로 이용할 것이다.
- 해당 기업을 추천할 의향이 있다.

상기 목록에는 20개의 질문이 포함되어 있다. 응답자는 각 질문에 대해 기대와 성과 두 가지 측면에서 점수를 부여하게 되므로 총 40개의 질문에 대답하게 된다. 만약 두 개의 기업에 대해 질문하는 경우라면 20개의 질문이 추가된다고 할 수 있다. 설문지의 질문에는 응답자의 인구통계적 측면을 기록하기 위한 구분도 포함되어야 한다. SERVQUAL 설문을 전화상으로 실시할 경우 오랜 시간이 걸리고 지루해지게 되므로 온라인을 이용하는 것이 가장 좋은 방법이다.

모델의 적용

지난 20년 간 대학들의 운영 환경 경쟁은 점점 심화되었다. 학생들의 필요를 충족시키는 것이 중요하다는 사실을 인지하면서 대학 역시 '고객 지향적'으로 변화할 수밖에 없었다. 개선이 요구되는 영역을 파악하기 위해 한 대학교가 SERVQUAL 연구를 진행하였다.

2,000명의 학생을 대상으로 단면$_{cross-section}$설문조사를 실시했다. 데이터는 그들이 학업을 한 햇수, 학업의 주제, 대학교에 오기 전에 살던 곳, 그들의 성별, 나이 등을 수집하였다. 설문지는 RATER 주제 전체를 포괄하는 SERVQUAL 질문으로 구성되었으며, 각 주제에 따라 구체적인 질문을 두어 총 200개의 질문을 만들었다. 학생들은 온라인 설문조사를 통해 성과에 대한 인식 및 기대치에 대해 1점에서 7점 사이의 점수를 부여했다. 그림 41.2는 조사 결과를 요약한 것이다.

그림 41.2 대학교가 실시한 SERVQUAL 설문조사 결과

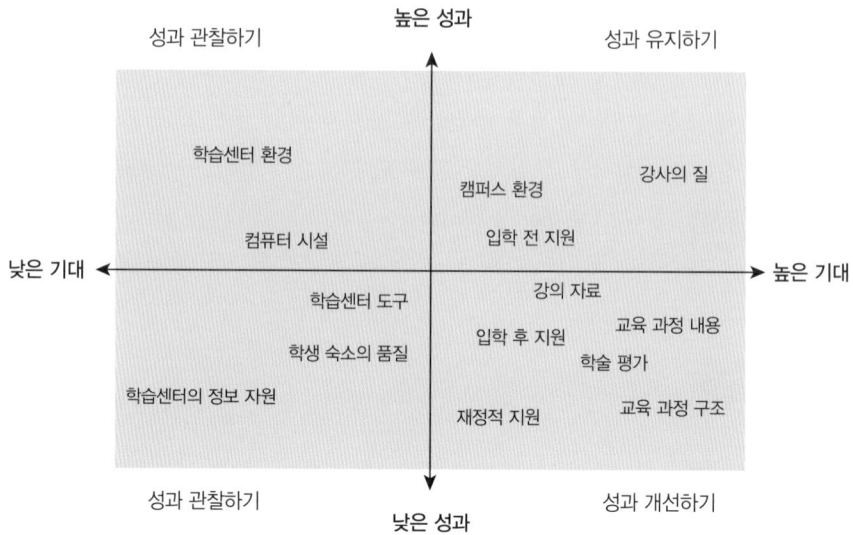

B2B International 일부 수정(2005)

성과와 기대라는 두 축을 기준으로 주요 RATER 요인의 위치를 표시해 본 결과, 해당 대학은 서비스 전달의 유형적 측면(강의의 질 및 캠퍼스 환경)에서 높은 성과를 보이고 있다는 사실을 파악했다. 반면 '보증성', '신뢰성', '공감성' 요인의 몇 가지 측면에서 기대치보다 낮은 성과를 보이고 있었다(우측 하단 사분면에 위치).

설문조사 결과를 바탕으로 해당 대학은 개선이 요구되는 부문에 자원을 집중했다. 이후 3년간 행해진 추적 설문조사에 따르면, 취약점이 발견되었던 모든 부분이 개선되었다. 그 결과 더 많은 학생이 친구에게 이 대학을 추천하게 되어 신입생 모집에서 좋은 성과를 거둘 수 있었다.

생각해볼 점

- 서비스는 만족감을 제공하는 데 매우 중요한 부분을 차지한다. 고객이 기대하는 서비스의 수준은 점점 올라가고 있다. 다른 기업으로부터 만족스러운 서비스를 제공받고 있는 고객이라면 분야가 다르더라도 당신이 제공하는 서비스 수준과 비교할 것이고 이는 고객의 기대치에 영향을 미친다.
- 좋은 서비스를 제공하기 위해선 서비스 마음가짐을 갖추고 있어야 한다. '좋은 서비스를 제공하기에 적합한 사람을 고용했는지', '최고의 서비스를 제공하기 위해 직원을 교육하고 있는지', '훌륭한 서비스를 제공할 수 있도록 직원에게 적절한 자원을 제공하고 있는지' 자문해보자.

SIMALTO

고객이 제품 또는
서비스 개선에 부여하는
가치 파악하기

마케팅 · 영업 및 비즈니스 개발 · 가격 결정 · 혁신 · 제품 관리 · 고객 분석

SIMALTO 개념은 제록스(Xerox)에서 첫 직장 생활을 시작한 시장 연구원 존 그린(John Green)이 개발했으며, 1977년 오슬로(Oslo)에서 열린 시장 연구 컨퍼런스에서 처음 소개되었다. SIMALTO 모델은 작고 특화된 표본을 다뤄야 하는 B2B 시장 연구원들에게 주로 이용되었다. 이후 존 그린은 SIMALTO 모델 적용에 대한 컨설턴트로 활동했다.

모델의 구조 및 분석 방법

마케팅 담당자들은 언제나 제품 성과에 대해 자문한다. 고객의 기대를 충족하는지, 그렇지 않다면 어떤 부분에서 어느 정도의 변화가 필요한지를 파악하고자 한다. 나아가 개선이 이루어진다면, 이에 대해 소비자들의 지불 의향은 어느 정도인지를 알고자 한다.

이에 대한 답을 찾을 수 있는 방법 중 하나가 컨조인트 분석이다. 그러나 컨조인트 분석은 통계학자들을 대상으로 한 도구이므로, 데이터 설정과 분석을 위해서는 전문가용 소프트웨어가 있어야 한다. 또한 신뢰성 있는 결과를 도출하기 위해서는 최소 100건 이상의 충분한 양의 표본이 필요하다.

사람들이 무엇에 가치를 부여하는지, 그리고 어떤 지점에서 개선을 원하는지를 파악하기 위해 마케팅 담당자들이 사용할 수 있는 대체 모델이 SIMALTO이다. SIMALTO는 동시 다속성 수준의 트레이드 오프Simultaneous Multi-Attribute Level Trade-Off로 만든 두문자어이다. 길긴 하지만 모델명 자체가 그 분석 방식을 잘 드러내 준다.

응답자는 다양한 속성 리스트를 보고 중요도 기준으로 순서를 매기게 된다. 이 과정에서 응답자는 자신의 구매 결정에 영향을 미칠 여러 속성을 동시에 대체한다. 각 속성은 서로 다른 수준으로 구성되어 있다. 사람들이 원하는 속성 중 하나가 영업직원의 대면 방문이라고 가정하고, 그것을 여러 개의 수준으로 나누면 다음과 같다.

- 영업자가 한 번도 방문한 적이 없습니다.
- 영업자가 연 1회 방문합니다.
- 영업자가 분기마다 1회 방문합니다.
- 영업자가 월 1회 방문합니다.

연구의 주제에 따라 이 예시는 달라질 수 있다.

응답자는 현재 받고 있는 서비스 수준을 표시하고, 그 다음 질문에서 어떤 수준의 서비스를 원하는지 답하게 된다. 마지막으로 응답자에게 포인트가 주어지고, 이를 이용해 각 수준에 걸쳐 포인트를 배분함으로써 어떤 부분의 개선을 원하는지를 나타낼 수 있다. SIMALTO 명칭 중 다속성 수준의 트레이드 오프 multi-level attribute trade-off가 이에 해당한다.

SIMALTO 도구는 예시를 통해 쉽게 설명할 수 있다. 표 42.1은 **전동 공구 제조업체** 연구를 위해 선택한 속성들을 보여주는 그리드 차트이다. 좌측 열은 전동 공구 선택 시 중요하게 고려될 만한 속성들을 나타낸다. 다만, 설명의 편의를 위해 연구에서 사용된 스무 개의 속성 중 다섯 개만을 차용하였다. 각 속성마다 서로 다른 레벨을 나타나는데, 좌측은 가장 기본적인 수준이고 우측으로 갈수록 더 높은 수준이다. 응답자는 현재 받고 있는 서비스 수준과 희망하는 서비스 수준을 묻는 질문에 답하였다.

표 42.1 SIMALTO 그리드 차트 중 다섯 가지 속성[1]

속성	레벨1	레벨2	레벨3	레벨4
공구 무게	4.2kg (5)	3.8kg (10)	3kg (15)	2.5kg (20)
내구성(주요한 수리가 필요할 때까지의 소요 기간)	6개월 (5)	12개월 (10)	2년 (15)	3년 (20)
내구성, 충격에 견딜 수 있는 정도	낮은 사다리에서의 낙하를 견딤 (5ft) (5)	높은 사다리에서의 낙하를 견딤 (9ft) (10)	건물 1층에서의 낙하를 견딤 (16ft) (15)	건물 2층에서의 낙하를 견딤 (22ft) (20)
공구 유지보수에 소요되는 시간	60분/주 (5)	30분/주 (10)	15분/주 (15)	5분/주 (20)
배터리 수명	2시간 연속 사용 (10)	4시간 연속 사용 (15)	6시간 연속 사용 (20)	8시간 연속 사용 (30)

John Green developed the SIMALTO concept and presented it at a market research conference in Oslo in 1977.
Table based on Green(1977)

---

1 괄호 안의 숫자는 각 레벨에 따른 값을 나타낸다. 만약 개선을 위한 비용이 많이 드는 경우 숫자는 변경될 수 있다(속성 중 비용이 많이 드는 '배터리 수명' 행 확인).

각 레벨별로 괄호 안에 표시된 숫자는 특정 속성에 대해 사람들이 부여할 만한 개념적 가치를 나타낸다. 예를 들어, 인터뷰의 마지막 단계에서 응답자들에게 50포인트를 제공하고, 이를 이용해 각 성능 수준에 걸쳐 개선을 원하는 부분에 포인트를 할당하게 한다. 포인트가 제한되어 있기 때문에 응답자가 가장 높은 가치로 생각하는 부분에만 포인트를 배정함으로써 어떤 가치를 얻기 위해 다른 것을 희생해야 하는 교환trade-off에 기반한 선택을 할 수밖에 없다.

SIMALTO 도구는 컨조인트 분석보다 더 작은 규모의 표본만으로도 사용할 수 있다. 이론상으로는 응답자가 단 한 명이라도 SIMALTO를 이용한 분석이 가능하다. 한 건의 인터뷰로도 그리드 차트를 채울 수 있고, 분석을 하는 사람은 이를 기반으로 소비자가 현재 어떤 수준의 서비스를 받고 있으며 원하는 수준의 서비스는 무엇인지를 파악할 수 있다.

이를 심층 인터뷰의 시작점으로 삼을 수도 있다. 실제 해당 도구를 사용할 때에는 서로 다른 유형의 소비자들을 아우를 수 있도록 표본의 크기가 정해지므로, 유사한 우선순위와 니즈를 가진 응답자들을 그룹으로 묶는 것이 가능하다. 이런 방식으로 SIMALTO 분석 결과를 이용해 또 다른 세그먼트를 파악하는 것도 가능하다.

'포인트를 분배'하는 질문은 사람들의 충족되지 않은 니즈와 그것을 만족하기 위해 그들이 얼마만큼 지출할 의향이 있는지를 보여주는 데 효용가치가 있다. 지출된 포인트를 금전적 가치로 환산하여 가격을 결정하기 위한 가이드로 사용할 수도 있다.

모델의 발전 과정

SIMALTO는 지난 40년 간 이용되어 왔다. 다양한 제품과 서비스에 맞춰 쉽게 적용될 수 있는 실용적인 도구이지만 놀랍게도 컨조인트 분석만큼의 유명세나 인기를 누리지 못했다. 컨조인트 분석법은 일반적으로 최대 일곱 개의 속성밖에 다룰 수 없는 반면, SIMALTO는 스무 개 속성도 포함시킬 수 있다. 각 속성의 성과 수준을 단어를 이용해 설명하기 때문에 응답자는 물론 연구를 의뢰한 후원자 역시 쉽게 이해할 수 있다. 또한 작은 규모의 표본으로도 연구가 가능하다. 하지만 SIMALTO는 마케팅 담당자들에게 컨조인트 분석의 '블랙박스'처럼 과학적으로 보이는 매력을 주지는 못한다.

SIMALTO 질문지 작성 시 가장 큰 어려움은 그리드 차트를 만드는 것이다. 그리드에 포함될 속성을 결정하고 각 속성에 해당하는 여러 가지 수준을 명확하게 설명할 방법을 찾기 위해서는 매우 긴 시간에 걸친 논의가 필요할 수 있다. 결과를 분석하고 설명하기 위해서는 경험이 풍부한 시장 연구원이 필요하다.

모델의 적용

한 전동 공구 제조업체가 향후 개발할 차세대 제품에서 어떤 사양에 집중해야 하는지 파악하고자 한다. 앞서 나왔던 표 42.1에는 연구조사를 위해 선택한 속성이 나타나 있다.

응답자들이 모든 속성을 한 눈에 파악하여 중요도에 따른 순위를 매길 수 있게 하려면 SIMALTO 설문은 온라인으로 진행되어야 한다. 다음으로 응답자는 각 속성의 다양한 수준을 살펴본 후, 현재 어떤 수준의 서비스를 받고 있으며 원하는 수준의 서비스는 어떤 것인지 답하게 된다. 마지막으로 자신의 선택을 재검토하며 개선을 원하는 부분을 기준으로 포인트를 배분한다. 이러한 질문에 대해 전화상으로 답하는 것은 쉽지 않다.

본 연구의 설문조사 대상은 전동 공구를 직접 사용하는 건축 현장의 인부들이다. 그러나 그들은 퇴근 후 집에서 컴퓨터를 잘 사용하지 않기 때문에 설문조사가 어려운 응답자이다. 따라서 온라인으로 설문조사를 진행하기 위해선 상당한 인센티브 제공이 필요했다.

총 100명이 작성한 설문지 답안을 분석한 결과, 응답자는 공구의 물리적 무게를 중시했고, 이 부분에서의 연구 개발이 필요하다는 사실을 파악할 수 있었다. 공구의 무게가 생산성을 향상시킨다는 점에서 큰 가치를 부여하고 있었다.

새로운 공구에서 가장 큰 매력으로 작용하는 속성은 긴 배터리 수명이었다. 고객사는 하루 종일 작동하는 공구를 원했다. 만약 일하는 도중에 배터리 수명이 다할 경우 이는 단순히 불편함에 그치는 것이 아니라 상당한 비용을 야기하기 때문이었다. 연구 결과 하루 8시간 작동하는 배터리에 높은 비용을 지불할 의사가 있는 것으로 나타났다.

연구는 매우 성공적이었다. 표 42.1에 나타난 속성 이외에 더 많은 속성이 고려되었고, 이는 연구 개발팀에 방향성을 제시해 주었다. 응답자는 SIMALTO 트레이드오프에서 나타난 이상적인 도구에 얼마를 지불할 것인지에 대한 질문을 받았는데, 이들이 선택한 높은 가격은 도구의 개선을 위한 연구개발팀의 투자를 정당화해 주었다.

생각해볼 점

- 표본의 크기가 작아 컨조인트 분석을 수행할 수 없는 B2B 마케팅 담당자라면 SIMALTO를 고려해볼 만하다. SIMALTO는 충족되지 않은 니즈는 무엇인지, 그중 가장 큰 가치가 부여되는 니즈는 무엇인지를 파악할 수 있게 도와주는 도구이다.
- 직원들이 업무 방식의 어떤 부분에서 개선을 원하는지 파악하는 데에도 SIMALTO를 사용한다.
- SIMALTO 그리드를 작성할 때는 응답자의 입장에서 생각해야 한다. 응답자는 어떤 단어를 주로 사용하는가? 고객의 관점에서 상품 제안의 다양한 수준을 설명해보자.

스테이지 게이트 신제품 개발 | 43

Stage gate new product development

신제품 및 서비스의 개발과 출시 계획하기

혁신 | 제품 관리

스테이지 게이트 프로세스stage gate process는 1940년대 복잡한 화학공장을 새로 건설하는 사례에 처음 소개되었다. 조사에서부터 시작해 경제성 검토, 시험생산 공장pilot plant, 마지막으로 최종 공장 건설 순서로 단계가 진행되었는데, 각각의 게이트gate마다 다음 스테이지stage로 넘어갈 것인지, 아닌지에 대한 의사결정이 내려졌다. 신제품 개발은 보통 기술 및 생산부서의 책임이기 때문에 해당 부서 직원들의 주도 아래 스테이지 게이트 접근법이 도입된 것은 자연스러운 일이었다.

모델의 구조 및 분석 방법

신제품은 기업의 생명선과도 같다. 제품을 차별화하고 가격을 인상하며 시장점유율을 빼앗아 올 수 있는 기회를 제공해주기 때문이다. 신제품이 포트폴리오에서 차지하는 비율은 산업별로 다르다. 전자제품 산업은 판매 대상의 대부분이 출시 5년 이내의 제품으로 구성되어 있는 반면, 기초 건축 자재를 판매하는 회사의 신제품 비율은 10퍼센트 이하일 때가 많다.

기존 제품의 개선이 아닌 완벽히 새로운 혁신적인 신제품은 상대적으로 매우 적다. 대부분의 회사는 고객이 알아차릴 수 있을 정도의 상당한 개선이 이루어진 것을 신제품이라 주장한다. 제품 자체는 그대로이지만 이와 관련된 새로운 서비스를 도입해 '신'제품이라 칭하기도 한다.

새로운 제품을 출시할 때는 엄격한 자세가 필요하다. 시장에 출시했으나 실패하게 되면 막대한 개발 및 마케팅 비용이 발생하기 때문이다. 따라서 출시 전 제품의 잠재적 성공 가능성을 완벽하게 평가하는 것이 중요하다. 이러한 필요에서 각 스테이지마다 다음 스테이지로 넘어갈지 말지에 대한 결정go/no-go decision을 내리는 스테이지 게이트 프로세스가 개발되었다. 이 모델은 아이디어 도출로부터 시작하여 다섯 개의 스테이지와 게이트로 구성된다.

아이디어 선별Idea screen

새로운 제품 아이디어를 브레인스토밍brainstorming 하는 것부터 프로세스가 시작된다. 새로운 아이디어는 기술부서, 영업팀, 신제품 개발 전문가 등, 다양한 집단에서 나온다. 이 초기 스테이지에서는 보통 수많은 아이디어가 다음과 같은 두 가지 상식적인 기준으로 평가된다.

- 우리가 신제품을 만들 수 있는가(그리고 어느 정도의 비용으로 만들 수 있는가)?
- 사람들이 신제품을 구입할 것인가(그리고 어느 정도의 가격에 구입하게 될 것인가)?

초기 스테이지에서는 100개의 새로운 제품에 대한 아이디어가 십여 개 정도로 추려져 첫 번째 스테이지 게이트로 넘어가게 된다.

스테이지 1: 콘셉트 개발 Concept creation

선별 스테이지를 거친 신제품 아이디어를 하나의 콘셉트로 발전시켜 시장에 출시했을 때 어느 정도의 성공 가능성이 있는지 파악한다. 사람들의 반응을 알아보기 위해 해당 콘셉트는 그림이나 그래픽 형태로 변환하여 보여준다. 잠재적 고객은 콘셉트에 대한 첫인상을 바탕으로 그것이 혁신적이고 유용한지에 대한 의견을 밝힌다. 이들에게 해당 제품이 시장에 출시되었을 경우 구매 의향에 대해서도 질문한다.

스테이지 2: 비즈니스 케이스 Business case [1]

아이디어가 두 번째 스테이지로 넘어가기 위해선 비즈니스 케이스가 필요하다. 여기에는 기회의 규모, 경쟁 환경, 제품에 책정할 수 있을 만한 가격 수준, 잠재 매출, 제조 비용 및 타당성, 잠재 이익에 대한 평가가 포함된다. 다른 스테이지에서와 마찬가지로 두 번째 스테이지에서도 시장 조사가 수행되어야 한다. PEST 분석은 시장을 형성하는 요소에 대한 평가 시 유용할 것이며(32장), 시장의 규모 및 잠재성에 대한 평가도 수행되어야 한다(24장).

스테이지 3: 제품 개발 Product development

세 번째 스테이지에서는 **시제품**을 만든다. 포커스 그룹 Focus group 내 잠재 고객에게 시제품을 보여줌으로써 반응을 살필 수 있다.

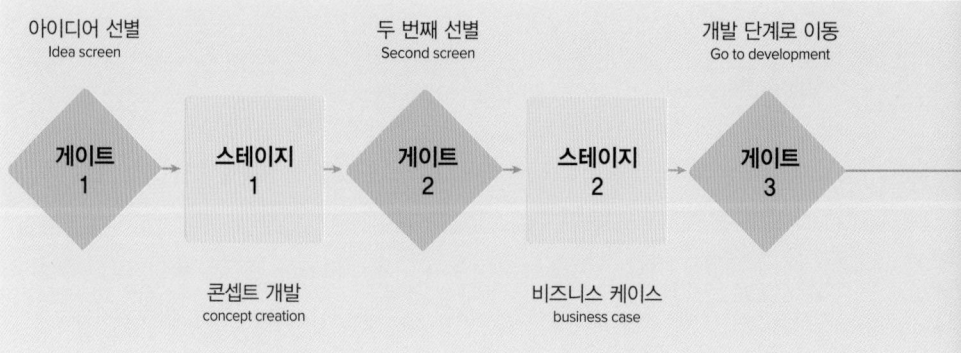

그림 43.1 스테이지 게이트 프로세스

---

[1] 비즈니스 케이스(business case): 비즈니스 니즈를 위해 새로운 프로젝트를 추진하고자 경영진에게 보고하는 문서로서, 어떤 프로젝트인지, 사업의 타당성, 왜, 어떻게 할 것인지, 기대효과는 무엇인지 등의 세부사항이 기재되며, 경영진은 이 문서를 보고 투자할 가치가 있는지 없는지를 결정한다.

스테이지 4: 테스트 및 검증 Test and validation
네 번째 스테이지는 이전 스테이지의 연장선이라고 할 수 있다. 사전제작을 통해 더 많은 수의 시제품을 만들게 된다. 더 많은 수의 고객을 대상으로 제품을 테스트하고, 여기서 얻은 피드백을 통해 어떤 부분의 개선이 필요한지 파악할 수 있다. 마케팅팀은 고객의 반응을 바탕으로 신제품을 어떻게 포지셔닝해서 출시할지 결정할 수 있다.

스테이지 5: 출시 및 모니터링 Launch and monitor
각 게이트에서 신제품을 철저히 검토했다면 제품을 성공적으로 출시할 수 있을 것이다. **제품 출시**를 위해 4P가 모두 다루어진 사업 계획서가 만들어진다(1장 참고). 신제품의 성공 여부를 확인하기 위해 추적 연구를 의뢰할 수도 있다.

시장조사는 각 스테이지와 게이트에서 신제품에 대한 사람들의 태도를 측정하는 중요한 역할을 담당한다. 콘셉트 개발부터 테스트를 거쳐 최종 확인까지 각 스테이지마다 반복적으로 해야 할 질문은 다음과 같다. 해당 제품을 소비자가 수용 가능한 가격으로 출시했을 때 예상되는 구매 의사 수준은 무엇인가?

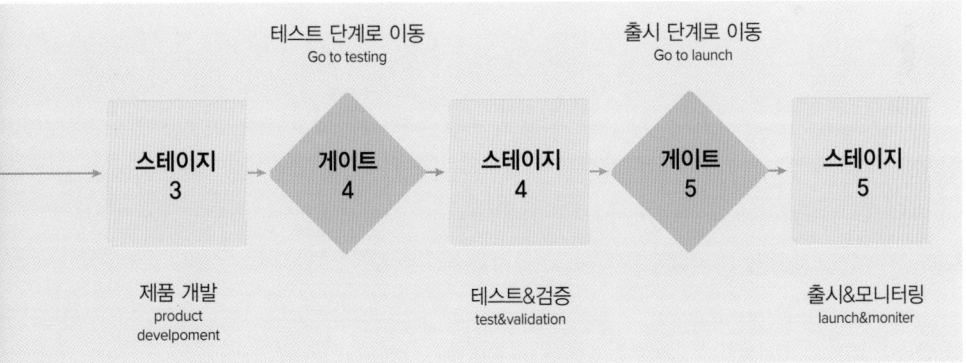

- 반드시 구매할 것이다.
- 구매할 가능성이 크다.
- 구매할 수도 그렇지 않을 수도 있다.
- 구매하지 않을 가능성이 크다.
- 절대 구매하지 않을 것이다.

일반적으로 각 스테이지 게이트를 통과하기 위해서는 25퍼센트 이상에 해당하는 목표 고객이 "반드시 구매할 것이다"라고 답해야 한다. 표 43.1은 목표 고객을 대상으로 제품을 테스트했을 때의 응답 비율이다.

표 43.1 '구매 의사'를 기반으로 한 성공 판단 기준

'구매 의사' 질문을 기반으로 한 성공 판단 기준	'반드시 구매할 것이다' 응답의 비율
다음 스테이지로 넘어갈 수 있는 조건 미충족	25% 미만
표준/최소한 수준의 응답	25~34%
좋은 응답 수준	35~44%
훌륭한 응답 수준	45% 이상

모델의 발전 과정

스테이지 게이트 프로세스는 쉽게 적용할 수 있는 유연한 도구이다. 사소한 정도의 제품 개선에는 간소한 스테이지 게이트 프로세스를 적용하고, 상당한 투자가 요구되는 신제품 개발 시에는 보다 엄격한 기준을 철저히 적용한다. 무엇보다 제품 개선 및 개발의 규모가 크고 작음과 관계없이, 다음 스테이지로의 진행 여부를 결정하는 지표와 기준은 반드시 처음부터 합의해두는 것이 중요하다.

모델의 적용

작업용 장갑을 제조하는 한 업체는 지속적인 혁신의 중요성을 인지하고 있다. 공학 및 화학 산업에서 장갑은 제품과 작업자의 손을 보호하는 역할을 한다. 장갑은 착용자의 손에 편안함을 주고 생산성을 높여주며, 물건을 잘 잡을 수 있도록 해준다. 하지만 장갑을 끼면 작은 부품을 쥐기가 어렵고 오랜 시간 착용할 경우 땀이 나기도 한다. 현대 기술은 이러한 문제점들을 많은 부분 해소해 준다. 폴리머 혼합물에 담근 장갑은 손을 보호하는 동시에 좋은 그립감을 제공한다. 천 안감을 덧댄 장갑은 통기가 잘되고 땀을 흡수해준다. 닭고기 처리 공장과 자동차 조립 공장에서 서로 다른 사양의 장갑을 사용하는 것처럼, 다양한 상황에 맞는 적합한 장갑을 개발하려면 시행착오가 생기기 마련이다. 그래서 장갑 제조업체는 신제품의 성공적 출시를 위해 스테이지 게이트 프로세스를 이용했다.

해당 업체는 장갑의 시제품을 제조하는 데 난관에 부딪쳤다. 세 번째 스테이지와 네 번째 스테이지에서는 충분한 개수의 견본 장갑이 필요했는데, 적은 숫자의 장갑을 만드는 것은 대량으로 장갑을 제조하는 것과는 차이가 있었다. 테스트를 진행할 시제품은 최종적으로 시장에 출시되는 장갑과 최대한 동일한 사양을 갖추고 있어야 했다.

시제품을 테스트하는 것 역시 또 하나의 어려움이었다. 장갑은 작업 현장의 작업자들이 사용하는데, 제품 테스트를 위해서는 해당 회사의 매니저들의 동의를 얻어야 했다. 게다가 이들에게 테스트로 인한 작업 방해 또는 실패뿐만 아니라 이로 인한 작업자의 부상이 발생하지 않을 것이라는 확신을 줘야 했다.

제품 테스트 후 장갑 착용자들로부터 기존에 사용했던 장갑 대비 피드백과 신제품 기능에 대한 평가를 받았다. 연구자들은 통제 장치를 통해 몇 시간 동안 장갑을 착용했는지, 어떤 용도로 사용했는지, 어떤 브랜드 및 유형의 비교 대상 장갑을 주로 착용해 왔는지를 파악하였다. 통계적으로 의미 있는 결과를 얻기 위해선 충분히 큰 규모의 테스트가 진행되어야 했다. 이처럼 철저한 시험을 진행하는 데 필요한 실행 계획을 세우는 일이 스테이지 게이트 프로세스의 가장 까다로운 부분이다.

> **생각해볼 점**
>
> - 신제품을 출시할 때 스테이지 게이트 프로세스를 이용해 보자. 이는 시장에서의 성공 가능성이 낮아 결국 비용만 떠안게 될 제품을 가려내기 위해 만들어진 도구이다
> - 신제품에 대한 스테이지 게이트 프로세스 설계 시, 다음 게이트로 넘어갈지 말지를 결정하는 기준에 대한 합의는 시작 스테이지에서부터 이루어져야 한다.
> - 새로운 아이디어를 고안해내는 사람은 비즈니스에서 매우 중요하다. 그러나 이들은 자신의 아이디어에 대해 마치 자식을 감싸는 부모와도 같이 매우 방어적인 태도를 취할 수 있다. 이러한 이유에서 한 게이트에서 다음으로 넘어갈지를 결정하는 독립적인 연구가 필요하다.

SWOT 분석
SWOT analysis

제품, 팀 또는 사업 차원의
성장 기회 분석하기

마케팅 · 일반적 비즈니스 전략 · 가격 결정 · 혁신 · 제품 관리 · 고객 만족

SWOT 도구는 스탠포드 연구소Stanford Research Institute, SRI에 의해 1960년에 진행된 연구에서 시작되었다. 알버트 험프리Albert Humphrey가 이끈 이 연구의 목적은 대기업들의 사업 계획이 실패하는 원인을 찾고자 하는 것이었다. 연구 결과 많은 기업들이 현실적인 목표를 설정하는 데 어려움을 겪고 있으며, 이 목표가 달성되지 못했을 때 결국 많은 타협을 하고 있는 것으로 나타났다. 회사의 경영진이 실행 프로그램에 대해 합의하고 약속하는 지점에서의 고리가 빠져 있다는 사실을 밝혀냈다.

SRI 연구팀은 어떤 것을 할 수 있을지 결정하기 전에 해당 조직이 잘하고 못하는 부분을 파악해야 하는 일이 우선이라는 결론을 내렸다. 조직이 잘하고 있는 부분은 만족Satisfactory, 부족한 부분은 단점Fault으로 표시했고, 이것을 시장 내 기회Opportunity, 위협Threat과 연관 지었다. 연구팀은 도구의 각 구성요소인 만족, 단점, 기회, 위협의 알파벳 앞 글자를 따 SOFT라는 두문자를 만들었다. 1964년, 스위스에서 열린 장기 경영 계획Long-range planning을 다룬 세미나에서 SOFT의 F가 약점을 뜻하는 Weakness의 W로 대체되었고, 지금의 SWOT이 만들어졌다.

> 모델의 구조 및 분석 방법

SWOT 분석은 비즈니스 모델 중 가장 유명한 모델이다. 여기엔 그럴 만한 이유가 있는데, 회사의 **강점**과 **약점** 및 **기회**와 **위협** 요인에 대한 분석은 언제나 통찰을 제공하기 때문이다. 비즈니스 리더들이 사업상 전략적 방향성을 결정하는 데에도 SWOT 분석이 이용된다. 마케팅 담당자가 새로운 영업 지역 또는 신제품으로 캠페인을 계획할 때나 경쟁자 프로파일을 구축할 때에도 이용된다.

SWOT은 기업 연수 워크숍에서 문제 해결을 위한 브레인스토밍을 위해서도, 그리고 가장 효과적인 방향을 설정하기 위한 도구로도 훌륭하게 역할을 수행한다. 브레인스토밍은 SWOT 분석의 중요한 구성요소이다.

그러나 SWOT이 너무 흔하게 사용되기 때문에 그저 유용하기만 한 도구로 쉽게 간과될 위험이 있다. 따라서 SWOT 분석 전에 범위를 명확하게 설정해야 한다. 범위는 다음처럼 제한할 수 있다.

- 특정 브랜드 또는 회사
- 목표 고객
- 제품군
- 지리적 위치

그림 44.1 SWOT 분석 그리드

	강점(내부) • 제품 • 브랜드 • 홍보 • 지리적 확산 정도 • 유통 • 가격 • 프로세스 • 사람 • 수익성	약점(내부) • 제품 • 브랜드 • 홍보 • 지리적 확산 정도 • 유통 • 가격 • 프로세스 • 사람 • 수익성
기회(외부) • 시장 규모 및 성장 • 목표 고객 • 추세 및 유행 • 경쟁 • 기술 • 경제성 • 정치적 요인 • 환경 • 법적 요인	어떻게 대응할 것인가? • 명백한 우선순위 • 빠르고 쉽게 실행 가능	어떻게 대응할 것인가? • 중요한 선택 옵션 • 변화 및 자원이 필요해 까다로울 수 있음
위협(외부) • 시장 규모 및 성장 • 목표 고객 • 추세 및 유행 • 경쟁 • 기술 • 경제성 • 정치적 요인 • 환경 • 법적 요인	어떻게 대응할 것인가? • 회사를 방어하기 위해선 해결해야 함	어떻게 대응할 것인가? • 대응하기 어렵지만 회사가 위기에 처해 있다면 해결방안을 찾는 것이 중요

강점Strengths   강점은 해당 기업이 잘하고 있는 점을 말한다. 강점과 약점을 파악하는 것은 SWOT 분석의 가장 쉬운 부분이다. 어떤 회사나 제품이 가지고 있는 강점은 보통 꽤 명확하다. 크고 작은 모든 강점이 포함되도록 작성에 노력을 기울여야 한다. 눈에 잘 띄지 않는 장점이 오히려 해당 회사를 차별화하는 지점으로 작용할 수도 있기 때문이다.

강점을 파악할 때에는 해당 시장 및 사업 영역에서 회사가 관여하고 있는 모든 측면을 고려해야 한다. 제품, 제품의 품질, 제품이 가진 특별한 사양, 가격, 제품의 가치, 시장 침투 정도, 유통 강점, 브랜드, 임직원의 능력, 회사의 평판, 회사의 지리적 진출 지역, 특허권 또는 선도 기술, 인프라스트럭처infrastructure 및 공장 설비의 최신화 정도, 기업 문화 및 수익성이 포함된다.

약점Weakness   약점은 강점과 마찬가지로 내부적 측면에 해당한다. 경쟁자 대비 뒤처지는 요소, 또는 소비자의 눈에 그렇게 보이는 부분을 의미한다. 약점에서도 강점에서처럼 제품, 가격, 홍보, 유통, 수익성 등, 같은 측면을 다룰 가능성이 높다.

기회Opportunities   시장 내에서의 기회를 의미한다. 이는 기업의 외부적 요인이다. 시장의 규모, 성장, 인구 구성, 경제적 상황, 경쟁, 환경 또는 유리하게 작용하는 법률 등, 시장의 여러 외부 환경에서 비롯되는 기회들을 포함한다.

SWOT 분석을 준비하는 과정에서 강점과 기회의 개념을 헷갈리기 쉽다. 예를 들어 강한 브랜드를 가진 회사가 있다고 생각해보자. 강한 브랜드는 강점에 해당하며, 이런 강점을 활용하는 것은 그림 44.1의 강점과 기회에 해당하는 '어떻게 대응할 것인가' 부분에 있다.

위협Threats   위협은 기회의 반대 측면이다. 위협 요인은 시장의 축소 또는 시장 내 경쟁 심화로 인해 발생할 수 있다. 법률적인 것뿐만 아니라 기업 고객층의 인구통계적 변화 역시 위협 요인이 된다.

강점, 약점, 기회, 그리고 위협 요인을 그리드에 채우고 나면 각각이 만나는 지점에서 대응 방안을 강구해야 한다. 이를 통해 SWOT을 행동 지향 도구로 발전시켜 나갈 수 있다.

강점과 기회   SWOT에서 가장 쉽게 대응할 수 있는 조합으로, 기업이 기회를 포착하기 위해 강점을 어떻게 활용해야 하는지 명확하게 확인할 수 있다. 도출된 대응 방안을 그리드 차트에 대응시켜서 실행의 용의성과 그 영향력을 점검할 필요가 있다. 그림 44.2를 참고하자.

그림 44.2 행동의 우선순위 그리드

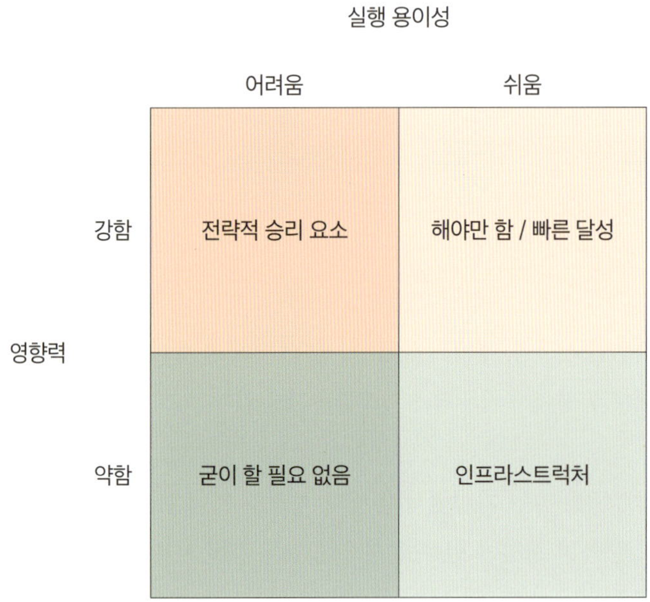

	실행 용이성	
	어려움	쉬움
강함	전략적 승리 요소	해야만 함 / 빠른 달성
약함	굳이 할 필요 없음	인프라스트럭처

(영향력)

약점과 기회   기회를 활용할 수 있는 능력을 제한하는 부분은 최우선적으로 조치를 취해야 한다. 자금의 부족, 불충분한 자원, 직원의 기술 부족 등의 이유로 약점을 개선하는 데 어려움이 있을 수 있다. SWOT 분석을 통해 이를 파악하고 대응 조치를 통해 개선할 수 있다.

강점과 위협   강점을 가지고 있으나 시장에서 위협을 마주하는 지점에서는 방어적인 조치가 필요하다. 위협 요인은 공격적 경쟁자 또는 시장 쇠퇴로부터 비롯될 수 있으며, 이에 대응할 방안을 강점에서 찾을 수 있다면 다행이다.

약점과 위협   SWOT 분석 내에서 대응 방안을 찾아내기 가장 까다로운 지점이다. 위협을 마주하고 있으며 약점으로 인해 어려움을 겪고 있다면 어떤 식으로 대처해야 할지 생각하기가 힘들 수 있다. 보통 약점을 보완하는 것이 대응 방안이 될 것이다. 해당 문제가 고쳐지기 전에는 어떤 방식으로 조치를 취해야 할지 막막하게 느껴질 수 있다. 약점과 위협이 겹치는 지점에서는 아무런 조치를 취하지 않을 수도 있다. 심각한 위험을 초래하는 정도의 위협이 아니라면 약점을 보완하기 위해 자원을 배분할 만한 가치가 없을 수도 있기 때문이다.

모델의 발전 과정

SWOT 분석은 매우 강력하고 잘 알려진 도구이다. SWOT은 시장 내 회사의 포지션, 제품, 브랜드 또는 사업 아이디어의 미래를 파악하기 위한 도구로 비즈니스와 마케팅 분야에서 쓰인다. 또한 기업 인수, 서비스 외주, 타 회사와의 협력관계 구축 및 투자 기회 평가를 위한 문제 해결 도구로 사용되기도 한다.

도구를 기업의 특성에 맞게 변형하여 사용할 수도 있다. 예를 들어, SWOT의 여러 요소를 중요도에 따라 순위를 매기거나 점수를 책정해 어느 부분에 집중해야하는지 차등을 둘 수도 있다.

본 저서에 설명된 여타 모델들과 마찬가지로 SWOT 역시 다른 도구들과 함께 활용 가능하다. 특히 시장 내 기회와 위협 요인을 파악할 때 PEST 모델(32장 참고)을 함께 사용하면 유용할 것이다.

모델의 적용

고품질의 제품과 훌륭한 서비스를 갖추고 있는 산업용 공구 제조업체가 있다. 해당 업체는 산업용품 전문 유통업체를 통해 제품을 판매하고 있었는데, **자동차 정비소** 시장에 직접 판매할 수 있는 기회를 파악해 보고자 하였다. 동네에서 흔히 볼 수 있는 수백 개의 소규모 정비소들로 형성된 이 시장은 보험회사의 요구로 전문성이 커지고 있었다. 또한 소규모의 경쟁자들은 규모가 큰 자동차 정비공장들이 들어오면서 만들어진 새로운 기준에 따라 경영합리화를 진행하고 있었다. 해당 산업용 공구 제조업체는 자동차 차체 정비소를 대상으로 하는 시장에서 기회를 찾을 수 있다고 판단하였다. 판매 대상 제품에는 다양한 종류의 공구, 용접 장치, 보호장비, 기술적 조언 등이 포함되었다.

정비소를 대상으로 해당 업체의 상품 제안에 대한 반응을 파악하고자 하는 연구가 진행되었다. 연구 결과, 기업의 브랜드는 잘 알려져 있었지만 정비소 공구를 공급하는 업체로서는 크게 연계되지 않았다.

산업 내 경영합리화와 합병이 진행됨에 따라 대형 정비 공장을 목표 고객으로 삼을 수 있는 기회가 찾아왔다. 대형 정비 공장은 소규모 정비소에게 있어 오피니언 리더$_{opinion\ leader}$의 역할을 하고 있었다. 시장 내 가장 큰 위험 요인은 정비업체들이 지금까지 사용했던 도구들이 자동차부품 공급업체로부터 왔다는 것이었다.

한편, 자동차를 만드는 재료나 새로운 모델이 점차 고도화되면서 정비 작업의 난이도도 점차 상승하게 되었다. 이런 산업 내에서 기술 관련 상담을 해주는 독특한 서비스를 제공할 수 있는 것은 그 기업에게 기회 요인으로 작용한다.

SWOT 분석 결과를 바탕으로 해당 회사는 자동차 정비소에 대한 공구 및 서비스 공급업자로서의 강력한 포지션을 구축할 수 있었다. 다음과 같은 SWOT 분석은 기업이 시장에 진입할 수 있는 방법을 확인할 수 있는 체계를 제공해 주었다(그림 44.3 참고).

그림 44.3 자동차 차체 정비소 시장에 진출하고자 하는 공구업체를 위한 SWOT 분석

	강점(내부) • 브랜드 인지도가 높으며 우수한 이미지를 가지고 있음 • 좋은 제품, 특히 좋은 장비를 제공하는 것으로 알려져 있음	약점(내부) • 정비소에 특화된 공급업체로 알려진 브랜드는 아님 • 가격 수준이 높다고 인식되고 있음
기회(외부) • 소수의 대형 정비 공장이 생겨나면서 기존의 정비소들은 뒤처짐 • 정비소가 자동차 정비에 최선을 다할 수 있도록 도와주는 추가적인 서비스에 대한 니즈가 존재	어떻게 대응할 것인가? • 오피니언리더 역할을 하는 대형 정비 공장에 집중	어떻게 대응할 것인가? • 정비업체들에게 브랜드를 알릴 수 있는 홍보 캠페인을 진행하고 다양한 종류의 제품을 제안
위협(외부) • 공격적이고 잘 갖추어진 기존 자동차 부품업체와의 경쟁 • 자동차가 더욱 정교해짐에 따라 각 정비 사례마다 다른 접근법이 필요해짐	어떻게 대응할 것인가? • 정비소를 대상으로 기술적 조언을 하는 서비스 제공	어떻게 대응할 것인가? • 유연하고 친근한 브랜드 이미지를 구축해 정비소의 니즈에 일치시킴

> **생각해볼 점**
>
> - SWOT 분석은 매우 유용한 브레인스토밍 도구이므로 제품 또는 사업 단위에 대한 전략 구상 등, 어느 때든 활용하자. 강점과 약점, 기회와 위협 요인이 만나는 지점에서 어떤 조치를 취해야 하는지 생각할 수 있도록 SWOT 그리드 차트를 이용해 보자.
> - SWOT을 구축할 때에는 먼저 모든 강점과 약점, 기회와 위협 요인을 구체적으로 생각해본 후 가장 중요한 것만을 추려 그리드를 채운다.
> - 강점과 기회, 그리고 약점과 기회의 조합에서 도출된 행동에 우선순위를 둔다. 여기가 가장 빨리 성과를 달성할 수 있는 부분이다.

시스템 1 사고와 시스템 2 사고

System 1 and System 2 thinking

의사결정에 영향을 미치는
감정적 요소 파악하기

대니얼 카너먼Daniel Kahneman은 심리학자이자 프린스턴 대학교 교수이다. 그는 행동경제학 분야 연구로 노벨상을 수상하기도 했다. 1970년대 카너먼은 당시 스탠포드 대학 동료였던 심리학자 에이모스 트버스키Amos Tversky, 행동경제학자 리처드 세일러Richard Thaler와 함께 인간의 사고가 작동하는 방식 및 이에 대한 짐작heuristics과 편향biases의 영향을 연구했다. 카너먼은 2011년이 되어서야 그의 이론을 담은 저서 『Thinking, Fast and Slow』를 출판했고, 이후 상당한 인기를 얻게 된다.

> 모델의 구조 및 분석 방법

의사결정에 있어 **감정**이 큰 역할을 담당한다는 사실은 잘 알려져 있다. 이에 따라 소비자가 의사결정을 하는 과정에서 감정이 어떻게 작동하는지를 이해하는 것은 마케팅 담당자들에게 중요해졌다.

행동경제학자들은 의사결정에 있어 두 가지 차원의 사고가 작동한다고 주장한다. 첫 번째 차원의 사고를 시스템 1이라고 한다. 이는 빠르고 자동적이며 무의식에 따른 판단으로, 상황에 대한 자연적인 반응 방식을 일컫는다. 인간은 안전을 위해 빠르고 자동적으로 반응하도록 설계되어 있다. 만약 정글에서 호랑이를 만난다면 상황을 분석하는 데 시간을 할애하기보다는 일단 즉각적으로 도망가고 보는 것을 택할 것이다.

시스템 1 사고는 단순히 안전성과 관련된 판단에 국한되어 있지 않다. 시스템 1 사고는 감정에 의해 움직인다. 시스템 1 사고의 문제점은 사람들이 보통 자신이 생각하고 있다는 사실 자체를 인지하지 못한다는 데 있다. 무의식속 사고 과정이기 때문에 정확히 끄집어내 설명하기가 어렵다. 감정에 이끌려 제품을 선택하게 되었다는 사실을 인정할 준비가 되어 있다고 해도 정확히 어떤 감정에 의한 것이었는지, 어떤 방식을 작동했는지를 파악하는 것은 어려울 수 있다.

시스템 2 사고는 분석하기에 보다 용이하다. 느리고 계산적이며 의식적이고 논리적인 방식으로 의사결정을 한다. 사람들은 시스템 2 사고를 인식하고 묘사하는 것이 더 쉽다고 생각한다. 실제로는 감정에 이끌려 내린 결정을 사후 합리화한 것임에도 불구하고 대부분의 사람은 자신이 시스템 2 사고로 결정을 내렸다고 착각하는 것이다.

우리의 시스템 1 사고 및 이에 따른 행동은 **편향성**_{bias} 의 영향을 받는다. 이를 짐작_{heuristics}이라고도 부른다. 과거에 있었던 일은 반드시 미래에 우리가 생각하고 행동하는 방식에 영향을 미치게 될 것이다. 다음과 같은 요소들이 편향을 만들어 낸다.

앵커링Anchoring　　기준점은 우리가 의사결정을 내릴 때 도움을 준다. 우리가 타인에게 어떤 사실이나 수치를 언급하면 이는 그들의 응답에 영향을 미칠 수 있다. 예를 들어 '이 제품이 100달러 이상의 가격이라면 구매할 의사가 어느 정도 있으십니까?'라고 묻는다면, 질문 자체에서 해당 제품은 100달러 이상의 가치가 있을 수 있다는 아이디어를 암시한 것이 된다. 그래서 100달러 이상의 가격에 구입하겠다고 응답한 사람의 비율이 '어떤 가격 수준에서 구매 의향이 있으십니까?'라고 질문했을 경우보다 더 높게 나올 것이다. 이는 100달러가 닻으로 기능한 것이다.

가용성Availability　　우리는 빠르고 쉽게 기억해낼 수 있는 것에 영향을 받기도 한다. 최근에 일어난 일이나 중요하다고 생각했던 일들은 기억에서 쉽게 불러올 수 있으며 이는 우리의 반응에 편향을 일으킬 수 있다. 특정 공급업체와의 문제를 겪고 난 직후 해당 회사에 대한 만족도를 묻는다면 정당화 될 만한 수준보다 더 가혹하게 매우 부정적인 평가가 나올 것이다.

낙관주의 및 손실회피 Optimism and loss aversion　　비즈니스계에 오래도록 전해져 오는 말이 있다. "비용은 예상보다 높을 것이며 일은 예상보다 더 오래 걸릴 것이다." 많은 이가 혜택을 과대평가하고 비용을 과소평가하는 경향이 있기 때문이다. 이로 인해 올바로 판단했다면 하지 않았을 위험한 프로젝트를 실행하려고 결정하는 경우도 생겨난다.

프레이밍Framing　　질문의 형식이 답변에 실질적인 영향을 줄 수 있다. 예를 들어 같은 수술에 대해 생존률이 90퍼센트라 할 수도 있고 사망률이 10퍼센트라 할 수도 있다. 모두 옳은 수치이지만 수술의 생존률이 90퍼센트라는 이야기를 들었을 때 수술에 동의할 가능성이 더 크다.

매몰비용Sunk cost　　사람들은 일이 잘못된 후에 오히려 더 많은 자금을 쏟아 붓는 잘못을 저지르곤 한다. 자신이 내린 결정이 부정적인 결과로 이어졌음에도 불구하고 결과를 바꿔보려는 의도이든, 후회의 감정을 경감시켜 보려는 시도에서든 계속 같은 길을 가고자 하는 것이다.

모델의 발전 과정

비즈니스 환경에서 시스템 1과 시스템 2 사고를 어떻게 활용할 것인가에 대한 연구는 여전히 진행 중이다. 감정이 의사결정에 영향을 준다는 사실은 알고 있지만 어떻게 이를 실질적으로 활용할 수 있을까?

우리는 감정이 정확히 어떻게 행동을 촉발시키는지에 대해 이해할 필요가 있다. 백화점은 고객이 상점에 들어서는 1층에 향수 코너를 배치하는 것이 좋은 전략이라는 사실을 오래전에 파악하였다. 좋은 향기가 사람들의 기분을 좋게 만들어 더 오랜 시간 머무르며 쇼핑을 하도록 유도하기 때문이다. 마트에서도 빵이 구워지는 냄새를 활용해 제과코너 앞 긴 줄을 서게 만들기도 한다.

인식하지는 못하지만 우리의 감정에 미묘한 영향을 미치는 다른 요소들도 있다. 색감은 매우 강력한 메시지를 전달할 수 있는데, 파란색은 신임과 신뢰, 빨간색은 속도와 용기를 나타낸다. 주황색이나 노란색은 저렴하지만 재미있다는 인상을 준다. 로고, 포장, 홍보물에 색깔을 이용함으로써 사람들의 감정을 특정 방향으로 이끌어갈 수 있다.

사람들은 혁신적인 것을 좋아한다고 말한다. '새로움'은 마케팅에서 매우 중요한 단어이다. 그러나 익숙함을 느끼지 못할 정도의 새로움은 사람들에게 불안함을 불러일으킬 수 있다. 모든 사람이 혁신가가 될 수는 없기 때문이다. 따라서 사람들이 새로움에 대해 이해하고 구매하길 원하도록 만들려면 새로운 아이디어를 받아들일 가능성을 높이는 방안을 찾아야 한다.

모델의 적용

과거 시장 연구자들은 대부분의 결정이 어느 정도 **합리적**이라고 가정하는 우를 범했다. 이런 생각은 이성적인 소비자는 가격 대비 가치를 비교해 결정한다는 전통적인 경제학의 가정을 어느 정도 따른다. 물론 대부분의 의사결정에는 몇몇의 합리적인 요소가 포함된다. 사람들은 제품 구매에 지출할 수 있는 여력에 대해 상당히 합리적으로 판단하며, 해당 가격 범위 내에서 구매 결정을 내린다는 것이다. 일단 제품의 가격이 범위 내에 포함되어 있다면 그 다음은 감정적 요소에 매우 큰 영향을 받게 된다. 립스틱, 식품, 의류와 같은 간단한 제품에 대한 구매 결정은 빠르게 내려지고, 마트에서 제품을 선택해 장바구니에 담는 결정을 내리기까지는 단 몇 초면 충분하다. 이러한 경우 시스템 1 사고가 대부분을 차지한다.

브랜드 인지도를 측정할 때에도 시스템 1 사고에 의존한다. 사람들이 자연스럽게 언급하는 브랜드가 가장 강력한 브랜드라는 사실은 그다지 어려운 과정을 거치지 않고도 추론할 수 있다. 하지만 동시에 우리는 사람들이 종종 망각한다는 사실을 잘 알고 있기 때문에 기억을 상기시킬 수 있도록 브랜드 목록을 읽어주며 그들이 아는 브랜드가 무엇인지를 질문하기도 한다. 이는 지속적인 사고를 끌어내는 것으로 시스템 2 사고에 해당한다.

더 많은 생각을 요구하며 의사결정이 길어지는 경우도 있다. 예를 들어 대형 교각 공사에 필요한 토목건설 업체를 선정한다고 가정해보자. 여러 토목건설 업체 중 한 회사를 선정하기까지는 협상과 지연으로 인해 수개월이 소요된다. 많은 사람이 관여되어 있기 때문에 직관적인 의사결정이 내려질 여지는 거의 없다. 그렇다고 토목건설 업체의 브랜드가 전혀 중요하지 않은 것은 아니다.

하지만 후보 대상 건설업체가 단 두 곳에 불과하다면, 합리적 수준에서 거의 비슷한 조건이라고 판단되기 전까지 이성적 근거를 기준으로 상당한 비교 검토가 이루어질 것이다. 그리고 모든 조건이 거의 비슷하다고 판단되면 더 좋은 브랜드 이미지를 가진 업체가 유리할 것이다. 합리적 요소를 기준으로 더 이상 비교 가능한 근거가 없다면 감정적 요소가 중요한 역할을 하게 된다.

아이디어를 창출하기 위해선 시스템 2 사고가 필요하다. 사람들에게 제품이나 서비스의 어떤 부분에 개선이 필요한지에 대한 의견을 묻는다면 첫 반응은 "개선할 필요가 없습니다. 지금 그대로 괜찮습니다"일 가능성이 높다. 시스템 2 사고는 노력이 필요하고 더 열심히 생각하도록 만드는 압박이 있어야 한다. 게임적 요소를 적용해 "20초 안에 제품에 적용될 수 있는 기능을 최대한 많이 생각해 보세요"라고 질문하면서 응답자로 하여금 더 많은 노력을 기울여 시스템 2 사고를 하도록 만들 수 있다.

카너먼은 사람들은 질문에 답하기 어려울 때 자신이 가지고 있는 아이디어로 답을 대체하는 경우가 있다고 말한다. 예를 들어, 자동차를 어떻게 개선할 수 있을지를 묻는 질문을 받았을 경우, 응답자는 '게으른 시스템 2 옵션'으로 생각나는 개선 아이디어가 없다고 대답할 수도 있고 '대체 응답'으로 연비가 매우 높아 현재의 자동차에 만족한다고 답할 수도 있는 것이다. 자동차의 높은 연비에 대해 만족한다고 답을 한 응답자는 질문에 답을 하지 않았을 뿐만 아니라, 또 다른 질문에 대한 답으로 대체한 것이다.

이는 어렵고 복잡한 질문을 할 때에는 여러 부분으로 나누어 질문해야 한다는 것을 의미한다. 예를 들어, 자동차를 어떻게 개선할 수 있을지 묻기보다는 자동차의 편의성 측면은 어떻게 개선할 수 있을지, 차 내 전자장치는 어떻게 개선할 수 있을지, 자동차 관련 서비스는 어떻게 개선할 수 있을지 질문하는 것이 좋다.

생각해볼 점

- 자사 및 경쟁사의 제품에 대한 고객의 진솔한 의견을 파악하기 위해 포커스 그룹focus group 및 정성적 연구를 활용해보자. '행복한, 만족스러운, 믿음직스러운, 가치 있는, 안전한'과 '스트레스, 당황스러운, 짜증나는, 실망스러운, 불만족스러운 등'의 단어와 자사 브랜드의 관련성을 보여주는 감정 프로파일emotional profile을 작성해보자. 같은 단어를 사용했을 때 경쟁사는 어떤 감정 프로파일을 갖고 있는가? 이를 통해 콜린 쇼Colin Shaw가 제시한 감정 프로파일을 만들어볼 수 있다.
- 감정적 요소를 이용해 마케팅 커뮤니케이션의 효과를 높여보자. 제품의 사양을 설명하는 대신 제품을 구매했을 때 고객이 느끼게 될 감정을 묘사해보자.

USP | 46

제품/서비스의 고유 강점을
정확히 짚어내기

마케팅 · 일반적 비즈니스 전략 · 가격 결정 · 혁신 · 제품 관리 · 고객 분석

USP~Unique Selling Proposition~, 즉 제품 고유의 판매 포인트는 1940년대 광고 에이전시에서 만들어진 개념이다. USP는 목표 고객과의 소통에 이용할 수 있는 강력한 메시지를 개발하는 도구로 활용되었다. 광고 에이전시들은 다음의 세 가지 조건을 충족하는 USP를 찾고자 했다.

- 광고에서 드러내는 특정 요소나 편익(즉, USP)을 보고 구입할 이유가 생겨야 할 것
- USP를 경쟁사가 따라할 수 없는 방식으로 홍보함으로써 회사 고유 자산으로 만들 것
- 고객 또는 잠재 고객이 제품에 대해 더 많이 알아보고 싶도록 하는 행동을 불러일으킬 것

USP에 대한 아이디어는 1940년 미국 광고 에이전시 테드 베이츠 앤 컴퍼니~Ted Bates & Company~를 설립한 로서 리브스~Rosser Reeves~가 만들었다. 리브스는 광고의 목적은 판매라고 주장하며, TV 광고에 제품의 USP를 부각시켰다. 리브스가 기획한 두통 진통제 아나신~Anacin~ 광고가 대표적인 예시이다. 이 광고는 7년 동안이나 지속되며 많은 이를 짜증나게 했지만 제품 판매율을 세 배로 증가시키는 데 성공했다.

리브스는 슬로건을 통해 USP를 전달하는 방식을 선호했다. 그가 만든 유명 슬로건 중 하나가 M&M의 '손이 아닌 입에서 녹는다~melts in your mouth, not in your hand~'였다. 초콜릿을 감싼 설탕 코팅은 손에서 녹는 다른 초콜릿과 비교했을 때 M&M을 특별하고 차별화될 수 있도록 했다. M&M 초콜릿이 입 안에서 녹는다는 아이디어는 '필요한 곳에서 맛을 느끼게 해준다'는 의미를 함축하고 있다. 리브스는 슬로건을 계속해서 반복함으로써 이를 USP로 만들었다.

> 모델의 구조 및 분석 방법

독특한 장점을 가진 제품은 해당 회사에 뚜렷한 강점을 부여한다. 독특한 제품을 보유한 회사는 특허권을 등록함으로써 이와 같은 큰 장점을 보호할 수 있다. 대부분의 회사는 비슷한 상품 제안을 가진 경쟁사와 경쟁하지만, 이것이 자신만의 '우위'를 드러낼 수 있는 지점을 찾을 수 없다는 의미는 아니다. USP를 찾는 것은 어려운 일이다. 이를 위해선 먼저 목표 고객, 고객 가치 제안, 경쟁 환경, 제품이 만들어지는 과정을 알아야 한다. 다음과 같은 단계를 거쳐 USP를 발견할 수 있다.

1단계. 목표 고객을 정한다
가장 먼저 제품의 목표 고객을 선정한다. 목표 고객은 누구이며 어떤 성격을 가지고 있는가?

2단계. 목표 고객의 니즈를 파악한다
목표 고객은 다양한 니즈를 가지고 있다. 크고 작은 모든 니즈를 목록으로 작성한다.

3단계. 목표 고객의 니즈 중 충족되지 않은 것을 가려낸다
제품 구매자가 가지고 있는 니즈 중 현재 충족되지 않은 것은 무엇인가? 충족되지 않은 모든 니즈를 목록으로 작성한다.

4단계. 니즈와 충족되지 않은 니즈의 순위를 정한다
중요도를 기준으로 니즈와 충족되지 않은 니즈의 순위를 정한다.

5단계. 가치 제안의 모든 구성요소를 나열한다
가치 제안은 제품 및 그에 수반되는 서비스에서 오는 다양한 특징과 편익으로 이루어진다. 이어서 목표 고객의관점에서 각 요소의 중요도를 판단한다.

6단계. 자사와 경쟁사의 가치 제안을 비교한다
경쟁사보다 차별화되고 우월한 가치 제안의 요소는 무엇인가?

7단계. 제품이 만들어지는 프로세스를 고려한다
제품제조에 필요한 모든 원자재, 제품 처리 방법, 품질 확인 방법 등을 나열한다. 이 중 목표 고객이 특별하다고 느낄 수 있는 요소는 무엇인가?

8단계. 목표 고객에게 설득력 있는 편익, 특징 또는 스토리를 선택한다
고객의 니즈, 충족되지 않은 니즈, 고객 가치 제안, 경쟁 환경 및 제품이 만들어지는 가치사슬을 분석한 후 목표 고객을 설득할 수 있는 한 개의 속성을 선택한다.

USP는 SWOT 분석(44장), 고객 여정 지도(11장), 코틀러의 가격 품질 매트릭스(36장) 등, 다양한 도구와 프레임워크를 활용해 찾아낼 수 있다.

USP를 개발하는 것은 자신이 최고인 부분을 찾는 과정만은 아니다. 더 우월한 특징의 제품을 보유한 기업이 어딘가에 존재할 수도 있다. USP를 만드는 것은 다른 경쟁사가 강점으로 삼고 있지 않으나 고객이 가치 있게 여기는 것을 발견하는 일이다. USP를 자사의 가치로 보호할 수만 있다면 그것은 당신의 것이 된다. 만약 다른 기업이 똑같은 스토리로 USP를 만든다면, 그들은 표절 기업으로 간주될 것이다.

USP를 선택할 때에는 이것이 성공적으로 고객의 구매 선택을 이끄는 요소인지 확인해야 한다. 또한 자사의 브랜드 포지셔닝과 일치하는지도 확인해야 한다.

모델의 발전 과정

USP라는 용어는 고객 가치 제안CVP 개념으로 대부분 대체되었다. CVP는 고객이 지불 의향을 가지고 있는 상품 제안의 다양한 측면에 집중한다(13장 참고). 1981년, **앨 라이스**Al Ries와 **잭 트라우트**Jack Trout는 그들의 공동 저서 『Positioning: The battle for your mind』에서 브랜드 포지션과 회사를 특별하게 만드는 강력한 메시지를 연결하는 것이 중요하다고 강조한다. 현재는 제품 포지셔닝보다 브랜드 포지셔닝 개념이 더 중요해졌다.

> **모델의 적용**

자포스Zappos는 **토니 셰이**Tony Hsieh가 1999년에 경영진으로 참여하면서 이끌었던 온라인 신발 소매업체이다. 당시 연매출 160만 달러에 불과했던 자포스는 2009년 12억 달러에 아마존에 매각되었다. 토니와 그의 팀은 열정적이고 신나는 회사 문화를 만들었고, 자포스 직원들은 고객의 행복을 위해서는 무엇이든 할 것이라는 이미지를 구축했다. 자포스는 가장 편리하고 고객 친화적인 온라인 신발 쇼핑몰로 알려졌지만 가장 저렴한 가격의 신발을 판매하는 회사는 아니었다. 두 가지를 동시에 제공하는 것이 불가능하지는 않겠지만 아마도 쉽지 않을 것이다.

자포스는 고객에게 많은 편익을 제공하는 상당한 CVP를 가지고 있었다. 하지만 자포스가 경쟁사보다 두드러질 수 있던 것은 최고의 환불 정책이라는 매우 단순한 USP 때문이었다. 이 정책은 구매한 신발이 발에 맞지 않을 수도 있다는 온라인 쇼핑 고객의 우려를 불식시킬 수 있었다.

USP 개발 과정에는 힘든 선택이 따른다. 자포스의 경우와 같이 여러 개의 강점을 보유한 회사는 모든 강점을 한꺼번에 어필하는 우를 범해 결국 주요 메시지가 희석될 수 있다. 자포스가 '최고의 환불 정책'을 추려냈듯이 고객에게 중요한 하나의 강점을 뽑아내면 시장에서 고유한 포지션을 구축할 수 있다.

> **생각해볼 점**
>
> - USP는 CVP보다 덜 매력적일지 모르지만 칭찬할 만한 점이 많다. USP는 회사나 브랜드를 특별하게 만드는 단 한 가지 요소에 집중한다. 복잡한 세상을 살아가는 우리에게 단순함은 매우 큰 장점이 될 수 있으므로 USP를 파악해볼 만한 가치가 있을 것이다.
> - 감정적 설득력을 가진 USP는 효과적이다. 자포스의 경우 고객은 잘못된 사이즈나 맘에 들지 않는 스타일의 신발을 구매할지도 모른다는 감정적인 우려를 가지고 있었다. 그러나 고객과의 적극적인 소통과 환불 정책을 통해 자포스는 이런 우려를 제거할 수 있었다. 당신의 고객이 감정적인 우려를 하도록 만드는 요소나 장애물은 무엇인가?

가치 기반 마케팅
Value-based marketing

제품과 서비스에 가치를 더해
수익성 개선하기

마케팅 · 밸바츠 비즈니스 전환 · 가격 결정 · 혁신 · 제품 관리 · 고객 분석 훌륭한 영업직원은 언제나 가치를 판매해 왔다. 만약 그들이 가치를 팔지 않았다면, 고객은 다시는 해당 제품을 구입하지 않게 될 수 있다. 만약 고객이 가치를 구입하였다면 그들은 재구매를 위해 돌아오게 될 것이다.

가치 마케팅$_{value\ marketing}$이란 개념은 새로운 것이 아니다. 1960년 테오도르 레빗$_{Theodore\ Levitt}$은 「Marketing myopia」라는 유명한 논문을 『Harvard Business Review』에 발표했다.

> 판매$_{selling}$란 판매자의 제품을 현금으로 전환하는 것에 집중한다. 반면 마케팅은 제품을 통해, 그리고 제품을 만들고 배송하며 궁극적으로 소비하는 것과 관련된 모든 것을 통해 소비자를 만족시키는 것에 집중한다.

레빗이 '가치$_{value}$'라는 단어를 사용하지는 않지만, 그는 마케터들이 단순히 제품만이 아닌 이를 둘러싼 모든 것을 이용해 니즈를 충족시키는 방법을 찾는다고 언급함으로써 이를 암시했다고 할 수 있다.

1980년대와 1990년대, 맥킨지 컨설턴트들은 가치 마케팅에 관한 다수의 글을 펴냈다. 니콜라스 드보니스$_{Nicolas\ DeBonis}$, 에릭 발린스키$_{Eric\ Balinski}$ 그리고 필 앨런$_{Phil\ Allen}$은 2002년, 공동 저서 『Value-Based Marketing for Bottom Line Success: 5 steps to creating customer value』를 출판하였다. 여기서 설명하는 가치 기반 마케팅$_{Value-based\ marketing}$(이하 VBM)의 다섯 단계가 그림 47. 1의 가치마케팅의 오각형 도식에 나타나 있다.

모델의 구조 및 분석 방법

마케팅에 대한 수많은 정의 중 하나는 '마케팅이란 적절한 제품right product을 적합한 고객right people에게 적절한 가격right price으로 판매하는 것'이다. 이렇게 단순화한 마케팅 정의에서 강조할 점은 '적절한 가격'에 있다. 적절한 가격이란 고객의 관점에서는 매우 낮은 가격인 반면, 마케터 관점에서는 높은 가격일 것이다. 이론적으로 제품의 가격은 양자가 동의하는 수준에서 결정된다.

그러나 만약 판매자가 강력한 가치 제안을 할 수 있다면, 즉 제품이 구매자의 첫 눈에 확인한 것보다 더 많은 가치를 가지고 있다는 사실을 설득시킬 수 있다면, 더 높은 가격을 책정할 수 있다. 제품에 중점을 두는 회사는 가치를 판매하는 것보다는 제품 자체를 판매하는 데 강하다. 이들은 제품을 만들고, 비용을 계산해 합리적이라고 생각되는 수준의 마진을 붙여 가격을 결정한다. 그리고 고객에게 제품과 함께 가격을 제시하고 구매를 권유한다.

가치 기반 마케터는 제품을 만든 후 고객에게 어떤 편익이 발생하는지, 고객이 해당 제품을 어떻게 사용할 것인지를 고려해 이에 따라 가격을 결정한다. 제조 원가란 비용을 회수할 수 있을 수 있는 수준의 가격을 책정하기 위한 기준 그 이상도, 이하의 의미도 갖지 못한다. 그래서 판매자는 고객들에게 그 가격이 왜 합리적인지에 대한 수많은 이유를 알려준다. VBM은 결국 고객의 니즈를 이해하고, 제품과 제품의 편익을 함께 묶어 적절한 가격에 배치함으로써 최대의 가치를 얻게 하는 일이다.

VBM은 고객마다 니즈와 가치가 다를 수 있음을 인정한다. 동일한 제품 특징 및 편익에 대해서 어떤 이는 더 높은, 다른 이는 보다 낮은 가치를 부여할 것이며 지불 의사에서도 차이가 나타날 것이다. 그래서 VBM에서는 고객 세분화가 중요하다. 가치 기반 마케터는 자사의 제품을 진정으로 원하고 가치 있게 여기는 고객만을 목표로 한다.

시장에서 가치를 얻기 위해서는 다음의 다섯 가지 단계가 필요하다.

그림 47.1 가치 마케팅의 오각형 도식

After DeBonis, Balinski and Allen(2002)

발견Discover 발견은 고객을 이해하는 단계에 해당한다. 시장 내 주요 참가자는 정확히 누구인지, 어떤 대상을 타깃으로 삼을 것인지 등, 시장에 대한 정의를 내리고 시장의 지도를 그려보는 것이다. 이 단계에는 고객의 가치 기대customer value expectations에 대한 탐색 역시 포함된다. 예를 들어, 특정 상품 제안을 통해 고객이 얻고자 하는 것은 무엇인지, 해당 상품을 제안하는 회사를 어떻게 생각하는지, 어떤 방식으로 구매 결정을 내리는지를 파악한다. 이를 통해 상품 제안에 맞는 고객 집단, 즉 가치 세그먼트value segment를 발견할 수 있다.

전념Commit 이 단계부터는 자사의 상품 제안에 가치를 부여하는 세그먼트를 기준으로 타깃을 겨냥하기 시작한다. 경쟁사 보다 우월한 기능과 편익을 제공하기 위해 상품 제안을 개선하고자 할 수도 있다. 조직 내 모든 구성원은 타깃에 대해, 그리고 판매될 제품과 서비스의 기준에 대해 이해하고 있어야 한다. 기준이 충족되는지 판단하기 위해 핵심성과지표KPI가 수립될 것이다.

창출Create 가치 마케팅을 사용하는 회사는 훌륭한 고객 경험을 제공하는 것의 중요성을 인지하고 있다. 제품뿐만 아니라 이를 지원하는 서비스에 이르기까지 고객에게 가치를 제공하려는 의지를 경영진에서부터 갖고 있어야 한다. 이런 기업은 제대로 된 문화뿐만 아니라 제품과 경험이 일관적으로 제공될 수 있는 구조가 정립되어 있을 것이다.

평가Assess VBM 기업은 경청할 줄 아는 회사이다. 이들은 고객 불만의 원인을 이해하기 위해 고객의 피드백에 귀를 기울인다. 왜 고객의 주문이 감소하는지, 고객이 어떤 부분의 개선을 원하는지를 파악한다. 또한 고객의 기대치에 비해 자사의 성과가 어떠했는지 철저하게 평가하고 지속적으로 고객 만족도를 높이고자 하는 노력을 기울인다.

개선Improve VBM 기업은 평가와 고객의 피드백을 받고 나면 고객의 기대와 실제 제공된 제품 간의 차이를 파악하고 최대한 그 간극을 줄이는 것을 목표로 삼게 된다. 고객의 니즈를 가능한 한 먼저 이해하고 예측함으로써 제품을 한 발 앞서 제공할 것이다.

모델의 발전 과정

발견, 전념, 창출, 평가, 개선의 다섯 단계 모델은 기업의 상황에 맞추어 적용할 수 있다. VBM 모델의 발전은 대부분 사람들이 진정 가치를 부여하는 것이 무엇인지를 파악하기 위한 시장 조사 도구에서 시작되었다. 자신이 무엇을 가치 있게 여기는지 모르거나 이를 제대로 표현하지 못하는 경우가 있기 때문에, 원하는 바를 직접적으로 묻는 전통적인 방식에는 한계가 있는 것으로 밝혀졌다. 사람들은 좋은 제품을 저렴한 가격에 구입하고 빠르게 배송 받고 싶다고 이성적으로 말한다. 하지만 실제로는 브랜드, 관계, 안전성 등, 마음에서 우러나는 감정적 요소에 영향을 받아 구매 결정을 내렸을 수도 있다.

컨조인트 분석(10장 참고)은 사람들이 제품과 서비스에 가치를 부여하는 방식을 이해하고자 할 때 사용하는 도구이다. 고객에게 서른 개 정도의 제품 특징, 편익, 가격 조합을 제시한 후 선택과 거절 결정을 내리도록 한다. 분석 결과를 통해 연구원들은 각기 다른 특징과 편익에 부여된 효용$_{utility}$, 즉 가치$_{value}$를 파악할 수 있으며, 특정 고객 집단에게 무엇이 가장 최적의 조합인지 결정할 수 있다.

모델의 적용

자사의 상품 제안에 고객이 어떤 가치를 부여하는지를 파악하고자 하는 **포장재 공급업자**가 있다. 포장재 시장은 특별히 주도적인 역할을 하는 기업이 없는 분화된 시장$_{fragmented\ market}$이다. 거의 모든 회사가 박스, 테이프, 포장지를 구매하지만 온라인 소매업자, 일용소비재, 식품 공급업체들은 포장재에 큰돈을 들이지 않는다. 각 구매자는 서로 다른 니즈를 가지고 있다. 또한 포장재 자체는 상품 제안의 일부에 불과하다. 즉, 고객 서비스, 주문의 편의성, 온라인 주문 가능 여부, 업무지원 센터의 서비스 및 빠른 배송이 포장 제품 자체만큼이나 중요한 것이다.

해당 포장재 업체는 SIMALTO(42장 참고) 시장 조사 도구를 이용해 고객이 자사 제품과 서비스에 부여하는 가치에 대해 이해하고자 하였다. 이 도구는 응답자에게 그들이 받는 다양한 제품과 서비스의 중요도를 표시하도록 한 후(그림 47.2 그리드 차트에서 좌측 열), 현재 받고 있는 서비스의 수준과 앞으로 어떤 수준의 서비스를 바라는지 질문한다.

그리고 응답자는 현재 받고 있는 서비스 수준에서 원하는 수준으로의 개선 필요성 정도를 포인트로 배분한다. 그림 47.2의 괄호 속 숫자가 이를 나타낸다. 예를 들어, 특정 서비스의 현재 수준이 2라면 4로 향상시키기 위해선 10 포인트를 지출해야 한다. 응답자가 지출하는 포인트를 통해 특정 서비스에 어느 정도의 가치를 부여하는지 알 수 있다.

이러한 방식으로, 해당 회사는 오각형 로드맵의 발견$_{discovery}$ 단계를 완수했다. 고객이 무엇을 원하는지, 얼마나 이를 가치 있게 여기는지 파악한 것이다. 특히 충족되지 않은 니즈와 그 가치를 이해할 수 있었다. 이를 바탕으로 시장 내 각 세그먼트에 각기 다른 상품 제안하고, 고객의 니즈를 충족하는 신제품을 개발하였으며, SIMALTO 모델의 적용으로 포장재 시장의 선두 주자가 될 수 있었다.

그림 47.2 가치 측정을 위한 SIMALTO 그리드

서비스	1	2	3	4
1. 영업직원의 대면 방문	영업직원이 방문한 적이 없음 (0)	부가가치 업무 관련 활동에 30%의 시간을 소요 (5)	부가가치 업무 관련 활동에 30~60%의 시간을 소요 (10)	부가가치 업무 관련 활동에 60~100%의 시간을 소요 (15)
2. 방문 영업직원의 지식	제품과 산업에 대해 전혀 모름 (0)	제품과 산업에 대한 기본지식을 갖추고 있음 (5)	제품과 산업에 대해 잘 이해하고 있음 (10)	제품과 산업에 대해 전문가 수준의 지식을 갖춤 (15)
3. 방문 영업직원이 가진 권한	전혀 권한이 없으며 모든 사항에 대해 본사에 문의 (0)	사소한 결정에 대해서는 본사 문의 없이 결정 (5)	본사에 문의하지 않고 대부분의 결정을 내릴 수 있음 (10)	모든 사항에 대해 본사 문의 없이 결정을 내릴 권한을 가짐 (15)
4. 귀사에 대한 방문 영업직원의 지식	나의 개별적 니즈를 전혀 이해하지 못하고 관심을 갖지 않음 (0)	개별적 니즈에 대해 기본적 이해와 관심을 가지고 있음 (5)	개별적 니즈에 대해 잘 이해하고 많은 관심을 가지고 있음 (10)	개별적 니즈에 대해 전문가 수준의 이해와 관심을 가지고 있음 (15)
5. 새로운 포장 아이디어에 관한 업데이트	새로운 아이디어를 제시한 적이 거의 없음 (0)	새로운 포장 아이디어나 자재를 가끔 소개함 (5)	새로운 포장 아이디어나 자재를 자주 제시함 (10)	새로운 포장 아이디어나 자재를 항상 제시함 (15)
6. 영업직원의 대면 방문 빈도	전혀 없음 (0)	분기 단위 (5)	월 단위 (10)	주/격주 단위 (15)
7. 포장재 영업직원과의 평균 회의 소요 시간	10분 미만 (0)	30분 미만 (5)	한 시간 미만 (10)	두 시간 미만 (15)
8. 공급자의 연락 적극성	항상 공급자에게 먼저 연락해야 함 (0)	최대 30%의 경우 공급자가 먼저 연락 (5)	30~60% 정도 공급자가 먼저 연락 (10)	60% 이상의 경우 공급자가 먼저 연락 (15)
9. 작업 현장에서 소비하는 시간	모든 회의는 사무실에서 진행 (0)	회의 시간의 최대 30%는 작업장에서 진행 (5)	회의 시간의 30~60%는 작업장에서 진행 (10)	회의 시간의 60% 이상을 작업장에서 진행 (15)

생각해볼 점

- 대부분의 회사는 '가치'가 아닌 '제품'을 판매하며, 제조 원가에 마진을 더해 제품의 가격을 결정한다. VBM은 고객이 인식하고 있는 가치에서 시작한다. 고객이 가치 있게 여기는 것은 무엇인가? 당신의 상품 제안을 특별하고, 차별화되고, 가치 있게 만들어 주는 측면은 무엇인가?
- 어떻게 상품 제안의 가치를 개선할 수 있을까? 고객이 개선을 원하는 상품의 특징과 편익은 무엇이며, 이를 위해 고객은 얼마를 지불할 의향을 가지고 있을까?

가치사슬
Value chain

제조 과정상의 제품 또는
서비스 가치 파악하기

마케팅 · 일반적 비즈니스 전략 · 가격 결정 · 제품 관리 · 고객 분석

하버드 경영대학원의 교수 마이클 포터Michael Porter는 경쟁 우위를 점하고자 하는 기업이 사용할 수 있는 모델을 다수 개발하였다. 포터는 1980년에 출간한 저서『Competitive Strategy』에서 가치사슬 모델을 제안한다. 가치사슬 프레임워크는 기업의 가치 창출 극대화를 위해 설계되었으며, 사업의 본연에 집중하고 있다. 이 모델은 가치 창출을 평가하고 기업에 영향을 미치는 외부 요소들을 검토하는 또 다른 프레임워크인 포터의 '산업구조 분석 모델competitive forces'과 종종 함께 사용된다.

모델의 구조 및 분석 방법

기업은 가치를 창출한다. 원자재나 아이디어를 이용해 비용 이상의 가격을 매길 수 있는 무엇인가를 만들어내는 것이다. 가치사슬은 원자재가 기업에 들어오고 나가기까지의 과정에서 가치가 증가하는 방식을 말한다.

마이클 포터는 가치사슬 내에는 다섯 가지의 본원적 활동primary activities이 있으며, 또한 그것을 지원하는 네 종류의 지원 활동support activities이 존재한다고 말한다.

그림 48.1 포터의 본원적 활동과 지원 활동

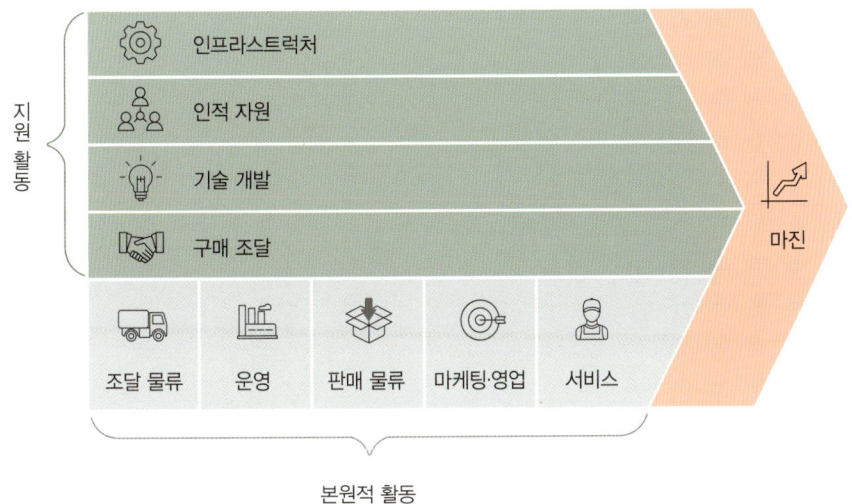

본원적 활동Primary activities

- **조달 물류**Inbound logistics   최종 제품을 만들기 위해 기업에 투입되어 저장되고 처리되는 제품과 원자재를 말한다. 기업이 원자재를 구매하는 공급자와의 관계가 중요하다.

- **운영**Operations   제품과 서비스를 만들어내는 데 관여되는 공정을 말한다. 기술 부서, 유지 보수, 생산, 테스팅 및 포장이 여기에 포함된다.

- **판매 물류**Outbound logistics   최종 제품 및 이를 고객에게 전달하는 것과 관련된 영역을 담당하는 활동이다. 창고저장, 운송 및 외부 위탁되는 모든 물류 활동을 포함한다.

- **마케팅 및 영업**Marketing and sales　제품은 결국 판매하기 위해 만드는 것이기 때문에 관심을 이끌어내고 판매를 실행하는 프로세스가 필요하다. 내부 및 외부 프로모션 개발, 영업 인력 관리 및 가격 결정 전략이 가치사슬 내 마케팅 및 영업 활동에 포함된다.

- **서비스**Service: 제품은 품질 보증 및 서비스 부서의 지원을 필요로 한다. 부품 여분의 공급, 제품 설치, 훈련, 수리 서비스가 이에 포함된다.

지원 활동 Support activities

- **인프라스트럭처**Infrastructure　계획 수립, 회계, 법무 및 일반적인 관리 업무를 담당하는 부서. 기업이 원활히 운영될 수 있도록 하는 동맥의 역할을 한다.

- **인적 자원**Human resources　직원의 모집, 교육 관리를 담당하는 부서

- **기술 개발**Technology development　제품이 경쟁 우위를 점하는 데 필요한 기술을 개발하는 부서

- **구매 조달**Procurement　제품 생산에 필요한 원자재와 서비스 조달을 책임지는 부서

본원적 활동과 지원 활동은 모두 부가가치를 창출해 낸다. 본원적 활동 중 조달 물류와 운영 및 서비스는 제품에 중점을 둔 활동이며, 판매 물류 및 마케팅과 영업은 밖으로 시장을 향하고 있다. 제품 생산에 들어간 전체 비용과 기업의 매출 간의 차이를 **마진**margin이라 한다. 마진은 부가된 가치를 표시하는 척도이며 투자수익률의 형태로 반영된다.

포터는 기업을 전체적으로만 바라보면 그 기업이 가진 경쟁적 포지션을 파악할 수 없다고 주장하였다. 본원적 활동과 지원 활동을 검토하여, 각 활동이 기업의 상대적 비용 포지션relative cost position에 어떻게 기여하고 차별화의 기틀을 만드는지 보아야 한다.

가치사슬 모델은 기업의 다양한 부분을 살펴볼 수 있는 구조를 제공함으로써 가치가 부가되는 영역과 그렇지 않은 부분을 파악할 수 있도록 해준다. 깨진 연결고리는 가치를 파괴하므로 서로 다른 활동 사이의 연결점에 특히 주의를 기울일 필요가 있다. 예를 들어, 영업 부서가 많은 노력을 들여 신규 고객을 유치해도, 고객관리팀에서 신규 고객이 불만을 터트릴 정도로 신용등급에 따른 과도한 관리를 한다면 사업이 진행되기도 전에 고객은 떠나게 될 것이다.

모델의 발전 과정

가치사슬 프레임워크는 기업의 경영에서 유명한 도구로 자리 잡았고, 개별 기업뿐만 아니라 전체적인 공급사슬 부터 유통 네트워크까지 그 범위가 확장되었다. 기업은 공급사슬을 이해함으로써 어떤 지점에서 이익이 창출되는지, 누가 사슬의 통제권을 갖고 있는지 파악할 수 있다. 그림 48.2에 **화학물 제조업체**의 예시에 적용한 단순화된 형태의 가치사슬이 나타나 있다.

그림 48.2 화학물 제조업체의 단순화된 가치사슬

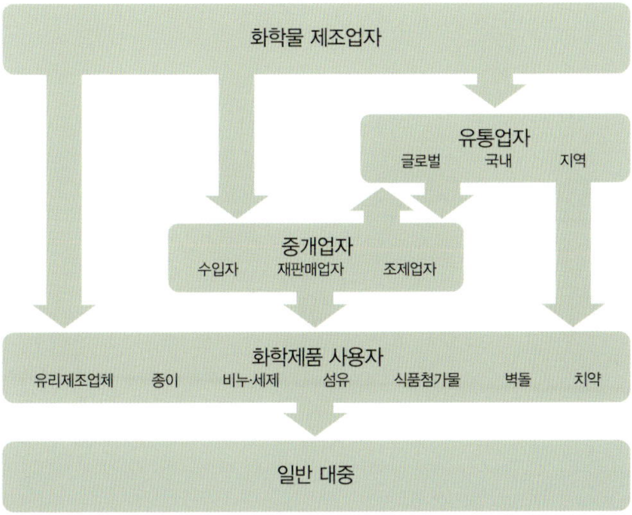

```
                        화학물 제조업자
                   ┌────────┬────────┐
                   │        │        │
                   │    유통업자      │
                   │  글로벌 국내 지역 │
                   │        │        │
                   │    중개업자      │
                   │ 수입자 재판매자 조제업자
                   │        │        │
                   │   화학제품 사용자 │
         유리제조업체 종이 비누·세제 섬유 식품첨가물 벽돌 치약
                        일반 대중
```

모델의 적용

스타벅스의 예시를 통해 포터의 가치사슬을 설명해보자. 1971년에 시애틀에서 창립된 스타벅스는 전 세계적으로 2만4천 개의 매장을 운영하고 있다. 창업주인 **하워드 슐츠** Howard Schultlz 는 스타벅스의 성장세가 급격히 둔화되자 2007년, 이사장 및 최고경영자로 다시 영입되었다. 그는 원자재의 가격 상승, 그리고 맥도날드나 던킨도너츠 같은 푸드 체인 및 스타벅스의 공식을 베낀 많은 회사와의 경쟁에 대비하여 대응책을 마련해야 했다.

조달 물류 Inbound logistics

스타벅스는 연간 전 세계 공급량의 3퍼센트에 달하는 5억 파운드의 커피원두를 소비한다. 원두는 아시아, 아프리카, 라틴 아메리카에 위치한 30만 개 이상의 커피 농장으로부터 공급되었다. 슐츠는 기업의 가치사슬을 검토하여 효율성 개선이 필요한 지역 및 중앙의 물류센터를 확인하였다. 2008년, 전체 주문된 원두 중 매장으로 완벽하게 배송되는 원두가 30퍼센트였지만, 슐츠가 공급사슬 운영체계를 재편성한 뒤에는 90퍼센트로 배송 문제가 개선되었다. 스타벅스는 코스타리카의 커피 농장을 인수해 커피를 자체적으로 재배하기 시작했다. 이는 수직 통합 vertical integration의 일환이 아니라 병충해에 저항성을 가진 커피 연구같이 제품 개발을 목적으로 취해진 조치였다.

운영 Operations

2008년 2월, 스타벅스는 미국 전역 7,100개의 매장을 3시간 반 동안 닫고 바리스타 직원을 대상으로 완벽한 에스프레소를 제조하는 방법을 재교육하였다. 각 매장 내에서 직접 원두를 갈고 분쇄된 지 30분이 지난 원두는 폐기하게 하였다. 슐츠는 직원들이 이메일로 아이디어를 그에게 직접 보낼 수 있도록 하였고 그 아이디어를 고객들에게 공개했다. 그 결과 9만 3천 개의 아이디어가 수집되었다. 또 커피하우스의 느낌을 되찾기 위해 매장 재설계를 의뢰했다.

판매 물류 Outbound logistics

스타벅스 매장으로의 공급사슬에 대한 분석 결과, 적시 배송의 비율이 50퍼센트에도 미치지 못한다는 사실이 밝혀졌다. 공급사슬 운영비용도 급격하게 상승하고 있었다. 스타벅스 공급사슬 담당 부서는 공급구조를 단순화 하여 매장으로 공급하는 데 드는 비용을 낮췄다. 단일 글로벌 물류 시스템을 구축한 것이다.

마케팅 및 영업 Marketing and sales

과거 스타벅스는 전국적인 광고에 큰 비용을 지출하지 않았다. 그러나 슐츠는 CEO로 돌아오자마자 가장 먼저 BBDO(광고 대행사)와 전국 광고 캠페인을 진행했다. 그가 도입한 리워드 카드는 빠르게 호응을 얻어 고객 충성도를 구축하는 데 기여했다.

서비스 Service

슐츠는 아마존 Amazon의 최고기술책임자였던 **크리스 브루조** Chris Bruzzo를 영입해 웹사이트의 기술적 측면을 개선하고 소셜미디어에서 존재감을 높일 수 있도록 하였다.

슐츠는 본원적 활동뿐만 아니라 부수적 활동도 개선했다. 그래서 그는 파트타임 직원들에게는 포괄적 의료 패키지를, 파트너들에게는 새로운 스톡옵션 및 보너스를 제공했다. 150억 달러였던 스타벅스의 시장 가치는 2008년 슐츠가 귀환하여 가치사슬의 개선을 개선시킨 이후 2016년 기준 840억 달러로 상승하였다.

> **생각해볼 점**
>
> - 기업은 원자재와 노동을 투입해 부가가치가 있는 상품으로 전환시키는 컨베이어 벨트와도 같다. 이 과정에서 각자의 역할을 수행하는 각 부서는 가치를 더하는 데 기여한다. 당신의 기업에서 가치가 창출되는 지점은 어디인가? 부서 간 연결고리는 얼마나 튼튼한가? 개선을 통해 더 많은 부가가치를 창출할 수 있는 방법이 있을까?
> - 기업 내 가치사슬뿐만 아니라 해당 시장 내 가치사슬에 대해서도 잘 파악하고 있는가? 제품이 기업에 투입되는 지점에서 최종 소비자에 이르기까지 어떤 변화가 일어나고 있는가? 해당 변화에 당신의 기업은 어떤 방식으로 대응하고 있는가? 어떤 주체가 돈을 벌고 있는가? 어떻게 하면 가치사슬 내에서 더 많은 이익을 낼 수 있을까?

등가가치선
Value equivalence line

사업 전략상 가격 및
제품 편익 관리하기

브래들리 게일Bradley Gale은 1994년 출간한 그의 저서 『Managing Customer Value』에서 '가치는 가격 대비 품질과 같다'고 주장하였다. 그는 45도 각도로 그래프 면을 가로지르는 선을 이용해 인지된 품질 대비 가격을 나타내는 '적정가치선fair value line'을 만들었고, 이는 등가가치선Value equivalence line(이하 VEL)의 전신이 되었다.

랄프 레진스키Ralf Leszinski와 마이클 만Michael Marn은 1997년 『McKinsey Quarterly』에 공동 게재한 논문 「Setting value, not price」에서 VEL의 개념을 설명했다. 이어 2004년, 마이클 만, 에릭 로이그너Eric Roegner, 크레이그 자와다Craig Zawada는 『The Price Advantage』에서 VEL을 더 자세히 소개한다.

모델의 구조 및 분석 방법

제품 또는 서비스의 구매가 일어나려면 고객은 해당 가격이 지불할 만한 가치가 있는 적절한 수준이라고 생각해야 한다. 어떤 종류의 상품이든 프리미엄 제안과 경제적 제안이 있기 마련이다. 프리미엄 제안은 경제적 제안보다 더 많은 기능과 편익을 갖추고 있기 때문에 더 높은 가격이 책정된다.

상품이나 브랜드는 인지된 가격perceived price 인 y축과 인지된 편익perceived benefits 인 x축으로 구성된 그래프의 좌표로 나타낼 수 있다. x축과 y축을 가로지르는 선을 VEL이라 부른다. 그림 49.1을 보면 서로 다른 가격과 편익을 가진 세 개의 자동차 브랜드가 모두 단일 평행선상에 도식적 가치 맵value map으로 나타난 모습을 볼 수 있다.

그림 49.1 가치 맵 평행선에 위치한 세 가지 브랜드

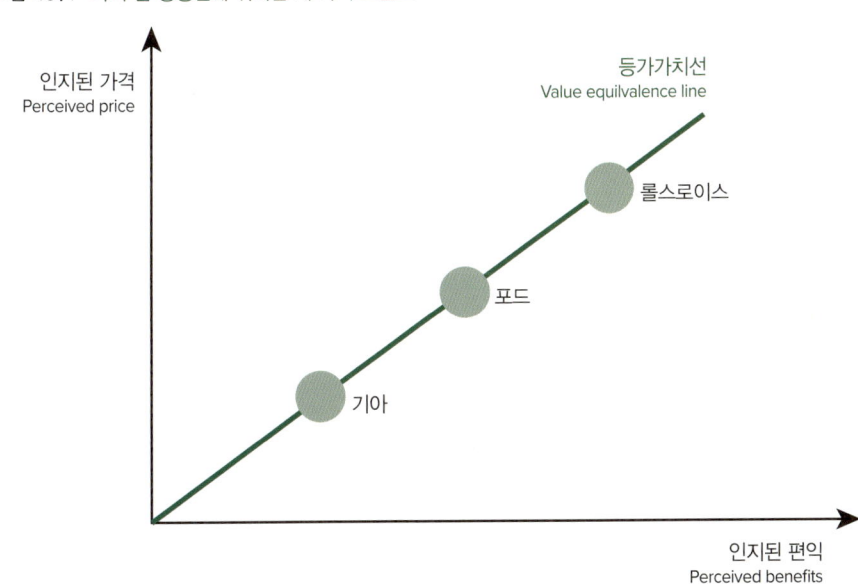

Exhibit from 'Setting value, not price', February 1997, McKinsey Quarterly, www.mckinsey.com.Copyright (c) 2018 McKinsey & Company. All rights reserved. Reprinted by permission

완벽한 시장은 거의 존재하지 않으므로 대부분의 브랜드는 VEL의 좌측 또는 우측에 위치하게 된다. 그림 49.2의 '브랜드4'는 VEL의 좌측에 위치하고 있는데, 이는 편익 대비 높은 가격이 책정되어 있다고 인식되므로 시장점유를 잃을 가능성이 크다. 반면 그 우측에 있는 '브랜드5'는 가격 대비 높은 편익을 제공하기 때문에 시장점유가 높아질 가능성이 있다.

그림 49.2 시장 내 평행선을 벗어나 위치한 브랜드 4와 5

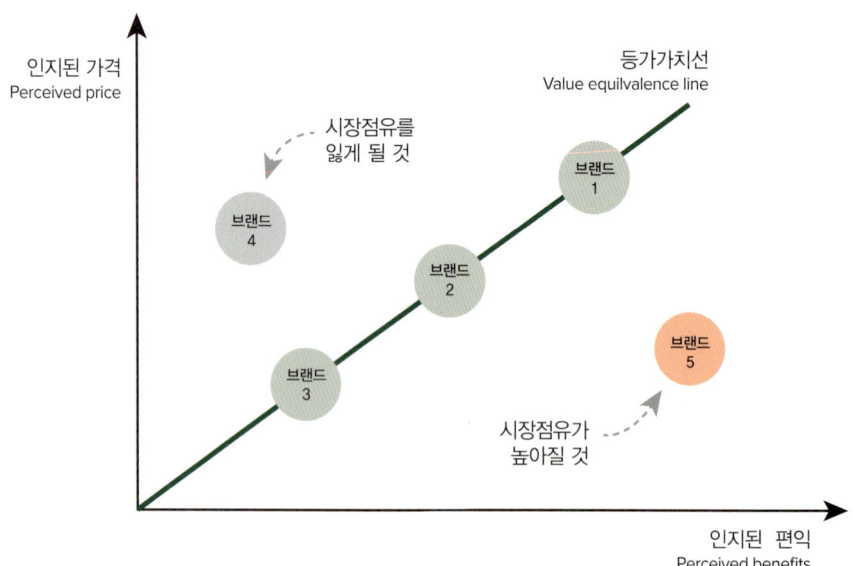

Exhibit from 'Setting value, not price', February 1997, McKinsey Quarterly, www.mckinsey.com.Copyright (c) 2018 McKinsey & Company. All rights reserved. Reprinted by permission

VEL 그래프에서 경쟁 브랜드 대비 자사 브랜드 위치를 파악하는 것은 기업이 의사결정을 할 때 유용하다. 예를 들어, VEL의 오른편에 위치한 '브랜드5'는 이 정보를 바탕으로 '좋은 가치 전략 good value strategy'을 유지하면서 시장점유율을 높이고자 하는 결정을 내릴 수 있다. 아니면 가격을 인상해 이익을 더 확보하고 브랜드 위치를 위쪽으로 올려 VEL에 더 근접하게 하는 결정을 내릴 수도 있다. VEL의 왼편에 위치한 '브랜드4'는 상품이 가진 편익을 고객에게 어떻게 알릴 수 있을지 생각하거나, 상품의 가격이 본래의 가치보다 높게 책정되었다는 사실을 인식하고 가격을 인하할 수도 있을 것이다.

VEL은 고객이 인지하는 가격과 편익에 기반하고 있기 때문에 정확하지 않을 수도 있다는 점을 명심할 필요가 있다. 앞에서 제시한 예시에서 '브랜드4'는 인지된 가격 대비 상대적으로 부족한 편익을 제공하고 있다고 생각하게 된다. 하지만 브랜드의 진정한 가치가 제대로 고객에게 전달되지 못해 부정적인 평가를 받았을 가능성도 배제할 수 없다. 이러한 경우라면, 사람들의 인식을 바로 잡아주는 홍보 캠페인promotional campaign이 해결 방안이 될 수 있다. 시장의 다른 제품에 비해 가격 대비 좋은 품질을 갖추고 있지만 가격이 비싸다고 인식되고 있을 가능성도 있다. 이 역시 커뮤니케이션 캠페인communications campaign을 통해 해결되어야 할 문제이다.

다음의 두 가지 간단한 질문을 통해 VEL 그래프에서 기업의 위치를 파악할 수 있다.

- A기업의 제품 또는 서비스를 구입할 때 얻는 편익은 다른 기업에 비해 어떠한가?
  - 매우 높다
  - 어느 정도 높다
  - 높지도 낮지도 않다
  - 어느 정도 낮다
  - 매우 낮다

- A기업의 제품 또는 서비스의 가격수준은 다른 기업에 비해 어떠한가?
  - 매우 높다
  - 어느 정도 높다
  - 높지도 낮지도 않다
  - 어느 정도 낮다
  - 매우 낮다

시장 내 다른 공급자에 대해서도 같은 질문을 해볼 수 있다. xy축 그래프에 결과를 나타냄으로써 기업 또는 브랜드의 위치를 파악하고, 이를 바탕으로 가격 결정 및 상품 전략을 만들 수 있을 것이다.

모델의 발전 과정

VEL 이론은 '사람들은 합리적으로 행동한다'는 가정에 기반하고 있다. 예를 들어, 상당한 개선 노력을 거쳐 더욱 높아진 편익을 이전과 같은 가격에 제시하는 주류 브랜드가 있다면, 그래프에서 해당 브랜드의 위치가 VEL의 오른편으로 옮겨져 시장점유율이 높아질 것이다.

해당 브랜드와 동등한 수준의 편익을 제공하지 못하는 경쟁자들은 시장 내 균형 유지를 위해 가격을 인하하게 되고, 결국 VEL이 전체적으로 오른쪽으로 옮겨갈 것이라는 이론을 세울 수 있다.

그러나 이러한 변화는 예측하거나 알아차리기 어렵다. 경쟁자가 제공하는 추가적인 편익이 시장의 역학관계를 움직이기엔 충분하지 않을지도 모른다. 또한 브랜드 로열티나 관성적인 구매 결정 때문에 가격 인하가 필요 없을 수도 있다. 사람들이 항상 경제적으로 예측 가능한 방식으로 행동할 것이라고 가정하는 것은 불가능하다.

실제 시장 상황에 이론적 개념을 적용하는게 쉽지 않은 것은 사실이지만, 전략을 개발하는 데는 여전히 유용하다. VEL 이외에도 시장 내 다양한 참가자의 위치를 파악할 수 있는 다른 도구도 있다. B2B International은 다음의 질문을 통해 측정하는 순가치점수 net value score를 개발했다.

- 유사한 제품 및 서비스를 제공하는 공급자 대비 X회사가 제공하는 총 가치의 수준은 어떠한가?
    - 매우 높다
    - 어느 정도 높다
    - 높지도 낮지도 않다
    - 어느 정도 낮다
    - 매우 낮다

응답 중 '높다'고 대답한 응답자의 비율에서 '낮다'고 대답한 응답자의 비율을 빼면 **순가치점수**를 계산할 수 있다. 이때 더 높은 중요도를 가진 '매우 높다' 또는 '매우 낮다'고 대답한 응답자 비율에 각각 2를 곱하여 가중치를 부여한다(그림 49.3).

그림 49.3 순가치점수 계산 공식

$$\text{순가치점수 (Net Value Score)} = \frac{\left(\begin{array}{c}\text{매우 높다(\%)} \times 2 \\ + \\ \text{어느 정도 높다(\%)}\end{array}\right) - \left(\begin{array}{c}\text{매우 낮다(\%)} \times 2 \\ + \\ \text{어느 정도 낮다(\%)}\end{array}\right)}{2}$$

B2B International(2011)

순가치점수는 100점 만점을 기준으로 환산할 수 있다. 그림 49.4는 자동차 산업, 화학 산업, 건설 산업 세 개의 수직계열화된 시장에 제품을 공급하는 기업들을 조사한 결과다. 세 시장에서 경쟁하는 기업에 각각 1에서 5의 번호가 부여되었다. 본 조사를 의뢰한 1번 기업은 자동차 산업에서 두각을 나타냈고 건설 시장에서는 부족한 모습을 보였다. 이는 자동차 시장에서는 두각을 나타내지 못했으나 건설 시장에서는 좋은 점수를 받은 5번 기업과는 정반대의 결과였다.

순가치점수는 각 공급자들 사이의 거리와 개선 노력이 필요한 영역을 보여주었다. 1번 기업의 경우, 건설 산업에서의 가치 제안value proposition을 조정해야 한다는 점이 명확히 드러났다.

그림 49.4 순가치점수를 이용한 경쟁 우위 설정

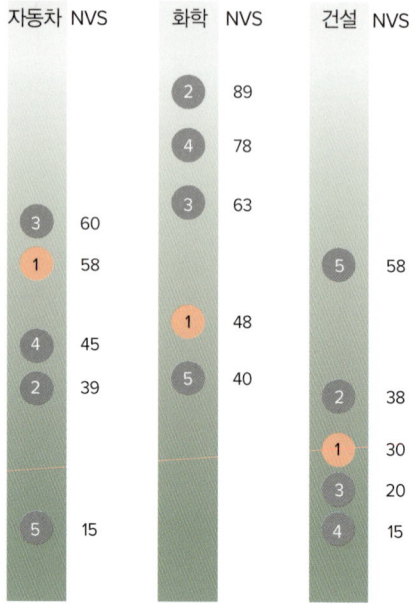

B2B International(2011)

모델의 적용

전문업자에게 수작업 공구를 공급하는 업체의 예시를 들어보자. 해당 업체는 시장 점유율이 떨어지는 원인을 파악하고자 설문조사를 진행하였다. 설문조사 결과 소비자의 관점에서는 상대적으로 높은 공구 가격이 정당화되지 못하는 것으로 나타났다. 공구의 인지된 가격에는 큰 차이가 없었으나 해당 업체보다 저렴한 브랜드가 더 많은 편익을 제공하는 것으로 인식되고 있었고, 또 다른 브랜드들은 해당 업체보다 더 높은 가격을 책정했음에도 불구하고 가성비가 더 좋은 제품으로 인식되고 있었다.

해당 업체는 왜 자사의 브랜드가 더 낮은 편익을 제공하는 것으로 인식되고 있는지 그 이유를 알 수 없었다. 자체적으로 수행한 시험 결과 자사 제품이 다른 경쟁 브랜드와 동등하거나 심지어 더 높은 수준의 성능을 보였기 때문이다.

고객을 대상으로 추가 조사를 진행한 결과, 그들의 목표 고객인 전문가들 사이에서 해당 브랜드 X의 입지가 약해진 것으로 드러났다. 브랜드 X가 DIY 상점에 제품을 도입하면서 일반 대중도 브랜드 X의 공구를 구할 수 있게 된 것이다. 전문가들은 일반 대중이 구입하는 공구를 사용하면 그들이 가진 전문성과 기술의 수준이 떨어질 것으로 느껴 같은 종류의 공구를 이용하기를 꺼려했다. 이로 인해 전문가용으로 사용하기에는 적합하지 않은 브랜드로 인식하게 된 것이다.

브랜드 X는 급성장하는 대중시장에서의 제품 판매를 포기하고 싶지 않았다. 대신 전문가용 공구를 차별화된 색상, 새로운 판매 포장 및 '전문가가 선택한 브랜드 X'라는 문구를 달아 재출시하였다. 또한 공구의 뛰어난 기능을 알리고 전문가용으로 사용된다는 점을 보여주는 홍보 캠페인을 진행했다.

브랜드의 리포지셔닝은 그래프에서 해당 업체의 위치를 VEL의 오른편으로 옮기기에 충분했고, 전문가들을 대상으로 한 시장점유율이 곧 상승하기 시작했다.

> **생각해볼 점**
>
> - 미래 전략을 결정하려 한다면 먼저 자신의 브랜드가 VEL 그래프의 어느 지점에 위치해 있는지 파악하는 것이 중요하다. VEL의 오른편에 위치했다면 시장점유율을 높이거나 가격을 인상할 수 있다. 반대로 VEL의 왼편에 위치한 경우, 점유율을 되찾기 위해선 브랜드에 대한 부정적 인식의 원인을 파악할 필요가 있다. VEL의 왼편에 위치한 브랜드의 제품은 편익 대비 가격이 높게 책정되었거나, 기능이나 편익이 부족하거나 이를 제대로 고객에게 전달하지 못했을 가능성이 있다.
> - 시장 내 브랜드의 포지션은 인식에 기초한다. 인식은 고객 경험, 소문 및 프로모션에 의해 형성된다. 당신의 고객은 어떻게 인식하고 있으며, 당신의 회사는 고객 인식에 긍정적 영향을 미치고 있는가?

밸류 넷
Value net

경쟁자와의 협력을 통해
편익을 얻을 수 있는 방법

학자와 컨설턴트들은 수년 전부터 전략적 제휴strategic alliance의 중요성을 알고 있었다. 전략적 제휴 또는 전략적 네트워크는 밸류 넷Value net의 근간을 이루고 있다.

1996년에 들어서야 밸류 넷이라는 용어가 사용되고 그에 대한 상세한 설명이 이루어지기 시작했다. 아담 브란덴버거Adam Brandenburger와 베리 네일버프Barry Nalebuff는 공동 저서인 『Co-Opetition』에서 밸류 넷 이론에 대해 설명하면서 그들이 게임 이론game theory으로부터 영향을 받았다고 언급하였다. 구체적으로 그들은 제2차 세계대전 당시 개발된 게임 이론이 이후 존 폰 노이만John von Neumann과 오스카 모르겐슈테른Oskar Morgenstern의 공동 저서 『Theory of Games and Economic Behavior』에서 경제 이론으로 전환되어 이용된 점에 대해 설명했다.

모델의 구조 및 분석 방법

대부분의 사람은 기업 간의 경쟁을 전쟁터로 본다. 어떤 비즈니스 리더들은 서류 가방에 고대 중국 병법가인 손무의 『손자병법』을 들고 다니는 것으로 알려지기도 했다. 물론 기업은 서로 경쟁하는 것이 맞지만 그렇다 하여 그들의 목적이 서로를 전멸시키는 것이라 할 순 없다.

마을 외곽의 주요 도로에 자동차 대리점들이 일렬로 늘어서 모여 있는 모습을 볼 수 있다. 서로 경쟁관계이지만, 함께 모여 있음으로써 자동차를 구매하려는 대중에게 다양한 선택권이라는 보다 강력한 제안을 하는 것이다.

비슷한 예시로, 마을에 유명한 레스토랑이 하나 생기게 되면 이것이 다른 레스토랑들로 하여금 그와 가까운 위치에 자리를 잡도록 유인함으로써 결국 해당 지역은 외식하기 좋은 장소로 알려지게 된다. 경쟁은 시장 내 모든 참여자에게 더 큰 성공을 가져다주는 촉매제 역할을 하는 경우가 많다.

아담 브란덴버거Adam Brandenburger와 배리 네일버프Barry Nalebuff는 기업들이 서로 전면전보다는 협력을 해야 한다는 아이디어를 제시했다. 이들은 중심에 위치한 기업이 네 가지 요소로 둘러싸여 있다는 밸류 넷 모델을 제안하는데, 네 가지 요소는 다음과 같다.

그림 50.1 밸류 넷의 네 가지 요소

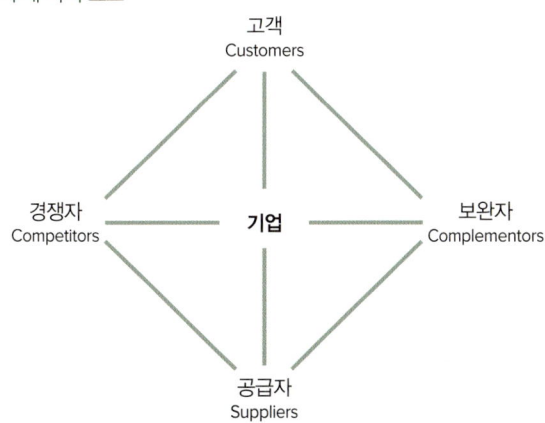

Adan Bradenbuger and Barry Nalebuff, *Co-operation*(New York: Currency Doubleday, 1996)

- **고객**Customers　기업은 자사의 제품과 서비스를 구매할 고객을 필요로 한다.
- **공급자**Suppliers　기업에 자재, 설비, 소프트웨어를 공급함으로써 제품과 서비스를 만들어내게 한다.
- **경쟁자**Competitors　유사한 또는 대체 제품 및 서비스를 공급하는 기업이다.
- **보완자**Complementors　밸류 넷 모델을 흥미롭게 만들고 차별화하는 것이 바로 이 요소이다. 보완자는 사업성이 더 좋아질 수 있는 무언가를 제공하는 집단을 말한다. 예를 들어 마을 안에는 서로 경쟁관계에 있는 레스토랑들뿐만 아니라 식사 전에 잠시 들러 간단히 한 잔 할 수 있는 바bar도 존재한다. 이러한 바들은 외식을 하고자 하는 사람들에게 있어 레스토랑의 매력을 강화시켜 주는 보완자의 역할을 한다. 컴퓨터 제조업자의 경우, 자사 제품의 가치를 높일 수 있는 소프트웨어를 컴퓨터에 장착할 수 있다. 여기서 소프트웨어는 보완재로서 컴퓨터와 결합되었을 때 더욱 매력적인 상품 제안이 된다.

브랜덴버거와 네일버프는 밸류 넷 모델을 개발할 때 게임 이론에서 영감을 얻었다. 그들은 **게임 이론**이 가장 긴급한 요소에 집중함으로써 전략 수립과 결정을 더욱 명확히 할 수 있다는 점에 주목한다. 게임 이론은 수많은 상호의존적인 힘이 있는 상황에서 이를 핵심요소로 분해하고 제안 전략을 설명하는 데 도움을 준다. 게임 이론은 기업이 방향 전환을 통해 절대적 승자도 패자도 없는 상황을 만드는 방법을 보여준다. 올바른 전략으로 기업들은 상생할 수 있으며 하나 이상의 승자가 나올 수 있다.

밸류 넷의 레버 역할을 하는 다양한 구성요소를 움직이면서 게임이 진행된다. 이러한 구성요소는 참가자Player, 부가가치Added value, 규칙Rules, 전술Tactics, 범위Scope로 각 단어의 머리글자인 **PARTS**라고 불린다.

참가자Players

시장 내 사업을 운영하는 모든 기업을 일컫는다. 예를 들어 어떤 사업체는 새로운 원자재 공급업체를 찾음으로써 비용을 낮출 수 있다. 또한 자사 제품에 가치를 더할 수 있는 새로운 회사를 찾고 있을 수도 있다. 새로운 참가자들 사이에서 기회를 모색할 때에는 다음과 같은 질문을 해야 한다. '이 회사는 어떤 것을 가져올 수 있는가?', '해당 회사가 합류했을 때 누가 승자와 패자가 될 것인가?'

부가가치Added value

가치를 더하는 요소를 일컫는다. 개선된 제품이나 서비스는 가치를 더하게 되고 그 결과, 충성도를 높일 수 있다. 협력사에 의해서도 가치가 더해질 수 있다. 보완적 역할을 하는 회사와 협력함으로써 양쪽 조직뿐만 아니라 고객도 부가가치의 혜택을 누게 될 수 있다. 1986년, 차량 바퀴의 흙받이를 제조하는 몇몇 대형회사는 법률 제정을 위한 로비를 했고, 결국 모든 대형 화물차들은 차축에 브러시와 흙받이를 달아야 한다는 물 튐 방지 규제가 생겨나게 되었다. 몇몇 업체의 로비 노력 덕분에 유럽 전역의 머드플랩 제조업체가 혜택을 보았다.

규칙 Rules
모든 게임에는 규칙이 있듯이 기업 역시 일반적으로 통용되는 규칙과 규제를 가지고 있다. 한 참가자가 규칙을 도입하기 시작해 점차 다른 모든 참가자들에 의해 이 규칙이 받아들여지게 된다. 보건안전 규칙부터 대출규제, 보증, 서비스 지원까지 다양한 종류의 규칙이 있다.

전술 Tactics
전술이란 시장 안에서 전달되어 다른 참가자들의 행동에 영향을 주는 메시지를 말한다. 단, 합법적이라는 것이 전제되어야 한다. 시장 선도자의 가격 인상은 다른 참가자들 역시 가격을 인상하라는 하나의 신호가 된다. 어떤 회사가 한 협력사와 제휴를 맺게 되면 다른 참가자들 역시 비슷한 동맹 관계를 결성하려 할 것이다.

범위 Scope
단독으로 행동하는 기업은 존재하지 않는다. 이들은 상호간에 다양한 방식으로 연결되어 있다. 전혀 관계없는 시장에서 제정된 법령이 다른 시장 참가자들의 유사한 행동을 유발할 수도 있다. 뿐만 아니라 특정 산업이 침체되면 기업들은 다른 부문이나 지역에서의 사업을 모색하게 될 수도 있다.

PARTS를 시장의 힘으로 고려하는 것은 변화가 어떤 식으로 일어날지의 시나리오를 구성하는 데 도움이 된다. PARTS의 각 구성요소는 시장에서의 게임을 변형 또는 변화시킬 수 있는 도구이다. 이러한 요소들이 시장 내에서 어떤 방식으로 작용하는지 이해하는 것이 이 모델의 가장 기본이라 할 수 있다. 게임을 자신만의 방식으로, 특히 유리하게 작용하는 방식으로 이끌어갈 수 있도록 하기 때문이다.

모델의 발전 과정

기업들이 상호의존적인 밸류 넷을 만들어 협력함으로써 가치를 창출한다는 개념은 빠르게 인기를 얻었다. 이후 수많은 학자에 의해 밸류 넷 내에서의 기술의 활용 및 정보 공유를 강조한 독창적인 협력 아이디어가 추가되었다. 그리고 밸류 넷 내 핵심 동인인 최종 고객이 강조되었다.

마이클 포터는 기업의 가치사슬에 대해 원자재가 투입되어 더 큰 가치가 있는 상품으로 바뀌는 일련의 과정이라고 설명하였다(48장 참고). 반면 밸류 넷 모델은 순차적인 과정이 아니라는 점과 시장 내 다양한 참가자들 간의 협력과 상호 연결성의 결과로 만들어진 네트워크를 통해 창출되는 가치를 설명한다는 점에서 가치사슬과 차이가 있다.

모델의 적용

에니 카이사 카호코넨 Anni-Kaisa Kähkönen은 『British Food Journal』에 게재한 논문 「Value net-a new business model for the food industry」에서 **핀란드 식품 산업**에 밸류 넷 모델이 어떻게 적용되었는지 설명하였다. 핀란드 식품 산업은 유럽 다른 지역과 마찬가지로 지난 수십 년간 상당한 변화를 겪었다. 농부와 식품가공업체 및 수많은 소매업체로 이루어진 산업에서 소수의 대형 소매기업, 대형 식품가공기업, 농업 단체로 구성된 산업으로 변화한 것이다. 산업 내 다수의 소형 기업들이 여전히 존재하기는 하지만 대부분 대형 기업들의 움직임을 따라가는 경향을 가지고 있다.

과거 식품 산업 내에는 개별적으로 운영하는 참가자들이 존재하였으나, 오늘날 시장 참가자들의 경우 긴밀하게 연계되어 있으며 상호 간 협력 관계를 맺고 있다. 밸류 넷을 적용하면 다음의 특징들을 확인할 수 있다.

고객

시장은 고객의 니즈에 따라 기민하게 반응한다. 각 고객 세그먼트마다 다른 니즈를 가지고 있다는 점을 인지하고 있다. 식품을 구입할 때 저렴한 가격을 원하는 고객이 있는가 하면, 새로운 음식 경험을 원하는 사람들도 있고, 높은 수준의 서비스를 필요로 하는 고객들도 있다. 대형 소매기업들은 다양한 고객의 서로 다른 니즈에 민감하게 반응한다.

경쟁자

핀란드 내 식품 소매기업 상위 3개 회사는 전체 시장점유율의 90퍼센트를 차지하며 지배적 영향력을 가지고 있다.

공급자

현대적인 첨단 기술을 갖춘 핀란드의 식품 산업은 총생산가치 gross value of production 기준 핀란드에서 네 번째로 큰 산업 규모다. 산업 내에는 규모가 매우 큰 소수의 기업과 이를 따르는 다수의 중소기업으로 구성되어 있다.

보완자

밸류 넷 모델의 핵심은 시장의 참가자들이 자신의 상품 제안에 가치를 더하는 네트워크 안에서 활동한다는 점이다. 소매업체들은 고객 수요에 따라 그들의 요구 조건에 귀를 기울인다. 이렇게 파악한 고객의 니즈를 식품 가공업체와 공유해 변화에 빠르게 대응할 수 있도록 한다. 산업 내 가치사슬 전체에 걸쳐 이러한 연결고리가 형성되고, 협력을 통해 가치를 창출하는 것이다. 궁극적인 목표는 최종 고객을 위한 가치 창출로, 이는 단일 참가자 집단의 노력만으로는 성취할 수 없다. 모든 대형 그룹은 다양한 공급자와 함께 공동 제품 개발 프로젝트를 진행하고 있으며, 지속적으로 새로운 공동 개발 영역을 모색한다. 이와 같은 가치사슬 내 기업 중에는 20년 이상의 역사를 지닌 협력 관계도 있는 등, 장기적 성격을 가지고 있다.

산업분석은 협력이 어떻게 모든 참가자에게 가치를 부가하는지 그려볼 수 있게 해준다. 밸류 넷 모델은 시장을 형성하는 힘을 파악하는 포터의 산업구조 분석 모델 five forces 과 유사하다. 다만 밸류 넷 모델은 협업과 네트워킹의 효과에 대해 탐색해 봄으로써 추가적인 통찰을 얻을 수 있다.

생각해볼 점

- 매우 심화된 경쟁 환경에서 사업을 하는 기업이라도 반드시 경쟁자와 정면 대결을 해야 하는 것은 아니다. 시장 내 다양한 참가자와 협력하여 당신의 상품 제안에 가치를 더할 기회가 있을 수도 있다. 이를 위해선 고객이 무엇을 원하고 필요로 하는지 충분히 이해해야 한다. 무엇을 통해 고객에게 더 나은 상품 제안을 할 수 있을 것이며, 시장 내 다른 공급자들과 어떤 방식으로 협력하여 그 목표를 달성할 수 있을 것인가?
- 협력은 지식 공유를 통해 순조롭게 시작할 수 있다. 컨퍼런스나 산업 세미나에 참가하거나 해당 주제에 대한 연구 자료를 작성함으로써 협력에 유리한 포지션을 구축할 수 있다.

참고 문헌

01. 4P 모델 The 4Ps

1. McCarthy, EJ (1960) Basic Marketing: A managerial approach, Richard D Irwin, Homewood
2. Ettenson, R, Conrado, E and Knowles, J (2013) Rethinking the 4Ps, Harvard Business Review, January-February

03. AIDA

1. Dukesmith, F (1904) Three natural fields of salesmanship, Salesmanship, January, 2 (1), p 14
2. Russell, CP (1921) How to write a sales-making letter, Printers' Ink, June
3. MacRury, I (2008) Advertising, Routledge, Abingdon
4. Sheldon, A (1911) Successful Selling, Part 1, Kessinger Publishing, Montana
5. Lavidge, RJ and Steiner, GA (1961) A model for predictive measurements of advertising effectiveness, Journal Of Marketing, 25, October
6. Ogilvy, D (1983) Ogilvy on Advertising, Vintage, New York

04. 앤소프 매트릭스 Ansoff matrix

1. [Online]http://en.wikipedia.org/wiki/Igor_Ansoff
2. Ansoff, I (1957) Strategies for diversification, Harvard Business Review, 35(5), pp 113-24
3. [Online]http://www.economist.com/node/11701586
4. [Online]http://enwikipedia.org/wiki/Coca-Cola_Zero
5. [Online]http://investopedia.com/articles/markets/081315/vitaminwater-has-been-cocacolas-best-purchase.asp
6. [Online]http://www.coca-colacompany.com/coca-cola-unbottled/coca-cola-brazil-bringing-local-coffee-back-home

05. 벤치마킹 Benchmarking

1. Tucker, FB, Zivan, SM and Camp, RC (1987) How to measure yourself against the best, Harvard Business Review, January
2. Reichheld, FF (2003) The one number you need to grow, Harvard Business Review, December
3. Murdoch, A (1997) [accessed 31 August 2010] USA: Lateral Benchmarking Or... Whar Formula One Taught An Airline, Management Today [Online] www.managementtoday.co.uk/

4. Dragolea, L and Cotirlea, D (2009) Benchmarking-a valid strategy for the long term? Annales Universitatis Apulensis Series Oeconomica, 11 (2), pp 813-26
5. Total Customer Satisfaction at Motorola [accessed 6 October 2017] [Online] http://www.prenhal.com/divisions/bp/app/russellcd/PROTECT/CHAPTERS/CHAP03/CH03RFM.HTM

06. 블루오션 전략 Blue ocean strategy

1. Chan Kim, W and Mauborgne R (2004 [2015, expanded edn]) Blue Ocean Strategy: How to create uncontested market space and make the competition irrelevant, Harvard Business School Publishing Corporation, Boston
2. Hamel, G and prahalad, CK (1994) Competing for the Future, Harvard Business School Press, Boston
3. Chan Kim, W, Mauborgne, R and Hunter, J [accessed 6 October 2017] Nintendo WII, Lessons Learned From Noncustomers [Online] http://www.blueoceanstrategy.com/teaching-materials/ninteno-wii
4. [Online] http://www.blueoceanstrategy.com/bos-moves/netjets/

07. 보스턴 컨설팅 그룹 매트릭스 BCG Matrix

1. Henderson, B (1970) The Product Portfolio, Boston Consulting Group, Boston
2. Ferris, R [accessed 29 October 2018] Tesla shares surge as upbeat Musk sees profitable second half, CNBC [Online] http://www.cnbc.com/2018/08/01/tesla-earnings-q2-2018.html
3. Virgin Cola [accessed 6 October 2017] [Online] http://en.wikipedia.org/wiki/virgin_Cola

08. 브랜드 감사 Brand audit

1. Aaker, DA (1996) Measuring brand equity across products and markets, California Management Review, 38 (3), pp 102-20
2. RSM renames over 100 firms [accessed 11 June 2015] [Online] http://economia.icaew.com/news/june-2015/rsm-renames-over-100-firms

09. 경쟁 정보 Competitive Intelligence

1. Porter, ME (1980) Competitive Strategy: Techniques for analysing industries and competitors, Free Press, New York
2. [Online] http://www.scip.org/

10. 컨조인트 분석 Conjoint analysis

1. Debreu, G (1960) Topological methods in cardinal utility theory, in K Arrow, S Karlin and P Suppes (eds), Mathematical Methods in the Social Sciences, Stanford University Press, Stanford, pp 16-26
2. Luce, RD and Tukey, JW (1964) Simultaneous conjoint measurement: a new scale type of fundamental measurement, Journal of Mathematical Psychology, 1 (1) pp 1-27

11. 고객 여정 지도 Customer Journey Maps

1. Carlzon, J (1987) Moments of Truth, Ballinger Publishing Company, Cambridge MA

12. 고객 라이프타임 밸류 Customer Lifetime Value

1. Shaw, R and Stone, M (1988) Database Marketing, John Wiley & Sons, New York

13. 고객 가치 제안 Customer Value Proposition

1. Reeves, R (1961) Reality in Advertising, Alfred A Knopf, New York
2. Kordupleski, R (2003) Mastering Customer Value Management: The art and science of creating competitive advantage, Pinnaflex Educational Resources, New Jersey
3. Ries, A and Trout, J (1982) Positioning: The battle for your mind, Warner Books, New York
4. Anderson, JC, Narus, JA and van Rossum, W (2006) Customer value propositions in business markets, Harvard Business Review, March

14. 혁신의 확산 Diffusion of innovation

1. Rogers, EM (1962) Diffusion of Innovations, 1st edn, Free Press of Glencoe, New York
2. Rogers, E (2003) Diffusion of Innovations, 5th edn, Free Press, New York
3. Katz, E and Lazarsfeld, PF (1955) Personal Influence: The part played by people in the flow of mass communications, Free Press, New York
4. OECD (2015) Innovation Policies for Inclusive Growth, OECD Publishing, Paris
5. Gladwell, M (2000) The Tipping Point: How little things can make a big difference, Little Brown, London
6. Moore, G (2014) Crossing the Chasm, 3rd edn, Harper Collins, New York

7. Davis, F, Bagozzi, R and Warshaw, R (1989) User acceptance of computer technology: a comparison of two theoretical models, Management Science, 35 (8), pp 982-1003

15. 정책방향 매트릭스 Directional policy matrix

1. Coyne, K (2008) [accessed 6 October 2017] Enduring Ideas: The GE-Mckinsey nine-box matrix, McKinsey Quarterly, September [Online] http://www.mckinsey.com/business-functions/strategy-and-corporate-finance/our-insights/enduring-ideas-the-ge-and-mckinsey-nine-box-matrix

16. 파괴적 혁신 모델 Disruptive innovation model

1. Bower, JL and Christensen, CM (1995) Disruptive technologies: catching the wave, Harvard Business Review, January-February
2. Christensen, CM (1997) The Innovator's Dilemma: When new technologies cause great firms to fail, Harvard Business Review Press, Boston
3. Chavez, L (1981) The rise of mini-steel mills, New York Times, 23 September

17. 에드워드 드 보노의 여섯 색깔 생각모자 Edward de Bono's six thinking hats

1. [Online] http://www.edwdebono.com/
2. de Bono, E (1985) Six Thinking Hats, Little Brown and Co, Boston
3. [Online] http://ideas-consulting.com/casestudies.asp

18. EFQM 우수성 모형 EFQM excellence model

1. [Online] http://www.efqm.org/
2. [Online] http://www.efqm.org/success-stories/pursuing-excellence

19. 4요소 모델 Four corners

1. Porter, ME (1979) How competitive forces shape strategy, Harvard Business Review (March)
2. Porter, ME (1980) Competitive Strategy: Techniques for analyzing industries and competitors, Free Press, New York
3. Kapoor, V (2017) What You Can Learn From Military Principles, Bloomsbury India, eBook
4. [Online] http://www.investopedia.com/terms/l/lanchester-stretegy.asp

20. 갭 분석 Gap analysis

1. [Online] http://www.usgs.gov/data-tools/national-gap-analysis-program-gap
2. [Online] http://www.coca-colacompany.com/annual-review/2011/pdf/2011-per-capita-consumption.pdf

21. 그레이너의 성장 단계 모델 Greiner's growth model

1. Greiner, LE (1972) Evolution and revolution as organization grow, Harvard Business Review, July-August

22. 카노 모델 Kano model

1. Kano, N (1984) Attractive quality and must-be quality, Hinshiuu, 14 (2), pp 147-56 (in Japanese)
2. Kano, N (2001) Guide to TQM in Service Industries, Asian Productivity Organization, Tokyo

23. 코틀러의 5단계 제품 수준 Kotler's five product levels

1. Kotler, P (1967) Marketing Management: Analysis, planning, and control, Prentice-Hall, New Jersey
2. Levitt, T (1960) Marketing myopia, Harvard Business Review, July-August

24. 시장 규모 추정 Market sizing

1. Wilson, A (1968) The Assessment of Industrial Markets, Hutchinson, England

25. 매슬로우의 욕구단계 이론 Maslow's hierarchy

1. Kremer, W and Hammond, C (2013) Abraham Maslow and the pyramid that beguiled business, BBC World Service, 1 September
2. Maslow, AH (1943) A theory of human motivation, Psychological Review, 50 (4), pp 370-96
3. Alderfer, CP (1969) An empirical test of a new theory of human needs, Organizational Behavior and Human Performance, 4 (2), May, pp 142-75

26. 맥킨지의 7S 모델 McKinsey 7S

1. [accessed 9 October 2017] A Brief History of the 7-S ('McKinsey 7-S') Model [Online] http://tompeters.com/docs/7SHistory.pdf
2. Waterman, RH, Peters, TJ and Phillips, JR (1980) Structure is not organization,

Business Horizons, 23 (3), 14
3. Peters, TJ and Waterman, RH (1982) In Search of Excellence: Lessons from America;s best run companies, Grand Central Publishing, New York
4. Pascale, RT and Athos, AG (1981) The Art of Japanese Management, Simon & Schuster, New York

27. 민츠버그의 전략 5P Mintzberg's 5Ps for strategy

1. Mintzberg, H (1987) The strategy concept I : five Ps for strategy, California Management Review, 30 (1), pp 11-24
2. Freiberg, K and Freiberg, J (2001) Nuts! Southwest Airlines' crazy recipe for business and personal success, Texere Publishing, London
3. Mintzberg, H (1989) Mintzberg on Management: Inside our strange world of organizations, Free Press, New York

28. MOSAIC

1. Smith, PR (2015) SOSTAC®: The guide to your perfect digital marketing plan, PR Smith, England (SOSTAC® is a registered trade mark of PR Smith. For more information on SOSTAC® Planning and becoming a SOSTAC® Certified Planner visit www.SOSTAC.org)

29. 순추천고객지수 Net Promoter Score®

1. Reichheld, FF (2003) The one number you need to grow, Harvard Business Review, 81 (12) (December)
2. Hayes, R (2008) The true test of loyalty, Quality Progress, 41 (6) (June), pp 20-6

30. 신제품 가격 결정 New product pricing

1. Garbor, A and Granger, CWJ (1965) The pricing of new products, Scientific Business, 3 August, pp 3-12
2. van Westendorp, P (1976) NSS price sensitivity meter (PSM): a new approach to study consumer perception of price, Proceeding of the ESOMAR Congress
3. Mitchell, K (2011) The current state of pricing practice in US firms, opening speech at Professional Pricing Society Annual Spring Conference, Chicago, 3-6 May
4. Marn, M, Roegner, E and Zawada, C (2003) The power of pricing, McKinsey Quarterly, February

31. 페르소나 Personas

1. Cooper, A (2004) The Inmates Are Running The Asylum: Why high tech products drive us crazy and how to restore the sanity, Sams Publishing, Indianapolis
2. Gouillart, F and Sturdivant FD(1994) Spend a day in the life of your customers, Harvard Business Review, January-February, 72 (1), pp 116-25

32. PEST

1. Aguilar, FJ (1967) Scanning the Business Environment, Macmillan, New York
2. NBC News [accessed 2 December 2009] Recession Takes Fizz Out Of Coke's Profit』 [Online] http://www.nbcnews.com/id/29161172/ns/business-us_business/t/recession-takes-fizz-out-of-cokes-profit/#.WkzrWVV1_xU
3. McGrath,M (2015) [accessed 10 February 2015] Currency Swings Take The Air Out Of Coca-Cola Fourth Quarter Profit [Online] http://www.forbes.com/sites/maggiemcgrath/2015/02/10/foreign-exchange-takes-the-air-out-of-coca-cola-fourth-quarter-profit/#56196df984f4
4. Coca-Cola [accessed 9 October 2017] FAQ Which Is Coca-Cola GB's Best-Selling Cola? [Online] www.coca-cola.co.uk/faq/which-is-your-bestselling-brand-coca-cola-or-diet-coke
5. Kell,J (2016) [accessed 29 March 2016] Soda Consumption Falls To 30-Year Low In The US [Online] http://fortune.com/2016/03/29/soda-sales-drop-11th-year/
6. Penny Cleaning Experiment [accessed 12 October 2017] [Online] http://sciencewithkids.com/Experiments/Chemistry-experiments/penny-cola-cleaner-experiment.html
7. Mortimer, N (2016) [accessed 12 December 2016] Coca-Cola Has Just Hired Its First Chief Digital Marketing Officer And Here's Why, The Drum [Online] www.thedrum.com/news/2016/12/12/coca-cola-has-just-hired-its-first-chief-digital-marketing-officer-and-here-s-why
8. Foodprocessing-technology.com [accessed 9 October 2017] Coca Cola Bottling Plan, United Kingdom [Online] www.foodprocessing-technology.com/projects/coca-bottling

33. 포터의 산업구조 분석 모델 Porter's five forces

1. Porter, ME (1979) How competitive forces shape strategy, Harvard Business Review, 57 (2) (March-April), pp 137-45
2. Stevenson, D (2017) Batteries could power up your portfolio, Financial times, 20 April

3. Six Forces Model [accessed 10 October 2014] Investopedia [Online] http://www.investopedia.com/terms/s/six-force-model.asp
4. IKEA [accessed 31 August 2016] About the IKEA Group [Online] http://www.ikea.com/ca/en/about_ikea/newsitem/2016_ikea_group_yearly_summary
5. Taneja, NK (2016) Flying Ahead of the Airplane, Taylor & Francis Ltd, London

34. 포터의 본원적 전략 Porter's generic strategies

1. Porter, ME (1980) Competitive Strategy: Techniques for analyzing industries and competitors, Free Press, New York
2. Porter, ME (1979) How competitive forces shape strategy, Harvard Business Review, 57 (2) (March-April), pp 137-45
3. Three Generic Strategies, Competitive Strategy. Figure 2-1 p.39. Porter, 1980
4. Trefis Team (2017) [accessed 22 March 2017] What Is Harley-Davidson's Revenue And Gross Profit Breakdown? [Online] http://www.nasdaq.com/article/what-is-harley-davidsons-revenue-and-gross-profit-breakdown-cm764307
5. Caeser-Gordon, A (2015) [accessed 28 October 2015] Lessons To Learn From A Product Recall [Online] http://www.prweek.com/article/1357209/lessons-learn-product-recall
6. Mourdoukoutas, P (2016) [accessed 18 December 2016] How McDonald's Keeps Bouncing Back [Online] http://www.forbes.com/sites/panosmourdoukoutas/2016/12/18/how-mcdonalds-wins/#1f4392d65d0e
7. Hyde, R (2015) [accessed 18 January 2015] How Walmart Model Wins With 'Everyday Low Prices' [Online] http://www.investopedia.com/articles/personal-finance/011815/how-walmart-model-wins-everyday-low-prices.asp

35. 가격 탄력성 Price elasticity

1. Marshall, A (1890) Principles of Economics, Macmillan, London
2. Giffen good [accessed 9 October 2017] [Online] http://en.wikipedia.org/wiki/Giffen_good
3. Ayers, RM and Collinge, RA (2003) Miroeconomics, Pearson/Prentice Hall, Jew Jersey

36. 가격 품질 전략 Price quality strategy

1. Kotler, P (1988) Marketing Management: Analysis, planning, implementation and control, Prentice-Hall, New Jersey
2. Philip Kotler, SC Johnson Chair in Global Marketing, Professor of Marketing,

Kellogg School Of Management (Online) http://www.kelogg.northwestern.edu/faulty/directory/kotler_philip.aspx

3. Estimate from survey carried out by B2B International Ltd
4. Gary, L (2005) [accessed 3 July 2005] Dow Corning's Big Pricing Gamble, Harvard Business School (Online) http://hbswk.hbs.edu/archive/dow-corning-s-big-pricing-gamble
5. Johnson, M W, Christensen, C M and Kagermann, H (2008) Reinventing your business model, Harvard Business Review, December (Online) http://hbr.org/2008/12/reinventing-your-business-model

37. 제품라이프사이클 Product life cycle

1. Kleppner, O (1933) Advertising Procedures, Prentice Hall, New York
2. Dean, J (1950) Pricing policies for new products, Harvard Business Review, November
3. Booz, Allen Hamilton (1960) The management of new products, New York, pp-5-6
4. Levitt, T (1965) Exploit the product life cycle, Graduate School of Business Administration, Harvard Business Review, November (Online) http://hbr.org/1965/11/exploit-the-product-life-cycle
5. Vernon, R (1966) International Investment and International Trade in the Product Cycle, Quarterly Journal of Economics, 80 (2), pp 190-207
6. Christensen, C (2011) Clay Christensen's milkshake marketing, Harvard Business School Research and Ideas, February (Online) http://hbswk.hbs.edu/item/clay-christensens-milkshake-marketing
7. Castellion, G (2013) [accessed 8 August 2013] Is The 80 Per Cent Product Failure Rate Statistic Actually True? Quora (Online) http://www.quora.com/Is-the-80-percent-failure-rate-statistic-actually-true
8. Extending The Product Life Cycle - A Kellogg's Case Study [accessed 12 October 2017] (Online) http://businesscasestudies.co.uk/kelloggs/extending-the-product-life-cycle/introduction.html

39. 세분화 Segmentation

1. Smith, WR (1956) Product differentiation and market segmentation as alternative marketing strategies, Journal of Marketing, 21 (1) (July), pp 3-8
2. Segmentation - A NIVEA Case Study [accessed 12 October 2017] (Online) http://businesscsestudies.co.uk/nivea/segmentation/introduction.html

40. 서비스 수익 채인Service profit chain

1. Heskett, JL, Jones, TO, Loveman, GW, Sasser, E and Schlesinger, LA (1994) Putting the service-profit chain to work, Harvard Business Review, 72 (2), March-April, pp 164-74
2. Heskett, JL, Sasser, E and Schlesinger, LA (1997) The Service Profit Chain:How leading companies link profit and growth to loyalty, satisfaction, and value, Free Press, New York
3. Freiberg, K and Freiberg, J (1996) Nuts! Southwest Airline's Crazy Recipe for Business and Personal Success, Broadway Books, New York
4. Heskett, JL, Jones, TO, Loveman, GW, Sasser, E and Schlesinger, LA (1994) Putting the service-profit chain to work, Harvard Business Review, 72 (2), March-April, pp 164-74
5. Robinson, S and Etherington, L (2006) Customer Loyalty: A guide for time travelers, Palgrave Macmillan, New York
6. LaBonte, D (2008) Shiny Objects Marketing: Using simple human instincts to make your brand irresistible, John Wiley & Sons, New Jersey
7. John Nordstrom Facts, Your Dictionary [Online] http://biography.yourdictionary.com/john-nordstrom
8. LaBonte, D (2008) Shiny Objects Marketing: Using simple human instincts to make your brand irresistible, John Wiley & Sons, New Jersey
9. Lutz, A (2014) [accessed 30 December 2014] How Nordstrom Became the Most Successful Retailer, Business Insider UK [Online] http://uk.businessinsider.com/nordstroms-business-strategy-is-working-2014-12
10. Collins, J (2001) Good to Great: Why some companies make the lead and others don't, Random House, London

41. SERVQUAL

1. Parasuraman, A, Zeithaml, VA and Berry, LL (1985) A conceptual model of service quality and its implications for future research, The Journal of Marketing, 49 (4) (Autumn), pp 41-50

44. SWOT 분석SWOT analysis

1. Helyer, R (2015) The Work-Based Learning Student Handbook, Palgrave Macmillan, London
2. SWOT analysis [Online] http://www.businessballs.com/strategy-innovation/swot-analysis-19/

45. 시스템 1 사고와 시스템 2 사고 System 1 and System 2 thinking

1. Kahneman, D (2011) Thinking, Fast and Slow, Farrar, Straus and Giroux, New York
2. Wright, A (2008) [accessed 9 October 2017] Psychological Properties Of Colours [Online] www.colour-affects.co.uk
3. Shaw, C (2007) The DNA of Customer Experience: How emotions drive value, Palgrave Macmillan, Basingstoke

46. USP

1. Reeves, R (1961) Reality in Advertising, Knopf, New York
2. Anacin (2003) [accessed 15 September 2003] Advertising Age [Online] http://adage.com/article/adage-encyclopedia/anacin/98317/
3. Ries, A and Trout, J (1981) Positioning: The battle for your mind, McGraw-Hill, New York
4. Hsieh, T (2010) Delivering Happiness: A path to profits, passion, and purpose, Grand Central Publishing, New York

47. 가치 기반 마케팅 Value-based marketing

1. Levitt, T (1960) Marketing myopia, Harvard Business Review, reprinted in July-August 2004, issue pp 45-56 [Online] http://hbr.org/2004/07/marketing-myopia
2. DeBonis, J, Balinski, E and Allen, P (2002) Value-Based Marketing for Bottom-Line Success: 5 steps to creating customer value, McGraw-Hill, New York

48. 가치 사슬 Value chain

1. Michael E Porter, Bishop William Lawrence University Professor, Faculty and Research, Harvard Business School [Online] http://www.hbs.edu/faculty/Pages/profile.aspx?facId=6532
2. Porter, M (1980) Competitive Strategy: Techniques for analyzing industries and competitors, Free Press, New York
3. Harrison, K (2017) [accessed 3 January 2018] What Is Value Chain Analysis? Business News Daily [Online] http://www.businessnewsdaily.com/5678-value-chain-analysis.html
4. Taylor, K (2016) The Future Of Starbucks Depends On Fixing Its 'Basic' Image Problem, Business Insider UK [Online] http://www.businessinsider.com.au/schultz-wants-to-make-starbucks-less-basic-2016-12 See also: Starbucks Company

Profile (2017) [accessed 12 October 2017] [Online] http://www.starbucks.com/about-us/company-information/starbucks-company-profile

5. Gruley, B and Patton, L (2014) [accessed 14 February 2014] To Stop The Coffee Apocalypse, Starbucks Buys a Farm, Bloomberg [Online] http://bloomberg.com/news/articles/2014-02-13/to-stop-the-coffee-apocalypse-starbucks-buys-a-farm

6. Enz, CA (2010) Case 7: e commoditization of Starbucks, in Hospitality Strategic Management: Concepts and cases, ed CA Enz, John Wiley & Sons, New Jersey

7. Gruley, B and Patton, L (2014) [accessed 14 Feburary 2014] To Stop The Coffee Apocalypse, Starbucks Buys a Farm, Bloomberg [Online] http://www.bloomberg.com/news/articles/2014-02-13/to-stop-the-coffee-apocalypse-starbucks-buys-a-farm

8. Husain, S, Khan, F and Mirza, W (2014) [accessed 28 September 2014] Brewing innovation, Business Today [Online] http://www.businesstoday.in/magazine/lbs-case-study/how-starbucks-the-financial-meltdown-of-2008/story/210059.html

9. Cooke, JA (2010) [accessed 12 October 2017] From Beam To Cup: How Starbucks Transformed Its Supply Chain Quarterly, Quarter 4 [Online] http://www.supplychainquarterly.com/topics/Logistics/scq201004starbucks/

10. Schults, H and Gordon, J (2011) Onward: How Starbucks fought for its life without losing its soul, John Wiley & Sons, Chichester

11. Sorkin, A (2016) [accessed 12 October 2017] Howard Schults To Step Down As Starbucks Chief Next Year, New York Times [Online] http://www.nytimes.com/2016/12/01/business/dealbook/starbucks-chief-howard-schultz-to-step-down-next-year.html

49. 등가가치선 Value equivalence line

1. Gale, BT (1994) Managing Customer Value: Creating quality and service that customers can see, Simon & Schuster, New York
2. Leszinski, R and Marn, MV (1997) Setting value, not price, McKinsey Quarterly, February [Online] http://www.mckinsey.com/business-functions/marketing-and-sales/our-insights/setting-value-not-price
3. Marn, MV, Roegner, EV and Zawada, CC (2004) The Price Advantage, John Wiley & Sons, New Jersey

50. 밸류 넷 Value net

1. Brandenburger, A and Nalebuff, B (1996) Co-Opetition: 1. A revolutionary mindset that combines competition and cooperation. 2. The game theory strategy

that's changing the game of business, Currency Doubleday, New York
2. von Neumann, J and Morgenstern, O (1944) Theory of Games and Economic Behavior, Prinston University Press, New Jersey
3. **Kähkönen**, A (2012) Value net - a new business model for the food industry?, British Food Journal, 114 (5), pp 681-701

찾아보기

ㄱ

가격 4
가격 민감도 측정법 261
가격 탄력성 301
가격 품질 전략 309
가버-그레인저 가격 결정 도구 260
가성소다 제조업체 222
가용성 392
가치 7
가치 기반 마케팅 403
가치사슬 411
감정 391
강점 383
개 56
개선 단계 407
갭 분석 171
게임 이론 432
결과 그룹 159
결정적 순간 91
경영 및 시스템 전략 15
경영의 기본 전제 166
경쟁 관계 286
경쟁 정보 73
경쟁 정보 전문가 단체(SCIP) 74
경쟁자 432
경제성 전략 314
경제적 요소 280, 283
계획으로서의 전략 236
고객 1인당 유치비용 103
고객 1인당 이익 106
고객 432
고객 가치 제안 107
고객 라이프사이클 102
고객 라이프타임 밸류 99
고객 만족 347
고객 만족도 39, 253
고객 만족도 갭 357

고객 여정 지도 84
고객 여정의 큰 줄기 97
고객 유지율 103
고객 충성도 42, 253
고품질, 고가 전략 312
고품질, 저가 전략 312
고품질, 중가 전략 312
공감성 356
공급 측면의 시장 규모 210
공급자 432
공급자의 협상력 287
공유가치 228
관계 욕구 220
관료주의 위기 186
관심 21, 22
관점으로서의 전략 237
광업회사 221
교육 7
구매 동기 189
구매 조달 414
'구매 의사' 질문 376
구매자의 협상력 289
구조 228
구조적 욕구 221
권한위임을 통한 성장 185
규칙 433
그레이너의 성장 단계 모델 181
글로브 앤 메일 Globe & Mail 153
기능적 질문 195
기대 제품 202
기본적 속성 192
기술 229
기술 개발 414
기술 수용 모형 125
기술 전략 15
기술적 리더십 330
기술적 요소 280, 284
기준(EFQM 우수 모델) 157

기펜 효과 304
기회 383
김위찬 46

ㄴ

낙관주의 392
낙수효과 122
넷젯Netjets 50
노년기 322
노드스트롬 350
녹색 모자 151
뉴트리 그레인Nutri-Grain 324
니베아 선Nivea Sun 340
니즈 기반 세분화 340
니콜라스 드보니스Nicolas DeBonis 404
닌텐도Nintendo 49

ㄷ

다각화 32
다우코닝 316
대니얼 카너먼Daniel Kahneman 390
대응성 356
대체재의 위협 288
대학교가 실시한 SERVQUAL 설문조사 359-360
데이비드 아커David Aaker 68
데이비드 오길비David Ogilvy 25, 223
데이비드 헤이David Haigh 66
데이터 수집 40, 41
도입기 321
도입기 산업 13
독일 리코Ricoh Deutschland 161
동기 217-223
동인 166
등가가치선 419

ㄹ

란체스터 전략 170
랄프 레진스키Ralf Leszinski 420
레디믹스 콘크리트 135
레이 코두플레스키Ray Korduplesk 108
레이몬드 버논Raymond Vernon 320
레진 제조업체 118
렌 베리Len Berry 354
로버트 쇼Robert Shaw 100
로서 리브스Rosser Reeves 108, 398
롤스로이스Rolls-Royce 223
르네 마보안Renee Mauborgne 46
리더십의 위기 185
리처드 세일러Richard Thaler 390
리처드 에텐슨Richard Ettenson 7
리처드 파스칼Richard Pascale 226

ㅁ

마이클 만Michael Marn 420
마이클 포터Michael Porter 164, 286, 294, 412
마진 414
마케팅 믹스 3
마케팅 지향적 기업 109
마케팅과 영업 414
내력직 속성 192
매몰비용 392
매슬로우의 욕구단계 이론 215, 217
맥도날드 298
멀린 스톤Merlin Stone 100
모토로라Motorola 152
목표 244
몰슨 쿠어스Molson Coors 254
무관심 속성 193
무차별 가격 지점IPP 262
물류 전략 15
물리적 환경 6
물음표 56

미니밀minimill 144
민츠버그의 전략 5P 233

ㅂ

바우터 반 로섬Wounter van Rossum 118
반 베스텐도르프 가격 결정 도구 261
발견 단계 406
발레리 자이사믈Valarie Zeithaml 354
발전 욕구 220
밥 워터만Bob Waterman 226
백색 모자 150
밸류 넷 429
범위 433
법적 요소 282
베리 네일버프Barry Nalebuff 430
벤치마킹 37
별 56
보스턴 컨설팅 그룹(BCG) 매트릭스 12, 53
보완자 432
보완재 290
보증성 356
본원 제품 202
본원적 전략 295
본원적 활동 413
부가가치 432
브래들리 게일Bradley Gale 420
브랜드 감사 63
브랜드 건강 모델 67
브랜드 건강도 휠 68
브랜드 자본 66
브랜드 파이낸스 모델 66
브랜드 포지셔닝 331
블루오션 전략 45
비기능적 질문 195
비즈니스 라이프사이클 13-14, 16
비즈니스 케이스 374

ㅅ

사람 6
사우스웨스트 항공Southwest Airlines 43, 237
사회적 요소 280, 283
산업 내 경쟁 287
새로운 시장 진입 8
생리적 욕구 218
생존 욕구 220
서비스 414
서비스 리더십 330
서비스 수익 체인 345
서비스 우월성 329
서비스 품질 356
성과 갭 173
성능적 속성 192
성숙기 14, 322
성장기 322
성장성의 위기 186
세그먼트 갭 174
세분화에 대한 통계적 접근법 339
세분화와 차별화 336
소속 욕구 218
손실회피 392
쇠퇴기 14
수많은 접점 91
수요 측면의 시장 규모 210
수작업 공구 업체 426
순가치점수 425
순추천고객지수 249
스칸디나비아 항공Scandinavian Airlines 90
스키밍 전략 314
스타벅스 287
스타일 228
스테이지 게이트 신제품 개발 371
스테인리스강 튜브 제조업체 177
시스템 1 사고와 시스템 2 사고 389
시스템 228

시장 개발 30
시장 규모 추정 207
시장 매력도 133
시장 전략 15
시장 조사 보고서 77
시장 침투 29
시제품 374
신규 진입자의 위협 288
신뢰성 356
신문 광고 307
신제품 가격 결정 257
신제품 출시 8, 321
실행 245
심리적 가격결정 315

ㅇ

아담 브란덴버거 Adam Brandenburger 430
아서 쉘든 Arthur Sheldon 24
아이디어 선별 373
안소니 아토스 Anthony Athos 226
안전 욕구 218
알버트 험프리 Albert Humphrey 380
알프레드 마샬 Alfred Marshall 302
애플 Apple 32, 56
앤소프 매트릭스 27
앨 라이스 Al Ries 108, 400
앨런쿠퍼 Alan Cooper 268
앵커링 392
약점 383
약탈적 가격결정 315
얀 칼슨 Jan Carlzon 90
얼리어답터 123
에니 카이사 카호코넨 Anni-Kaisa Kahkonen 434
에두아르도 콘라도 Eduardo Conrado 7
에드워드 드 보노 Edward de Bono 148
에드워드 드 보노의 여섯 색깔 생각모자 147
에릭 로이그너 Eric Roegner 420

에릭 발린스키 Eric Balinski 404
에버렛 로저스 Everett Rogers 120
에어 프로덕츠 Air Products 25
에이모스 트버스키 Amos Tversky 390
엔진 제조업체 333
역 품질 속성 193
역량 167
옐로우테일 Yellow Tail 50
오브리 윌슨 Aubrey Wilson 208
오스카 모르겐슈테른 Oskar Morgenstern 430
오토 클레프너 Otto Kleppner 320
오피니언 리더 121
요인 분석 339
욕구 21, 23
우선순위 매트릭스 246
우수성의 근본 개념 158
운영 413
원가 기반 가격결정 전략 315
월마트 299
웬델 R 스미스 Wendell R. Smith 336
웹사이트 77
위협 383
유럽품질경영재단 157
유형성 356
유효 시장 SAM 209
응답자의 피로도 86
의사결정 집단 270
이케아 290
인구통계학 기반의 세분화 337
인적 자원 414
인정 욕구 221
인지 21
인터브랜드 모델 66
인프라스트럭처 414

ㅈ

자동차 정비소 386

자아실현 욕구 218
자외선 차단 제품 340
자율성의 위기 185
자포스 401
작업용 방음 귀마개 264
작업용 장갑 377
잠재 제품 202
장소 5
재무 자료 76
잭 트라우트Jack Trout 108, 400
저가, 저품질 전략 313
저가, 중간 품질 전략 313
저비용 리더십 330
저비용-비용 리더십 전략 296
적색 모자 150
전념 단계 406
전달 갭 356
전동 공구 제조업체 366
전략 228
전술 433
전체 시장TAM 209
접근성 7
정책방향 매트릭스 129
정치적 요소 279, 283
제강 생산 144
제너럴 일렉트릭과 맥킨지DPM 130
제라드 드부르Gerard Debreu 82
제록스Xerox 38, 43, 169, 348
제임스 나루스James Narus 118
제임스 앤더슨James Anderson 118
제임스 헤스켓James Heskett 346
제지업체 127
제품 3
제품 개발 31
제품 갭 174
제품 고유의 판매 포인트USP 108, 397
제품라이프사이클 319
제품 서비스 포지셔닝 매트릭스 327

제품 우월성 329
제품 재활성화 325
제품 전략 15
제품 출시 375
제프리 무어Geoffrey Moore 125
제휴를 통한 성장 186
조나단 놀스Jonathan Knowles 7
조달 물류 413
조셉 바우어Joseph Bower 140
조엘 딘Joel Dean 320
조정을 통한 성장 186
존 그린John Green 364
존 루이스 백화점 347
존 투키John Tukey 82
존 폰 노이만John von Neumann 430
존경 욕구 218
존재, 관계, 성장 이론 219
주요 의사결정권자 112
중요도 질문 195
중요도/만족도 모델ImpSat 175
증강 제품 202
지각수용자 123
지리적 갭 174
지시를 통한 성장 185
지식 갭 356
지원 활동 414
직원 229
직원 만족 347
짐 콜린스Jim Collins 352

ㅊ

차별화 47
차별화 전략 296
참가자 432
창고업 212
창의성을 통한 성장 185
창출 단계 407

채용 222
책략으로서의 전략 236
청색 모자 151
청소년기 321
초기 다수수용자 123
촉진 요인 그룹 159
최고 한계 가격PME 262
최저 한계 가격PMC 262
최적 가격 지점OPP 262
'추천 의향' 질문 250
축소 전략 15
충성 고객 348
충성도 251
침투 전략 314

ㅋ

카노 모델 189
카펫 타일 제조업체 86
캐논 169
캐롤 앤 모건Carol-Ann Morgan 328
캐시카우 57
캐즘 이론 125
커뮤니케이션 갭 356
컨조인트 분석 81
컨조인트 분식 81
켈로그 컴퍼니Kellogg Company 324
코카콜라 34, 174, 283
코틀러의 5단계 제품 수준 199
콘셉트 개발 374
크레이그 자와다Craig Zawada 420
크리스 브루조Chris Bruzzo 416
클레이튼 앨더퍼Clayton Alderfer 219
클레이튼 크리스텐슨Clayton Christensen 140

ㅌ

타코 벨Taco Bell 347
태양의 서커스 50

테스트 마켓 259
테오도르 레빗Theodore Levitt 320, 404
토니 셰이Tony Hsieh 401
톰 피터스Tom Peters 226
통제 245
통제력의 위기 185
특화 296
특화 전략 315
틈새시장-집중화 전략 296
티핑포인트 124

ㅍ

파괴적 혁신 모델 139
파수 파라수라만Parsu Parasuraman 354
판매 물류 413
판매 지향적 기업 109
판촉 4
패턴으로서의 전략 236
페르소나 267
페리에 297
편향성 391
평가 단계 407
포장재 공급업자 408
포지션으로서의 전략 236
포터의 산업구조 분석 모델 289
폴 스미스Paul Smith 242
표본의 크기 86
표준 갭 356
프랜시스 아귈라Francis Aguilar 278
프랭크 듀크스미스Frank Dukesmith 20
프레드 라이켈트Fred Reichheld 38, 250
프레이밍 392
프로세스 6
프리미엄 전략 314
프리미엄 포지셔닝 330
플렉시다이 247
핀란드 식품 산업 434

필 앨런Phil Allen 404
필립 코틀러Philip Kotler 200, 310

ㅎ

하워드 슐츠Howard Schultz 415
하향식의 시장 규모 210
할리 데이비슨 236, 296
합리적 393-394
해결책 7
핵심 제품 202
핵심성과지표 39
행동 245
허브 캘러허Herb Kelleher 237, 347
허스크바나Husqvarna 32
혁신가 123
혁신의 확산 119
협력을 통한 성장 186
혼다Honda 238
화학물 제조업체 415
환경적 요소 282
황색 모자 150
후기 다수수용자 123
흑색 모자 150

A~Z

ADL 매트릭스 11
AIDA 19

CP 러셀CP Russell 20

E. 제롬 맥카시Edmund Jerome McCarthy 2
EFQM 우수성 모형 155

GA 스타이너GA Steiner 24

J.R 필립스J.R Phillips 226

MOSAIC 241

PARTS 432
PEST 프레임워크 279

R 던컨 루스R Duncan Luce 82
RADAR 160
RATER 355
RJ 라비지RJ Lavidge 24
RSM 인터내셔널RSM International 70

SAVE 프레임워크 7
SERVQUAL 353
SIMALTO 363
SMART 244
SOSTAC 242
SWOT 분석 379

기타

2단계 전파가설 121
3D 테스트 116
4P 모델 3
4요소 모델 163
7S 프레임워크 227

옮긴이 | 박 지 연

서울대학교에서 영어교육을 전공, 경영학을 부전공한 뒤 말과 글에서의 언어적 장애물뿐만 아니라 문화적 장벽을 허무는 데 기여하고자 한국외국어대학교 통역번역대학원에 진학하였다. 2016년 부산국제영화제에 『Personal Shopper』, 『Apprentice』, 『Doomed Beauty』 자막 번역가로, 2018년 동계패럴림픽에 코리아하우스 VIP 통역사로 참가하였다. 현재는 인하우스 통역사 및 번역가로 활동 중이다.

경영자와 마케터를 위한

비즈니스 전략 50

제1판 1쇄 2021년 5월 14일

지은이 | 폴 헤이그 Paul Hague
옮긴이 | 박지연
감　수 | 한상규

펴낸이 | 홍순제
펴낸곳 | 주식회사 성신미디어
주　소 | 서울시 영등포구 양평로28가길 (양평동 6가 9-1)
전　화 | 02-2671-6796　팩스 | 02-2635-6799
등　록 | 2016-00025호　ISBN | 979-11-90917-04-9　93320

기획 및 총괄 | 홍현표　책임편집 | 임채경
디자인 총괄 | 문현택

이 책에 대한 의견이나 오탈자 및 잘못된 내용의 수정 요청은 아래 이메일로 알려주십시오.
잘못 만들어진 책은 구입하신 곳에서 교환해 드립니다.
홈페이지 | www.sungshinmedia.com
이메일 | book@sungshinmedia.com

Published by SUNGSHIN MEDIA, Inc. Printed in Korea
저작권법에 의해 보호를 받는 저작물이므로 무단 전재와 복사를 금합니다.